글로벌 디아스포라와 세계의 한민족

글로벌 디아스포라와 세계의 한민족

2014년 12월 30일 초판 1쇄 발행
2016년 8월 10일 초판 2쇄 발행

지은이 | 허성태 · 임영언
펴낸이 | 이찬규
펴낸곳 | 북코리아
등록번호 | 제03-01240호
주소 | 462-807 경기도 성남시 중원구 사기막골로 45번길 14
우림2차 A동 1007호
전화 | 02) 704-7840
팩스 | 02) 704-7848
이메일 | sunhaksa@korea.com
홈페이지 | www.북코리아.kr
ISBN | 978-89-6324-407-5 93300

값 22,000원

- 이 책은 국제문화연구원의 2013년도 총서로서 조선대학교의 재원으로 출판되었습니다.
  This work was supported by The International Cultural Institute, Chosun University.

글로벌 디아스포라와 세계의 한민족

Global Diasporas and Overseas Koreans

허성태 · 임영언

북코리아

서문

이 책의 출간은 글로벌 디아스포라와 세계의 한민족에 대한 독자들의 이해를 돕고자 하는 소박한 취지에서 비롯되었다. 세계의 글로벌화와 밀접한 관련성을 가지고 있는, 이 책에서 견지하고 있는, 디아스포라의 관점은 국경을 초월하여 이동하는 디아스포라 연구를 통해 글로벌 사회와 초국적인 문화를 자신의 집단과 관련지어 새로운 시각에서 연구할 수 있는 기회를 제공한다.

원래 '흩어지다, 산재하다'라는 의미의 그리스어에서 유래한 디아스포라라는 용어는 유대인들이 바빌론의 포로가 된 이후 팔레스티나의 땅으로부터 세계 각지로 이산되어 정착한 사건을 가리키는 의미로 사용되었다. 이러한 연유로 이 용어는 나라 잃은 슬픈 역사에 대한 깊은 고뇌, 박해, 비자발적 이동으로 인해 발생하는 숱한 난제 등과 같은 부정적인 의미를 담게 되었다. 그러나 오늘날과 같은 글로벌 시대에는 주로 일반적인 이민을 가리키는, 자발적 · 비자발적 이동을 포함하여 태어난 조국을 떠나 살아가는 모든 사람을 지칭하는 광의의 의미로 사용되고 있다. 이들 디아스포라 중에는 그들의 현실적 조국이든 상상의 모국이든 모국과의 강한 유대감을 형성하고 있는 집단들도 상당수 존재한다. 오늘날의 디아스포라는 거주지에 형성된 공동체와 원거리 모국, 그리고 거주국 현지사회를 유기적으로 상호 네트워킹하는 전략을 통해 생존하고 있다는 점을 주지할 필요가 있다.

세계적으로 널리 알려진 글로벌 디아스포라 집단으로는 중국의 화인, 이스라엘의 유대인, 이탈리아의 상인, 그리고 다음으로 코리안 디아스포라를 꼽을 수 있다. 실제로 코리안 디아스포라는 세계에서 네 번째로 큰 디아스포라 집단을 형성하고 있다. 이 책은 전 세계에 산재되어 있는 대표적 글로벌 디아스포라 집단인 유대인과 화인 디아스포라에 대해 개괄하고, 코리안 디아스포라의 이주 역사와 정착과정, 그리고 그들이 현지에서 영위해 온 생활문화를 소개하는 형식으로 구성하였다.

이 책의 집필에 사용된 자료들은 저자들이 그동안 발표한 논문과 연구과정에서 수집한 자료들이다. 이 저작이 동학의 길을 걷는 연구자들에게 조금이나마 도움이 되고, 아울러 디아스포라에 관심을 가지고 있는 학생들과 일반인들을 대상으로 하는 강의의 교재로 사용되었으면 하는 바람이다.

이미 많은 연구를 통해 밝혀진 바와 같이 한인들의, 한반도로부터 타 지역으로의, 이주는 다음과 같은 네 가지의 특징으로 대별된다. 첫째, 중국의 간도 지역이나 러시아의 연해주 지역으로 한인들의 이동으로 대략 1860년경부터 시작되었다. 둘째, 일본으로의 한인들의 본격적인 이주는 정확히는 알 수 없으나 대략 일제강점기인 1910년부터 해방된 1945년까지의 시기로 추정된다. 1910년 일제강점기 중국 만주로의 농업이주, 독립운동과 정치적인 해외망명, 1937년 중앙아시아 지역으로의 강제이주, 1939년 태평양전쟁 말기 일제의 강제징용과 징병 등으로 다수의 한인들이 자발적이라기보다는 제국주의 시대 비자발적 이동의 결과 발생되었다. 이들 대부분은 해방 이후 모국으로 귀환하였지만 어쩔 수 없이 중국, 일본, 사할린 등지에 정착하게 된 이들도 많았다. 셋째, 1945년 이후 코리안 디아스포라는 극심한 사회혼란 속에서 발생한 밀항자, 한국전쟁으로 발생한 미군과의 국제결혼 이민, 전쟁고아, 혼혈, 해외입양인, 그리고 미귀환동포 등이 대부분을 차지했다. 미국으로의 한인들의 이주는 1903년경부터 개시되어 미국 하와이 사탕수수 농장에서 일하기 위해 합법적으로 이민선을 타고 이주한 한인들, 1950년 한국전쟁을 거쳐 1965년 미국의 이민법 개정으로 대량의 한인들이 자발적으로 미국으로 이주하여 오늘날과 같은 재미 한인사회를 형성하게 되었다. 넷째, 코리안 디아스포라는 한국에서 1962년 해외이주법이 제정된 이후 파독 광부와 간호사, 남미 농업이민, 월남파견 근로자, 그리고 현지 출생 외국 국적 자녀, 국내체류동포, 영구귀국동포, 역이민 고령자 등 해외이주와 모국귀환의 형식으로 나타나게 되었다.

2014년도를 기준으로 전 세계 176개국에 약 700만 명의 코리안 디아스포라 재외동포들이 세계 각지에 흩어져 거주하고 있다. 이제 코리안 디아스포라는 세계 디아스포라가 있는 곳이면 어디든 존재하는 세계적으로 주목받는 디아스포라로 성장하였다. 이러한 코리안 디아스포라를 같은 혈통과 전통, 동일문화 향유, 운명공동체, 동일민족, 모국공헌과 기여 등으로 정의하려는 다양한 시각들이 존재한다. 그리고 한국 정부는 코리안 디아스포라에 대하여 '재외동포'라는 공식 명칭을 사용하여 '재외국민'과 '외국 국적동포'로 구분하고 있다. '재외국민'은 한국 국적을 보유하고 해외에 거주하거나 일시 체류하는 자를 가리키며, '외국 국적 동포'는 한국 국적을 보유하지 않은 한민족의 일원을 포함하고 있다.

이 책은 다음과 같이 크게 13장으로 구성되어 있다.

제1장은 글로벌 디아스포라의 민족공동체의 추세에 대하여 유대인, 화인, 코리안 디아스포라 집단에 주목하였다. 글로벌 시대 이들 디아스포라 집단은 가상의 공동체와 현실의 공동체를 조합하려는 시도를 보이지만 여전히 자신들이 속한 민족이나 국가에 귀속하려는 측면이 강하게 나타나고 있다는 점을 지적하였다.

제2장은 세계에서 가장 영향력 있는 디아스포라 집단인 유대인 디아스포라에 주목하였다. 유대인 디아스포라들이 나라를 잃고 유랑하기 시작한 이래 미국, 유럽 등지에서 경제적 · 정치적 영향력을 구축하여 오늘날과 같은 막강한 소수민족으로 성장하게 된 배경에 대해 살펴보았다.

제3장은 전 세계에 가장 많은 디아스포라 집단을 형성하고 있는 화교 디

아스포라에 주목하였다. 세계적 각지에 분포되어 있는 화교는 약 4,000만 명에 달하며 19세기 말부터 화공이나 쿨리와 같은 노예노동자로서 서양 열강들에 의해 외국으로 강제 이주당하거나 연행당한 화인들이 대부분이다. 이들 화교 디아스포라들이 21세기 글로벌 시대 중국인 특유의 새로운 중화사상을 배경으로 동남아시아 및 세계 주요 도시에 진출하여 차이나타운을 중심으로 그들의 민족정체성 및 비즈니스를 어떻게 전개해오고 있는지 고찰하였다.

제4장은 코리안 디아스포라들에 초점을 두고 세계 각지에 거주하는 이들에 대한 이주의 역사적 배경과 정착과정을 그리고 있다. 한인들의 이주는 1945년 광복 전후, 1960년대 동북아를 중심으로 남북미대륙과 유럽 등 서구문화권으로 확산되면서 어떻게 현지에서 문화적 충격과 문화적응을 이루고 '아시아의 유태인'으로 부상할 수 있었는지 살펴보았다.

제5장은 일본에 거주하는 코리안 디아스포라로서 재일코리안들이 체류하게 된 역사적 · 사회적 배경, 일본에서의 취업차별과 민족차별운동 등을 극복하는 과정 등 일본과 한반도와의 관계에 대해 고대부터 현대에 이르기까지의 역사적 이해와 문화적 소통에 대하여 다루었다.

제6장은 중국조선족 디아스포라들로 한인들이 만주 지역으로 이동하여 논농사를 개척하고 성공적으로 정착할 수 있었던 배경과 문화적 전통의 유지, 그리고 글로벌 시대 중국조선족들의 중국 도시 진출과 한국 진출로 인한 연변조선족 사회의 해체와 위기, 한국 사회의 정착상의 문제점에 대해 살펴보았다.

제7장은 재미한인 디아스포라의 이주 역사와 정착과정에 대해 살펴보았다. 해방 이후 한인들이 하와이를 포함한 북미나 남미로 대량 이주하게 된 역사적 배경과 이주 유형에 대해 고찰하였다. 재미한인의 이주 유형은 첫째, 정부 주도의 농업이민 등 집단이민으로 남미이민이 중단된 1977년 이후 정지되었지만 1981년에 5년 만에 재개되었다. 둘째, 민간 주도의 계약이민으로 정부가 이주알선법인 등에 의한 계약이주를 적극 권장하거나 이민

사업 자체를 민간 주도로 추진하였다. 셋째, 초청 연고이민으로 통상 시민권이나 영주권을 가진 현지 거주 이민자의 직계가족, 형제자매가 이민초청자의 대상이었다.

제8장은 러시아를 포함한 독립국가연합(CIS)에 거주하는 고려인 디아스포라에 대하여 주목하였다. 한인들이 러시아 지역으로 이주하게 된 역사적 배경과 중앙아시아 지역의 정착과정에 대해 다루었다. 고려인들이 러시아 지역에 이주하는 과정은 이주시기별로 다음 4단계로 구분하여 설명할 수 있다. 제1기는 1863~1884년으로 한인들이 경제적인 궁핍 때문에 이주하였다. 제2기는 1884~1893년으로 조선의 농민들이 몰락하며 이주하였다. 제3기는 1894~1910년 한반도를 둘러싸고 일본과 러시아가 경쟁을 벌이던 시기로 독립운동가들이나 정치적 망명자들이 많았다. 제4기는 1910~1917년 일제가 토지조사사업을 벌이던 시기로 많은 농민과 정치적 망명가들이 이주하였다. 특히 고려인 강제이주는 1937년 가을에 시작되었다. 18만 명에 달하는 고려인들이 가축운반용 열차에 실려 약 40일간의 기나긴 여정 끝에 중앙아시아 지역에 도착하여 정착하게 되었다.

제9장은 재유럽 코리안 디아스포라에 대해 다루었다. 유럽 한인들의 이주는 한국전쟁을 통해 시작되어 1960년대 초 현지 노동력 부족과 한국의 과잉노동력을 해결하기 위한 수단으로서 국가정책에 의해 추진되었다. 특히 재유럽 코리안 디아스포라들은 독일에 집중되었는데 한국 정부의 광부와 간호사 파견이 한국의 경제발전과 맞물려 있었기 때문이었다.

제10장은 중남미에 거주하는 코리안 디아스포라들에 대해 살펴보았다. 중남미 한인들의 기원은 구한말 물질적인 풍요를 찾아 하와이 사탕수수 농장과 멕시코 유카탄 반도의 에네켄 농장에 이민노동자로 진출하면서 시작되었다. 1950년대에는 57명의 한국전쟁 반공포로들이 브라질과 아르헨티나로 이주하였다. 1970년대는 브라질 정부가 한인이민 억제정책을 시행함으로써 공식이민이 중단되었다. 대신 독일의 광부나 간호사, 베트남에서 계약 노동자로 일했던 한인들이 계약이 만료된 이후 남미국가로 불법 입국하

여 체류한 경우도 종종 있었다.

제11장은 코리안 디아스포라들이 세계 각지에 건설한 코리아타운 가운데 일본 코리아타운의 한류문화 현상에 주목하였다. 특히 최근 아시아를 중심으로 확산된 한류문화가 일본에서 혐한류와 배외주의 사상의 출현으로 어떻게 변질되었는지 살펴보았다. 일본인의 외국인 차별과 배외주의 사상은 1960~70년대 조선학교 학생 습격사건, 1980년대 후반 '치마저고리 사건' 등과 동일선상에서 시대별로 형태만 달리한 외국인 차별주의에서 비롯된 변종이라는 점을 지적하였다.

제12장은 우리 안의 디아스포라의 관점에서 한국의 다문화주의 정책에 대해 살펴보았다. 2014년 말 국내 체류 외국인은 177만 4,603명에 육박하고 있으며 출신 국가별로는 중국, 미국, 베트남, 일본 순으로 많았다. 이 장에서는 노무현 정부와 이명박 정부의 다문화주의 정책을 비교하였으며 한국 정부의 다문화주의 정책에 대해서는 재한외국인처우기본법, 다문화가족지원법, 이중언어 교육과 모국어 학습지원 등을 통해 고찰하였다.

제13장은 해외입양인 디아스포라에 대하여 주목하였다. 해외입양인들은 모국과 입양국이라는 두 문화 사이의 '경계인'이라는 위치에서 문화적 · 지역적 경계를 초월하여 새로운 문화적 양식을 생산해내고 있는 디아스포라 집단으로 정의하였다. 이들은 재외한인의 일부로서 글로벌 시대 탈지역화 과정에서 발생된 디아스포라 문화 현상으로 이해될 필요가 있다. 글로벌 시대 해외입양인들은 과거 버려진 '고아'라는 부정적인 입장보다는 재외한인의 일부로서 인식하고 긍정적인 측면에서 민족적 자산으로 인식될 수 있음을 지적하였다.

이상과 같이 이 책은 방대한 양의 기초자료를 활용하여 대표적 글로벌 디아스포라 집단인 화인, 유태인, 코리안 디아스포라에 대해 개괄하는 형식으로 집필하였다. 이 책의 내용에 있을 수 있는 오류는 모두 저자들의 책임이다. 향후 연구에서 오류는 바로잡고 부족한 점은 계속 보완할 것이다. 이 책이 디아스포라 연구와 학제 간 연구에 조금이나마 도움이 되었으면 하는 바람이다. 끝으로 이 책이 세상의 빛을 볼 수 있도록 지원을 아끼지 않은 조선대학교 국제문화연구원과 이 책을 출간해주신 북코리아 출판사 이찬규 사장님께 마음을 모아 감사드린다.

2014년 12월

허성태 · 임영언

차례

표 차례

그림 차례

사진 차례

1
세계 디아스포라와 코리안 디아스포라

제1절 세계 디아스포라의 분포와 추세

초국적인 인류의 흐름이 확산되면서 국가의 경계를 넘나드는 이른바 '탈영토화된 민족'에 대한 관심이 증대되고 있다. 주로 디아스포라(diaspora)로 불리는 이민자들로 구성된 민족공동체들이 이에 해당한다. 이들 중에서도 세계적으로 주목받고 있는 대표적인 민족공동체는 한인, 화인, 유대인 디아스포라 공동체라 할 수 있을 것이다. 초강대국인 미국을 거점으로 전 세계에 걸친 연결망을 조직한 유대인 디아스포라 네트워크를 비롯하여 "바닷물이 닿은 곳에는 화교가 존재한다."라는 말처럼 전 세계에 걸쳐 수천만의 화교 네트워크를 구축한 화교 디아스포라 민족공동체, 그리고 뒤늦게 시작했지만 21세기에 들어서 전 세계 한인들을 하나의 연결망으로 묶으려는 코리안 디아스포라 민족공동체가 그 대표적인 사례들이다.

이들 디아스포라 민족공동체는 국가 간의 경계가 엄연히 존재하는 21세기에 국민국가의 경계인이라는 사회적 상황으로 인하여 비교적 자유롭게 노동력, 상품, 자본, 정보의 이동이 가능한 경제적 · 사회적 네트워크를 구축하게 되었다. 이러한 시대적 배경에는 초국적(transnational), 혹은 초국가주의(transnationalism)가 자리하고 있으며 이 용어의 개념은 "복수의 국민국가의 경계를 장기간 계속해서 빈번하게 나타나는 이민의 다원적 귀속, 혹은 다원적이고 탈지역적 네트워크 구축을 포함한 현상"으로 정의되고 있다.[1]

예를 들면 코리안 디아스포라들은 한반도에서부터 시작되어 140년이 넘는 이주 역사를 통해 전 세계 170여 개국에 이산되어 있으며 현지에서 각종 단체나 조직을 중심으로 네트워크를 구축하고 있다. 이와 같이 해외에 거주하는 디아스포라 집단들이 모국과 거주국 간의 글로벌 네트워크를 구축하려는 노력은 전 세계적인 현상으로 해석되고 있다. 이로써 과거 디아스포라

---

1 上杉富之(2004), 「人類学から見たトランスナショナルリズム研究: 研究の成立と展開及び転換」, 『日本常民文化紀要』 第24輯.

집단들이 지역적으로 분산, 혹은 고립된 역사적 형태로서 존재하던 '디아스포라'의 삶은 네트워크를 통해 전 세계적 수준에서 경제적 · 문화적인 활동의 범위와 가능성을 확대시켜주고 있으며 의심의 여지없는 자명한 현실이 되고 있다.

흔히 한인, 화인, 유대인 디아스포라 집단은 세계 디아스포라 민족공동체를 대변하는 세계 3대 디아스포라 집단이라 일컫기도 한다. 이들 세계 디아스포라의 분포는 코리안 디아스포라의 경우 대략 175개국 약 700만 명으로 내국인의 약 10%에 해당되며, 화교 디아스포라는 3,700만 명, 유대인 디아스포라는 580만 명으로 추정되고 있다.[2]

한인과 유대인 디아스포라의 공통점은 해외 거주지에서 고난의 역사를 체험한 데 있다. 코리안 디아스포라는 이주지에서 고난과 어려움에 직면하여 이주국(host countries)인 현지에서 그것을 이겨낼 수 있는 불굴의 의지와 저력을 발휘해왔다. 그러나 이들 두 집단의 상이점은 각각 고유의 민족정체성을 기반으로 한다는 것이다. 대부분의 유대인 디아스포라는 유대교 문화를 민족정체성으로 삼는 집단이고, 코리안 디아스포라는 독자적인 민족성과 민족의식을 기반으로 성립된 민족집단이다. 전자는 수천 년간 역사적 경험을 공유하면서 형성된 강한 디아스포라 의식이 존재하지만, 한인의 경우 비교적 짧은 역사 속에서 다양한 역사적 배경과 경로를 통해 분산된 존재이고, 디아스포라 의식도 상대적으로 희박하다는 점에서 차이가 있다.

한편, 한인과 화교 디아스포라는 현지에서 대체적으로 민족의식이 강하고 경제적으로도 이주국에서 상호 협력정신이 강하다는 점에서 공통된 점을 보여준다. 오규상(1996)의 연구에 따르면 한인과 화교 디아스포라의 유사점은 대략 다음 네 가지로 정리할 수 있다. 첫째, 한인과 화교 디아스포라의 발생과정이 비슷하다. 이주국인 현지에서 이주 산업을 기반으로 고향에 송금하는 화교 디아스포라의 이민생활은 13세기부터 시작되었으나 중국인의

2 정성호(2008), 「코리안 디아스포라: 공동체에서 네트워크로」, 『한국인구학』 제31권 3호, p.109.

본격적인 해외이주는 19세기부터 시작된 것으로 추정된다. 즉, 일본 제국주의의 대두와 함께 중국 간섭이나 대륙침략과 관련되어 있으며 '화교'라는 용어도 이때부터 사용되기 시작하였다.[3] 초기 코리안 디아스포라 역시 일본 제국주의의 식민지 지배의 결과로 형성되었다는 점은 주지하는 바와 같이 사실이다.

이와 같이 한인과 화교 디아스포라의 역사적 배경에는 제국주의의 산물이라는 공통적인 특징을 가지고 있다. 그러나 양자의 상이점은 화인이 경제집단이라는 특징이 강조되지만, 코리안 디아스포라는 경제집단인 동시에 민족문화집단이라는 점이다. 또한 화인은 주로 동남아 지역에 거주하며 출신지와 방언을 공유하는 동향자의 조직을 중심으로 동향인의 친목과 상호부조를 중시한다. 경제적인 관계에서도 조직(인적인 네트워크: 꽌시)을 중시하는 높은 밀도의 신뢰관계를 상호 유지하고 있다.

그러면 화교 디아스포라는 어떻게 해외에서 경제적으로 성공적인 집단이 될 수 있었는가? 박삼석(2002)의 연구에 의하면 화교의 가장 큰 경제적인 성공요인은 역사적으로 형성된 기업가 정신과 그들 간에 형성된 강한 연대를 기반으로 구축된 네트워크를 충분히 이용할 수 있었던 공식 · 비공식적인 조직의 우월성에 있다고 주장하였다.[4] 한인이나 화교 디아스포라의 최종적인 사업성공의 귀결은 '금의환향'의 정신이었다. 이주국에서 화교 디아스포라들은 지연과 혈연(血縁), 학연(学縁), 업연(業縁)을 중시하였으며 그들 공동체의 초기단계를 팡(幫)이라고 불렀다. 화교 디아스포라들은 이러한 팡(幫)을 중심으로 민족 네트워크를 형성하였다. 이러한 현상은 자신들이 유랑한 곳에 정착한 유대인 디아스포라들과는 대조적이다. 화교 디아스포라들은 미국에서 성공한 유대인들이 고수하고 있었던 전통문화의 가치관과 정체성을 그대로 유지하고 있었다. 그들은 미국 이민 후에도 집단으로 생활

3 呉圭祥(1996),『アジアを翔る華僑·在日コリアン』, 朝鮮青年社, pp.3-4.

4 朴三石(2002),『海外コリアン』, 中公新書, p.26.

하며 미국 로스앤젤레스나 샌프란시스코, 뉴욕 등에 대규모 차이나타운을 건설하였다. 이민 초기에는 미국인과의 통혼이나 혼혈을 금지했으며 그들만의 언어 사용과 화인 간의 동족혼을 통하여 지연과 혈연을 확대시켜나갔다.

유대인 디아스포라는 미국 현지사회에서 경제적 · 사회적 지위를 획득하고 고소득자가 됨에 따라 종사하는 업종도 점차 전환되어가기 시작했다. 예를 들면 미국 사회에서는 유대인들이 경영하는 세탁소를 중국인 이민자들이 인수하거나 잡화점이나 주유소는 유대인으로부터 한국인 이민자들이 인수하는 형태의 민족 간의 경영승계가 나타났다. 그리고 유대인 디아스포라들은 한곳에 집중된 특정 집거지역에서 교외의 한적한 곳으로 이동해나갔으며 이 때문에 사업에 크게 성공하더라도 이들에 대한 정보가 현지 주변 사람들에게 쉽사리 알려지지 않았다.

이와 같이 한인, 화인, 유대인 디아스포라 집단은 현지 이주지의 정착과 정상에 있어서 많은 차이를 드러내고 있지만 공통적으로 그들은 민족의 전통적인 가치관을 유지하고 민족 네트워크를 구축하여 그들만의 민족공동체를 형성하고 민족기업을 발전시켜왔다는 것을 알 수 있다. 중국 정부는 화교 디아스포라들을 유교적 전통에 입각한 '금의환향'의 정신으로 성공한 기업가를 결집시키고 중국 투자를 촉진시켜왔다. 한국 정부 역시 중국 정부와 마찬가지로 오래전부터 유교적 정신의 맥락에서 모국 고향에 대한 '금의환향'의 정신과 민족적 감정에 의한 모국 투자와 기부를 코리안 디아스포라들에게 요청해왔다.

이상과 같이 이 책의 서론적인 성격을 갖는 이 장에서는 전 세계적인 글로벌화의 영향으로 국민국가와 세계 자본주의의 경계체제에 의해 탄생된 디아스포라 민족공동체는 오늘날 가변적이고 조작적이라는 가정과 전제하에서 다음과 같이 두 가지로 접근하고자 한다. 첫째, 한국의 한인, 중국의 화인, 이스라엘의 유대인 디아스포라 등 이들 디아스포라 집단의 민족정책이 어떻게 형성되어왔고 현재는 어떻게 나타나고 있는가? 둘째, 전 세계의 대표적인 한인, 화인, 유대인 디아스포라 집단이라는 세계 디아스포라 민족공동체가 급변하는 글로벌 시대 민족개념의 확장에 의해 어떻게 '상상의 공동체'에서 현실적인 '민족공동체'로 구체화되어왔는가? 라는 명제에 초점을 두고 있다. 따라서 이 책의 내용은 전체적으로 초국적인 글로벌 시대 이들 디아스포라 집단이 형성한 민족공동체가 시대적 상황에 따라 어떻게 변용되어왔고 향후 어떤 특징을 가지고 재출현할 것인지에 대한 시사점을 제공할 수 있을 것으로 생각된다.

제2절 세계 디아스포라와 국민국가의 출현

흔히 우리가 생각하고 있는 디아스포라란 무엇인가? 넓은 의미에서 디아스포라(diaspora) 용어의 개념부터 정리하고자 한다. 디아스포라의 정의는 그리스어로 분산 혹은 이산을 뜻한다. 즉 종래의 디아스포라의 의미는 좁은 의미에서 팔레스타인 밖의 지역에 거주하면서 유대인의 종교규범이나 생활관습을 그대로 유지하고 있던 유대인 및 그들의 후손을 가리키는 용어였다. 그러나 글로벌 시대 디아스포라의 개념은 좀 더 확장된 의미에서 세계 각 지역에 흩어져서 거주하는 모든 민족집단들이 형성하고 있는 민족공동체를 포함하는 포괄적인 의미로 사용되고 있다. 즉 보다 포괄적 의미에서 디아스포라의 개념은 여러 민족들이 형성하고 있는 '민족 네트워크'로 대체될 수 있으며 해외에 거주하고 있는 각 민족공동체의 유용한 '민족자산'이라는 의미로 개념화되어 사용되기도 한다. 따라서 글로벌 시대 세계 각국은 모국의 경제발전을 위해 해외에 거주하는 민족집단의 역할이 중요하다는 인식을 강조하고 있다. 결국 이 책에서 민족공동체란 국가나 민족의 공동이익을 달성하기 위해 창출된 디아스포라 민족공동체 네트워크로 정의할 수 있을 것이다.

초국적인 글로벌화와 더불어 종래 당연시되어왔던 국민국가라는 경계적인 틀이 무너지면서 디아스포라 민족공동체의 경계도 항상 변동될 수 있는 성향을 지니고 있다. 이러한 논리는 종래 연구결과와 학설에 의하면 국민국가와 그 구성원인 국민과의 관계를 두 가지로 설명할 수 있을 것이다. 첫째는, 국적(nationality)에 의한 법적 설명으로 해당 국가의 국민은 국적법이 정하는 규정에 해당되는 자를 말하며 그에 따른 권리나 의무가 수반된다고 하는 설명이다. 둘째, 자기통치(self-governance)[5]라는 개념에 입각하여 정부의 통치기구와 국민과의 관계를 제도적 관점에서 보는 시각이다.[6] 따라서 글로벌 시대 국민국가와 그 구성원인 국민과의 관계는 법적 · 제도적 측면에서 새롭게 재고되어야 할 시점에 와 있는 것이다.

세계적인 디아스포라 연구자인 샤프란(Safran, 1991)이나 퇴뢰리안(Tölölian, 1991)은 초기 디아스포라의 의미를 이산, 집산, 흩어짐, 정체성, 전통 등 보다 좁은 의미에 집착하는 경향이 강했다. 그러나 21세기 글로벌 시대에 접어들면서 교통과 정보통신의 발달로 점차 국내외 연구자들에게 디아스포라의 의미는 종래의 추상적인 개념보다는 구체적인 민족공동체나 연대조직과 같은 네트워크 등 확대된 개념으로 인식하기 시작하였다. 베토벡(1999) 역시 디아스포라 집단이 초국가주의 시대 국민국가의 국경을 초월한 노동력, 기관, 제도 등을 연결할 수 있는 복합적인 관계이자 현상으로 설명하고 있다.[7] 이러한 개념의 확대 현상은 윤인진(2003)[8]과 최인범(Choi, 2003)의 디아스포라 개념에 관한 논의에서도 더욱 명백하게 나타나고 있다.

특히 최인범(2003)의 연구에 의하면, 디아스포라 개념에 대하여 논의의 초기단계에서는 좁은 의미에서 기원지로부터 사람들의 분산, 정치적 · 경제적, 그리고 기타 압박이나 박해 요인에 의한 비자발적 강제 이산, 민족문화와 정체성을 유지하려는 노력 등이 강조되고 있다. 그러나 이러한 추상적인

---

5 자기통치(self-governance)란 사회적 존재인 개인이 사회를 구성하고 유지하기 위한 권력, 혹은 정치권력을 스스로 행사한다는 민주주의의 이념을 나타내는 규범적 개념으로 정의 할 수 있음.

6 權香淑(2011), 『移動する朝鮮族: エスニック·マイノリティの自己統治』, 彩流社, pp.20-21.

7 Steven Vertovec(1999), "Conceiving and researching transnationalism", in *Ethnic and Racial Studies*, Vol.22, No.2.

8 윤인진(2004), 『코리안 디아스포라』, 고려대학교 출판부, pp.4-5.

논의단계도 후반기에 들어가면 구체적으로 세계 각지에 흩어져 있는 동포에 대한 애착과 연대감을 가지고 상호교류와 소통을 위한 초국적 디아스포라 네트워크 구축(transnationalism)으로 확대되어간다는 것이다. 이러한 현상은 글로벌 시대 디아스포라 연구에 있어서 민족공동체라는 개념이 좁은 의미의 장소성이라는 지리적 영역인 물리적 공간을 초월하여 개인 간의 교류와 상호작용에 의한 연대감 형성이라는 네트워크 공간으로 점차 확대되는 개념으로 이해할 수 있을 것이다.

일찍이 앤더슨(Anderson, 1991)은 우리가 '민족'이라고 부르는 것에 대해 공간적 실체보다는 상상의 공동체, 혹은 가상공간 속의 공동체라는 관점에서 파악하고자 했다.[9] 그는 민족이란 한마디로 근대 이후 구축된 사회적 · 역사적 구축물로 설명하고 있으며 오늘날 정보통신의 발달로 인터넷이 정보의 전달뿐만이 아니라 지리적(물리적) 거리의 소멸(동시성)까지 초래하였다고 주장했다.

이러한 기존의 디아스포라 개념 논리들을 분석해볼 때 오늘날의 민족공동체는 〈표 1〉과 같이 다음 세 가지로 정의할 수 있을 것이다. 일반적으로 '민족공동체'를 지칭할 때에는 앤더슨이 지적한 '상상의 공동체(Imagined Community)'로서 어느 민족이나 역사적 · 문화적 전통을 공유하는 현상을 전제로 하고 있다. 이러한 면에서 인쇄매체를 포함한 매스미디어의 발달은 동일한 언어를 사용하는 민족공동체의 정체성 유지에 중요한 역할을 할 수 있다. 따라서 인터넷이 발달하기 이전까지는 '상상의 공동체'라는 민족의 형태에 머물러 있을 수 있지만 민족구성원 간의 상호작용이 인터넷을 통한 가상의 공간에서 활발하게 전개되고 공동의 연대나 유대가 인터넷 온라인상에서 만들어지는 민족공동체를 '가상의 공동체'라 할 수 있을 것이다. 더 나아가 '현실의 공동체'란 오프라인상에서 구성원 간의 상호작용이나 강한 유대, 공간(장소)의 접촉을 구성요소로 하여 일정한 공간을 중심으로 구성원들

9 Anderson, Benedict(1991), *Imagined Communities,* Verso.

〈표 1〉 세계 디아스포라의 민족공동체 변화과정

종류	상상의 디아스포라 민족공동체	가상의 디아스포라 민족공동체	현실의 디아스포라 민족공동체
디아스포라 민족 공동체의 전개	인쇄매체와 미디어의 발달로 동일한 역사, 언어, 출신, 민족, 국가 기반의 민족공동체, 일방적	정보통신의 발달로 인터넷상(온라인)의 네트워크화된 공동체(가상의 온라인 공동체), 쌍방향	현실 속에서 구성원 간 상호작용, 공동유대, 공간(장소) 중심의 유대나 귀속감(단체, 조직), 현실의 오프라인 공동체, 쌍방향

끼리 지속적인 상호작용을 통하여 공동의 유대나 귀속감을 발전 · 유지시킬 수 있는 형태를 지칭한다.[10]

이와 같이 글로벌 시대 세계 각국의 민족공동체의 형성은 방법적인 측면에서 다르지만 공간상의 현실적인 공동체에서 '민족의 자산화'와 같은 재민족화(Re-nationalization)라는 이상적인 목적을 추구할 수도 있고 동시에 현실적으로는 개인의 이익을 강조하는 탈민족화(De-nationalization)된 현상으로 나타나기도 한다. 이를 달리 표현하면 세계의 디아스포라 집단들은 '상상의 공동체'라는 전통적인 민족집단의 공동체에서 상호 문화정체성을 확인함으로써 형성된 네트워크화된 '가상의 공동체'가 결합된 집합적 정체성의 생산, 혹은 재생산되는 재민족화의 장소라는 종래 단체의 성격으로부터 단체들의 역할 분화가 가속화됨으로써 '현실의 공동체'라는 경제적인 이해관계가 우선인 탈민족화 된 형태로 변모될 수 있다는 점을 강조하고 있다.

이러한 점에서 최근 디아스포라 연구는 세계 각국의 이민자들을 국민국가로 포섭하기 위한 방안이나 정책모색, 사회권력 관계의 해결을 시도하는 실증주의에서 탈피하여 디아스포라 민족공동체의 이러한 변이성에 초점을 두고 있기도 하다. 따라서 이 장에서는 상기 〈표 1〉에서 전술한 바와 같이 한인, 화인, 유대인 디아스포라 민족공동체가 20세기 말 '상상의 공동체'에

10 김인영(2000), 「해외동포와 한민족 네트워크 공동체 형성: 현황과 과제」, 명지대학교 북한학연구소 세미나 발표원고, pp.1-2.

서 21세기 초공간성(장소성)과 네트워크(On-Off Line Network)를 포함하는 '가상의 공동체', 그리고 장래 출현하게 될 이들 둘이 결합된 탈민족화된 '현실의 공동체'로 어떻게 변용하고 있는지 디아스포라의 민족정책과 네트워크 구축을 통해 살펴보고자 한다.

글로벌 시대 전 세계적으로 과학기술의 진보에 따른 교통수단의 발달, IT 정보통신 혁명으로 대변되는 초국적 추세는 이민, 즉 사람의 이동이 빈국에서 부국으로 이동하는 일방적이었던 형태와는 달리 국가 간의 쌍방향으로, 혹은 과거의 공간적 범위와 제약을 초월하는 공간이동의 가상에서 현실 속의 오프라인이라는 공간적 의미로 탈영토화된 개개인들이 디아스포라 민족공동체 네트워크 속에서 재민족화를 촉진시키기도 한다는 것이다.[11]

그러나 무엇보다도 이러한 디아스포라의 재민족화나 탈민족화 과정을 경험한 세계 디아스포라 민족공동체가 글로벌 시대에는 정서적인 민족논리라는 상상의 공동체, 네트워크상의 가상의 공동체보다는 개개인의 이해관계와 밀접한 경제적 논리인 '현실의 공동체'에 바탕을 둔 네트워크 구축으로 점차 변용되어가는 과정에 있다는 점을 간과해서는 안 될 것이다. 글로벌 시대 각국이 다문화시대의 도래라는 선언을 주장하는 것만 보더라도 디아스포라의 존재가 과거 민족 내 동화나 단일화보다는 다양화를 촉진시키는 견인차 역할을 수행하고 있다는 점에서 이러한 주장을 뒷받침한다.

제3절 세계 디아스포라의 민족정책

전술한 바와 같이 디아스포라 민족공동체가 국민국가의 틀에서 하위집단에 속하는 존재라면 디아스포라 민족공동체의 어떤 종류의 조작성이나

---

11 平野健一郎(2004), 「アジア·マイグレーション研究の意義」, 『現代アジア学の創生第一回共同研究大会報告書』, pp.1-10.

가변성도 국민국가의 정책이나 틀 속에서 논의될 수 있을 것이다. 따라서 디아스포라 민족공동체는 근본적으로 국민국가와의 관계에 의해 논의되기도 하며 그 존재의 양상 또한 국민국가와의 관계에 의해 규정되기도 한다. 이러한 원리는 국민국가의 타국과의 관계, 국가의 사정 등 항상 해당국가의 형편에 의해 민감하게 움직일 수밖에 없는 운명공동체적인 민족공동체를 생산하게 된다.

세계 디아스포라 민족공동체론의 흐름에 접근하는 방식은 크게 두 가지로 구분되는데 원초주의적인 접근과 수단주의적인 접근방식이 그것이다.[12] 전자는 지연, 혈연, 특정 종교, 언어, 습관 등을 공유하는 원초적인 연대를 중시한다. 그러나 후자는 국민국가의 성립에 따른 이익 동원을 목적으로 상황에 따라 합리적으로 조작된 수단으로 이해하는 입장이다. 이와는 달리 민족공동체의 경계를 고정적인 문화가 아니라 민족집단 간의 경계성립과 변용과정으로 사회적 상황에 의해 형성된 사회적 · 상징적인 것이라고 주장한 사람은 발트(Fredrik Barth, 1996)였다.[13] 이상과 같이 이들의 논쟁을 정리하면 디아스포라 민족공동체는 국민국가나 국가 간 경계에 의한 타민족과의 관계성, 글로벌화에 따른 자본주의 세계 시장경제하에서 상호관련성에 의해 성립될 수 있다는 것을 짐작할 수 있다. 따라서 디아스포라 집단은 국민국가의 정책에 의한 외부의 규정성과 내부의 다양한 매개 변수 및 역동성을 어떻게 수용하느냐에 따라 끊임없이 변용되고 있는 것으로 이해할 수 있을 것이다.

그러면 대상 국민국가들이 세계 디아스포라 민족정책과 이들 민족공동체 사이에서 어떠한 관계를 설정하고 있는지에 대하여 구체적으로 살펴보기로 하자. 〈표 2〉는 분석대상인 3국의 디아스포라 민족공동체에 대한 정책방향을 나타내고 있다.

---

12 関根政美(1994), 『エスニシティの政治社会学: 民族紛争の制度化のために』, 名古屋大学出版会.

13 Barth, Fredrik(1969), *Ethnic Groups and Boundaries; The Social Organization of Culture Difference*, Waveland Press.

〈표 2〉 세계 디아스포라의 민족공동체 정책방향

중국 화교 디아스포라	한국 코리안 디아스포라	이스라엘 유대인 디아스포라
중국인이라는 민족주의적 정서를 고양시켜 중국이라는 국민국가의 외곽세력으로서 화교를 중국 내 정서와 국제적 환경에 따라 적절하게 동원 또는 활용하는 정책. 거주국의 국적 취득과 합법적 권익 요청, 거주국과의 공존 및 화교단체의 유대감 강화.	1960년대 초기 외화획득을 위한 해외이민정책 추진. 재일동포 중심 국내자본 유치 및 지원에서 점차 재미동포를 지원 대상에 포함. 1997년 재외동포재단 설립을 계기로 민족자산화 활용에 노력. 현재 재외동포에게 이중국적 부여 논의와 재외국민 참정권 부여.	다인종 국가 이스라엘 국적법에 의하면 이민 온 유대인들에게 이스라엘 국적을 수여하는 동시에 본래 국적도 인정하는 이중국적제도를 시행하고 있으며 유대인 디아스포라들 중 이주를 통해 이스라엘 국적을 취득하지 않으면 외국인으로 취급하고 있음.

한국 정부의 본격적인 코리안 디아스포라 민족정책은 1995년에 시작된 '신교포정책'을 필두로 1997년 재외동포재단의 설립, 1999년 재외동포의 출입국과 법적 지위에 관한 법률(재외동포법) 개정, 그리고 2002년부터 시작된 세계한상대회의 개최 등으로 '민족자산화'의 활용정책 측면에서 매우 발빠르게 대응해왔다.[14] 최근에는 코리안 디아스포라에 대한 한국 정부의 보다 적극적인 인식 변화와 적극적인 포용정책에 힘입어 재외국민에 대한 참정권 부여와 이들에 대한 이중국적 부여 문제도 한창 논의 중에 있다.

한국 외교통상부가 설정한 코리안 디아스포라 민족정책 기본목표는 "재외동포들의 혈통, 문화 및 전통의 뿌리가 한국에 있음을 유념하면서 거주국 사회 내에서 안정된 생활을 영위하고 그곳에서 존경받고 모범적인 구성원으로서 성장할 수 있도록 국제법, 국내법 및 거주국의 법과 제도가 허용하는 테두리 안에서 지원한다."는 것이 기본 목표이다.

한국 정부는 이러한 코리안 디아스포라 민족정책의 기본목표 아래 재외동포들이 거주하고 있는 각국의 이민 형성과정이 상이하고 그 나라의 체제나 이념뿐만 아니라 소수민족에 대한 정책이 다른 점을 충분히 감안하여 재

14 채경석(2006), 「재외동포의 민족공동체구성원 지위에 관한 연구」, 『아시아연구』, p.183.

외동포들이 집중 거주하고 있는 미국, 일본, 중국, 러시아 · CIS 및 유럽지역 등을 지역 특성에 차별화하여 접근해오고 있다. 그러나 지금까지 한국의 코리안 디아스포라 민족정책의 기본방향과 관련된 사업의 추진방향을 살펴보면 포괄적 국익에 기초한 전략적 접근의 부재, 국정방향에 대한 연계성의 부족, 특정 대상별 정책의 부재, 지역별 정책의 부적절성과 같은 문제점들을 안고 있는 것으로 나타났다.[15]

중국의 경우 화교 디아스포라 민족정책은 민족주의 고양과 거주국의 국적 취득 및 합법적 권익 옹호, 거주국과의 공존에 의한 화교조직의 단결을 지향해 오고 있다. 또한 역사적으로 중국은 화교 · 화인을 중국 내 정서와 국제적 환경에 따라 활용하는 민족정책을 펼쳐왔다. 중국의 화교 디아스포라 민족정책은 화교업무를 담당하는 전담기구 설치와 관련법을 정비하고 각국 화교들의 '현지 정착'을 지원하면서 본국의 발전에 긴밀히 연계하려는 실용주의적 정책에 바탕을 두고 있다. 예를 들면 1990년대 중반 이후 시작된 세계 화인들이 개최하는 '세계화상대회'를 통한 단결과 모국투자 및 자본유치 정책은 한국을 비롯한 세계 디아스포라들에게 벤치마킹의 대상이 되고 있다.

중국의 화교 디아스포라 민족정책은 현지사회와의 동화와 융합을 강조하여 한때 자신들의 조상들이 유지했던 디아스포라 민족공동체 의식을 유지하기 힘들 것으로 우려되기도 하였다.[16] 화교들에 대한 중국 정부의 민족정책은 시기별로 차이는 있으나 기본적으로는 '현지화'와 '중화의식의 계승'이라는 두 가지 원칙을 중심으로 전개되어왔다. 해외 거주국에서 장기적으로 뿌리를 내려 생활하고 있는 화인들은 하루 빨리 그곳의 국적을 취득하고, 그곳의 문화에 익숙해져 현지의 떳떳한 국민으로 뿌리를 내려야 한다는 것이었다. 화인들이 현지화가 충분히 진행된 후에는 중국 고유의 중화의식

---

15 전형권(2004), 「세계의 인교(印僑) 네트워크 발전과 인도의 재외동포 정책: 한국에 주는 함의」, 『대한정치학회보』 제12집 2호, 대한정치학회.

16 임채완 · 전형권(2006), 『재외한인과 글로벌 네트워크』, 파주: 한울아카데미, pp.266-269.

을 발양시켜 중국계 상호 간의 민족적 유대를 강화함으로써 그들의 개인적인 번영은 물론이고 모국에도 기여하게 함으로써 궁극적으로 거주국과 모국 간의 관계 발전을 위해서도 유익한 역할을 할 수 있을 것으로 간주하였다. 이러한 맥락에서 중국 정부는 화교 디아스포라의 민족정책을 계속해서 유지하고 지속시켜왔다.[17]

이스라엘의 유대인 디아스포라 민족정책은 이스라엘 국적법에 의해 모든 유대인들에게 국적을 수여하고 있다. 동시에 이중국적제도를 시행하여 유대인 디아스포라들이 이주한 곳에서 이스라엘 국적을 취득하도록 적극 권장하고 있다. 이스라엘 정부의 민족정책은 해외동포 이주에 관한 사항과 이주를 원치 않는 해외거주 재외동포에 관한 사항 등 두 가지로 구분하여 실시하고 있다. 이스라엘 국가는 유대인만으로 구성된 유대국가로 정의할 수 없는 다인종국가이기 때문에 유대인만을 위한 민족정책이나 법률을 공식으로 채택하기는 어려운 실정이다. 이스라엘 국적법에 의하면 이스라엘에 유입된 유대인들에게는 이스라엘 국적을 부여하는 동시에 원래 국적도 인정하는 이중국적제도를 취하고 있지만 유대인 중 이주를 통해 이스라엘 국적을 취득하지 않으면 외국인으로 취급된다. 이러한 이중국적제도 때문에 이스라엘 국적 취득을 꺼려하는 이주자에게는 영주권만 인정하고 국정선거의 선거권, 피선거권 및 지방선거의 피선거권은 인정하지 않고 있다. 이스라엘은 경제적으로 투자촉진법, 조세촉진법 등 관련 법령에 따라 유대인 디아스포라들에게 모국투자를 적극 장려하고 있지만 유대인계 재외동포를 일반외국인에 비해 특별히 우대하는 제도는 실시하지 않고 있다.

---

17 중국은 혁명 후인 1951년 8월 中央華僑事務委員會에서 '關於華僑與東南亞革命運動關係呈毛主席和中央的報告'와 1952년 1월 당 중앙의 '關於海外僑民工作的指示' 등을 통하여 변혁기적 시대상황에서 해외 교포들의 거주국에서 장기적 생존과 발전을 도모하고 그들의 대동단결을 위해서 이들의 광범위한 통일전선을 구축하려는 목적을 분명히 하면서 '현지화'와 '중화의식 계승' 등을 해외 화교정책의 기본원칙으로 제시하고 이러한 원칙의 구체화를 위한 실천적 정책들을 펼쳐나갔음.

제4절 세계 디아스포라 이동과 글로벌 네트워크

한인, 화인, 유대인 디아스포라 등 이들 3국 디아스포라 민족공동체가 변용과정에서 이민과 관련되는 다양한 정착과정을 통해 어느 국민국가에 자기 동일화를 시도하는가? 혹은 자기 동일화를 시도할 수밖에 없는가? 그리고 이러한 디아스포라 민족공동체의 역동성이 그들의 네트워크 구축이나 형성에 어떠한 영향을 미쳤는지에 대하여 그들의 이주의 역사, 네트워크 관계, 단체나 조직 등 마크로와 미크로적인 측면에서 고찰해보겠다.[18]

오늘날 네트워크는 전 세계적인 글로벌화와 IT산업의 발달로 우리들 일상생활에도 깊이 침투해 있다. 그러나 본래 네트워크를 구성하는 요소는 노동력, 상품, 자본 등이 중요한 구성요소를 이루어왔지만 최근에는 여기에다 정보 등의 수용, 송출, 전달을 위한 다양한 경로와 연결망을 포함하여 네트워크로 규정하는 경향이 있다. 그러나 여기에서는 국민국가를 바탕으로 한 민족공동체라는 일정한 경계의 틀에 의해 지속된 사회적 관계와의 비교에 의해 디아스포라 민족공동체 네트워크의 형성과정과 차이점에 대하여 논의함으로써 새로운 민족공동체론의 출현을 도출하고자 한다.

1. 유대인 디아스포라

1) 유대인 디아스포라의 이주 역사와 분포

유대인 디아스포라는 20세기 중반 이스라엘이 건국되기까지 수천 년간 세계 각국에 이산되어 생활해왔다. 유대인 디아스포라의 특징은 유대인 민족 대다수가 그들의 역사적 조국 밖에서 생활해왔고 세계 각국에 이산되어 동유럽이나 이슬람국가, 미국 등으로 유랑해왔다.[19] 현재 유대인 디아스포

18 Granovetter, Mark(1973), "The Strength of Weak Ties," *American Journal of Sociology*, Vol.78, No.6, pp.1360-1380.

19 우노마사미, 김홍기 역(1991), 『유대인의 세계 경제전략』, 교문사.

라의 90% 이상이 미국, 이스라엘, 구소련, 프랑스, 영국 등에 거주하고 있으며 이들 중 4분의 3이 미국과 이스라엘에 거주하고 있다.[20] 해외에 거주하고 있는 유대인 디아스포라는 대략 이스라엘 인구의 4배에 해당되는 약 1,800만 명으로 추정된다. 주요 거주지역은 미국에 685만 명, 중남미 110만 명, 아시아에 150만 명 등이다. 미국에 가장 많이 거주하고 있는 유대인계 미국인은 미국 전체 인구의 3%에 해당되며 민족적 구심력이 매우 강하기 때문에 유대인 디아스포라의 조직력과 투표율은 대단히 높아 영향력 있는 압력단체 중의 하나로 성장했다.

이처럼 유대인 디아스포라들이 역사적으로 수많은 박해와 차별을 극복하고 생존해올 수 있었던 것은 유대교의 민족 응집력과 탈무드의 지혜, 종교적 기반을 바탕으로 한 열성적인 자녀교육이라는 것이 지배적이다. 유대인 디아스포라는 기원전 70년경에 나라를 잃어버린 이후 1948년 이스라엘이 건국되기까지 독일 나치스에 의한 대량 인종학살 등 세계사에서 보기 드문 혹독한 박해를 받은 민족으로 기억되고 있다. 유대인 디아스포라들이 유럽을 비롯한 전 세계적으로 증오의 대상이 된 이유는 크게 다음 네가지 이유에 근거하고 있다. 첫째, 선민의식에 대한 비판과 질투, 둘째, 전통적인 금융대여업에 대한 멸시와 두려움, 셋째, 경쟁사회에서 높은 성공률과 출세율, 넷째, 유대인에 대한 인종적인 편견 등이다.

이스라엘은 1950년 법률로 제정된 귀환법(The Law of Return)에 의해 대량 이민이 계속 유지되어왔고 전 세계 130개국으로부터 유입된 유대인 디아스포라들이 이스라엘 국민의 80% 이상을 차지하고 있다. 이스라엘 정부의 이민정책은 다산정책과 인구증가에 주력하고 있기 때문에 구소련 붕괴 이후 약 40만 명이 구소련 지역으로부터 유입된 것으로 추정되고 있다. 이스라엘 이민자들은 역사적 · 종교적 · 정서적 뿌리는 동일하지만 언어와 습관,

20 정성호(1998), 「유대인 네트워크의 위력」, 『사회과학연구』 제37집, 강원대학교 사회과학연구소, p.217.

가치관, 생활양식, 사회문화 형태가 서로 상이한 민족공동체 구성원들이다. 따라서 이스라엘 국가도 다양한 문화 형태를 지닌 사회집단들이 공존하는 다원주의 사회를 형성하고 있다. 유대인 디아스포라의 이스라엘 귀향은 시온주의(Zionism) 운동으로 구체화되었다. 그러나 유대인들 가운데에서도 시온주의 운동의 정책과 목표의 구현방식은 다양하며 메시아의 사상을 강조하는 종파(전통주의자)와 정치적 이념을 강조하는 종파(정치적 시온주의자) 간의 대립은 계속 상존하고 있다.

2) 이스라엘 정부와 유대인 디아스포라 민족 네트워크

미국 내 유대인 디아스포라 단체 본부인 전미유대인협회(NJCARC)는 교육, 과학, 방위, 사회 등 각 분야에 산하조직을 두고 있다. 이 협회는 미국 내 1,200개 도시에 산재해 있다. 또한 각 지부에 30개의 중간 조직과 미국유대인연합회, ATC, AZO, ADL, HADESSA 등 5개 단체는 각 회원수가 100만 명이 넘는 것으로 알려지고 있다.

유대인협회가 민간 차원의 해외거주 유대인 디아스포라들을 위한 자발적 단체라면 1968년에 설치된 이민수용부는 정부기관으로 해외거주 유대인 디아스포라의 이스라엘 정착을 지원하는 총괄적인 책임을 담당하고 있다. 이스라엘의 이민수용부는 크게 중앙본부, 지방본부, 지역지부 등으로 구성되어 있다. 지방본부는 예루살렘, 하이파, 텔아비브, 비어쉐바 등 4개 지역을 두고 있다. 중앙본부에서는 이주민정책을 기획하는 동화지원부와 기획연구부, 정책집행 부서를 두고 정착동화지원과, 직업안정과, 사회복지과, 사회통합지원과, 히브리어교육과, 경제과로 구성되어 있다. 최근에는 지방부서로 권한을 이양하여 이주민과의 직접적인 접촉을 통해 이스라엘 사회 적응과 통합을 유도하는 역할을 담당하고 있다.

〈표 3〉 세계 유대인 디아스포라 민족단체[21]

유대인 주요 단체	소속 국가
American Jewish Congress American Jewish Committee American Zionist Organization HADESSA	America
Canadian Jewish Congress United Israel Appeal Jewish Immigrant Aid Service Union for Traditional Judaism	Canada
Board of Deputies of British Jews Central Council for Jewish Social Service	British
Contemporary Jewish Documentation Center	France
Netherlands Israelietish Kerkgenootschap	Netherlands
Union of Italian Jewish Communities	Italia
Executive Council of Australian Jewish Zionist Federation of Australia	Australia
South African Zionist Federation	South Africa

3) 유대인 디아스포라의 단체조직 및 네트워크 구축

이스라엘과 해외 유대인 디아스포라와의 관계는 다른 국가 · 민족의 디아스포라와 다른 독특한 특성을 자랑하고 있다. 이스라엘은 재외동포, 곧 해외 거주 유대인 디아스포라의 이주에 의해 건국된 나라이다. 현재 이스라엘 국민 중 약 85%를 차지하고 있는 유대인 디아스포라는 세계 80여 개국으로부터 온 이주민들이 대부분이다. 때문에 전통적으로 유대인 교민사회가 국내 정치와 경제에 강한 영향력을 행사해왔으며 서로 긴밀한 관계를 유지하고 있다.[22]

21 정성호(1998), p.224.

22 전형권(2004), 「글로벌민족 네트워크와 각국의 동포 정책」, 『한국동북아논총』 제33집, 한국동북아학회, 2004. p.207.

해외에 거주하는 유대인 디아스포라들의 전통문화 및 정체성을 유지하려는 노력은 유대인 조직에서 꾸준히 진행되어왔다. 이스라엘과 미국의 관계는 미국에 있는 유대인 디아스포라 네트워크가 핵심적 역할을 수행하고 있다. 미국을 거점으로 한 유대인 디아스포라 네트워크로는 100여 개의 정치활동 단체가 조직되어 있다. 대표적인 유대인 디아스포라 조직으로 세계유대인총회(WJC)와 미국유대인협회(AJC), 세계시오니스트기구(WZO), 이스라엘을 위한 유대인기구(JAFI) 등이 있다. 이들은 유대인 디아스포라의 본국 이주 및 모국의 국익을 지원한다. 특히 세계유대인총회(WJC)는 80여 개국에 산재한 유대인 민족공동체를 대표하는 기구로서 각국 정부 및 국제기관과 긴밀한 협조관계를 유지하고 있으며 유대인 디아스포라들을 위한 외교의 일부를 담당하고 있다.

그러나 유대인단체의 활동목표가 반드시 이스라엘 정부의 민족정책과 일치하지는 않는다. 유대인들을 하나로 연결하는 조직력과 파워의 상징인 미국 내 유대인 단체 본부인 전미유대인협회는 국가조직과 매우 유사하고 미국 유대인연합회를 비롯한 다양한 세계 조직들과 연결되어 있다. 유대인 단체 중 가장 활발한 활동을 전개하고 있는 유대인디아스포라협회는 해외 유대인 디아스포라의 국내거주, 정착지원, 전통보존 활동 등이 주된 사업이며 이스라엘 국가와 해외거주 유대인 간의 연결고리 역할을 수행하고 있다. 유대인협회에서는 유대인 귀환을 지원하기 위한 귀환센터(Israel Aliyah Centre)를 산하조직에 두고 이주정보 제공 및 자문역할, 이주절차 대행을 담당하고 있다. 이 센터에서 일하는 담당자들은 이주지원자들의 모집과 불안감 해소, 정보교환, 이주를 위한 예비여행 알선을 주도하며 이주경비의 제공, 이주 후 취업알선 및 언어습득을 지원하고 있다.

유대인들의 인터넷을 통한 가상공간의 공동체는 광범위한 강력한 민족공동체를 형성하고 있으며 글로벌 시대 이를 통하여 그들 나름의 상상의 공동체의 요소인 정체성과 문화를 유지하고 재생산하며 발전시켜나가고 있다. 그러나 이를 바탕으로 한 화상대회나 한상대회와 같은 현실의 공동체는 약한 것으로 보인다.

해외에 거주하는 유대인 디아스포라는 약 절반 정도가 미국 뉴욕에 거주하고 있으며 막강한 자본력을 행사하고 있다. 특히 아인슈타인, 프로이트, 마르크스, 키신저, 스필버그, 엘리자베스 테일러 등 유명한 학자, 정치가, 영화배우 등이 유대인 디아스포라 출신인 경우가 많다. 세계적 대기업인 록펠러, 모건, 듀폰, 로열 더치 셸, GE, GM, ATT, IBM컴퓨터, 보잉US스틸, 제록스 회사 등도 유대인계 기업이다. 유대인 재벌은 1980년대 미국 10대기업 중 6개사, 10대 은행 중 6개 은행을 지배하고 있으며 전 세계에 200개가 넘는 다국적기업을 소유하고 있다. 또한 석유재벌로는 엑슨, 텍사코, 스탠더드 등 3대 기업, 자동차로는 GM, 포드, 크라이슬러, 은행으로는 퍼스트내셔널 시티은행, 체이스 맨해튼 은행 등이 있다. 유대인 디아스포라 자본이 세계금융시장, 석유시장, 곡물시장, 매스컴 분야에도 큰 영향력을 발휘하고 있다. 세계 대기업의 50개사 중 21개사, 상위기업 20개사 중 13개사를 미국 기업이 독점하고 있다. 이들 13개 회사 전부가 미국 유대인계 5대 재벌과 인적관계(네트워크) 혹은 자본력으로 강력히 밀착되어 있다. 매스컴 분야에서는 뉴욕 타임스, 워싱턴 포스트, 월 스트리트 저널, ABC, CBS, NBC 등이 유대인 자본으로 운영되고 있다. 이처럼 유대인 디아스포라들은 미국의 매스컴, 의회, 노조, 학회(노벨상 수상자) 등 각계각층에서 대활약하고 있으며 그들 간의 연대감과 영향력은 매우 막강하다.

1990년대 이후 미국 유대인 디아스포라의 최대 위기는 정통 유대인주의보다는 유대인이 비유대인과의 결혼하는 비율이 높아짐에 따라 유대인 인구의 자연감소 현상에 따른 것이었다. 1930년경에는 비유대인과의 결혼비율이 약 3% 정도에 지나지 않았지만 최근 연구결과에 따르면 1985년 이후 미국 유대인의 절반 이상이 비유대인과 결혼한 것으로 알려졌다. 이러한 글로벌화의 추세 속에서 유대교도를 유대인으로 취급하는 종래의 유대인의 정의에 대한 수정논란과 함께 유대인을 종교집단이라기보다는 문화 및 인종집단으로 새롭게 정의하려는 움직임이 일고 있다.

2. 화교 디아스포라

1) 화교 디아스포라의 이주 역사와 분포 특성

화인(華人) 디아스포라는 중국, 대만, 홍콩, 마카오를 제외한 세계 각국에 이산된 중국인 또는 그 자손을 지칭하는 용어이다. 정확히 구분하면 화교는 중국 국적을 가지고 있는 사람이고 화인은 화교 또는 화교의 후예였다. 그러나 지금은 거주국의 국적을 취득한 자를 가리켜 '화교'라고 부르기도 한다. 화교 디아스포라의 기원은 초기 쿨리, 정치적 박해를 피하기 위해 혹은 상업적 교역을 목적으로 새로운 삶의 터전을 찾아 나선 개척자들로 상업이나 무역에서 재능이 탁월한 사람들이었다.

화인들의 초기 이민은 출신지의 낙후성으로 인해 더 나은 일자리 기회를 찾기 위한 국제 노동력의 이동과 맞물려 있다. 이러한 화교의 피동적인 이민의 특징으로 인해, 이들은 이동 초기부터 기존의 복합적인 네트워크 경로에 얽혀 있어 일단 조직 단위에 속하게 되면 자신도 모르는 사이에 서로에게 의존할 수밖에 없는 사회적 구조에 놓이게 되는 특성을 갖게 된다. 이러한 맥락에서 최초 화교 디아스포라 네트워크는 피동성과 자위성(自衛性)이라는 특징을 갖는 전통적 형태의 네트워크에서 출발했다고 볼 수 있다. 물론 이렇게 구축된 화교 디아스포라 네트워크는 언어와 문화의 공유로 말미암아 국경을 초월하여 광범위하게 존재하며 새로운 사업의 추진이나 현지 시장에 대한 정보 획득에 매우 유리하게 작용했다. 하지만 단순히 혈연이나 지연 등 전통적인 연고 관계는 제한된 범위 집단 내에서만 제한되며, 기타 조직과 집단에 대한 배타적 성향이 강하게 존재하고 있다.[23]

중국 대륙과 인접한 대만과 홍콩, 마카오를 포함한 화교 디아스포라의 인구규모는 2006년 현재 6,800여만 명에 달한다. 과거 전통적인 중화권이었던 타이완과 홍콩, 마카오를 제외한 나머지 지역에 진출한 화교·화인의 수

---

23 임채완·전형권(2006), pp.265-270.

는 3,750여만 명에 달할 정도로 동남아 등지를 중심으로 광범위하게 산재되어 있다. 이들을 지역별로 살펴보면 아시아가 제일 많고, 다음으로 미주, 유럽, 호주 순이다. 아시아권에 비해 미주 등지의 화교 디아스포라 인구는 점차 증가하는 추세이며, 이는 화인의 새로운 이민 도착지가 서방 선진국으로 다변화되어 새로운 국면을 맞이하고 있음을 보여준다.

과거 중국인의 동남아 이주는 북송(960~1127) 말경 시작되었다. 주로 이주국이 동남아를 초월하여 남북아메리카, 호주 등지로 확대된 것은 영국과의 아편전쟁(1840~1842) 이후의 일이다. '화교'라는 말은 1870년대 청조가 해외 중국인의 재정적 역할을 인정해 중국의 재생을 구상하던 시기에 등장했다. 당시에는 '중화'라는 문화적 우월감이 매우 강했다. 대규모 이주는 19세기 중엽부터 시작되어 중화인민공화국이 건국되기까지 약 100년 동안 지속되었다.

화교 디아스포라들이 중국 남부(화남)에서 동남아로 이주한 것은 당시 동남아에서 해상무역이 왕성했기 때문이다. 또한 남부지역의 농지 부족, 정치사회적 혼란, 경제적 빈궁 등이 이동의 주요인이었다. 이들은 놀라운 상업술과 무역활동 능력을 발휘하면서 중국인 상호 간의 네트워크 형성뿐만 아니라 해외의 이질적 문화와도 원만히 적응하는 높은 친화력을 가지고 있었다.

화교 디아스포라의 법적 지위는 1929년 국민당 정권이 처음 규정한 이래 1949년 공산정권 수립 이후 몇 차례 변천과정을 겪었다. 중국 정부의 제반 조치는 이중국적의 허용, 거주국 내에 친중국 세력 배양, 거주국과의 교두보 확보 등 다양한 역할을 지향하였다.

원래 화교정책은 마오쩌둥의 '8자 방침'과 '중국헌법'에 잘 반영되어 있었으나 1950년대 초기 귀국화교는 자산가계급으로 분류하여 합법적인 대우를 받지 못했다. 중국 문화혁명의 대약진 기간에 화교는 한때 특수분자, 반혁명분자로 간주되어 박해와 처벌을 받았다. 특히 문화혁명 시기에는 화교 디아스포라들을 정치적으로 이용하려 했으나 중국 사회를 고립시키는 결과를 초래하기도 했다.

2) 화교 디아스포라와 민족공동체 네트워크

1970년대 말 중국 개방개혁정책의 전면적인 실시와 1980년대 말 냉전구조의 변화 등으로 인하여 오늘날 화교 디아스포라는 거대한 민족 네트워크를 형성하여 그들 스스로의 권익을 보호하고 중국과 대만의 경쟁 속에서 영향력을 행사해오고 있다.

화교 디아스포라 네트워크는 연고 중심의 전통적 네트워크로부터 점차적으로 그 규모를 확대하여 전국 규모의 네트워크로, 더 나아가서는 초국가적 네트워크의 규모로 발전하고 있다. 오늘날에는 세계화상대회를 통해 글로벌화된 네트워크로 더욱 확장되고 있다. 이러한 화교 디아스포라 네트워크의 역동성은 국가 내 통합 네트워크, 지역적 초국가 네트워크, 그리고 글로벌 수준의 네트워크로 설명될 수 있을 것이다.[24]

화교 디아스포라 기업은 친인척을 종업원으로 고용하는 가족경영의 형태가 많다. 동남아시아 화인의 대부분은 중국 남부의 광동성과 복건성 출신이 많은 것으로 알려졌다. 이들은 출신 지역에 따른 방언이나 생활습관에 따라 복건, 조주, 광동, 객가(客家), 해남 등 5개 지역으로 분화되어 상권을 형성하고 있다. 말레이시아 화교의 경우 전국적인 화인조직으로 복건방 7개 단체(소규모 단체 224개), 광동방 8개 단체(소규모 단체 126개), 객가방 5개 단체(소규모 114개)가 등이 활동하고 있는 것으로 알려졌다.

화교 디아스포라 중 업연을 기반으로 한 조직은 대표적으로 '중화총상회(中華総商会)'라는 경제단체를 들 수 있을 것이다. 이 단체는 중국 내 화교 디아스포라 재계 간의 조정 역할이나 국가 간 화인경제계의 국제교류 업무를 담당하고 있다. 화교 디아스포라 네트워크는 말레이시아에는 1947년 설립된 중화상공연합회, 필리핀에는 2개의 전국적인 화인 단체(친대만의 필리핀 중화총상회 및 친 중국의 필리핀 마닐라 중화총상회), 싱가포르는 1907년, 태국에는 1909년 설립된 전국조직인 중화총상회가 존재한다.

---

24 임채완(2005), "세계화상 네트워크의 성격과 발전현황", 『한국세계 지역학회보』 참조.

〈표 4〉 세계 화교 디아스포라의 온/오프라인 민족공동체 네트워크[25]

온라인상의 가상의 공동체	오프라인상의 현실의 공동체
World Chinese Business Network (http://wcbn.com.sg/)	세계 화상 네트워크 싱가포르 중국인 상공회의소
Chinese Chamber of Commerce Chinese Chamber of Hawaii	세계 화인 경제인단체
Organization of Chinese Americans of Greater Cleveland	글리브랜드 중국계 미국인단체
Organization of Chinese Americans, Inc(OCA).	중국계 미국인 조직
Overseas Chinese Youth Association	해외거주 화인 청년단체
Chinatown Youth Center	차이나타운 청년센터
Chinese Software Professional Association	화인 소프트웨어 전문가협회
Chinese American Medical Society	미국계 화인 의사협회 등

〈표 4〉에 제시한 바와 같이 최근 글로벌 시대의 영향으로 20세기 중반부터 21세기 초반에 걸쳐 화인 단체 간의 가상의 공동체인 On-line상의 글로벌 네트워크 구축이 가장 큰 이슈로 떠오르면서 화교 디아스포라 네트워크의 글로벌화가 매우 활발히 추진되어왔다. 화교 디아스포라의 글로벌 네트워크는 혈연 및 지연에 의한 세계적 확대나 싱가포르 중화총상회의 주최로 '세계화상대회'가 2년에 한 번씩 개최되고 있다. 이러한 화교들은 화교 디아스포라들 간의 글로벌 네트워크를 통해 가상공간을 초월하여 민족공동체 문화 및 정체성을 유지해왔고 그들이 모이는 공동의 장소인 현실의 공동체를 통해 화인의 단결, 정보교환, 기업협력교류 등을 촉진시켜왔다.

해외에 거주하는 화교 디아스포라 단체는 중국의 대외정책과 깊은 관련을 가지고 있다. 중국 정부의 화교정책은 중국인이라는 민족주의적인 정서를 고양시켜 중국의 외곽세력으로서 화교 디아스포라들을 국내정세와 국제적 환경에 따라 적절하게 동원하려는 의도에서 시작되었다고 볼 수 있다.

---

25 전형권(2006), p.8.

구체적으로 살펴보면 먼저 화교 디아스포라들이 거주국의 국적을 취득하도록 권유하는 화교 디아스포라의 현지 화인화를 권장하고 현지에서 화인의 정당한 권리보장과 거주국에 대한 화인의 합법적 권익 요구, 거주국 주민과의 공존과 우호관계의 모색, 광범위한 애국주의 정신의 함양과 화인 단체의 단결을 도모하는 것을 목적으로 하고 있다는 점에서도 알 수 있다. 중국의 중앙정부 혹은 전국적인 수준에서 화인 문제를 취급하는 기관은 국무원 교무판공실, 전국이민대표대회 화교위원회의, 전국인민정치협상회의 화교위원회 등이 있다. 1984년 제12회 전국인민대회에서 화교 디아스포라의 역량을 결집시키기 위해 북미와 동남아 지역 화교 디아스포라들을 통한 자금과 선진기술의 도입, 대만에 대한 견제강화, 홍콩과 타이완 화교에 대한 선전활동, 해외 화인들의 국내 친척 방문 등 구체적인 계획을 수립하기도 했다.

중국 정부는 화교 디아스포라에 대한 몇 가지 우대정책을 실시해왔는데 그중에서도 가장 우선적으로 해외 화교 자본의 국내유치 및 화교경제권 투자촉진에 힘써왔다. 화교 디아스포라의 중국 투자에 대한 법률적 보호규정으로는 1990년 8월 국무원 제64호로 제정한 '화교와 홍콩, 마카오 거주 중국 동포 대상의 투자를 권장하는 국무원 규정'이 있다. 화교 디아스포라의 중국 내 투자는 특별규정을 적용하는 것 이외에도 국가투자와 관련된 유관 규정을 참고하여 집행하며 이에 상응하는 외국 투자기업의 대우를 받을 수 있다. 이들 대상 기업은 동남아 중심의 홍콩, 마카오, 대만 화교가 대부분이었으나 북미의 화인들도 대상에 포함하고 있다. 중국의 화인자본에 대한 대표적인 우대조항은 국유화 대상에서 제외, 기업 경영관리의 자주권 보장, 투자자산의 보호 및 합법적 이윤의 양도와 거주국으로의 송금 보장, 조세 및 금융 우대정책의 실시 등 다양한 정책을 실시하고 있다.

전 세계의 화교 디아스포라들을 연결하는 '세계화상 네트워크(WBCN)'는 1990년 말까지 20개국 약 10만여 개의 화인 기업이 가입하여 활동하고 있다. 세계화상 네트워크는 1993년 리광유 싱가포르 수상이 제2차 세계화상회의에서 제안한 것으로 1995년부터 싱가포르 중국인상공회의소에서 본격적으로 준비한 끝에 완성되었다.[26]

3) 화교 디아스포라 민족공동체의 변화과정

중국 정부는 1978년 덩샤오핑의 등장으로 화인친화정책을 펼쳤으며 1990년 세계화상총회를 조직하는 등 화교 디아스포라들을 중국 경제발전의 원동력으로 삼았다. 중국은 정부 부처 내에 장관급인 화교부를 설치하고 국회격인 전국인민대회에도 화교 디아스포라 전담 상임위원까지 두어 화인들을 적극 배려하였다.[27] 홍콩이나 대만, 동남아시아에 집중된 화교 디아스포라 기업과 자본을 끌어들이기 위해 중국 심천, 주해, 하문 등지에 경제특구를 설치하였다. 화교 디아스포라들에게 자기 고향에 투자를 유인하는 민족정책도 동시에 시행하였다. 이러한 민족정책을 통하여 개혁개방 이래 중국본토에 대한 외국투자의 약 70%를 화인자본들이 차지하게 됨으로써 중국은 중국 본토투자를 유치하여 화인과 본토를 연결하는 데 성공하였다. 중국은 개혁개방정책의 실시로 정치적 · 경제적 자신감을 회복하여 보다 적극적인 화교 디아스포라 민족정책을 실시하였다.

화교 디아스포라들은 세계 각 거주국에서 거대한 경제적 자산과 자본을 보유하고 있는 것으로 알려지고 있다. 타이완이나 싱가포르에는 물론이고 아세안제국에서도 화교 디아스포라 기업은 큰 세력을 과시하고 있다. 1994년 기준으로 아시아 화인의 GNP는 5천억 달러 이상이었으며 중국 본토의 경제성장률과 맞먹을 정도로 연 7~10%의 급성장을 이룩하였다. 중국 본토에 대한 화교 디아스포라 기업의 대중투자는 1990년대 약 90%를 상회하였으며 매년 중국 경제의 10%를 초과하는 성장률에 기여하고 있다. 화교 디아스포라의 경제활동은 아세안의 경제약진뿐만 아니라 중국 본토와 선

26 전형권(2004), p.7.

27 전형권(2004), p.121.

〈표 5〉 세계 화교 디아스포라 민족공동체의 역사적 변화[28]

시기 구분	제1기 (20세기 초~중반)	제2기 (20세기 중반~1970년대)	제3기 (1980년대~현재)
중국과 거주국과의 관계	혼돈	긴장	호전/안정
화인의 의식	이주지에서 타민족과의 차이 강함, 화인의 상호부조 의식 강함.	이주지에서 타민족과의 차이 낮음, 화상의 상호부조 의식 약함.	이주지에서 타민족과의 차이 낮음, 화인의 상호부조 의식 강함
정체성	중국적, 생득적	중국 이탈, 거주국 동화	다원화, 도구화
네트워크 특징	원초적 애착에 의한 자연발생적인 것, 상상의 공동체	유명무실화 구성원의 이탈 현상, 가상의 공동체	이익추구를 위해 만들어진 것, 현실의 공동체

진제국을 연결하는 글로벌 파워를 구축하고 있다.

싱가포르는 화교 디아스포라가 인구의 4분의 3을 차지하는 화인 국가 중의 하나이다. 대표적인 화인 기업으로는 화교은행, 풍륭그룹, 대화은행 등이 있다. 태국에서 화교 디아스포라 기업은 상업 및 제조업의 총자본 가운데 약 90%를 차지하고 있으며 방적업의 약 60%, 철강업과 운수업의 약 70%, 제당업의 약 60%를 차지하고 있는 것으로 나타났다.

태국의 대표적인 화교 디아스포라 기업은 방콕은행그룹, CP그룹, 파마즈은행, 사하그룹 등이 있다. 인도네시아에서의 화교 디아스포라는 전체 인구의 4% 정도에 해당되지만 상위 20대기업 중 약 18개 기업이 화인 기업으로 알려지고 있다. 대표적인 화인 기업으로는 사림그룹, 아스트라그룹, 시닐마스그룹 등이다. 말레이시아나 필리핀에서도 화인 기업의 활약은 두드러진다.

필리핀은 화교 디아스포라 인구가 전체 인구의 약 1%에 불과하지만 국가경제 전체를 지배할 정도의 경제력을 과시하고 있다. 대표적인 화인기업은 루시오탄그룹, 아시아월드그룹, 코판코그룹, 뉴첸코그룹 등이 있다. 말

28 陳天璽(2001), 『華人ディアスポラ』, 明石書店, p.111을 참고로 필자 작성.

레이시아에서도 화교 디아스포라 기업의 영향력은 막강하며 곽그룹, 겐틴 그룹, 멀티파파스홀딩, 쿠알라룸푸르 케퐁그룹 등이 있다.

중국 정부가 가장 주목하고 있는 대표적인 화교 디아스포라 민족공동체는 국제화교협회, 세계화상대회, 아시아화교네트워크, 중화전국귀국화교연합회 등이다. 국제화교협회는 화인 간 글로벌 네트워크를 구축하고 화인 상호 간의 유대강화를 목적으로 중국 내의 고향 친척이나 중국 정부와의 연결기능을 담당하고 있다. 국제화교협회는 150여개의 산하단체를 보유하고 있으며 2년마다 한 번씩 정기총회를 개최하고 있다. 세계화상대회는 세계 최대 규모의 화상 네트워크로서 2년에 한 번씩 정기적으로 전 세계의 주요 도시를 순회하며 대회를 개최하고 있다. 1991년 싱가포르에서 열린 제1차 세계화상대회를 시작으로 2009년 11월에 필리핀에서 제10차 세계화상대회를 개최하기까지 대회마다 3,000명 이상의 세계 각국 화상들이 참여하여 글로벌 네트워크 구축의 필요성과 각종 정보 네트워킹의 구축을 실천해오고 있다.

아시아 화교 디아스포라 네트워크는 중국인이라는 공동의 역사인식을 바탕으로 가족관계, 동일 언어, 출신 고향을 매개로 결성한 것으로 아시아권을 중심으로 전 세계 9,000여 개 이상의 민족단체를 결성하고 있다. 중화전국귀국화교연합회는 티베트를 제외한 중국 전역 29개 1급 행정구 및 2,700여 개 향 등에 약 8,000여 개의 조직을 구성하고 있다. 또한 해외 2,200여 개의 단체와 제휴하여 중국 정부의 재정적 지원을 받아 화교 디아스포라와의 네트워크 구축을 전담하고 있다.

글로벌 시대 화교 디아스포라의 민족공동체는 〈표 5〉에 제시한 바와 같이 변화에 변화를 거듭하고 있다. 이러한 현상은 20세기 초 상상의 공동체에서 20세기 중반의 가상의 공동체, 그리고 1980년대 이후 글로벌 시대의 도래와 21세기에는 개인의 이익을 중시하는 현실의 공동체로의 변화과정의 연속선상에서 설명할 수 있을 것이다.

3. 코리안 디아스포라

1) 코리안 디아스포라의 이주 역사와 국가적 분포

2000년대 중반 이후 코리안 디아스포라의 이동을 연구하는 학자들은 재외한인을 '디아스포라'로 간주하는 경향이 지배적이었다. 이와 같은 관점은 역사적으로 이주를 거듭했던 수백만 코리안 디아스포라들의 역사적 경험을 포괄하는 보편적인 관점인 동시에 국가별 한인들의 경험을 지칭하는 제한적인 관점이 될 수도 있다. 국가적으로나 지역적으로 볼 때 한인의 사례는 디아스포라의 성격을 갖고 있다는 것은 주지의 사실이다.

우선 한인의 이동은 범지구적 차원에서 이루어져왔다고 할 수 있다. 예를 들면 전 세계적으로 1만 명 이상의 코리안 디아스포라가 거주하는 국가는 15개국 이상이며 10만 명 이상 거주하는 국가도 5개국에 달한다. 그리고 역사적으로 코리안 디아스포라들은 거주국에 살면서도 한인으로서의 정체성과 모국의식을 구심점으로 단체를 결성하고 한인 커뮤니티를 형성해왔다. 또한 코리안 디아스포라들은 탈 경계적인 공간에서 부딪치는 초국적 경험을 통해 거주국에서의 성공적인 현지 적응과 모국에 대한 헌신적 태도를 실천하며 살아왔다.[29]

다음 〈표 6〉에 제시한 바와 같이 2009년도 말 현재 코리안 디아스포라의 수는 682만 명에 달한 것으로 나타났다. 대륙별 분포를 보면 아주지역이 54.4%로 가장 높은 비율을 나타내고 있으며 다음으로 미주지역 35.7%, 구주지역 9.6%, 독립국가연합 7.9%, 중동지역, 아프리카지역 순으로 나타났다. 국가별로는 중국이 233만 명, 미국 210만 명, 일본이 91만 명, 구소련지역인 CIS지역(독립국가연합)이 53만 명 등이었다.

29 임채완 · 전형권(2006), 『재외한인과 글로벌네트워크』, 한울아카데미, pp. 83-89.

〈표 6〉 코리안 디아스포라의 국가별 분포 현황

지역별		2007년	2009년	2011년	2013년	100 (%)	증감률 (%)
총계		7,041,684	6,822,606	7,167,342	7,102,492	100	-2.16
동북 아시아	일본	893,740	912,655	904,806	892,704	12.73	-1.34
	중국	2,762,160	2,336,771	2,704,994	2,573,928	36.70	-4.85
	소계	3,655,900	3,249,426	3,609,800	3,466,632	49.44	-3.97
남아시아태평양		384,474	461,127	453,420	485,836	6.93	7.15
북미	미국	2,016,911	2,102,283	2,075,590	2,091,432	29.82	0.76
	캐나다	216,628	223,322	231,492	205,993	2.94	-11.02
	소계	2,233,539	2,325,605	2,408,490	2,297,425	32.76	-0.42
중남미		107,594	107,029	112,980	111,156	1.59	-1.62
유럽		645,249	655,843	656,707	615,847	8.78	-6.22
아프리카		8,485	9,577	11,072	10,548	0.15	-4.73
중동		6,440	13,999	16,302	25,048	0.36	53.65

자료: 외교통상부 홈페이지(www.mofat.go.kr) 참조.

2) 코리안 디아스포라 민족공동체와 네트워크 구축

전술한 바와 같이 초국가시대 디아스포라 민족공동체들은 가상의 공동체에서 현실의 공동체로의 전환과 이러한 현상은 오프라인상에서 동시에 일어나는 공시성을 가지고 있는 것으로 파악된다. 특히 코리안 디아스포라 네트워크 중 경제인의 네트워크라 할 수 있는 재외동포 경제단체는 국가별, 지역별, 업종별로 단체 또는 단체 연합회, 기업인 단체, 경제인 협의회, 상공인 단체 등의 명칭으로 조직되어 있다. 코리안 디아스포라의 수가 적은 국가는 한인회가 경제단체 기능을 일부 수행하기도 한다. 국가별로 조직되어 있는 재외동포 경제단체로는 재미한인기업가협회, 미주한인상공인단체총연합회, 재일본한국상공회의소, 중국한국상회, 카자흐스탄고려인협회 등과 같이 전 업종을 포괄하는 민족단체도 있으며, 미주한인식품상총연합회, 미주한인드라이클리너총연합회, 미주한인방송협회, 재일본한인신용조합협회 등과 같이 국가별 해당 동종업종을 연결하는 단체 등 다양하게 존재한다.

한국 정부는 1990년대 후반 무역 활성화의 차원에서 경제 분야에서 코리안 디아스포라 네트워크를 구축하려는 노력을 지속해왔다. 이러한 노력들은 제도와 규정의 측면에서 정보 교류에 대한 인센티브 부족, 협력 가능한 교포 인력 DB 구축 미비, 허술한 운영 등으로 인해 제대로 성과를 거두지 못했다.[30] 이러한 네트워크 구축 성과의 부진으로 정부 차원의 해법들이 강조되기도 했다. 주로 정부 차원에서 기업정보 교류 시 인센티브를 부여하도록 관련 제도와 규정을 조정하거나 코리안 디아스포라 기업 간 교류 체계화를 위한 기업 DB 구축, 혁신 주체의 협동을 위한 전담기구 설치, 한인 기업교류 네트워크 구축 등이 이러한 사례라 할 수 있을 것이다.

이러한 배경에서 2000년대 들어 '재외동포재단'을 중심으로 '코리안 디아스포라 네트워크' 사업이 본격적으로 추진되기도 하였다. 인도의 인상과 중국의 화교 상인 및 이스라엘의 유대인 상인의 성공 사례의 벤치마킹이라 할 수 있는 '코리안 디아스포라 네트워크' 구축사업[31]은 민족경제공동체를 지향하여 국내외 경제인과 경제단체를 연결하는 지구적 수준의 통합경제 네트워크를 구축하기 위한 사업 중의 하나였다. 이를 위해 각 분야의 재외동포 기업인(무역인, 상공인, IT 종사자, 법조인, 과학자 등)들의 경제 교류와 네트워크를 '세계한상대회' 등을 통해 오프라인상에서 활성화시킨 후, 이를 온라인상의 '사이버 코리안 디아스포라 네트워크'로 연결하는 방법을 시도하였다.

전 세계 재외동포 경제인과 경제단체를 망라하는 오프라인의 코리안 디아스포라 네트워크는 각 국가별 · 직능별 단체를 연합하는 형태를 띠고 있다. 이를 포괄하는 대표적인 오프라인 글로벌 코리안 디아스포라 네트워크는 1981년에 '해외교포무역인단체'로 출발한 '세계해외한인무역협회(W-OKTA)'

30 김신(1999), 「코리언 네트워크를 통한 수출증진에 관한 연구」, 『사회과학논총』 제17집, p.164.

31 기획예산처의 '2003년도 공기업 및 산하기관 경영혁신 추진실적 평가' 결과 재외동포재단의 한상 네트워크 사례가 총 2,311개의 경영혁신 사례 중 우수 17개 사례의 하나로 선정되었음.

〈표 7〉 코리안 디아스포라의 민족공동체와 네트워크 변화

분야	네트워크 명칭	추진주체 (정부 관련기관)	주요 구성원/ 규모	주요 사업/ 운영형태	특징/ 문제점
한상 네트워크	세계해외한인 무역인 네트워크 (W-OKTA)	W-OKTA 산업자원부	해외한인 무역인 6,000여 명	한민족 경제공동체 대회 (W-OKTA 대회) 운영 등 오프라인 사업 위주 (www.okta.net)	한상의 차별성 강조
	세계한상대회 (WKBN)	재외동포재단	W-OKTA 등 동포 경제인 1,500여 명	오프라인 대회 온라인 연계 (www.hansang.net) (세계한상 디렉토리) 발간	추진 주체 불분명, 관 주도 행사 위주
	세계해외한인 상공인 네트워크 (WFKAC)	세계한인상공 인총연합회	세계해외 한인 상공인회 회원	세총대회 등 오프라인 네트워크	온라인 홈페이지 미비
	중소상공인 네트워크	두레 21	국내외 중소기업 84개 국가 11,245명	포털사이트 운영을 통한 마케팅과 홍보 및 인적교류	비즈니스 교류의 폐쇄성, 정보의 질
	한민족글로벌 벤처네트워크 (INKE)	벤처기업협회 KASE(재미 기업가협회) 정보통신부 중소기업청	국내 벤처기업 CEO 330명, 해외 16개국 21개 지역 지부 (300개 회사 회원)	온라인과 오프라인상의 교류 (http://www.inke.org)	국내본부-해외지부
과학 기술 네트 워크	한민족 과학기술자 네트워크 (KOSEN)	과학기술부 한국과학 기술 정보연구원	석사 이상 국내외 과학 기술자 22,659명	온라인 DB 구축 운영 (http://www.kosen21.org)	자발적 가입으로 활성화
	세계한민족 IT네트워크 (KIN)	정보통신부 소프트웨어 진흥원	KANE, 재미한인 반도체협회, 재미한인 과학 기술자협회 등 2,000여 회원/기업	자체 세미나, 포럼 및 정보교류, 온라인 네트워크 지향(http://koreait.org)	미국, 일본 중심 운영, 타민족 IT 네트워크와 연계
	차세대과학자 네트워크/ 해외동포 과학자대회	재외동포재단/ 과학기술부	IT, BT 분야 해외한인 차세대과학자 50명 이내/100여 명	온라인(http://ytec.korean.ne) 및 오프라인 대회	참가범위 제한적, 초기단계
문화 예술 네트 워크	세계한민족 문화제전	재외동포재단	해외 각 분야의 문화예술인	오프라인 대회	일회성 행사
	한민족문화 공동체대회	재외동포재단 문화사업부	국내외 공연 예술인 중심 100여 명	오프라인 대회	유기적인 연계 미흡
	세계한민족 축전	문광부 국민 생활체육협의회	재외 동포 성인 및 청소년 163~1,000명	연례적인 체육·청소년·문화·학술 등 종합축제	행사 성격 모호, 참가자 급감

와 이들이 주최하는 '해외한민족경제공동체대회'가 있다. 또한 1993년에 설립된 '세계한인상공인총연합회(WFKAC)'와 이들이 주최하는 '세계한상총연합회' 대회, 2002년부터 재외동포재단과 재외동포 경제단체들의 협력사업으로 진행되는 '세계한상대회(WKBC)' 등이 있다. 그리고 2001년에 설립된 한민족벤처네트워크(INKE)와 중소 상공인 네트워크를 표방하는 '두레 21', 새로운 IT 기업인들의 협력망인 '한민족IT네트워크(KIN)' 등도 온라인을 중심으로 적극적으로 활동하고 있다.

1980년대 이전까지만 해도 주로 코리안 디아스포라에 대한 관심이 재일동포와 재미동포 대상의 자본 및 투자유치에 집중되어왔지만 1997년 재외동포재단의 설립과 2002년부터 시작된 세계한상대회 개최는 이런 현상에 큰 전환을 가져왔다.

앞의 〈표 7〉에 나타난 바와 같이 코리안 디아스포라 민족공동체는 온라인상의 가상의 공동체가 주를 이루고 있으나 점차 현실의 공동체인 오프라인을 중시하는 추세로 전환되어왔다.[32] 이러한 현상은 그동안 지지부진하고 뚜렷한 방향성이 부족했던 코리안 디아스포라 민족정책에 대한 제도적 기틀이 마련되면서 세계한상대회를 계기로 혈연과 장소를 중시하는 상상의 공동체를 초월하여 가상의 공동체의 구축과 함께 국가 간 상호교류에 의한 현실의 공동체인 디아스포라 민족공동체 네트워크를 구축하는 기회가 되었기 때문인 것으로 풀이된다.

그러나 재외동포재단이나 세계한상대회가 재외동포 기업가와 대표자 간의 자발적 의지나 이해관계에서 출발했다기보다는 정부나 정부 산하기관, 한국 내 단체들의 적극적인 개입으로 이루어져왔기 때문에 많은 한계에 봉착하고 있다. 때문에 민족보다 개인의 이해관계가 우선시되는 초국가주의 시대에 코리안 디아스포라의 민족공동체는 화상이나 유대인 공동체들에 비해 상당히 불안정하게 유지되고 있다는 것을 지적할 수 있을 것이다.

---

32 임채완 · 전형권(2006), pp.380-390.

4. 세계 디아스포라 전망과 과제

이 장에서는 '전 세계적인 글로벌화의 영향으로 국민국가와 세계자본주의 경제의 불균형에 의해 탄생된 디아스포라 민족공동체가 오늘날 가변적이고 조작적'이라는 가정의 전제하에 각국의 민족정책에 의해 디아스포라 민족공동체가 어떻게 변용되고 있는가를 고찰하였다. 앤더슨(Anderson)은 '상상의 공동체'라는 개념을 통해 초국가적 민족공동체의 경우 공간적 의미인 국민국가의 경계를 초월하여 하나의 국가와 민족이라는 의식이 중요한 역할을 담당하고 있다고 주장한 바 있다.[33] 그러나 인구와 자본의 이동이 빈번히 발생되는 초국적 글로벌 시대, 조상의 기원이나 기억에 의한 '상상의 공동체'라는 단순한 민족의식보다는 인터넷 발달을 통한 가상의 공간 속에서의 디아스포라 민족공동체 네트워크가 강조되어왔다.

본문의 사례를 통해 살펴본 바와 같이 화인과 유대인 디아스포라 민족공동체와 마찬가지로 코리안 디아스포라들도 단순한 민족의식보다는 개인의 이해관계를 우선시하여 네트워크에 결집하는 형태로 변화되고 있는 양상을 보이고 있다. 지금까지 코리안 디아스포라들이 실시한 제1차에서부터 제8차 세계한상대회까지의 참가자 수와 참가동기를 분석해보면[34] 개인의 이해관계가 디아스포라 민족공동체의 결집에 상당히 중요한 역할을 하고 있음을 확인할 수 있다. 이것은 국민국가적인 측면을 강조하여 동원된 디아스포라 민족공동체의 현실과 이상 간의 괴리에 상당히 큰 차이가 있음을 나타내고 있다.

글로벌 시대 전 세계적으로 디아스포라 민족공동체는 상상의 공동체에

---

33 베네딕트 앤더슨, 윤형숙 옮김(2004), 『상상의 공동체』, 나남출판.

34 연구자는 2004년부터 2009년까지 세계한상대회 참가자들을 대상으로 한 설문조사(2회) 및 심층면접 등을 토대로 참가동기를 조사해 왔다. 그 결과 두드러진 점은 참가자들의 민족의식이나 감정적인 요인이 차지하는 비중이 갈수록 낮은 반면, 사업홍보와 계약자 미팅 등 비즈니스 상담을 목적으로 한 개인적인 참여가 차지하는 비중이 갈수록 증가하고 있었음(2004. 10. 제주도, 세계한상대회 이후 현지 참여관찰).

서 초국적 글로벌 네트워크를 강조하는 가상의 공동체로, 그리고 오프라인이라는 현실적인 공동체의 지향으로 점차 변모해가고 있다. 즉 종래의 좁은 의미인 공간적 이동 현상에서 사람들 간의 직접적인 상호 교류라는 온/오프라인 네트워크 민족공동체로 전환되고 있는 것이다. 국민국가의 틀 속에서 민족의 기억과 인쇄매체(활자)에 의존하는 상상의 공동체는 교통과 정보통신의 발달로 인터넷에 의한 가상의 공동체인 초국적 디아스포라 민족공동체 네트워크 구축을 지향하였지만 현실적으로 양자 간의 괴리는 매우 컸던 것이 사실이다.

이상에서 살펴본 바와 같이 최근 대부분의 세계 디아스포라 민족공동체는 상상의 공동체와 가상의 공동체를 벗어나 현실의 공동체에서 재민족화, 혹은 탈민족화의 경향을 보여주고 있다. 이들 디아스포라 민족공동체는 크게는 세계한상대회나 세계화상대회 등의 글로벌 경제 네트워크에서부터 작게는 각종 민족집단의 협회나 단체활동 등에 이르기까지 빠른 속도로 새롭게 생성되거나 혹은 소멸되고 있다. 이러한 현상은 초국적인 글로벌화가 세계 디아스포라 민족공동체를 해체시키거나 강화시키기도 하는 단적인 예를 보여주고 있다.

그러나 현 상황에서 볼 때, 글로벌 수준에서 디아스포라 민족공동체의 네트워크 구축으로 대표되는 '재민족화'의 흐름은 당분간 계속될 것으로 전망된다. 왜냐하면, 한인, 유대인, 화교 디아스포라 민족공동체들이 현재 초국가적 영역에서 구축을 시도하는 '민족공동체 네트워크'가 분산된 디아스포라 민족구성원들에게 새로운 정체성을 불러일으키고 개인과 민족의 발전을 일치시키려는 경향을 강화시킬 것으로 보이기 때문이다. 이는 디아스포라 민족공동체의 구성원들이 다분히 대립과 분쟁의 소지가 있는 개인의 정치신조, 종교적 색채를 배제하고 경제활동의 연대를 강화하는 상생전략 차원에서 국민국가의 틀을 초월하여 전 세계로 확대하는 탈민족화된 네트워크 구축을 지향함으로써 정보공유, 인재육성, 자본의 네트워크화를 시도하고 있기 때문이다.

결론적으로 세계 디아스포라 민족공동체의 형성 추세는 화인이나 코리안 디아스포라 집단이 가상의 공동체와 현실의 공동체를 조합하려는 시도를 보이지만 유대인 디아스포라는 여전히 민족이나 국가에 귀속시키려는 측면이 강하게 나타나고 있다는 점이다. 즉 초국적인 글로벌 시대 디아스포라 민족공동체 의식은 정도는 다르지만 실질적인 국가의 경계를 초월할지라도 출생 국가나 국민국가의 의식을 초월하지 않는 선에서 민족 위에 국가가 위치하는 경우도 발생하고 있다.

이 장에서는 세계 각국의 디아스포라 민족정책이 상상, 가상, 현실의 공동체라는 민족공동체의 형성 과정을 거치면서 '민족의 자산화', 즉 '동포 개인의 번영이 민족의 번영'이라는 이상적인 목적을 가지고 재민족화를 추구하고 있지만 현실적으로는 민족과 국가의 이익보다는 개인의 이익이 상당히 우선시되는 탈민족화가 동시에 발생하고 있다는 점을 지적하고자 한다. 이러한 현상을 촉발시키는 국민국가의 요소는 구성원들이 귀속의식을 소유하는 민족동질성(peoplehood)들이라 할 수 있는데 여기에는 인종(race), 국민(nation), 민족집단(ethnic group) 등이 포함되어 있다.[35]

이러한 점을 감안할 때 초국적인 글로벌 시대 세계 디아스포라 민족공동체는 과거 내셔널리즘(nationalism)에 호소하는 상상의 공동체, 글로벌 시대 민족 간 네트워크를 강조하는 가상의 공동체, 그리고 원자화된 개인의 이익을 우선하는 현실의 민족공동체가 혼합되어 가는 양상에서 향후 어떤 방향으로 진행될지 좀 더 관찰해야 되겠지만 디아스포라 민족공동체의 해체와 강화라는 연속선상에서 움직일 것으로 보인다. 향후 세계 디아스포라 민족집단 연구는 디아스포라 민족공동체에서 배제되거나 해체된 디아스포라 집단의 포용이나 연대 방안 등에 관심을 가지고 진행할 필요가 있을 것이다.

---

35 Wallerstein, Immanuel(1983), *Historical Capitalism with Capitalist Civilization*. Verso.

2
유대인 디아스포라

제1절 유대교의 역사와 사상

이 장에서는 유대인 디아스포라에 대하여 자세히 살펴보고자 한다. 유대교는 천지만물의 창조자인 유일신(야훼라고도 함)을 신봉하면서 스스로 신의 선민(選民)임을 자처하고 메시아의 도래 및 구세주에 의한 지상천국의 건설을 믿는 유대인들이 신봉하는 종교라고 정의할 수 있다.[1] 유대교의 역사에 대해 자세히 살펴보려면 과거 유대인의 역사에 주목할 필요가 있다. 유대인 민족의 역사는 기원전 2000년경으로 거슬러 올라간다. 유대인의 역사는 주로 "서아시아에서 아프리카 북동부지역에 거주하고 있던 셈족의 한 집단을 부족장 아브라함이 거느리고, 메소포타미아의 우르(현 이라크 남부) 지방에서 서쪽을 향해 유목 여행을 계속하다가 마침내 가나안(지금의 팔레스타인) 지역에 정착한 민족이라 할 수 있다. 그러니까 유대교 역사는 아브라함이 다른 부족 집단과는 달리 우상숭배를 거부하고 눈에 보이지 않는 '유일신'을 숭배했으며, 그 유일신과의 약속(계약)에 의해 가나안을 자손들의 '약속의 땅'으로 정했다."라는 내용에서 출발하고 있다.

그러나 아브라함의 손자인 야곱(별명은 이스라엘)은 나중에 이스라엘 12부족의 조상이 되는 열두 자녀를 낳았지만 혹독한 기근 때문에 이집트로 이동할 수밖에 없었다. 이후 그들의 자손이 이집트의 노예가 되어 강제노동에 종사할 때 신의 음성을 듣게 된 모세는 이집트로부터 탈출을 계획하고 이집트군의 추적을 피해 시나이(현 이집트 동북부) 반도에 도착했다. 이곳에서 모세는 신과 계약을 맺게 되는데, 그 내용은 신이 내린 십계명을 지키면 신은 유대민족을 지켜주고 이스라엘 땅을 보장한다는 계약이었다. 이렇게 하여 신은 이스라엘의 '주인'이 되고 이스라엘 민족은 주인의 '선택받은 민족'이 되었다. 그리고 마침내 시나이 반도에서의 유랑 40년 만에(BC 13세기 말), 그들은 '젖과 꿀이 흐르는 땅'인 가나안에 입성하여 그곳에 정착하게 되었다.

---

1 네이버 지식백과(2000), 유대교(Judaism).

신과의 약속의 땅인 가나안 땅에 들어온 이스라엘 민족은 유목생활을 농경생활로 바꾸고 2000년 동안 비교적 평화스러운 생활을 보냈다. 그러는 사이 펠리시테인(소아시아계의 전투적인 민족, 해양 민족으로서 연안 지대를 영토로 소유)의 위협과 동시에 부족들 간의 갈등이 심화되었다. 기원전 1000년경, 유대 민족 출신의 다윗 왕이 펠리시테인을 물리치고 왕정복고와 국가번영의 기틀을 마련하였다. 다윗이 인솔한 유대 왕국은 시리아와 팔레스타인 전역에 걸친 대제국을 건설하고 예루살렘을 왕국의 수도로 정하였다.

다윗의 아들인 솔로몬은 외국무역과 금속기술 등 국내 산업의 발전에 주력하여 경제적 기반을 확고히 다져나갔다. 그러나 솔로몬 왕이 죽은 후 부족이 분열되고 왕국이 남북으로 갈라졌다. 결국 기원전 586~538년에 북쪽은 아시리아군, 남쪽은 바빌로니아군에 의해 멸망당했다. 북쪽의 10개 부족은 추방당하여 역사 속에서 영원히 사라졌지만, 남쪽의 부족들은 바빌로니아로 강제 연행되어 포로생활을 경험하게 된다.

유대인들이 포로생활에서 해방되어 모국 귀환이 실현된 것은 바빌로니아 왕국이 페르시아에 의해 정복당한 이후의 일이다. 유대인 신전과 성벽이 재건되어 예루살렘은 이전의 위엄을 다시 되찾게 되었다. 물론 페르시아 제국의 지배하에서 가능했던 일이다. 이후 그리이스계 왕조의 지배를 받아 유대인들은 유대교 관습의 금지에 대항하여 반란을 일으켰다. 기원전 166년에 '마카베오의 반란'을 계기로 유대국가는 마침내 독립하게 되었다. 그러나 기원전 60년부터는 다시 강대한 로마제국의 지배를 받게 되었다. 그리고 서기 30년 예수의 십자가 처형 이후 로마제국에 대한 유대인들의 반란이 시작되었다. 기원전 70년부터 1년 반에 걸친 공방전 끝에 예루살렘은 함락당했으며 모국에서 추방된 유대인들의 전 세계적인 디아스포라적 '유랑'생활이 본격적으로 전개되었다.

유대교를 보면 구체적으로 '구약성서'를 중심으로 하는 유대인의 민족 종교라고 할 수 있다. 그들은 천지만물의 창조자인 유일신(여호와)을 신봉하며 유대인 자신들을 신의 선민으로 자처하고 메시아의 지상천국 건설을 굳게 믿고 있는 종교 중의 하나이다. 기원전 538년 바빌론의 포로로부터 해방된 뒤 예루살렘 성전을 중심으로 성립된 엄격한 율법을 지키는 일신교 중의 하나이다. 여호와는 그들의 유일한 절대의 신이며 동시에 창조주로서 전 인류를 지배하는 존재로 믿고 있다. 이러한 신앙은 모세의 율법에 의해 계시되었으며 그들의 모든 일상생활은 이 율법에 근거하여 생활하고 있다.

모세율법은 유대 민족을 위한 유일한 것으로서 이 때문에 유대인들은 신과의 특별한 계약을 맺은 선민이라 생각하게 되었다. 이러한 유대인들의 사상은 항상 위기에 봉착할 때마다 민족적 독립을 수호하기 위한 수단으로서 민족지도자들에 의하여 강조되어왔다. 그들은 기원전 70년경 로마제국에 정복당한 이후로 유대교에 대한 강한 정치적 · 민족적 신앙을 부여하였다. 이에 따르면 말세에 구세주가 나타나 천사의 군사를 거느리고 신의 백성에 반역하는 모든 민족을 처벌하여 새로운 신의 나라를 건설한다는 신념이다. 이러한 신앙은 바로 19세기 시오니즘 운동과도 연결되어 있다. 예수가 처음 출현했을 당시 유대교는 이러한 정치적 신념이 율법주의와 강고하게 연결되어 있었다. 예수는 이것을 비판하여 새로운 신앙을 세우려 했지만 이미 유대교의 세력이 확장된 상태에서 실패할 수밖에 없었다.

이미 전술한 바와 같이 유대교는 세계 최초의 일신교라 할 수 있다.[2] 유대민족의 고대사를 살펴보면 민족과 종교는 떼려야 뗄 수 없는 불가분의 관계를 가지고 있다. 이러한 관계 때문에 유대교는 유대인의 민족종교가 되었으며, 이러한 유대교를 믿고 개종하는 자들도 유대인이 되었다. 유대교의 가장 큰 특징은 당시 유대의 다신교 사회에서 가장 먼저 일신교를 확립시켰다는 점이다. 물론 당시의 유일신은 아브라함과 만난 후 모세와 계약을 맺은 신(하나님)이다. 이는 눈에 보이지는 않지만 전지전능하신 존재라는 점에서 전능자(샤다이: Shadai)로 불렀다. 나중에 성립된 기독교, 이슬람교도 이러한 유대교에서 영향을 받아 성립된 종교라고 할 수 있다.

2 네이버 지식백과(2000), 유대교(Judaism).

유대교는 권위적인 '교리' 같은 것이 존재하지 않는다. 유대인 한 사람 한 사람이 각각 신이라는 개념을 가지고 있으며, 근본적인 정통이나 이단의 구별은 삼가하고 있다. 유대교의 성전은 구약성서, 특히 성경의 처음 부분에 속하는 '창세기'부터 '신명기'(구약성서)까지의 다섯 권의 책을 '모세 5경'으로 부르고 있으며 이것을 일반적으로 '토라(Torah)'라고 지칭하고 매우 중요시하고 있다.[3] 또한 기원전 2세기경부터 400년간에 걸친 종교와 전통학습, 유대인들 사이에 경험적으로 구전되어온 율법 미슈나(Mishnah)와 기원전 5~6세기에 걸쳐 편찬된 것으로 추정되는 『탈무드(Talmud)』 등이 있다. 탈무드는 토라에 관한 해석 및 주석을 집대성한 책이다.

유대교의 구약성서(Old Testament)에서 '구약'이란 모세와 신과의 약속(계약)을 의미한다. 흔히 구약이라는 용어는 기독교인들이 자주 사용하는 편이며 유대인들에게 '계약'은 단 하나뿐이기 때문에 보통 '성서'라고 칭한다.

제2절 유대인과 이스라엘 건국

유대교에서 말하는 유대인이란 무엇이며 이들은 어떻게 이스라엘이라는 국가를 건설하였는지 살펴보고자 한다. 흔히 유대인의 정의는 기원전 2000년경 메소포타미아에서 팔레스티나로 이주한 자들과 그 자손들을 모두 포함하여 부르는 명칭이다.[4] 유대인들의 사용언어는 헤브라이어이다. 유대인 백과사전인 *JUDAICA*에 의하면, 유대인의 정의는 "부모가 유대인인 아이 또는 유대교로 개종한 자는 유대인으로 인정하지만, 유대인으로서의 신성함과 율법을 준수한다는 의무감을 가지고 있어야 한다."고 명시하고 있다.[5] 유대교의 율법인 미슈나와 탈무드에 의하면, "이교도와 결혼한 어머니가 유

---

3 지식백과(2000), 유대교.

4 [네이버 지식백과] 유대인 [Jew, 一人] (두산백과)

5 한동욱(2011), 「특별연재: 유태인과 이스라엘의 생존, 번영방법(1)」, 『한국군사학회』 제66권.

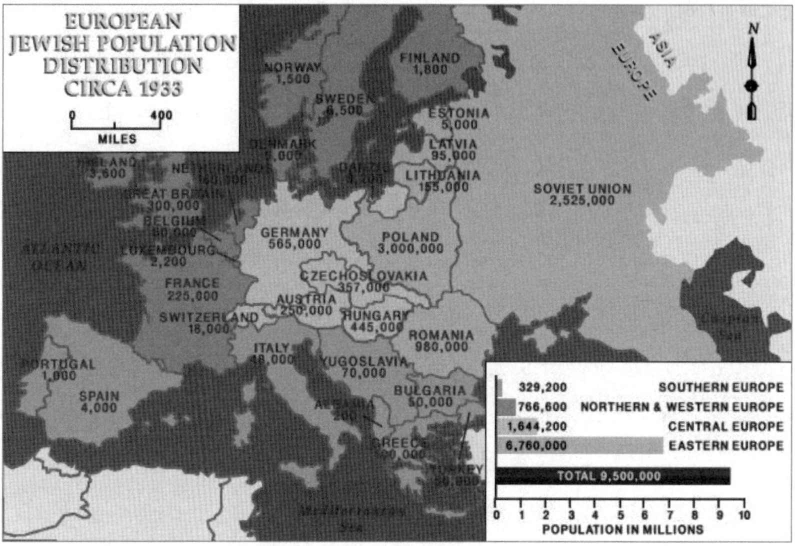

〈그림 1〉 유럽의 유대인 인구(1933)[6]

대인이면 그 자녀는 유대인으로 인정되고, 어머니가 비유대인인 자녀는 나중에 유대교로 개종해야 유대인으로 인정받는다."고 규정하고 있다. 이와 같이 유대인들에게 있어서 어머니의 역할은 매우 절대적이라 할 수 있다. 1948년 이스라엘 건국과정에서 유대인이 누구인가를 논의하는 과정에서 아버지가 유대인이 아니어도 어머니가 유대인이면 유대인으로 인정하기로 결정하였다. 유대인 공동체 속에서부터 어머니의 영향력과 권위를 확실히 인정해준 계기가 되었다.

그러나 유대교의 역사에서 살펴보면 유대인들이 로마제국에 의해 멸망당하고 이후 세계 80여 개국으로 추방되면서 2,000년간을 국가 없는 유랑 상태로 각국에 이산되어 디아스포라적 생활을 강요당해왔다.[7] 오늘날 이러한 유대인들의 민족분산을 가리켜 디아스포라(diaspora)로 부르게 된 것도 여

6 US Holocaust Memorial Museum 참조.

7 [네이버 지식백과] 유대인(세계문화사전, 2005.8.20., 인물과 사상사)

기에서 연유되고 있다.[8] 유대인들은 19세기 말 오스트리아 언론인 테오도르 헤르츨에 의해 이론화된 시온주의 운동에 의거하여 20세기 초부터 현재의 이스라엘 땅으로 이주하기 시작했다. 따라서 유대인에 대한 현대적 정의는 순수혈통 개념보다는 유대교와 유대이즘의 준수 여부를 기준으로 가름하는 종교적 · 문화적 개념으로 인식하는 것이 바람직할 것이다.

이러한 유대인의 수는 현재 전 세계 약 1,600만 명으로 추정되고 있다. 이스라엘 땅에 약 600만 명 정도가 거주하고 있으며 세계 여러 나라에 1,000만 명 정도가 거주국에 정착하여 아직도 디아스포라적 유랑생활을 하고 있다고 볼 수 있다.[9] 유대인들은 제1차 세계대전 독일나치에 의해 인종주의적 희생자가 되기도 하였지만, 유대인 내부에도 피부 색깔에 따른 차별이 존재하고 있다. 이스라엘 인구 600만 명 가운데 솔로몬의 후예로 불리는 에티오피아 출신 유대인은 약 10만 5,000명 정도인데, 이들은 빈곤과 백인 유대인들의 민족차별로 고통당하기도 하였다.[10]

유대인이라고 해서 모두가 반드시 유대교를 신봉하는 것은 아니다. 정통파 유대인들은 이스라엘 유대인 중 약 6% 정도에 해당된다. 머리에 '키파'라고 하는 빵모자를 착용하는 종교적 유대인이 30% 정도이며, 나머지 64%는 비종교적이고 세속적인 보통의 유대인들이다.[11] 비종교적 유대인이라고 해서 유대교의 율법을 무시하거나 전혀 지키지 않는다는 것은 아니다. 이들은 일상적인 생활 가운데 유대 명절 및 관혼상제 등 기본적인 유대 율법을 준수하고 있기 때문에 유대인의 문화적 정통성과 유대국가인 이스라엘의 국가정체성에 대한 확고한 신념을 가지고 있다.

19세기 초반에 세계 각국의 민족 내셔널리즘이 강화되면서 특히 동유럽 및 러시아에서 유대인에 대한 민족차별과 박해가 심해지기도 했다.[12] 이에

---

8 한동욱(2011), pp.259-278.

9 세계문화사전(2005).

10 세계문화사전(2005).

11 한동욱(2011), pp.259-278.

편승하여 유대인들 사이에서도 시오니즘이 싹트기 시작했다. 한마디로 '시오니즘'은 "자신들의 조상이 하나님으로부터 약속받은 성지(聖地)인 팔레스타인으로 돌아가 국가를 건설해야만 유대인에 대한 박해가 끝난다."고 믿는 일종의 사상적 운동이다. 이 운동은 1887년 오스트리아의 테오도르 헤르츨이 스위스 바젤에서 최초로 시오니스트 대회를 개최한 것이 계기가 되어 정치적 · 민족적 운동으로 발전하였다. 1882년부터 팔레스타인으로 유대인의 이주가 시작되어 35년이 지난 1917년까지 유대인 이주자는 겨우 3만 2,000명 정도에 불과하여 이 운동은 얼마 못 가서 지지부진해졌다.

하지만 제1차 세계대전이 한창이던 1917년 영국은 당시 중동에서 영국군 작전기지 역할을 수행하던 팔레스타인 땅을 아랍국가로부터 지키기 위해 전 세계 유대인을 결집시키는 '밸푸어 선언'을 발표하고, 전후(戰後) 팔레스타인 땅에 유대인 국가 건설을 허락하면서 상황이 달라졌다.

제1차 세계대전 후 동(東)유럽에 속하는 여러 국가에서 계속해서 유대인에 대한 박해가 심해지고 1930년대에는 독일에서 히틀러의 의한 나치즘이 등장하여 유대인 대학살이 자행되자 시오니즘 운동은 많은 주목을 받게 되었다. 제1차 세계대전으로 영향으로 1918년 영국의 군정하에서, 그리고 1920년에는 영국의 위임통치하에 팔레스타인으로 유대인 이주는 급증하였다. 제1차 세계대전 당시 7만 명 정도였던 유대인의 인구는 이주자의 급격한 유입으로 제2차 세계대전 직전까지 약 40만 명 정도로 증가하였다. 그리고 마침내 1948년 5월 14일 팔레스타인 지역에서 이스라엘 국가가 건국되었다.[13] 초기 이스라엘 국가의 성문헌법은 존재하지 않았고 유대인 기본법이 그 역할을 대신하였다. 이스라엘은 대외적으로 이집트를 제외한 인접한 모든 아랍 국가들과 적대관계에 놓이게 되었고 서유럽 국가들 외에는 외교관계가 전무한 상태였다. 그러나 1993년에는 이스라엘과 팔레스타인 해방

---

12 [네이버 지식백과] 이스라엘의 역사(두산백과)

13 [네이버 지식백과] 이스라엘 [Israel, State of Israel](한국민족문화대백과, 한국학중앙연구원)

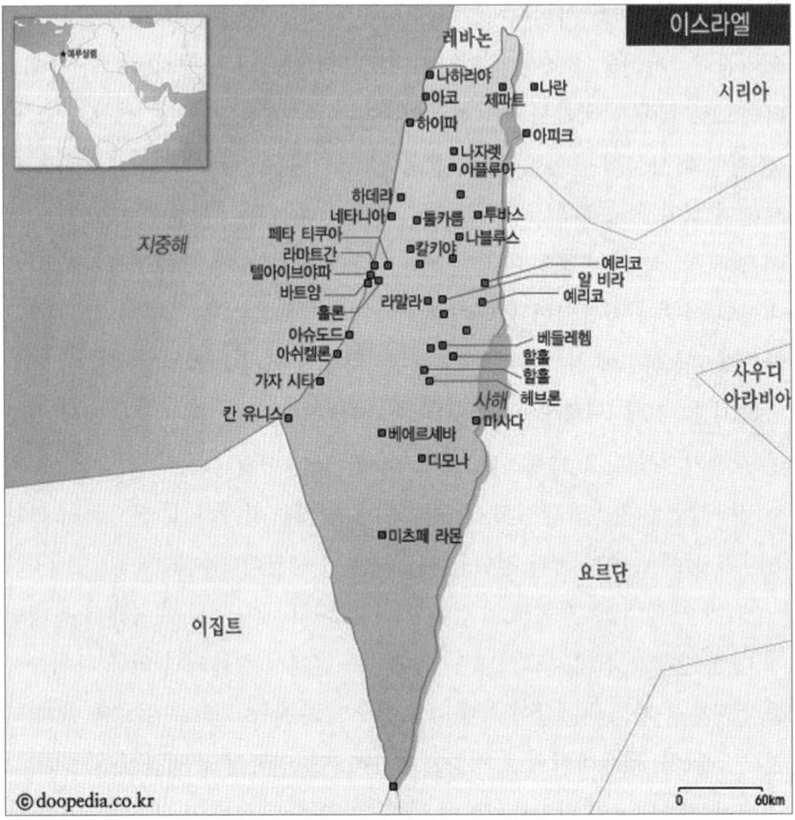

〈그림 2〉 이스라엘 전도[14]

기구(PLO) 간의 상호 승인이 이루어지고 요르단과 시리아 등과도 외교관계가 상당히 진전되기도 하였다.

현재 이스라엘은 유대인과 아랍계 주민 간의 갈등과 마찰로 사회적으로 불안정한 상태이지만 의회민주주의 제도의 확립으로 정치적 안정도는 매우 높은 편이다. 페레스(Peres) 대통령이 2007년 7월 15일에 임기 7년의 단임 대통령으로 취임하여 국가를 대표하고 실권자로서 에후드 올메르트(Ehud Olmert) 총

14 사진 출처 네이버 이스라엘 지식백과 두산백과.

리가 내각을 책임지고 있다. 대외적으로는 자유민주주의를 표방하고 친서방 외교정책을 취하고 있으며 1949년 유엔에 가입하였다.

이처럼 유대인들은 과거 자신이 살았던 땅을 다시 되찾아 이스라엘 국가를 건설하였다. 나라 없이 떠돌아다니던 디아스포라적 유랑생활을 한 2000년 이상의 설움을 떨쳐내기 위해 다시 모국으로 귀환한 것이다. 그들은 세계 여러 나라에 거주하면서 막강한 부와 권력을 누릴 수 있었음에도 불구하고 돌아갈 국가가 없다는 것 때문에 박해를 받았기 때문이다. 유대인들은 한때 그들의 존재 자체가 부정당하고 심지어 독일 정부가 유대인 대량학살을 저질렀기 때문에 팔레스타인과 대립각을 세우면서도 그 지역과 땅을 지키고 한 국가로서 인정받으며 강대국으로 성장하였다.

이스라엘의 총 인구는 2007년을 기준으로 약 642만 6,679명(웨스트 뱅크의 18만 7,000명, 골란고원의 약 2만 명, 동예루살렘의 17만 7,000명 포함)이 거주하고 있다. 유대인은 인종적으로 지중해 인종과 아르메니아 인종의 혼혈이었으나 세계에 흩어져 살게 됨으로써 여러 인종과의 혼혈을 거듭하였다. 1948년의 건국 당시 유대인의 인구는 약 60만이었으나 그 뒤 아랍 여러 나라들과 해외 70개국으로부터 인구가 대량 유입되어 급격히 증가하였다. 전 인구 대비 유대인의 비율은 1948년의 83%에서 1965년에는 87.5%로 증가했다가 2000년 이후에는 77.8%로 감소하였다. 1990년대 이후에는 구소련으로부터 약 85만 명의 유대인이 유입되기도 하였다. 이스라엘 내 아랍인들은 건국 이전에는 약 120만 명 정도였으나 난민으로 대부분 유출되고, 팔레스티나 전쟁 이후로는 약 20만 이하로 급감하였다. 이후 조금씩 증가하여 1977년에는 약 57만 명, 2000년 이후에는 113만 명 정도였다. 2004년도 기준으로 전체 인구 중에 유대인 비율이 76.4%(자국 출생 67.1%, 유럽-아메리카 출생 22.6%, 아프리카 출생 5.9%, 아시아 출생 4.2%), 비유대인이 23.6%(대부분 아랍계)이었다.

이스라엘의 2007년의 인구증가율은 1.154%로 인구 1,000명당 출산율은 17.71명, 사망률은 6.17명, 유아사망률은 6.75명, 평균기대수명은 79.59세로 높게 나타났다. 이스라엘 내 이주자의 증가에 따른 인구 압력은 대외 팽

창의 원인이 되고 있다. 실업률도 8.3%(2006년 기준)로 매우 높은 편에 속한다. 이스라엘의 언어는 헤브라이어와 아랍어가 공용어이지만 영어도 종종 사용하고 있다. 또한 동유럽, 중앙유럽, 미국 등지에서 온 유대인 이민자들 사이에는 독일어가 혼합된 이디시어를 사용하기도 하고, 남아메리카와 에스파냐 등지에서 온 이민자들은 대부분 에스파냐어와 혼합된 라디노어를 사용하며 아랍인은 아랍어를 사용하기도 한다. 종교는 유대교 76.4%, 무슬림 16%, 기독교 2.1%, 수니파 드루즈교 1.6%, 기타 3.9% 정도이다.

제3절 유대인 디아스포라의 글로벌 파워

1. 미국 유대인 파워

미국 전체 인구의 2.2%에 불과하지만 강한 민족종교를 바탕으로 한 650만 명의 유대인들은 미국을 비롯한 세계 무대에서 커다란 영향력을 행사하고 있다는 것은 주지하는 바와 같다.[15] 미국에서 소수민족의 하나인 유대인들이 아시아계 약 950만 명에 비해 막강한 영향력을 행사하고 있기 때문이다.[16] 부시 정권 당시 행정부의 실세로 군림했던 신보수주의자들의 실력자들 대부분이 유대인들이었다. 대다수 미국 유대인 선조들은 유럽에서 종교적 · 민족적 이유로 박해를 받아 미국으로 이주한 동유럽계와 독일계 유대인들이 주류를 이루고 있다.[17]

흔히 유대인들이 미국에서 소수민족임에도 성공할 수 있었던 요인을 살펴보면 다음과 같다. 첫째, 다민족 · 다문화 국가인 미국이 민족주의를 배격하고 전면적인 종교의 자유를 인정했기 때문에 유대인들이 유럽에서 경험

15 박재선(2011), 「미국의 유대인 파워」, 『Jpi 정책포럼』 제84권, pp.1-18.

16 세계문화사전(2005), 유대인 참고.

17 박재선(2011), pp.1-18.

한 두 가지 측면의 스트레스(민족적 · 종교적 박해)에서 해방될 수 있었다. 둘째, 유럽에서는 국가발전에 대한 유대인의 참여가 허용되지 않았지만, 미국에서는 미국 발전과정에 공헌할 기회를 부여받았다. 셋째, 절박한 상황에서 미국으로 이주한 유럽 유대인들은 더 이상 물러설 퇴로가 없는 상황이었기 때문에 모두 배수진을 치고 성공에 매진해왔다는 점이다.

미국 유대인들은 제1차 세계대전 이후부터 미국 발전에 보완적인 역할에 기여해왔다. 특히 유대인들은 과학기술, 학문, 금융, 언론, 정보산업, 문화, 예술 등 그들만의 특화된 분야에서 잠재력을 발휘하여 소프트파워 측면에서 미국의 발전을 선도하면서 영향력을 행사해왔다. 1948년 이스라엘의 건국은 특히 미국 유대인들의 입지를 더욱 강화시켰다. 미국 유대인 대부분은 안정된 사회적 지위를 누리고 있었으므로 자신들의 복지나 입장을 대변하기 위한 로비는 전혀 없었다. 다만 자생적인 강력한 이스라엘 로비단체가 존재하고 있었으며 이 단체를 통해 미국 의회와 행정부에 친(親)이스라엘 정책을 유도하고 관철시켜왔다.[18] 미국 내 자생적인 이스라엘 로비단체는 미국 정치의 실세이자 권력체로 성장하였다. 미국에서 대성공을 이룬 유대인들도 최근에는 유대인 인구 감소와 이방인들과의 결혼 등으로 인해 공동체의 민족정체성이 약화되는 데 대해 크게 우려하고 있다.

경제적인 측면에서 유대인의 1인당 소득은 비(非)유대인의 소득의 2배에 달하고 미국 최고 부자 40명 중 16명이 유대인이라 할 정도로 성공하였다.[19] 유대인들이 미국 내 소유하고 있는 언론사는 50여 개로 미국 전체의 3%, 언론인은 전체 6%에 불과하지만 대도시와 영향력 있는 매체에 집중되어 있다. 또한 미국 뉴욕과 워싱턴의 일류 로펌에서 일하는 변호사들의 40%가 유대인들이라고 한다.

또한 유대인 인구는 전 세계 인구의 0.2% 정도밖에 안 되지만 역대 노벨

18 박재선(2011), 위의 논문.
19 세계문화사전(2005), 유대인 참고.

상 수상자의 22%, 아이비리그 학생의 23%, 미국 억만장자의 40%를 차지하고 있다는 점이다. 유대인은 미국 주요 대학 교수의 20%, 과학과 경제 분야에서 미국인 노벨상 수상자의 40%를 차지하고 있다. 유대인으로서 노벨상 수상자를 보면 노벨화학상 13명, 의학상 39명, 문학상 3명, 물리학상 33명, 노벨평화상 2명, 노벨경제학상(노벨의 유지와는 별도로 1969년부터 스웨덴 중앙은행 주도) 24명 등 총 114명에 달한다.

2. 영화계 유대인 파워

1945년 1월 27일 폴란드 아우슈비츠의 유대인 포로수용소가 해방되기까지 약 600만 명에 달하는 유대인들이 인종청소라는 명분 아래 독일 나치스에 의해 대량 학살되었다. 나치스의 유대인 대학살은 인간의 폭력성, 잔인성, 배타성, 광기 등의 끝이 어디까지 갈 수 있는지를 극단적으로 보여주고 있다는 점에서 20세기 인류 최대의 치욕적인 사건으로 꼽힌다.

독일 나치의 유대인 대학살은 20세기 최대의 최대 학살로 꼽히는 만큼 홀로코스트를 주제로 한 영화 · 소설 · 다큐멘터리 등에도 자주 등장하는 주제이다. 대표작으로 2002년 노벨문학상 수상작인 임레 케르테스의 『운명』, 아트 슈피겔만의 만화 『쥐』, 자전적 수기에는 유명한 『안네의 일기』, 빅터 프랭클의 『죽음의 수용소에서』, 프리모 레비의 『이것이 인간인가』, 엘리 위젤의 『밤』 등이 있다.

영화 작품 중에는 로만 폴란스키 감독의 영화 〈피아니스트〉, 스티븐 스필버그 감독의 〈쉰들러 리스트〉, 그리고 아우슈비츠의 유태인 학살을 그린 로베르토 베니니 감독의 〈인생은 아름다워〉라는 영화는 독일아우슈비츠 수용소에서 어린 아들을 지키기 위한 아버지의 노력을 유머러스하게 풀어낸 영화로 칸 영화제 그랑프리와 아카데미 남우주연상 등 3개 부문에서 영화상을 수상하였다.

영화사는 미국 유대인들이 독점하고 있는 분야 중의 하나이다.[20] 초기 할

리우드 7대 메이저 영화사(Universal, Paramount, Fox, MGM, Warner Brothers, Columbia, Walt Disney) 중 디즈니를 제외하고 모두 유대인들이 설립하였다. 최근 메이저 반열에 합류한 미라맥스(Miramax)와 드림웍스(Dreamworks)도 유대인이 설립한 영화사이다.

또한 미국 할리우드의 시나리오 작가, 제작자, 감독, 캐스팅 담당자, 영화음악 작곡가의 60% 정도가 유대인들이다. 영화제작자로는 제리 부룩하이머(Jerry Bruckheimer, 〈캐리비언의 해적〉, 〈진주만〉, TV 수사극 〈CSI〉 시리즈 등 제작), 영화감독으로는 윌리엄 와일러(William Wyler, 〈벤허〉), 스티븐 스필버그(Steven Spielberg, 〈조스〉, 〈쉰들러 리스트〉, 〈인디애나 존스〉), 올리버 스톤(Oliver Stone, 〈JFK〉), 브라이언 싱어(Brian Singer, 〈유주얼 서스펙트〉) 등이 있다. 유대인 영화배우로는 커크 더글러스(Kirk Douglas), 폴 뉴먼(Paul Newman), 더스틴 호프만(Dustin Hoffman), 다니엘 데이루이스(Daniel Day-Lewis), 해리슨 포드(Harrison Ford), 데브라 윙거(Debra Winger), 위노나 라이더(Winona Ryder), 스칼렛 요한슨(Scarlet Johanson) 등이 있다. 이들 중 대표적인 유대인 영화감독으로는 스티븐 스필버그가 있다. 그는 유명한 영화들을 제작하며 최고의 감독으로 칭송받고 있다.

또한 우리가 잘 알고 있는 유명한 배우들 중 유대인 배우들이 상당수 있다. 먼저 스칼렛 요한슨의 경우 그녀의 아버지는 덴마크계인이고 어머니는 벨라루스계 유대인이다. 뉴욕에서 태어나 성장기를 보냈고 8살 때부터 연기를 배워 배우의 길로 들어섰다.[21] 10살 때 브루스 윌리스 주연의 영화 〈와일드〉로 데뷔했으며, 이후 리사 크루에거 감독의 영화 〈매니 앤 로〉를 통해 독립영화상 최우수 여우주연상을 수상했다. 어릴 적부터 다양한 영화의 주연이나 조연으로 출연하여 경력을 쌓았으며 〈사랑도 통역이 되나요?〉, 〈진주 귀걸이를 한 소녀〉 등 두 편의 영화로 2004년 골든 글로브 여우주연상 후보에 올랐다.

20 박재선(2011), 위의 논문.

21 http://suney_k0304.blog.me/60200260368

나탈리 포트만은 유대인 부모를 둔 이스라엘 출신으로 3살 때 미국으로 이주했다. 본명은 나탈리 에르슐라그이고 미국으로 이주 후 4살 때부터 무용 교습을 받기 시작했다. 빼어난 미모 때문에 10살 때부터 모델 제의를 받았지만, 배우가 꿈이었던 그녀는 모두 거절하고 뮤지컬 오디션에 응모하여 대역으로 뽑혔다. 13살 때 2,000대 1의 경쟁률을 뚫고 오디션에 발탁되어 뤽 베송의 영화 〈레옹〉으로 데뷔하여 스타의 길을 걸었다. 이후 다양한 작품에 출연하며 10대 시절을 보내다 성인 신고식을 치른 〈클로저〉로 골든 글로브 최우수 여우주연상을 수상하고 오스카 여우주연상 후보에도 올랐다. 또한 하버드 대학에서 심리학을 전공하여 연기뿐만 아니라 학업에도 열성적인 배우 중 한 사람이다.

제4절 유대인의 전통문화와 글로벌 네트워크

1. 유대인의 전통문화

유대인들의 전통문화는 다른 민족들과는 달리 매우 독특하기로 유명하다. 그들은 소위 '선민의식'이라는 "하나님으로부터 선택을 받은 유일한 민족"이라는 신앙을 신봉하고 있다. 이러한 강건한 신앙을 토대로 훗날 구원자가 하늘에서 내려와 유대인만을 구원하러 올 것이라고 굳게 믿고 있다. 유대인들은 『탈무드』라는 책을 통해 아이들을 사상적으로 가르치고 그들의 정신적인 단합을 모색하기 위해 힘쓰고 있다. 또한 그들은 유대인의 오랜 전통을 지키고 유지하며 생활하고 있다. 유대인들이 디아스포라적 유랑생활을 하면서 지키고 있는 대표적인 전통문화 몇 가지만 살펴보도록 하자.

1) 연중행사

유대인들이 유랑생활을 하면서 거주국에서 지키고 있는 연중행사를 살펴보면 대표적으로 두 가지를 들 수 있다.

첫째, 하누카(Hanukkah, 히브리어: חנוכה '봉헌')는 유대교의 축제일의 하나로, 키슬레브의 25번째 날부터 8일간 계속된다. 대개 11월 말이나 12월에 해당된다. 첫째 날에는 중앙 혹은 가장자리로부터 조금 낮거나 높은 자리에 위치하여 다른 초에 불을 켜주는 역할을 하는 봉사의 초를 먼저 켜고 그 봉사의 초로 불을 켜는 자의 오른쪽부터 첫 번째가 되는 초를 점화하며, 이틀째, 삼일째 차례대로 한 개씩, 오른쪽 바깥 측 초에서부터 중앙 측 초로 옮겨가면서 불을 붙인다. 제8일째 되는 날은 9개 구멍의 모든 촛대에 불을 붙인다. 하누카를 지킬 때 사용하는 촛불을 메노라라고 하며 하누키야는 그 촛대를 지칭한다.

둘째, 퓨림(Purim) 축일, 퓨림절, 부림절 등은 유대교의 축일이다. 히브리어 성경의 에스텔서에 따르면 하만이 유대인 말살계획을 시도하였으나 이 계획이 모르드개와 그가 입양한 딸인 에스더 여왕에 의해 좌절된다. 이러한 유대인 해방의 날이 오늘날 축일이 되어 이어지고 있다.

2) 할례

유대인 집안에서 남자 아이가 태어나면 출생한 지 8일 만에 성기를 덮고 있는 피부를 제거하는 의식을 행하는데 이것을 '할례'라고 한다. 할례의식은 하나님과 인간 사이의 신성한 계약을 나타내는 것이기 때문에, 다른 절기와 겹치더라도 변경하지 않고 엄격히 지키고 있다. 전통적으로 아버지가 직접 할례를 행하는 것이 원칙이지만, 보통 외과 훈련을 받은 '모헬'이라는 사람들이 대신 행하기도 한다. 여자아이가 태어나면 아버지는 딸이 출생한 지 한 달 뒤에, 회당에서 유대교의 율법인 토라를 읽을 수 있는 특권을 부여한다.

3) 성인식

유대인 남자아이는 만 13세, 여자아이는 만 12세가 되면 성인식을 치른다. 성인식은 성인이 된 주인공이 토라 두루마리의 축복송을 낭독하는 것으로부터 시작되며, 성인식을 마친 아이는 부모를 통하지 않고 스스로 신앙생활을 할 수 있게 된다. 유대교에서는 유대인 성인 남자가 적어도 10명 이상 모여야 회당에서 예배를 드릴 수 있는데, 성인식을 마친 소년들은 예배의 일원으로 인정받게 된다.

4) 결혼

유대인의 결혼 풍습 또한 다른 민족들의 결혼에 비해 독특한 특징을 가지고 있다. 현대 유대인들은 이스라엘 랍비회의 결정에 따라 1950년에 공포된 '혼인법'에 의거하여 결혼을 한다. 결혼식은 반드시 랍비(robbi: '나의 선생님', '나의 주인님'이라는 뜻의 히브리어)가 집전한다. 화려하게 치르는 결혼식도 있지만 대체로 신랑과 신부의 의상은 매우 검소하다. 신랑은 흰 남방과 신부는 수수한 하얀 드레스를 입는다. 후파 기둥을 잡고 있는 신랑의 친구들도 평소의 남방 차림으로 참가한다.

유대인들은 결혼을 하지 않으면 행복하지 않고 하나님으로부터 축복도 없으며 선행도 쌓이지 않는다고 믿는다. 결혼을 하지 않으면 어른이 되지 않는다는 사상을 가지고 있어 어린애 취급을 당하며 딸이 이방인과 결혼할 경우 딸의 장례식을 치루고 딸이 죽은 것처럼 취급하기도 한다.

결혼식의 절차를 보면 먼저 결혼서약(이스라엘에서는 결혼을 할 때 신랑이 신부에게 '결혼계약서'를 건네준다. 히브리어로 '크투바'라고 부르는 이 결혼계약서는 여성을 위한 제도이며 고대사회에서 존중받지 못한 여성들을 위한 것으로 만일 남편이 아내와 이혼을 하거나 아내를 내쫓으려면 결혼계약서에 명시되어 있는 금액을 남편이 아내에게 지불해야만 한다. 결혼할 때는 지불하지 않았지만 이혼을 하려면 큰 액수를 지불하도록 규정하고 있다. 결혼계약서는 신랑신부가 지켜야 할 의무, 주고받은 폐물의 상세내용이 기록되어 있고, 신랑신부가 서명을 한다.)을 교환한다. 결혼서명은 친척이 아닌 두 사람이 증인으로 서명을 하며 신랑신부가 술잔을 교배한 후 랍비가 결혼 서약서에 다시 서명한다. 그리고 신랑이 신부의 술잔을 밟아 깨뜨린 후 신랑과 친척, 친지들이 신부의 주위를 일곱 번 돈다(옛날 여리고 성을 일곱 번 돈 후 성을 점령했듯이 신부의 처녀성을 점령한다는 것을 의미). 결혼식은 모두 합쳐 15분간 진행되며 이후 식이 끝나면 하객들을 위한 피로연이 열린다. 이렇듯 유대인의 문화는 타 문화에 비해 종교적으로 상당히 독특한 측면이 있다.

5) 장례식

유대사회에서 사람이 죽으면 먼저 '헤브라 카디샤' 라는 장례위원회가 만들어진다. '거룩한 친구들'이란 뜻의 장례위원회에 뽑히는 것은 유대인에게 큰 영광이며 이들은 장례식을 진행하고 모든 비용을 부담한다. 고인의 가족들은 고인이 죽은 순간, 또는 그 소식을 들은 순간 겉옷을 찢어 슬픔을 표현하며 사망 후 24시간 안에 시신은 땅에 묻어야 한다. 묘지로 시신을 옮길 때는 일곱 번 멈추었다가 가는 전통이 있는데, 이것은 구약 성경의 전도서에 '헛되다'란 뜻의 '헤벨'이란 단어가 일곱 번 나오기 때문에 생긴 전통이다.

6) 언어와 히브리어

19세기 이전까지 세계 각지에 흩어져 살고 있던 유대인들은 그들이 각각 정착했던 지역의 언어를 사용하였다. 따라서 옛 이스라엘 왕국 시대에 사용되었던 히브리어는 종교생활 및 활동에 관한 언어로만 남게 되었다. 이러한 상황에서 시오니즘(유대인 민족주의) 운동가인 엘리제르 벤 예후다는 "잃어버린 땅을 찾으려면 잃어버린 언어도 찾아야 한다."고 주장하며 히브리어의 부활에 평생을 바치기도 했다. 그는 유대교 경전에서 단어를 골라내고 경전에 없는 현대어는 다른 언어를 참고하여 새로 히브리어를 만드는 작업을 진행하였다. 그리고 마침내 1922년 히브리어를 영어, 아랍어와 함께 팔레스타인 지역 유대인들의 공식 언어로 선포하였다. 오랜 디아스포라적 유랑생활로 서로 다른 문화를 가졌던 유대인들이 하나의 종교와 하나의 언어로 다시 결합된 것은 이스라엘 국가 건설에 큰 힘이 되었을 것으로 추정할 수 있다.

7) 토라와 탈무드

토라는 넓게는 하나님이 유대인들에게 내린 계시의 모든 것이며, 좁게는 모세 5경, 즉 구약 성경의 창세기, 출애굽기, 레위기, 민수기, 신명기를 의미한다. 토라는 '율법' 또는 '교훈'이라는 뜻으로 평소 유대인들은 양피지 두루마리에 손으로 쓴 토라를 회당 한가운데의 신성한 상자궤 안에 보관한다. 토라와 함께 유대교의 생활규범이 되고 있는 『탈무드』는 유대인들을 통해 전해 내려오는 율법을 모아 해설한 책이다. 흔히 교훈적인 이야기와 우화로 알려진 내용은 『탈무드』의 극히 일부분으로, 원래는 수십 권에 달하는 방대한 법전의 형태를 가지고 있다.

8) 음식과 요리

유대인들은 식사에 관한 율법인 '카슈루트'에 의해 먹을 수 있는 음식 '코셔'와 먹을 수 없는 음식 '테레파'를 생활 속에서 철저히 구분하고 있다. 이는 토라에 근거한 것이지만 개혁적인 성향의 유대인들은 카슈루트를 지키지 않아도 된다고 생각하기도 한다. 카슈루트에서는 코셔뿐만 아니라 재료의 손질방법까지 구체적으로 자세히 정해 놓았기 때문에 코셔인 고기라도 피를 완전히 제거하지 않으면 테레파가 되기도 한다.

구체적으로 살펴보면 코셔(먹을 수 있는 것)는 지느러미와 비늘이 있는 종의 민물고기, 해수어를 포함하여 집에서 기르는 가금류로 닭, 칠면조, 집오리, 비둘기 등, 되새김질을 하거나 발굽이 갈라진 동물의 소, 양, 염소, 사슴 등, 그리고 모든 채소와 과일 등이 모두 포함된다.

테레파(먹을 수 없는 것)는 지느러미와 비늘 중 하나라도 없는 종, 즉 갑각류인 새우, 문어, 미꾸라지 등, 야생 조류와 육식동물인 독수리, 매 등, 그리고 되새김질을 하지 않거나 굽이 갈라져 있지 않는 동물로서 돼지, 낙타, 당나귀, 말 등이 포함된다.

유대인의 요리 또한 다양한 종류가 있다. 그중에서 몇 가지 요리를 살펴보면 다음과 같다. 무교병(無酵餠, 히브리어: Matzah 또는 Matzo) 또는 무효병(無酵餠)은 유대인들이 이집트 제국의 억압으로부터 해방된 유대인들의 광복절에 해당되는 유월절에 먹는 누룩이 없는 또는 발효되지 않은 빵 또는 크래커의 일종이다.

여기에서 무교병의 한자 '효: 酵'의 발음은 지금은 '효' 하나로 정해져 있으나, 개역 개정으로 개정되기 이전에 개신교에서 많이 읽던 한글성서인 개역한글판성서가 편찬되던 당시에는 '교'라고 흔히 발음했기 때문에 '무효병'이 아닌 '무교병'으로 불리게 되었다. 이는 예를 들어 '발견'의 '견'과 '알현'의 '현'과 같이 동일한 한자가 자음 'ㄱ'과 'ㅎ'으로 발음되는 경우가 많았던 것과 관련이 있는 것으로 보인다.

이스라엘의 음식은 디아스포라적 유랑생활로 인하여 그곳에 거주하는 인구와 인종, 종교만큼이나 매우 다양해졌다. 대부분의 이스라엘 유대인 주민들은 동유럽, 독립된 주 연방체, 그리고 북아프리카에서 온 이주민들로 그들이 살았던 곳에서부터 지켜왔던 오래된 관습을 이스라엘 음식에도 적용시켜, 유대인식 송어요리와 함께 북아프리카의 쿠스쿠스 등을 개발해왔다. 대표적인 유대인 요리인 게필테 피시(Gefilte fish)는 송어, 잉어 등에 달걀, 양파 등을 섞어 만든 수프의 일종이다.

〈사진 1〉 유대인 음식과 송어요리

또한 이스라엘은 이주자들의 국가인 동시에 아랍인들이 공존하는 중동 국가에 속하기 때문에 다양한 쌀요리와 호무스, 테이나, 팔라펠 등 아랍인의 영향을 받아 만들어진 요리도 상당수 있다. 이스라엘은 서구 여러 나라로부터 영향을 받아 요리 또한 그 변화와 유행에 매우 민감하다. 맥도날드 등을 비롯한 햄버거와 피자 체인점 등이 이에 속한다. 최근에는 올리브기름 생산 및 프랑스 방식의 소와 염소 치즈를 생산하는 낙농업이 와인산업과 함께 번성하고 있다.

9) 유대교의 종교의상

키파와 탈리트는 유대교의 특별한 종교의상이다. 키파는 작고 테두리 없는 모자로 신이 머리 위에 계신 것에 대한 두려움과 존경을 표시한다. 보통 남자들은 회당에 들어갈 때나 기도할 때, 식사할 때 키파를 착용한다. 탈리트는 유대인들이 머리에 두르는 천으로 외부와 차단된 상태에서 신을 만나 기도하기 위해 사용한다. 전통적으로 유대인 성인 남자들이 주로 사용하지만 여자들이 사용할 수도 있다.

2. 유대인의 글로벌 네트워크

유대인들이 성공한 민족으로 세계 곳곳에서 크게 활약하고 있는 배경에는 무엇보다 스스로 유대인 공동체 속의 한 사람으로 인식하는 경향이 어느 민족보다 강하다는 데 있다. 이는 이러한 공동체 의식의 함양과 다양한 네트워크를 통한 유대인들의 강한 결속력에서 찾을 수 있을 것이다.[22] 20세기 중반 이스라엘 건국 후 유대민족은 세계 각국에 이산되어 살아왔다. 1900년도에는 1,300만 명의 유대인들 중 90%가 미국, 이스라엘, 러시아, 프랑스, 영국 등 5개국에 집중되어 있었으며, 이들 중 4분의 3이 미국과 이스라

22 鄭成鎬(1998), 「유대인 네트워크의 위력」, 『사회과학연구』 제37집, pp.217-230.

〈표 8〉 유대인의 대륙별 거주자 수[23]

국가	거주자 數(비율 %)		국가	거주자 數(비율 %)	
세계	12,963,000	(100)	아시아	4,444,400	(34.3)
디아스포라	8,627,800	(66.6)	이스라엘	4,335,200	(33.4)
이스라엘	4,335,200	(33.4)	구소련	85,500	(0.7)
미국	6,440,500	(49.7)	기타	23,700	(0.2)
북미	6,008,000	(46.4)	아프리카	109,800	(0.9)
중미	53,200	(0.4)	북아프리카	9,200	(0.1)
남미	379,300	(2.9)	남아프리카	100,600	(0.8)
유럽	1,872,700	(14.4)	오세아니아	95,600	(0.7)
유럽연합	991,600	(7.7)			
기타 서유럽	43,500	(0.3)			
구소련	731,500	(5.6)			
동유럽 및 발칸	106,100	(0.8)			

엘에 거주하고 있다.

미국과 이스라엘은 유대인 생활의 양대 축이라고 할 수 있다. 왜냐하면 본토 이스라엘이 유대인의 전통을 보존하는 일을 담당한다면 미국은 본토 밖에서 전 세계 유대인을 지원하는 역할을 수행하고 있기 때문이다. 유대인의 경제성공 비결은 선민의식, 높은 교육열, 상호 부조 등의 유대인 공동체 활동에서 찾을 수 있을 것이다. 이들 중 미국의 유대인 모금조직이 대표적인 경제조직 중의 하나이다. 특히 유대인들의 높은 교육열에도 주목할 필요가 있다. 자식농사가 최고의 사업이란 것이 유대인들이 가지고 있는 공통된 생각이다. 이와 함께 유대인을 하나로 연결하는 강한 연대의 조직력과 파워 엘리트 집단인 유대인 네트워크도 주목할 필요가 있다. 미국 내 유대인 단체 본부인 전미유대인협회는 국가 조직과 유사한 형태로 구성되어 있으며,

23 American Jewish Committee(1995). 「American Jewish Yearbook」.

미국유대인연합회를 비롯한 다양한 조직이 전 세계 곳곳에 거미줄처럼 네트워크로 연결되어있다.[24]

유대인 네트워크의 위력은 특히 경제 부분에서 전 세계적으로 현저히 나타나고 있다. 이는 유대인계 다국적 기업, 유대인계 금융업, 유대인계 곡물시장 등 다양한 분야에서 실력을 발휘하거나 경제 분야를 장악하고 있다는 점에서 찾을 수 있다. 다국적 기업의 형태는 유대인들이 나라 없는 백성으로 유랑과 이산의 역사 속에서 생성되었다. 2,000년간 디아스포라 민족으로서 디아스포라적 유랑의 생활 속에 유대인들을 괴롭혔던 것은 박해, 학살, 추방 등의 세 가지 위협요소들이었다. 어디를 가나 이산과 소수민족으로서 항상 불안에 떨며 국경을 넘어 세계를 유랑하던 유대인들에게 국가나 국경의 경계라는 개념은 매우 희박하여 국경(boundless)이 거의 존재하지 않는 것이나 마찬가지였다.

〈표 9〉는 세계유대인조직(World Jewish Congress)이 1996년 작성하여 발표한 유대인의 국가별 분포에 대한 통계 자료의 일부이다. 표를 보면 현재 약간의 변화가 있을지 모르지나 현재 유대인들은 세계 여러 나라의 곳곳에 분포되어 있다는 것을 알 수 있다.

유대인들은 유랑민족이었기 때문에 거주지에서 소수민족으로서 박해와 차별의 대상이었다. 이러한 유랑의 고통은 유대인들에게서 '지구를 지구 밖의 상공에서 바라보는 다국적 기업의 발상'을 탄생시켰다. 지금 세계 다국적 기업의 중추부, 곧 재무담당이나 법률담당 최고 고문은 대부분 미국 유대인들이 담당하고 있다. 그 이유는 유대인들이 다국적 기업의 경영에 관한 탁월한 재능과 수완을 보여왔기 때문이다. 미국 유대인이야말로 세계 유수의 다국적기업을 실질적으로 장악하는 무국적 전략에 뛰어난 사람들이었던 것이다. 유대인들은 유대민족끼리 국경을 초월하여 어디를 가든 서로 연결되어 있다는 유대인식 유대감과 사고방식을 소유하고 있다. 이러한 글로

24 정성호(1998), pp.217-230.

〈표 9〉 유대인의 국가별 분포(1996)

국가명	유대인 수	국가명	유대인 수	국가명	유대인 수
미국	5,800,000	루마니아	14,000	투르크메니스탄	1,200
이스라엘	5,100,000	스페인	14,000	쿠바	1,000
프랑스	600,000	오스트리아	10,000	에콰도르	1,000
러시아	550,000	덴마크	8,000	아일랜드	1,000
우크라이나	400,000	폴란드	8,000	모나코	1,000
캐나다	360,000	모로코	7,500	짐바브웨	925
영국	300,000	하와이	7,000	포르투갈	900
아르헨티나	250,000	파나마	7,000	예멘	800
브라질	130,000	체코공화국	6,000	보스니아	600
남아공	106,000	인도	6,000	지브롤터	600
호주	100,000	리투아니아	6,000	룩셈부르크	500
헝가리	80,000	슬로바키아	6,000	에티오피아	500
백러시아	60,000	콜롬비아	5,650	케냐	400
독일	60,000	그리스	5,000	화란 안티에	400
멕시코	40,700	뉴질랜드	5,000	버지니아군도	400
벨기에	40,000	키르기스스탄	4,500	볼리비아	380
이태리	35,000	불가리아	3,000	자이르	320
우즈베키스탄	35,000	에스토니아	3,000	자메이카	300
베네수엘라	35,000	페루	3,000	싱가포르	300
우루과이	32,500	푸에르토리코	3,000	도미니카공화국	250
아제르바이잔	30,000	코스타리카	2,500	필리핀	250
몰도바	30,000	홍콩	2,500	시리아	250
네덜란드	30,000	유고슬라비아	2,500	타이	250
이란	25,000	크로아티아	2,000	아르메니아	200
터키	25,000	일본	2,000	바하마서	200
스웨덴	18,000	튀니지	2,000	수리남	200
스위스	18,000	타작스탄	1,800	한국	150
그루지야	17,000	노르웨이	1,500	엘살바도르	120
칠레	15,000	과테말라	1,200	이라크	120
카자흐스탄	15,000	핀란드	1,200	타이티	120
라트비아	15,000	파라과이	1,200		

〈표 10〉 유대인 집거 도시[25]

도시	유대인 수	도시	유대인 수
뉴욕	1,750,000	런던	200,000
마이애미(미국)	535,000	모스크바	200,000
로스앤젤레스	490,000	부에노스아이레스(아르헨티나)	180,000
필라델피아	254,000	토론토	175,000
시카고	248,000	워싱턴	165,000
샌프란시스코	210,000	키예프(우크라이나)	110,000
보스턴	208,000	몬트리올(캐나다)	100,000
파리	350,000	세인트 버그(러시아)	100,000

벌적 사고방식을 통해 유대인들은 세계 대기업 상당수를 지배할 수 있었다. 전 세계 대기업 50개 회사 중 21개 회사, 상위 20개 회사 중 13개 회사를 미국 유대인계 기업이 독점하고 있다. 이들 13개 미국 기업은 모두 미국의 유대계 5대 재벌과 인적자본 혹은 경제자본으로 강력히 밀착되어 있다. 이것은 유대인들은 서로의 국적이 중요한 것이 아니라 유대인이라는 공통된 민족정체성으로 끈끈하게 연결되어 있기 때문에 가능한 것이다.

이상과 같이 오늘날 유대인들은 미국, 유럽 등지에서 막강한 경제적·정치적 영향력을 구축하고 있다. 유대인들은전쟁에서 패하여 나라를 잃고 유랑하기 시작한 난민들이었지만 현재는 인구의 절반 이상이 모국 이스라엘이 아닌 이주자로서 살아가고 있음에도 불구하고 강대국인 미국을 움직일 정도로 막강한 파워를 자랑하는 소수민족으로 성장하였다. 유대인들이 이러한 막강한 위치에 올라서게 된 배경에는 오랫동안 디아스포라적 유랑생활을 겪은 경험을 통해 어떻게 해야 현지에서 생존할 수 있고 정착할 수 있는지 디아스포라의 생존과 공존의 전략을 학습하고 실천했기 때문이다.

25 World Jewish Congress(1996).

3

화교 디아스포라

제1절 화교의 정의와 국가별 분포

1. 화교의 정의

이 장에서는 중국 화교에 대하여 살펴보고자 한다. 간단히 말해서 화교는 해외에 거주하는 중국인으로 현지에 정착하여 경제활동을 하면서 본국과 유기적 관계를 유지하는 중국인 또는 그 자손들로 정의된다. 이러한 화교들이 전 세계 각국에 약 4,000만 명이 거주하고 있으며 그 가운데 90% 이상이 말레이시아, 인도네시아, 싱가포르, 미얀마, 홍콩, 타이, 필리핀 등 동남아시아 지역에 집중적으로 분포되어 있다. 화교들은 거의 대부분이 현지에서 유통 및 금융업 분야에서 탁월성을 보이며 경제 분야에 진출하여 현지 정권들과 밀접한 관계를 유지하면서 경제적으로 큰 영향력을 발휘하고 있다. 그러나 그들의 경제력과 배타적인 민족 중심의 단결력이 오히려 현지 주민들의 반감을 불러일으켜 종종 민족갈등을 발생시키는 경우도 있다.

중국인들이 외국으로 이주하기 시작한 역사는 이미 수천 년 전이다. 그러나 정식으로 '화교'라는 명칭이 사용되기 시작한 지는 약 80년 정도 된다. 중국인들은 1898년 일본 요코하마에 중국인 학교를 세워 정식으로 화교학교란 이름을 붙였으며 이때 세워진 화교학교들이 지금까지 유지되어오고 있다. 옛날 청나라와 조선이 교환한 문서에 따르면 화교에 대한 명칭이 청조인(清朝人), 화인(華人), 청상(清商) 등으로 명칭이 일정하게 정해져 있지는 않았다. 나중에 청조 농공상부(農工商部) 대신이 작성한 문서에 '화교'라는 단어가 종종 나타나고 있다.

화교의 화(華)란 '중국인'을 가리키고, 교(僑)란 '잠시 거주한다'는 뜻을 의미한다. 즉 외국 영토에 거주하는 중국인을 모두 통칭하여 '화교'라 부른다. 1909년의 청나라 헌법과 1929년의 중화민국 헌법에 의하면 "외국에 거주하면서 중국 국적을 가지고 있는 사람을 모두 '화교'라고 부른다."고 정의하고 있다.

따라서 오늘날 화교는 본국을 떠나 해외 각지로 이주하여 현지에 정착하여 경제활동을 하면서 본국과 문화적 · 사회적 · 법률적 · 정치적 측면에서 유기적인 관계를 유지하고 있는 중국인 또는 그 자손을 지칭한다.[1] 현재 중국 정부는 화인(華人: ethnic Chinese)과 화교(華僑: Chinese sojourners)를 구별하여 사용하고 있다. 전자는 가부장주의 관점에서 부계의 조상이 중국민족으로서 현지의 국적을 취득하여 중국 국적을 가지고 있지 않은 집단을 가리킨다. 후자는 현지의 국적 대신 중국의 국적을 유지한 집단으로 규정하고 있다. 반면 학계에서는 위와 같은 개념 구분에 화예(華裔)라는 개념을 추가하여 자신을 현지 교민사회의 일원으로 인식하지 않으면서 단지 문화적으로 자신들의 부계 조상이 중국으로부터 건너왔다고 주장하는 집단으로 구분하여 설명하고 있다.[2]

현재 한국 화교는 위의 세 범주 중 화인과 화교로만 구성되어 있다. 한국과 중국과의 특별한 역사적 관계로 인해 이른바 '화예'의 존재는 인정하지 않고 있다. 또한 한국이나 중국 모두 가부장적인 부계 혈통주의를 국적법의 기초로 삼고 있기 때문에 한국 국적자인 화인의 통계는 파악하기 어려운 실정이다. 설상가상 양국의 국민들 모두 한국 화교나 중국 내 조선족을 서로 자신의 국민 내지 민족으로 인식하는 경향이 있기 때문에 귀화한 화인을 제외하고 그들에 대한 정확한 숫자 파악은 쉽지 않다.

화교협회에 등록되어 있는 호적 통계자료에 따르면 2005년 당시 한국에 2만 2,000여 명의 화교들이 거주하고 있는 것으로 알려졌으나 호적을 옮기지 않은 채 미국이나 타이완, 중국 등으로 이주해간 화교들을 고려할 경우 실질적인 인구는 2만 명 이하로 추정된다.[3]

중국인은 타이완과 중국 국적을 가진 자를 모두 포함하고 있는데 주로 타이완 문화와 경제활동에 관련을 가지고 있는 한민족계(漢民族系)를 가리킨다.

---

1 [네이버 지식백과] 화교 [華僑](두산백과) (검색일: 2013년 10월 11일).

2 양필승(2000), 『한국 화교의 어제, 오늘 및 내일』.

3 김기호(2005), 『초국가 시대의 이주민 정체성: 한국 화교의 사례 연구』, p.26.

또 본국과의 관련이라는 말은 개인으로서의 직접적인 관계뿐만이 아니라 이주민의 가족이나 자손이 현지에서 동향단체(同鄕団体)들과 지속적인 관계를 유지하고 있음을 의미한다.

화교들 사이에는 조상이 중국인인 자손을 화예 또는 교생으로 부르기도 한다. 이들은 거주국에서 현지 국적을 취득하고 동화되어 이미 지연(地緣)과 혈연(血緣)의식이 희박하고 법률적 · 경제적 · 정치적 · 사회적 · 문화적으로도 본국과의 관련성도 약하다. 또한 이들은 모국어를 상실한 채 현지화된 자도 많으며 현실적으로 화교라고 보기 어려운 측면도 있다.

특히 타이 등지의 현지인과 혼혈교생인 '룩친(Lukchins)'은 점차 정통화교로서의 특성을 상실한 채 제3의 민족적인 특징을 형성해나가고 있다. 인도네시아와 말레이시아에서는 토착민과의 혼혈 여부에 관계없이 수세대를 거치는 동안 종교, 음식 등의 기본적인 생활양식 면에서만 겨우 중국 고유문화를 유지하고 있는 자손들도 존재하는데 이들을 '바바차이니스' 또는 '바바'라고 부르기도 한다. 또한 현지인과의 통혼에 의한 모계(母系) 혼혈화교와 부계(父系) 혼혈화교 및 그들의 자손들도 넓은 의미에서는 화교의 범주에 포함하고 있다. 오늘날 베트남, 캄보디아, 필리핀, 타이, 미얀마, 인도네시아 등지의 화교의 경우 단순혼혈에서 복합혼혈의 양상을 띠고 있어 중국인으로서의 문화적 전통이나 민족성과는 상당한 거리감이 존재한다.

일반적으로 중국 화교는 대부분 동남아시아, 미국, 일본, 영국, 오스트레일리아, 러시아 등에 거주하고 있으며 그 수는 대략 약 4,000만 명에 육박하고 있다. 주로 화교는 광동성과 복건성계가 많지만 최근에는 상하이나 북경계 화교도 점차 증가하고 있다. 이들은 그들의 출신지와 거주지역의 언어를 사용하며 최근에는 중국어와 영어도 표준으로 사용하고 있다. 동남아시아 화교들은 주로 광동성과 복건성 등의 화남 지방 출신이 많으며 소수민족 자본의 대부분을 이들이 소유하고 있으며 현지의 정치, 경제에 많은 영향력을 행사하고 있다. 화교들은 다른 나라와 경제적으로 밀접하게 연계된 경우가 많으며 화교들끼리 서로 협력하여 성장하기도 한다.

또한 화교들 중에서는 거주국에서의 장기적인 체류로 인하여 혼혈이 나타나는 경우도 있는데 거주국에 절대적인 영향을 미치기도 한다. 서구의 화교들은 미국, 오스트레일리아 등지에서 오랫동안 육체노동에 종사하면서 그 사회에 뿌리를 내렸는데, 미국의 쿨리와 같은 건설노동자와 사탕수수 노동자 등이 여기에 해당된다.

2. 동남아 화교

화교들은 남송 해안지역의 무역이 급격히 발달한 12세기부터 16세기 후반 명대의 개방 시기까지 약 400~500년간 오늘날의 싱가포르, 베트남, 타이, 필리핀 등 교통과 무역의 중심지로 이동하였는데 그 수는 약 10만 명 정도였다. 이 지역에 해외 무역을 하는 중국 상인들의 일부가 정착하여 최초의 화교 사회가 형성하였다. 이들이 제1기 화교의 진출이라 할 수 있다. 이들 중에는 경제적인 이유 이외에도 정치적인 이유 때문에 해외로 도피한 자들도 포함되었다.

16세기 후반부터 1840년 아편전쟁이 일어나기까지 약 300년간 제2기 화교들이 진출하였다. 본격적으로는 1785년부터 동남아에서 '화공(華工)'이라 부르는 중국인 노동자들의 진출이 시작되었다. 비슷한 시기 말레이시아 중앙부를 점령한 영국은 이곳을 개발하기 위해 많은 노동력을 필요로 했고 노동력 수요를 중국 노동자의 강제적 투입으로 해결하려고 시도했기 때문이다. 이때 중국인 노동자들이 동남아시아로 대량 이주하게 되었다. 1800년 초에는 영국의 동인도회가 중국 광주(廣州)에 주재했던 광주세관의 매판상인을 통하여 광동성 내의 여러 곳에서 수차례 노동자들을 밀수출했다. 1819년에는 영국이 싱가포르를 점령하면서 이를 개발하기 위해 많은 중국인 노동자, 즉 '화공(華工)'들을 필요로 하게 되었고 다른 동남아시아 지역의 식민지들도 중국인 노동력에 의해 개발이 촉진되었다.

이와 같이 화교들의 진출이 동남아를 중심으로 대량으로 이루어졌으며

〈표 11〉 화교의 국가별 통계(2010년 기준)[4]

국가명	비율(%)	국가명	비율(%)
인도네시아	21.9	프랑스	0.9
타이	18.3	캄보디아	0.9
말레이시아	15.8	영국	0.7
싱가포르	6.9	라오스	0.6
필리핀	6.6	일본	0.5
미국	6.0	파나마	0.4
미얀마	6.0	인도	0.4
베트남	5.7	독일	0.3
캐나다	2.7	브루나이	0.3
오스트레일리아	1.4	브라질	0.3

동쪽으로는 일본과 조선, 서쪽으로는 인도 동부 해안, 남쪽으로는 인도네시아, 북쪽으로는 러시아에 이르기까지 약 100만 명 이상이 이주했다. 이 시기에 동남아 일부 지역은 이미 서구 열강의 식민지 또는 무역 중개지로 상품경제가 매우 활성화되었기 때문에 많은 화교를 유인하는 요인이 되었다.

화교 진출의 제3기는 1840년 아편전쟁에서부터 1949년 중화인민공화국이 수립될 때까지의 시기에 해당된다. 이때는 끊임없는 전쟁과 제국주의의 경제적 약탈로 인해 생활이 궁핍했기 때문에 화교의 대량 진출로 무려 1,000만 명이 이주했다. 현지에 진출한 화교들은 점차 민족의식을 자각하게 되고 동시에 현지 거주민으로서의 정착을 시작하였다. 활동 범위 또한 아시아에서 미주와 유럽, 아프리카 등지로 확대되어 오늘날 화교들이 세계 각국으로 이주하는 기반을 마련하였다.

제4기는 1949년 중화인민공화국의 출범 이후부터 지금까지의 시기에 해당된다. 중화인민공화국 성립 이후 중국으로부터의 대규모 이주는 일단 중

4 http://www.nationmaster.com 참조(검색일: 2013년 12월 7일).

단되었다. 당시 중국인들은 사회주의 체제 속에서 합법적으로 이민을 추진하기 힘들었다. 그럼에도 불구하고 경제발전의 차이와 미국, 캐나다, 호주 등의 이민정책 확대로 인하여 많은 중국인이 이주했고, 친척 방문 또는 유학 등의 방법으로 계속해서 해외로 이주하여 해외 화교의 수는 지속적으로 증가하였다.

오늘날 전 세계에 화교가 거주하지 않는 나라는 거의 없다. 그들은 이러한 수적인 팽창과 더불어 거주지에 관계없이 모두 중국인일 수밖에 없다는 의식 저변에 흐르고 있는 '중화사상'으로 인해 중국의 경제발전에 큰 몫을 담당해왔다. 화교의 대부분은 광동성, 복건성 출신이 주류를 이루고 있는데 이는 동남아와 인접한 지리적 조건과 함께 인구 과잉, 경작지 협소 등으로 인한 궁핍한 생활, 정치적 · 사회적 불안 및 그들의 개척정신 등이 복합적으로 작용했기 때문이다. 이 지역을 중심으로 이주가 촉진된 또 다른 외부요인으로는 유럽인들과의 접촉으로 청나라 때 유럽인들에게 개방된 곳이 광동성, 복건성이었다는 사실 때문이다.

그밖에도 동남아 화교의 형성요인으로는 이주지 개발에 따른 중국인 노동자의 대량 유입(19세기 말 유럽 각국의 식민지 정책과 토지 개발로 인한 노동력 부족과 중국 내 노동력의 포화상태로 값싼 노동력 유입), 그리고 먼저 이민 간 선구 이민화교들의 권유나 초청 등이 있다. 화교의 분포는 중국이 혈연주의를 취하고 있어 출생주의를 취하고 있는 거주국 측과 통계적 근거가 다르기 때문에 정확한 수치를 파악하기는 어렵다.

중국 화교는 명대 말기로부터 아편전쟁 시기까지 약 303년간 수십만에서 100만 명 전후에 머물렀지만 19세기 중엽부터 폭발적으로 증가하였다. 1879년에 300만 명, 1899년에 400만 명, 1905년에 760만 명, 1921년 860만 명, 1931년 1,283만 명으로 증가하여 19세기 말부터 20세기 초에 걸쳐 약 50년간에 4배 이상 화교 인구가 증가했다.

1970년 후반부터 본격화된 중국인들의 새로운 이동에 따른 이민자들은 일반적으로 '신화교'로 부르고 있으며 이들은 약 160~180만 명 정도로 추산되고 있다.[5] 신화교의 이주물결은 중국의 개혁개방 실시와 홍콩이 1997년 7월 7일을 기해 중국에 반환됨에 따라 홍콩인들의 대대적인 해외 이주가 이를 부추긴 측면도 있다. 개혁개방이 시작된 이후 약 12년간 중국 정부가 공식적으로 이주를 허가한 자는 약 136만 명에 이른다. 이들 가운데 이민자가 약 80여만 명, 유학생이 30만 명으로 추정되고 있다. 이들을 지역별로 분류해 보면 전통적으로 최대의 화교 송출지인 광동성에서 개혁개방 직후인 1980년 사이에 4만 2,000명이 출국한 것으로 알려졌다. 이곳은 개혁개방 직후부터 매년 이민자수가 약 4만 명에 달했으며 1981~1991년까지의 이민자수는 약 44만 4,000명으로 같은 시기 중국 전체 이민자 총수의 57%를 차지하였다.

오늘날 화교는 세계 90여 개국에 약 4,000만 명이 거주하고 있다. 이들 중 90% 이상은 동남아시아 지역에 집중되어 있는데 이는 무엇보다도 지리적으로 가깝기 때문이다. 인도네시아의 화교는 2010년 기준 약 880만 명으로 전 국민의 3.7%를 차지하고 있으며 인구대비 가장 많은 화교들이 거주하고 있다.

또한 싱가포르의 최대 민족은 중국계로 2011년 기준 약 280만 명으로 전 국민의 74.1%를 차지하고 있다. 아시아 이외 지역에서 화교들이 가장 많이 거주하고 있는 곳은 미국 캘리포니아 주이다. 이곳에는 약 100만 명 이상의 화교들이 거주하고 있다.

화교들은 90% 이상이 거주지역에서 귀화하여 그 나라 시민으로 생활하고 있다. 중국 국적을 유지하고 있는 화교는 약 200만 명에 불과하다. 해외 화교의 사용 언어별로는 복건성 언어 사용자가 3,500만 명으로 가장 많고, 다음은 광동어 2,000만 명, 객가(중국 내 특정 도시출신자)어 600만 명, 북경 중심의 보통어 500만 명 등이다. 출신지별로는 타이완이 2,030만 명으로 가장 많고 인도네시아 720만 명, 홍콩 660만 명, 타이와 말레이시아 등이 각각

---

5 홍재현(2006), 「화교 사회의 형성과 특성연구」, 『中國人文科學』 第34輯, pp.631-646.

580만 명, 싱가포르 270만 명, 필리핀 90만 명, 베트남 70만 명 등의 순서로 나타났다.

제2절 화교의 현지화와 성공요인

세계 각국에 거주하는 화교 사회가 20세기 초반에는 중국 본토와 긴밀하게 밀착되어 중국 문화를 흡수하려는 힘이 강렬했던 것에 비해 20세기 말부터 21세기 초에 걸쳐 화교 사회의 중요한 특징은 '화교의 현지화'가 주창되었는다는 점이다. 즉 화교가 현지문화를 수용하고 현지사회의 일원으로서 살아가기 시작했다는 점이다. 이러한 변화과정은 동남아 현지사회의 변화로 인한 화교에 대한 외적인 압력과 그에 대응하는 화교들의 불가피한 선택의 결과라고 할 수 있다. 제2차 세계대전 이후 동남아 국가에서는 정도의 차이는 있으나 화교의 경제활동을 압박하고 제약하는 다양한 정책들이 추진되었다. 화교로 하여금 문화적 독자성을 포기하고 현지사회에 동화하도록 강요하는 압력이 가해졌다. 대부분의 국가에서 새로운 중국인의 이민은 제한되었고 화교의 정치활동은 제한적이거나 금지되었다.

특히 화교들은 거주국에서 외국 국적 화교의 경제활동이 실질적으로 금지되었고 강제적인 재산몰수가 행해지기도 했다. 이에 반해 화교를 배제하고 현지인의 경제활동을 우대하는 정책이 시행되었는데, 대표적으로 말레이시아의 부미푸트라(중국인 세력을 억제하고 말레이계 민족 지원정책) 정책 및 인도네시아의 각종 경제적 토착화 정책들이 이러한 사례들이다. 전후의 동남아 사회는 화교들에게 더 이상 중국인의 국적을 유지하도록 허용하지 않았다. 적어도 표면상으로 현지문화를 수용하고 현지어를 사용하며, 중국 이름도 현지 이름으로 바꾸고 경제활동도 현지사회와 협력해나가지 않으면 안 되었다.

한편 현지문화에 대한 화교의 동화가 수동적으로만 이루어진 것은 아니었다. 오히려 이러한 외압의 한쪽에서 화교 자신들이 현지사회에 자발적으로 동화하려는 의식도 존재했다. 거주국에서 반복되는 반(反)화교 폭동 속에서 화교들은 '중국'이 결코 그들이 의지할 만한 배경국가가 되지 못한다는 점을 인식하였고, 새로운 이민이 중단된 상황에서 현지사회의 적응만이 유일한 생존전략임을 스스로 깨닫게 되었다. 또한 현지에서 체류기간이 장기화됨에 따라 출현지에서 출생한 2세들이 증가한 것도 화교의 현지화를 촉진시켰다.

현지 출생 시부터 거주국에서 현지어로 교육을 받은 2~3세들은 중국과 중국 문화에 대한 강한 친근감이 없었기 때문에 현지 국민으로서의 일체감을 가지게 된 것이다. 오늘날 동남아에 거주하는 대다수 중국계는 '타이 화교', '인도네시아 화교'라는 의식을 가지고 있는데, 이러한 의식은 단순히 현지사회의 적대감을 피하기 위한 것만이 아니라 현지문화를 수용하는 가운데 거주국의 고유한 토착민으로서의 문화를 수용한 결과라고 할 수 있다.

화교들은 세계 어디를 가더라도 놀라울 정도로 사업에 성공했다. 특히 동남아 지역에서는 화교들이 장사의 귀재로서 모든 상권을 장악해왔다고 해도 과언이 아니다. 화교의 비율은 동남아 인구의 10%에도 못미치지만 역내 무역의 3분의 2를 차지했으며 동남아 거부(巨富)의 86%가 화교일 정도로 경제자본의 대부분을 장악하였다. 화교 사업가들의 성공요인은 때와 장소에 따라 다양한 요인들이 복합적으로 작용한 결과라고 할 수 있다.

화교들은 자신들의 성공비결로 힘든 일을 기꺼이 수용하고 좋은 대인관계(꽌시)를 유지하며 사업비용을 절약하는 능력 등을 들고 있다. 그밖에도 미래의 부를 획득하기 위해 필요한 고등교육을 받을 수 있는 재력, 정직성, 사업감각, 단기 이익보다는 장기적 이익의 미래투자 선호, 불안한 사업에 대한 동물적인 직감, 타고난 근면성 등을 들 수 있다.

이러한 화교의 사업적인 감각과 함께 그들만이 보유하고 있는 개성들을 현지사회의 사회적 · 상업적 공적 제도가 미비한 지역에서 적용할 수 있었기 때문에 성공할 수 있었다. 그들은 여러 국가의 시장 간의 상호 보완을 도모하면서 새로운 정보와 생산기술을 도입함으로써 거주국의 국가의 경제개발에도 공헌해왔다. 또한 도전정신으로 경쟁자가 거의 없는 새로운 업종 분야의 시장을 개척함으로써 높은 수익을 창출하여 자본축적 및 사업확대를 달성할 수 있었다.

제3절 화교 자본과 글로벌 네트워크

1. 화교 네트워크

글로벌 시대 민족국가의 경계를 벗어나 탈영토화된 초국가적 공동체로서 전 세계적으로 화교 디아스포라는 약 4,000만 명이 혈연, 지연, 업연 등의 네트워크로 연결되어 있다. 화교 네트워크는 그들이 쓰는 방언에 따라 광동방(廣東幇), 복건방(福建幇), 조주방(潮州幇), 객가방(客家幇), 해남방(海南幇) 등으로 구분되며 이들은 동남아 5대 화교방으로 불리고 있다.

이들 5대 화교방들을 차례로 살펴보면 먼저 광동방은 세계에서 가장 많은 인구를 갖고 있다. 전체 화교의 약 60%를 차지하며 미국과 캐나다에 거주하는 화교들 중 86%를 차지한다. 복건방은 언어학적으로 민북어[(閩北語(福州)]를 사용하는 지역과 민남어[(閩南語(厦門)]를 사용하는 지역으로 구분되는데 이 지역 화교들 대부분은 민남어를 사용한다. 복건방은 주로 타이완, 필리핀, 인도네시아, 싱가포르, 말레이시아를 중심으로 한 동남아 지역에 분포되어 있다. 조주방은 중국 광동 동부의 조주(潮州)와 산두(汕頭)에 근거를 두고 동남아 지역 타이, 싱가포르, 말레이시아 등에 많이 분포되어 있다. 해남방은 중국 해남도(海南島)를 중심으로 한 조직으로 다양한 난민을 받아들인 결과 수많은 방언이 혼합되어 사용되고 있다.

이와 같이 방언을 중심으로 연결된 화교 네트워크는 거대한 화교 디아스포라 조직의 기본적인 틀이라 할 수 있다. 과거에는 화교 네트워크가 지연,

혈연, 업연 등에 제한된 네트워크 형태에 불과했지만 최근 중국의 눈부신 성장에 힘입어 중국과 화교 사회를 연결시키는 보다 광범위하고 포괄적인 네트워크로 발전하였다. 중국으로 반환된 홍콩을 중심으로 하는 인구 약 3,500만 명의 주강 삼각주 경제권과 이를 둘러싸고 있는 광동성을 포함한 전체 약 7,000만 명의 홍콩 인구를 포함한 광동 경제권, 그리고 광동성과 인접한 복건성을 연결하여 중장기적으로 대만 복건 경제권으로 발전시키고 있다. 이보다 광역화된 권역으로는 '화남 경제권'을 들 수 있는데 중국의 광동, 복건, 해남성에다 홍콩, 타이완 등 5개 지역을 연결한 지역권을 말한다. 이들 역내의 화교 인구는 대략 1억 3,000만 명으로 총 GNP는 3,000억 달러에 달하며 이는 동남아시아국가연합(ASEAN)의 GNP에 필적하는 수치에 해당된다.

화교의 본 거지에 중점을 둔 이들 권역들은 동남아 국가들의 경계를 초월하여 해외 화교들이 장악하고 있는 타이, 말레이시아, 싱가포르, 베트남의 각 산업 분야로 확장되면서 초국가적이고 초지역적인 제3의 구심점을 찾아 그들의 정체성을 확보하려는 새로운 움직임을 보이고 있다.

전 세계적으로 90여 개국 이상에 진출하여, 특히 경제 부분에서 실력을 유감없이 발휘하고 있는 화교들을 일컬어 흔히 '화교 제국'이라고 부른다. 이와 같은 명칭을 입증하기라도 하듯이 현재 세계 화교들의 이동을 하나로 엮어내는 역할을 하는 것이 바로 화교 네트워크이다. 화교들은 글로벌 화교 네트워크 구축을 통해 자신들끼리의 유대를 강화시키고 상호 협력관계를 유지하고 있다. 글로벌 네트워크의 중요성을 깊이 인식하고 있는 화교 간의 네트워크 활동은 매우 적극적이다. 기존의 국경 개념이 사라지고 인터넷 정보통신까지 발달된 지금, 네트워크라는 연결고리는 더욱 강고해져 파급효과를 가져오고 있다.

글로벌 시대 국제경제는 기업 간의 상거래와 개인 간의 교통통신에 따라 크게 좌우된다. 국가가 상거래를 하는 것이 아니라 사람과 기업이 교역을 하는 시대가 도래되었다. 네트워크는 글로벌 경제체제의 새로운 핵심으로 부상하고 있다. 화교의 활동은 네트워크들이 결합하여 이루어진 일종의 네트워크 구조라고 할 수 있다. 이는 글로벌 경제의 기본적인 틀 안에서 지금까지 볼 수 없었던 새로운 패러다임이라 할 수 있다. 화교가 해외로 강력하게 팽창할 수 있었던 것은 그들 나름대로의 결합과 강한 단결력, 그리고 그것을 축으로 세력을 확대할 수 있는 네트워크의 파워라 할 수 있다.

화교 사회에서 중요한 역할을 담당하고 있는 사람들은 모두가 화교 네트워크로 연결되어 있는 가운데 모든 일을 상호 협력하여 처리한다. 화교의 사업활동은 매우 개별화되어 있지만 필요할 때는 언제든지 상호 협력할 수 있는 태세를 갖추고 있는 것이다. 이들 사이에도 무한경쟁은 매우 치열하게 벌어지고 있다. 특히 외부인, 혹은 같은 문중이나 동향, 같은 파벌이 아닌 사람들은 철저히 배제된다. 그들이 위기에 직면하거나 대단한 호기를 맞았을 때는 상호 강력히 결속하고 협력한다.

화교의 족벌 기업은 자체 네트워크를 구축하고 있다. 기업체와 기타 여러 사업관계로 이루어진 네트워크이다. 이러한 다양한 화교 네트워크 구조들이 서로 맞물려 전 세계적인 거대한 글로벌 네트워크를 형성하고 있다. 화교 네트워크는 인터넷을 떠올리면 쉽게 이해할 수 있을 것이다. 인터넷이 수만 혹은 수십만 개의 다양한 네트워크로 구성된 것처럼, 화교들도 수십만 개의 네트워크 조직으로 형성되어 있다. 강한 연대의 힘을 발휘하고 있는 화교 네트워크는 한 가지 공통점을 가지고 있다. 즉, 개개의 네트워크 구성원이 마치 네트워크의 중심축처럼 기능하고 있다는 점이다.

화교들은 세계 여러 지역과 연결된 그들 간의 네트워크 시스템 속에서 각자 다른 사람들과 거래를 시도한다. 그러면서 자신들이 글로벌 네트워크의 중심축에 있는 것처럼 느끼게 된다는 것이다. 개인주의적인 성격이 강한 화교는 자신의 운명을 스스로 개척해왔다. 중국의 속담에 "남을 위해 하는 일에는 전망이 없다."라는 격언이 있다. 즉 화교들은 모두가 네트워크 중심축에 놓이고 또 자신이 주인이 되기를 원한다는 것이다. 이러한 주인의식이 화교의 모험심과 도전적인 정신을 자극하는 것이다.

화교 네트워크의 사례로 싱가포르의 화교 상공회의소는 전 세계 중국인 기업 네트워크라는 컴퓨터 네트워크를 구축하여 세계의 화교들을 네트워크로 연결하고 있다. 이른바 네트워크 속의 가상공간을 연결하는 이러한 첨단기술 링크는 기업활동에 종사하는 모든 화교들 간의 정보 유통과 거래를 촉진시키고 있다. 이런 네트워크 외에도 전 세계 화교들의 움직임을 취재, 보도하는 중국 TV방송 네트워크가 1994년 12월 홍콩에서 개국되었다.

화교 네트워크의 조직 모델에는 또 다른 측면이 있다. 화교들은 혈연, 지연, 업연 등을 바탕으로 국경을 초월한 중국인 상호 간의 네트워크를 형성하고 있다. 일반적으로 화교는 귀화한 거주국 국민이라도 현지인과 다른 언어, 문화, 전통, 관습에 근거한 정체성을 유지하며 화교들 간의 교류가 현지인과들의 교류보다 훨씬 많은 것으로 알려졌다. 이러한 화교들 간의 네트워크를 활용하여 서로 돕고 협력하면서 생활기반을 강화하는 것이 화교 사회의 큰 특징이라 할 수 있다. 화교는 이러한 네트워크 형성을 통하여 상업활동의 중심적인 역할을 담당할 뿐만 아니라 해외 각지에 산재해 있는 이문화와의 원활한 접촉과 현지 적응에도 활용하여 성공하고 있다.

하지만 애초부터 종족 간의 연결망에서 시작된 화교 네트워크는 폐쇄적이고 비공식적인 네트워크라는 한계를 가지고 있다. 세계화에 많은 어려움을 함의하고 있다는 것이다. 이러한 단점을 극복하기 위해 화교들은 공식적인 화교 네트워크를 구축하기 시작했다. 이들 중 가장 유명한 화교 네트워크인 국제화교협회가 1981년에 설립되었다. 산하에 150여 개의 소규모 협회를 회원으로 확보하고 있으며 2년마다 미국, 홍콩, 마카오, 캐나다, 프랑스, 필리핀, 타이 등지를 순회하면서 국제회의를 개최하고 있다. 국제회의의 회합은 화교 간에 구축된 유대관계를 재강화시켜줄 뿐만 아니라 외국에 오랜 기간 동안 거주함으로써 소원해진 중국 고향의 친척 및 중국 정부와의 관계를 회복시켜주는 계기를 제공하고 있다.

2. 세계화상대회와 화교 자본

세계화상대회는 세계 최대 규모의 화교 네트워크라 할 수 있다. 세계화상대회는 2년마다 개최되며 세계 각국에서 1,000여 명 이상의 화상들이 방언이나 선조의 출신지와 관계없이 모든 화교들이 참가하고 있다. 제1차 대회는 1991년 싱가포르에서, 제2차 대회는 1993년 홍콩에서 개최되었고, 이후 2년마다 한 번씩 개최되어왔다. 화교 네트워크는 새로운 형태의 글로벌 네트워크로 떠오르고 있다. 이러한 화교 네트워크를 활용하여 전 세계의 화교들은 놀라울 정도로 사업에 성공하고 있고 특히 동남아 지역에서는 전체 상권을 장악하고 있을 정도로 성장하였다. 세계 각국의 화교 기업 150개를 대상으로 실시한 설문조사 결과에 의하면, 자국 내 사업의 50% 이상과 국제 사업의 39%가 이들 화교 기업 간의 네트워크를 통해 이루어지고 있다고 보고하였다.[6]

더욱이 중국인들은 교육열이 높아 서구에 있는 세계 유수의 대학과 사립학교에 자녀들을 유학시키고 있다. 이들 화교 자녀들은 미국 이튼, MIT, 하버드, 옥스퍼드, 케임브리지대학 등에서 수학하며 전 세계의 정재계 파워엘리트들의 자녀들과 친분을 쌓고 있다. 이러한 화교의 교육열은 불의의 상황에 대비한다는 측면에서 본다면 또 하나의 유력한 글로벌 네트워크를 형성하고 있는 셈이다. 화교는 어느 집단보다 글로벌 네트워크 구축에 매우 적극적이다. 즉, 글로벌적 감각이나 조직화 측면에서 매우 뛰어나기 때문에 오늘날 세계적 네트워크 활동의 표본인 글로벌 네트워크를 구축할 수 있었다.

화교 자본은 서구 세계에서 화교 사회의 상당한 자금조달원 역할을 자임해왔다. 화교 기업가들은 서구 세계의 경제활동에 깊이 관여하고 있으며 세계 여러 국가에 바람직한 자극제 역할도 하고 있다. 글로벌 시대 세계는 민족국가의 집합체에서 네트워크 집합체로 이행하고 있다. 그러나 한 가지 역

6 정성호(2004),『화교』, 살림출판사(주).

설적인 현상은 국가 간의 경계가 퇴색되면서 오히려 민족적 정체성이 더욱 중요시되는 내셔널리즘의 대두이다. 즉, 경제적 상호 의존성이 더욱 심화되면서 사람들의 정체성이 약화되자 민족 간의 문화정체성이 더욱 중요시되고 있는 형국으로 바뀌고 있다는 점이다. 이것을 달리 표현하면 글로벌 경제체제 속에서 경제적 상호 의존성이 더욱 커지면서 사람들의 정체성이 약화되자 문화적 정체성을 되찾으려는 욕구가 더욱 강해지고 있다는 것이다.

이에 따라 민족의식과 정체성이 더욱 중요하게 되었다. 이와 같이 세계가 민족국가에서 네트워크 중심으로 이동하고 있는 가운데 화교들은 진정한 의미의 글로벌 네트워크를 발 빠르게 구축해왔다.

세계 각국에 흩어져 있는 특정 민족집단 가운데 화교는 여러 가지 측면에서 독특한 특징을 지니고 있다. 화교들의 이주 역사가 수세기에 이르고 있을 정도로 장고하여 수적인 면에서 약 4,000만 명 이상의 거대조직을 형성하고 있을 뿐만 아니라 불모의 대륙이나 황량한 벌판, 적도의 밀림 등 희망의 땅을 찾아 기약 없는 유랑의 길을 떠났던 화교들은 21세기 이주지에서 유랑민이 아닌 현지 정착민으로 뿌리를 내렸다. 그리고 화교들은 중국으로부터 가장 존경받는 해외 국민으로 대접받고 있다.

1) 화교 사회와 주요 단체

화교 사회의 기본구조는 그들의 출신지를 중심으로 혈연사회, 지연사회, 심연사회가 주축이 되며 경제적으로는 중화총상회[7]가 중심단체가 되어 여러 화교 동업조합이나 노동조합 등을 통제하고 있다.

2) 화교대학(Huaqiao University: HQU)

화교대학교는 중국에 있는 종합 국립대학이다. 해외에 거주하는 화교들

7 화교들이 비즈니스를 하고 있는 나라에는 거의 모두 설치되어 있는 기구로서 화교를 대변하는 역할을 한다. 전 세계 중 80개국에 설치되어 있다. 세계 화교들은 이 중화총상회를 기본 네트워크로 사업을 전개하고 있다.

을 대상으로 교육을 시행하고 있다. 화교대학이 위치한 천주(泉州)는 송나라 이후 중국 남부의 최대 무역항으로 성장한 곳이다. 근대에는 이곳을 통해 많은 중국인들이 해외로 이주하였다. 화교대학교는 해외 화교들에게 중국의 우수한 민족성을 알리고 폭넓은 교육기회를 제공하겠다는 취지로 1960년에 건립되었다.

역대 중국 지도자들이 '화교의 애국심'을 여러 차례 강조해왔기 때문에 화교대학교는 수십 년째 중국에서 중요한 위치를 차지하고 있다. 화교대학교는 24개 학부로 구성되어 있으며 2011년 현재 4,000명의 외국인을 포함해 약 3만 명의 대학생들이 재학하고 있다.

3) 화교은행[8]

1912년에 싱가포르에 설립된 중국인상업은행으로 이후 설립된 호홍은행, 해외중국인은행 등 3개의 은행이 합병하여 1933년 1월 이후 업무를 개시하였다. 뛰어난 경영체계와 정책으로 싱가포르 대표 금융기관으로 성장하였다. 현재 아시아 태평양 지역의 대표적 금융기관을 목표로 발전하고 있다.

제4절 한국 화교의 역사와 지역적 분포

1. 한국 화교의 역사

한국 화교는 한국에서 태어나서 생활하고 있는 화교들을 일컫는 말이다. 이들은 한국에 유학이나 업무파견 등으로 도한한 중국인이나 타이완인과

---

8 1912년에 설립된 중국인상업은행(Chinese Commercial Bank Limited), 1917년에 설립된 호홍은행(Ho Hong Bank Limited), 1919년에 설립된 해외중국인은행(Oversea-Chinese Bank Limited) 등 3개 은행이 합병하여 1932년 10월 31일 구성되었고 1933년 1월 2일부터 업무를 개시하였다.

는 다르다. 한국을 고향으로 두고 있으며 이들의 가족은 한국에 이민하여 정착한 지 최소한 3세대를 초과하였다. 1970년에는 한국 화교 인구가 12만 명에 달한 적도 있으나 현재 국내에는 약 2만 4,000명 정도가 거주하고 있다. 한국 화교의 대부분은 중화민국 국적을 가지고 있으며 주로 부산, 인천, 서울 지역에 거주하고 있다. 출신지는 대부분이 중국 대륙의 산동성이다. 역사적으로는 1882년 임오군란이 일어나자 청나라가 군대를 조선에 파견하였고 이때 청나라 상인들이 인천(제물포)에 들어와 자리를 잡기 시작한 것으로 알려지고 있다.

임오군란 당시 한국에 파견된 광동성 수사제독 오장경(吳長慶)의 휘하 군대를 따라 40여 명의 상인이 입국하여 이들이 한국 화교의 시초가 되었다. 청나라는 같은 해 '상민수륙무역장정', 즉 통상조약을 강요하여 화교 유입의 길을 닦아놓았다. 이에 따라 1883년에는 서울, 인천, 부산 등 주요 도시에 이미 210명의 중국 상인과 111명의 관리가 주재하였다. 1884년에는 서울 30명, 인천 235명 등으로 화교 수가 급증하였다. 계속해서 1884년 인천, 1887년 부산, 1889년 원산에 화교조계지가 설치되어 전체 화교 수는 인천에만 1,000명을 초과하였다.

중국 상인들은 조선에 들어오자마자 당시 상업을 천대하던 조선의 상권을 장악하기에 이르렀다. 1923년 조선총독부 통계는 서울, 인천에 거주하는 화교 6,000명이 중국에 송금한 금액을 당시 일화로 약 1,000만 엔 정도로 추정하여 그들의 상업이익이 막대하였음을 알 수 있다. 당시 조선사회는 상업이 세분화되어 있지 않아 화교들은 여러 가지 상업활동에 동시에 진출할 수 있었고 이는 조선 사회와 상인들에게 큰 위협요인이 되었다. 초기 화교들은 중국 정부의 정책적인 도움을 받아 일본인을 제외하고 조선에 가장 많이 거주한 외국인이 되었다.

1884년에는 조선에서 중국인의 거주를 위한 땅을 무상 제공한다는 협약이 맺어졌다. 그리고 현재 인천시 북성동과 선린동 일대의 1만 5,000여 m^2가 중국인에게 제공되었다. 당시 인천에 거주한 중국인이 1만 명에 달했다.

이주 초기에 이들은 조선에서 이발사, 요리사, 재단사로 일했으나, 최근에는 여행가이드가 가장 많고, 한약방, 무역상, 잡화상, 식품재료상들이 많다.

1884년 4월에는 '인천화상조계장정(仁川華商租界章程)'을 체결하여 지금의 인천시 선린동 일대 중국의 조계지가 생긴 이후 중국의 건축방식을 본뜬 건축물이 여기저기 출현하기 시작했다. 이곳에서 최초 "차이나타운"이라는 중국인 공동체의 형태가 만들어졌다. 그리고 이후 중국 원세개가 조선통상 업무를 맡아 1887년에는 부산, 1889년에는 원산 조계지역 설치에 대한 담판을 성공시켜 이후 중국 조계지역이 계속해서 조선에 세워지게 되었다. 즉 인천에 조계지역이 설립되어 화교 수가 급증하게 되었고 1883년에 48명이던 화교 수가 1년 후에는 5배에 가까운 235명으로 증가하였으며 1890년에는 약 1,000명에 달하였다.

대부분의 화교들은 인천을 상업활동의 중심지로 삼았고 탁월한 사업 수완을 발휘하여 중국에서 수입한 식료 잡화를 팔아 다시 조선의 사금 등을 사들여 중국에 보냄으로써 조선 시장의 전반적인 상권을 장악하였다. 특히 인천 조계지 내의 화교들은 한국 전역에 퍼져 있는 화교들과 긴밀한 관계를 구축하여 화교들의 장사는 날로 번창하게 되었다. 또한 1898년 의화단(義和團)의 북청사변(北淸事變)으로 산동성 일대가 전란에 휩싸이자 이 일대 중국인들이 한국으로 대거 건너오기도 했다. 이들도 조선의 인천을 자신들의 집거지로 삼았기 때문에 인천은 화교들의 근거지가 되어 서울과 함께 화교들의 양대 세력권을 형성하였다. 자료에 의하면 1884년 35척의 청나라 선박이 인천과 마포항을 왕래하였으며 1만 3,000톤의 화물을 운반한 기록이 남아있다.

화교들의 활동 범위가 확대되면서 중국 공관과 중화회관이 한국인들과 접촉하는 횟수도 많아졌고 화교들과 한국인들 간의 갈등으로 인한 충돌도 잦아졌다. 한국에서 발행된 자료에 따르면 1883년 7월부터 1884년 9월까지 조선인과 화교 간에 발생한 채무 분쟁이 15건으로 액수는 무려 약 3만 687량에 달했다. 화교 정착 초기에는 사용언어가 다르고 지리적 환경이 달라 한국인들과의 분쟁은 피할 수 없었다. 이 분쟁의 가운데에는 일본의 이간책

〈사진 2〉 인천 차이나타운[9]

도 중요한 원인으로 작용하였다.

1920년대 이후 10년 동안 조선에서 화교의 경제력은 막강하게 성장하였다. 특히 20년대의 후반기인 1927년 전후에는 화교의 경제활동이 가장 막강했던 시기였다. 서울과 인천에 거주하던 화교상인들은 주로 비단, 옷감, 면화, 양식, 고추, 마늘 등 각종 중국의 토산품을 대량으로 수입하여 조선 전역에 판매함으로써 막대한 수익을 올렸다. 1923년 조선총독부 통계에 따르면 서울, 인천의 양 지역에 거주하고 있는 화교의 수는 약 6,000명 정도였다. 이들이 40년간 중국으로 보낸 액수는 일본 화폐로 1천만 엔에 달했다. 당시 조선의 경성 시민 중 세금을 제일 많이 내는 사람은 화교의 동순태[10](同順泰) 사장인 담걸생(譚傑生)이었다고 한다. 자료에 따르면 당시 조선 13개도에 328개 지역에 최소 한 가정 이상의 화교들이 살고 있었던 것으로 알려

9 http://www.ichinatown.or.kr 참고.

10 조선 고종 25년(1888) 무렵부터 인천을 중심으로 번창한 중국 청나라 사람의 상사.

지고 있다. 1920년대 화교들이 조선에서 경영했던 상점들은 대체로 잡화점, 비단가게, 양장점, 이발소 등이었으며 후반기로 갈수록 요식업이 점차 증가하기 시작했다.

1950년 한국전쟁이 발발하자 타이완 국민당 정부는 전쟁 발발 초기부터 국공내전(國共內戰)에서의 패배를 파병을 통해 만회하겠다는 계획을 구상하고 있었다. 이 구상은 중국군 참전을 우려한 미국의 반대로 좌절되었지만 결국 중국군이 참전하게 되면서 심리전 요원을 파견하는 형태로 전쟁에 개입했다. 대부분이 한국에 거주하던 화교학교 교원과 학생들이었던 심리전 요원들은 중국군을 상대로 투항을 권유하는 업무를 담당했다.

2011년 현재 인천 차이나타운에는 화교 150~200여 가구로 약 695명, 인천에는 약 3,000명의 화교들이 거주하고 있다. 한국 화교 1세들의 대부분은 중화민국 정부가 통치하던 중국 대륙에서 이주해왔다. 1949년 국공내전에서 패한 중화민국 정부는 타이완으로 후퇴하고 중국 대륙에는 중화인민공화국이 수립되었다. 이 때문에 한국 화교의 대부분이 타이완 출신으로 바뀌게 되었다. 한국 화교 2세는 물론이고 3~4세들은 한국에서 태어났지만 한국의 국적법이 속인주의(屬人主義)를 채택하고 있기 때문에 이들은 모두 중화민국 국적을 소유하게 되었다.

이와 같이 중국 대륙 출신의 후예인 한국 화교들은 중화민국 국적을 가지고 출생지인 한국에서 외국인으로 3세대가 넘도록 생활해오고 있다. 한국은 40년 가까이 영주권 제도가 없었기 때문에 한국 화교들은 그들이 태어난 한국에서 F-2의 장기 거주 사증을 취득하여 2년마다 갱신하며 생활하다가 1990년대에 들어서 F-5의 영주 사증제도가 만들어졌다. 화교들은 한국 국적으로 귀화를 원하는 사람들도 많았지만 귀화절차가 까다로워 귀화자는 극소수에 불과했다. 최근 화교에 대한 귀화 필기시험이 면제되면서 간소화되었다. 한국에서 태어나 고향이 한국인 한국 화교는 중화민국(타이완)에 호적이 없는 상태로 거주하고 있다. 따라서 국적상 조국인 중화민국으로 입국 시 별도의 입국 사증이 필요한 상태이다.

한국 화교는 중화민국 국민에게 사증을 면제하는 국가에 대부분 사증 없이 입국할 수 없다. 이유는 타이완 본국으로부터 받은 여권이 아니어서 여권효력이 크게 제한되어 있기 때문에 호주, 일본 등을 방문하려는 중화민국 국민은 별도의 사증이 필요하다. 참고로 한국 국적을 소지하고 있는 한국인은 타이완 방문 시 30일간 사증이 면제된다. 현재 중국(중화인민공화국) 정부는 중화민국 국적을 인정하지 않고 있다. 따라서 중화민국 여권을 소지하고 있는 한국 화교는 중국 대륙에 입국 시 여권 대신 중국 대사관에서 화교 대상으로 발급하는 여행증을 여권 대신 발급받아야 한다. 마카오는 한국 화교들도 사증 없이 30일간 방문할 수 있다.

2. 한국 화교의 지역적 분포

한일 강제병합 이후 1911년 한국 화교는 1만 1,837명으로 매년 증가하여 1930년에는 6만 7,794명에 달했다. 하지만 1931년 만보산 배화사건을 계기로 본국으로 귀환하는 중국인들이 증가하여 1931년에는 3만 6,778명으로 감소하였다. 그러나 중국 국공내전으로 사회혼란과 전란을 피해 또다시 많은 중국인들이 한반도로 이주하기 시작했다. 1935년에는 5만 7,639명, 1942년에는 화교 인구가 8만 2,661명으로 대폭 증가하여 제2차 세계대전 종료와 함께 해방직후 1945년에는 6만 2,248명을 기록하였다.[11]

제2차 세계대전의 종언과 더불어 정치적 대립으로 한국에 미 군정이 설치되면서 한국에 거주하던 중국인들은 중국 대륙 출신이라는 이유로 정치적으로 적대국가 국민의 대우를 받게 되었다.[12] 또한 중국 대륙이 공산화되면서 중국 대륙으로부터의 인구 유입이 통제되어 인구 수는 자연증가에 의존하였기 때문에 증가율은 둔화되고 양적으로도 정체되었다. 한편 한반도

11 박상순(2001), 『재한중국인의 법적 지위에 관한 연구: 타이완계 중국인을 중심으로』, p.23.

12 박상순(2001), pp.24-26.

〈표 12〉 일제강점기 한국 화교의 추이

연도	인구(명)	연도	인구(명)
1911	11,834	1931	36,778
1916	16,904	1935	57,639
1920	23,989	1940	63,976
1925	46,196	1942	82,661
1930	67,794	1945	62,248

내 정치적 혼란과 남북 분단으로 한국 정부가 수립되던 1948년 말 통계에는 1만 7,443명의 화교들이 한국에 거주하였다.[13]

1949년에는 한국 정부가 국민당 정권의 중화민국을 유일한 합법정부로 인정하면서 중화민국 대사관이 서울에 설치되었다. 당시 한국에 체류 중이던 중국인들이 재외국민 등록을 하게 되면서 자연스럽게 중화민국(타이완) 국민으로 등록하였다. 그러나 1950년 한국전쟁의 발발로 남북이 분단되면서 한국에 체류 중이던 화교 사회도 자신들의 의사와는 무관하게 남북으로 분단되었다. 북한에 체류 중이던 중국인들은 북한과 외교관계를 맺고 있던 중국에 의해 중국 국민으로, 남한에 체류 중이던 중국인들은 중화민국(타이완) 정부에 의해 중화민국 국민으로서 법적 지위가 달라졌다. 당시 중국 화교의 남북한 지역별 분포 현황을 살펴보면 이주 초기에는 비슷하였으나 일제강점기 초기부터 해방 직후까지는 북한에 거주하는 화교 수가 남한보다 5배 이상 많았다.[14]

대한민국 정부는 1963년 '출입국관리법'을 제정하며 화교들에게도 거주자격을 부여하는 등 법적 지위를 인정하였으며 투자유치를 위한 문호개방 등 여러 가지 대외정책을 추진하였다. 특히 타이완과의 인적 · 물적 교류가

13 하천봉(1950), 『화교는 남한에 어떻게 분포되고 있나?』, 고려문화사, pp.46-47.

14 박은경(1986), 『한국 화교의 종족성』, pp.67-69.

〈표 13〉 한국 정부 수립 ~ 한중수교 이전 한국 화교 인구

연도	인구(명)	연도	인구(명)
1948	17,443	1970	34,599
1950	17,687	1980	29,676
1953	21,058	1990	21,834
1960	24,723	1992	24,414

활발해지면서, 새로운 인구 유입도 증가하여 1970년까지 매년 화교 인구 수가 소폭으로 증가하였다.

한국의 화교 수는 1974년을 정점으로 감소하기 시작하여 한중 수교 직전인 1990년에는 2만 2,842명으로 34.6% 정도 감소하였다. 그 이유는 미국과 타이완으로 화교 이주가 급격히 증가하였기 때문인데 대외적으로는 미국의 이민법과 타이완 정부의 해외 화교에 대한 우대정책에 기인한 것이었다. 대내적으로는 1970년대 박정희 대통령에 의한 대한민국 유신헌법이 선포되면서 유신체제로 전환되어 자유민주주의와 시장경제체제의 후퇴로 인한 인권보장제도의 후퇴 등 정치적 상황이 불안했기 때문인 것으로 생각된다.[15]

법무부(2007)의 통계에 따르면 한국 화교의 숫자는 2만 2,047명으로 집계되고 있다. 이를 지역별로 살펴보면 서울, 인천이 전체의 50% 이상을 차지하고 있으며 경기도를 포함하면 그 비율이 60% 이상에 달해 대부분 한국 수도권이나 경기도 인근 지역에 거주하고 있다. 이는 부산, 대구, 광주 등 대도시에 거주하고 있는 화교가 상대적으로 많은 것을 반영하고 있다. 한국 화교는 2001년도 말 2만 3,002명에서, 2006년 2만 2,165명으로 완만한 감소세를 보여 전체적으로 감소추세가 지속되어 점차 정체되고 있는 것으로 나타났다.[16]

15 박현옥 · 박정동(2003), 『한국 화교(인천화교)의 경제활동 및 사회적 지위에 관한 연구』, p.92.

16 김일권, JIN RIQUAN(2012), 『재한 중국인의 포섭과 배제를 통해 본 한국 다문화주의 연구: 국

〈표 14〉 한국 화교의 국내 체류현황(2001년 5월 기준)[17]

지역	계	거주자(F-2)	기타
합계	22,917	21,978	939
서울	8,987	8,479	508
부산	2,030	1,985	45
경기	2,145	2,057	88
강원	632	617	15
충북	728	720	8
충남	811	793	18
전북	749	725	24
전남	296	286	10
경북	562	537	25
경남	420	403	17
제주	286	282	4
울산	331	313	18
대구	1,032	1,011	21
인천	2,974	2,862	112
광주	366	358	8
대전	568	550	18

3. 한국 화교의 정착과정

전술한 바와 같이 한국에 처음 화교들이 정착하기 시작한 것은 1882년 임오군란 직후 조선이 일본 세력을 견제하기 위해 청국 군대의 원조를 요청하면서 체결된 '조청상민수륙무역장정'에 의해 청국의 군인 및 무역상인들이 유입되면서부터이다. 청국은 3,000여 명의 군대를 탑승시킨 군함 3척과 별도

화교, 신 화교, 조선족을 중심으로』, pp.94-95.

17 한국중화총상회, http://www.kccci.or.kr/(검색일: 2013년 12월 7일)

로 40여 명의 상인들을 파견하였는데 이들이 한국 화교의 시초가 되었다.[18]

이후 청나라의 압력에 의해 조선이 부산, 인천, 원산, 목포, 군산 등을 개항하면서 이 지역에서 청국과 일본의 상업활동이 활발해졌다. 1885년 이후 화교의 상권 확대를 위한 청나라의 압력은 더욱 거세져 부산과 원산에 각각 청국의 조계지가 설치되었다. 1894년 청일전쟁 이후, 원세개를 비롯한 청국 군대와 공사관 직원들이 모두 조선에서 철수했으며 청국 상인들도 인천을 경유해 산동성으로 귀국했다.[19]

하지만 1895년 요동반도 문제로 조선에서 일본의 세력이 약화되자 청국 상인들이 대거 귀환하여 조선에서 청국과 일본의 경쟁은 1905년 을사조약 체결 때까지 계속되었다. 1898년 화북 지역에서 발생한 '의화단의 난'을 피해 산동인들이 고향을 떠나 조선으로 이주했으며 이후에도 토비의 횡포나 기근 등을 피해 조선으로 이주하는 중국인들이 증가하였다. 1910년 조선총독부가 설치되면서 대한제국의 일본 강제병합이 공식화되었지만 조선으로의 화교 유입은 이후에도 계속되었다.[20]

청국 정부의 적극적 개입과 비호 아래 화교들은 1910년 8월부터 한일 강제병합 전까지 조선에서 상당한 경제적 지위를 획득했다. 하지만 1910년 한일 강제병합으로 인해 화교들의 지위가 점차 약해졌다. 일본은 조선에서 화교들의 거주지를 인천, 부산, 원산으로 제한하되 토지를 임대하거나 경찰권을 제외한 다른 사항들은 관례대로 따르게 하였다.[21] 당시 한국 사회와 화교 사회는 일제식민지의 피압박 민족이라는 공통점 때문에 좋은 관계를 유지할 수 있었다.[22]

1911년 신해혁명으로 2,000년간의 전제정치가 몰락하자 중국은 극도의

---

18 담영성(1976), 『조선 말기의 청국상인에 관한 연구: 1882~1885년까지』, p.9.

19 박은경(1986), 『한국 화교의 종족성』, pp.44-47.

20 곽병곤(2002), 『한중수교 이후 재한 화교 사회의 변화에 관한 연구』, p.16.

21 강효숙(2011), 『한국 화교의 이주와 변화하는 화교 사회』, pp.12.

22 양필승(2000), 『한국 화교의 어제, 오늘 및 내일』.

정치적 혼란에 빠져들었다. 특히 중국의 군벌정치가 등장하면서 농민에 대한 경제적 수탈이 악화되어 많은 농민들이 새로운 땅과 일을 찾아 이주하였다. 자연히 지리적으로 가까운 한반도로 이주하는 중국인의 수가 급증하였다. 당시에는 북한에 화교들이 집중적으로 거주하여 1920년에 52.4%, 1934년에 64.4%, 그리고 1942년에 82.8%에 달했다.[23] 그들은 북한 지역의 도시뿐만 아니라 농촌 지역에까지 진출하여 직업분포가 더욱 다양해졌다.

조선에서 화교들의 성장세가 확실해지자 조선총독부는 화교들이 조선뿐만이 아니라 일본 자체에도 큰 위협이 될 수 있다고 판단하였다. 당시 조선총독부는 화교 사회에서 경제적으로 큰 역할을 하고 있던 비단에 높은 관세를 부과하여 한국 화교 사회에 경제적 타격을 입히는 등 세금 징수부과와 경성으로의 입경을 제한하였다. 또한 1941년 태평양 전쟁의 발발로 일본의 적국이 된 중국으로 인해 조선 내 화교들의 입지는 더욱 어려움에 처했다. 1945년 일본의 패전 직전까지 한국 화교 경제는 거의 암흑기나 다름없었다.

1931년 조선에서 발생한 '만보산사건'은 일제의 이간정책의 산물이었음에도 불구하고 이를 계기로 한국 사회와 한국 화교는 갈등관계로 돌아섰다. 일제는 더욱 노골적인 강압정책을 실시했고 만주사변과 중일전쟁으로 동아시아 국제관계는 더욱 악화되어 한국 화교의 위상을 더욱 어렵게 만들었다. 그럼에도 불구하고 한국 화교는 끈질긴 생명력을 계속 이어나갔다.

만보산사건은 만주에서 조선 이주민과 현지 중국인들과의 충돌을 의도적으로 과대 포장하여 배화감정을 촉발시킴으로써 무려 700명의 사상자가 발생한 대규모의 학살이 한반도에서 벌어졌다.[24] 이 사건을 계기로 한국 화교의 인구는 약 40%나 감소했다. 당시 관제 어용언론을 활용하여 의도적으로 이간전략을 펼친 조선총독부의 정책은 결과적으로 성공적이었던 셈이다.[25]

1937년 중일전쟁의 발발로 국제환경이 악화되자, 한국 화교의 인구는 다

---

23 박은경(1986), p.75.

24 박영석(1978), 『만보산사건 연구』.

25 양필승(1999), 『한화와 갈등, 일제의 이간책으로 시작됐다』.

시 감소했으나, 1942년에는 약 8만 명 정도로 증가하였다. 이는 본격적인 일본의 중국 침략을 피해 이주하는 중국인의 이주물결을 막을 수 없었기 때문이었다. 그러나 1941년 태평양 전쟁이 본격화되자 중국과 조선 간의 이동이 제한되면서 1945년 태평양전쟁이 끝날 무렵 한국 화교는 1만 2,648명에 불과했다.[26]

1945년 8월 15일 조선의 광복은 조선인뿐만 아니라 조선 내 거주하고 있던 화교들에게도 해방감을 안겨주었다. 한국 화교들은 일시적으로 연합국 국민으로 신분이 상승되기도 하였다. 미국은 연합국 국민인 화교들에게 각종 편의를 제공하였다. 화교들이 경제적 궁핍과 공산당과 국민당 간의 내전을 피해 남한으로 건너오는 경우도 많았다. 이들에 의해 해방된 한국에서 화교무역이 활발하게 전개됨에 따라 화교 경제는 다시 활기를 되찾았다.[27]

그러나 화교 경제의 성장은 그리 오래 지속되지 못했다. 1949년 10월 1일 중화인민공화국의 수립은 중국 대륙과의 무역업에 의지하던 화교 경제에 큰 타격을 입혔다. 중화인민공화국이 수립되어 중국과 한국은 무역이 단절되었고 중국 제품을 수입할 수 있는 곳은 홍콩이나 타이완이었다. 하지만 당시 한국 화교들 대부분이 산동성 출신인 홍콩이나 대만과 네트워크가 없었기 때문에 물건을 수입하기 어려웠다. 거기에다 한국 정부가 상대적으로 한국무역상들을 보호하고 화교 자본에 대한 경계 차원에서 창고 봉쇄조치를 단행하여 다량의 물건을 보유하고 있던 화교 무역상들에게 큰 타격을 입혔다.

군사정권이 들어서면서부터는 경제개발을 이유로 소요자본 조달을 위해 1961년에 외국인 토지소유 금지와 화교 음식점에 대한 중과세를 부과하여 1962년 가구당 교환액수를 제한한 무리한 화폐개혁을 단행하였다. 남한 정부는 까다로운 화교 귀화정책을 펼쳐 화교들의 동화를 경계하였다. 한국 정

26 양필승(2000),『한국 화교의 어제, 오늘 및 내일』.
27 강효숙(2011),『한국 화교의 이주와 변화하는 화교 사회』, p.21, 14.

부는 1970년대 화교에 대한 억압정책을 강화하여 화교 요리점에 대해 인정과세를 부과하였고, 유흥세율의 인상, 음식점 개점 가능지역의 엄격한 통제 등 화교들에 대한 차별을 한층 강화하였다. 그 결과 1970년대 중반을 기점으로 한국 화교들이 미국이나 타이완으로 이민을 떠나면서 화교 인구가 감소하고 화교 경제가 급격히 쇠락하였다.[28]

1949년 중화인민공화국 성립 이후 1992년 한중수교가 체결되기 전까지 중국인의 한국으로의 이주는 거의 없었다. 하지만 1992년 한중수교가 체결된 이후 중국 대륙에서 한국으로 이주하는 중국인의 수는 대폭 증가하였다. 그 이유는 한중수교 이후 한국 기업에서 화교 인력에 대한 수요가 급증하고 중국으로 진출할 수 있는 경제적 기회들도 증가하면서 한국에 정착하려는 젊은 화교들이 증가하였기 때문이다. 최근 예전과 달리 일상적으로 가해지는 화교에 대한 차별은 거의 완화되었다. 하지만 금융 및 신용 거래, 온라인상의 외국인 등록 인증문제, 화교학교에 대한 지원, 취업과 승진 등에 대한 차별은 여전히 존재하고 있다.

1997년 IMF 금융위기 이후, 한국이 외국인들의 투자를 유치하기 위해 국내 체류 외국인들에 대한 경제규제를 완화하면서 화교들의 법적 지위도 많이 상승되었다. 1998년에는 외국인들의 토지소유 규모나 용도에 대한 규제가 전면 폐지되었고 무역업, 여행업, 광산업 등에 대한 외국인들의 지분 제한도 거의 철폐되었다. 2002년에는 외국인 출입국관리법이 개정되어 F-2 비자를 가진 장기 체류 외국인 가운데 만 5년 이상 한국에 합법적으로 거주한 사람과 미성년 자녀에 대해 영주권(F-5)을 부여할 수 있도록 수정하였다. 개정법에 따라 타이완 국적의 한국 화교들 대부분이 신청만 하면 영주권을 취득할 수 있으며, 영주권을 취득한 화교들은 내국인과 동등한 권리를 보장받게 되었다.[29]

---

28 강한균 · 배국향(2005), 『화교 자본의 활용과 한국경제의 글로벌화』, p.35.

29 국가인권위원회 · 박경태 · 장수현 · 성공회대학교(2004), 『국내 거주 화교 인권실태조사』.

4. 한국 화교의 네트워크

1) 화교협회

화교협회는 1969년 6월 창설되었다. 그 전신은 한성(서울)화교자치구였고 5·16 군사혁명신법에 따라 화교협회로 조직을 개편하였다. 1899년 설립한 중화상회에서 중화상공회로, 이후 한성화교자치구를 거쳐 한성화교협회로 개명했다.[30]

현재 화교협회에 등록된 회원 수는 약 7,000여 명으로 본적이 산동성(山東省) 출신인 등록자가 가장 많다. 주요 등록업체는 요식업이며, 한의업과 잡화상이 뒤를 따르고 있다. 현재 화교협회는 화교의 호적등본 관리와 각종 증명서 발급을 주된 업무로 수행하고 있으며 화교 간의 마찰 또는 한국인과의 갈등 등 분쟁을 조정하고 있다.

1992년 이후 한중수교가 체결되고 신화교가 대거 유입됨에 따라 화교협회와 다른 화교 단체들 사이에 미묘한 갈등이 생겨났다. 2002년 2월 14일 친중국계 인사를 중심으로 한성중국교민협회가 발족되었고 한성화교협회 감사장 선거에서 낙선한 단영발이 회장으로 선출됨에 따라 화교협회는 친중국계와 친대만계로 양분되었다. 2002년 2월 23일 한성중국교민협회 관련 인사들을 중심으로 서울에서 타이완의 독립을 반대하여 한국 화교 중국평화통일촉진연합총회를 개최하기도 했다.[31]

2) 차이나타운

과거 한국은 표면적으로 120년의 화교 역사를 가진 나라지만, 실질적으로는 차이나타운이 존재하지 않는 나라와 마찬가지였다. 인천 선린동의 차이나타운이 존재했지만 1997년 외환위기로 인해 최근 쇠퇴의 길을 걷고 있

30 한성화교협회, http://www.craskhc.com/(검색일: 2013년 10월 11일).
31 곽영초(2007), 『한국의 화교정책과 한국 화교의 사회적 적응에 대한 연구』, p.63.

〈사진 3〉 도쿄 요코하마 차이나타운(關帝廟)

다. 중국 차이나타운은 1884년 청국 조계지가 설치된 이후 한국 화교의 상징적인 장소로 한국 화교의 중심지이기도 했다. 하지만 중국과의 왕래가 끊기고 한국 정부의 화교배제정책이 시작되면서 50년간 지속적으로 쇠퇴의 길을 걸었으며 인천에서 가장 낙후된 장소로 전락하였다.

2000년대 이후 정부의 주도로 선린동 일대 외에도 경기도 고양시 차이나타운 건설과 부산 초량동 일대 상해거리 조성사업이 이루어졌다. 최근 정부의 지역특화발전특구정책에 따라 인천시와 중구청은 인천 차이나타운을 관광특구로 지정하고 유무형의 관광자원 개발과 투자로 경제 파급효과 3,000억 원과 고용 유발효과 2,000명, 한중 간 국제교류 증진 등 대내외적으로 큰 성과를 거두면서 과거의 화려했던 영광을 점차 되찾아가고 있다.[32]

세계 어느 나라를 보더라도 화교가 거주할 차이나타운의 조성을 정부가

32 인천차이나타운, http://www.ichinatown.or.kr/(검색일: 2013년 10월 11일).

나서서 추진한 사례가 없었는데 인천 차이나타운은 재원조달이나 사업계획을 비즈니스 측면에서 한국 정부와 지방자치단체가 협력하여 추진한 공공사업과 마찬가지로 조성되었다. 그 결과 화교 없는 차이나타운이 조성되어 진정한 의미의 차이나타운을 기대하기는 어려운 상태이다.[33]

3) 한국 화교학교

오늘날 한국 화교가 그들 특유의 민족정체성을 유지할 수 있었던 것은 화교학교의 교육이 큰 몫을 차지하고 있다. 초기 화교들은 한국에서 돈을 벌어 고향으로 돌아갈 생각을 하였기 때문에 자녀들의 중화교육을 매우 중요하게 생각하였다. 때문에 많은 화교 가정이 자녀교육에 신경을 썼다. 1902년에 건립된 인천초등학교는 한국에 처음으로 설립된 화교학교였다. 화교학교는 전국 각 지역에 초등학교와 중고등학교가 설립되어 있다.

화교학교의 재정운영은 주로 학생들의 학비와 잡비 수입, 여러 기관들과 재한화교들의 성금에 의존하고 있다. 화교들이 외국으로 재이주하거나 한국인과 결혼하는 화교들의 숫자가 증가하면서 화교 자녀들의 한국학교 등록이 증가하여 화교 학생 수가 감소함으로써 화교학교들이 심한 재정난을 겪고 있다.[34]

화교학교는 외국인의 임의단체에서 교육단체로 변경하여 한국 정부의 인가를 받았다. 이에 따라 조세감면의 혜택을 받을 수 있게 되었다. 하지만 화교학교는 중국에서 정식 학력으로 인정받을 수 있지만 한국 내의 학력은 인정받지 못하고 있다.[35]

초기 화교들은 학비와 기숙사비가 제공되는 모국으로의 대학 진학을 선호하였지만 모국에서의 역차별과 군대문제, 그리고 한국 사회로 돌아온 후 문화적응 등의 문제로 한국 대학의 진학을 선호하게 되었다. 때문에 최근

33 강효숙(2011), 『한국 화교의 이주와 변화하는 화교 사회』, p.43.
34 오심화(1999), 『한국 화교 교육의 실태와 전망』.
35 곽병곤(2002), 『한중수교 이후 재한화교 사회의 변화에 관한 연구』, p.43.

화교 자녀들이 화교학교에서 한국 대학으로 진학하는 사례도 증가하고 있는 추세이다. 화교들이 한국 대학으로 진학을 선호함에 따라 많은 화교 학생들은 한국의 중고등학교로 진학하게 되었고 화교학교는 겨우 현상유지를 하고 있다.

한국 화교 사회의 구심점 역할을 했던 화교학교는 화교의 민족정체성과도 직결되는 문제이다. 한국 화교 사회의 결속을 유지시키는 기관이 화교학교이기 때문이다. 1902년 화교학교가 인천에서 최초로 설립된 이후 현재 약 28개 초등학교, 4개 중고등학교에 모두 3,000여 명이 재학하고 있는 것으로 알려졌다.

한국 화교 사회는 화교학교의 선후배 관계를 통해 인적 네트워크를 강화하며 교과과정을 통해 중국 전통문화에 대한 학습을 이어가고 있다. 또한 한국 화교들은 이미 한국이 그들의 제2의 고향이 되었기 때문에 교육은 한국 사회에서의 그들의 사회 역할을 찾아주는 중요한 역할을 담당하고 있다.[36]

이상과 같이 전 세계에 이산되어 거주하고 있는 화교는 약 4,000만 명으로 화공이나 쿨리와 같은 노예노동자로 과거의 역사 속에서 황제에 의해 외국으로 강제 이주당하거나 전쟁으로 패전국이 되면서 서양 열강들에 의해 강제노동자로 연행당한 사람들이 대부분을 차지하고 있다. 현재 주로 동남아 지역을 중심으로 집거지를 형성하면서 현지에서 민족정체성을 지키기 위해 화교 네트워크를 구축하고 화교 공동체를 형성하여 발전시켜오고 있다. 화교 디아스포라는 21세기 글로벌 시대 중국인 특유의 새로운 중화사상을 배경으로 동남아시아 및 세계 주요 도시에 진출하여 차이나타운을 세우고 이를 중심으로 화교의 민족정체성 및 사업을 확고히 유지해나가고 있다.

36 강효숙(2011), 위의 책, p.46.

4
재외동포와 코리안 디아스포라

제1절 역사적 배경과 지역적 분포

이 장에서는 재외동포, 즉 코리안 디아스포라에 대하여 상세히 살펴보고자 한다. 재외동포란 한마디로 말해서 외국에 거주하는 동포를 지칭한다. 재외동포란 다른 말로 동포(僑胞) 또는 해외동포(海外僑胞), 재외동포(在外同胞)라고 부르기도 한다. 해외동포란 한반도 밖 혹은 바다 건너의 동포라는 의미를 강조한 것이고, 재외동포란 재일동포, 재미동포 등 재외를 종합한 의미를 지니고 있다. 가끔 중국의 화교(華僑)에 대비하여 한인 동포를 한교(韓僑) 혹은 조교(朝僑)라고도 부르기도 한다. 구체적으로 한교는 한국인 동포를 뜻하고 조교는 조선인 동포를 지칭한다.

한국 정부에서는 1997년 이후 공식적으로 '재외동포'라는 용어를 사용하고 있다. 재외동포란 외국에 거주하는 한민족의 혈통을 가진 사람을 지칭한다. 재외동포는 다시 재외국민(在外國民)과 한국계 외국인(韓國系 外國人)이라는 외국 국적 동포 등 두 종류로 구분하여 설명하고 있다. 재외국민이란 한국적을 가지고 외국에 거주하거나 거주국에서 영주권을 가지고 있는 자를 말하고 한국계 외국인이란 거주국 현지에서 외국 국적을 취득한 사람을 뜻한다. 최근 한국학계와 언론계에서 한민족을 강조하여 해외한민족, 재외한인, 재외동포, 또는 '코리안 디아스포라' 등 다양하게 사용하기도 한다.

한인 이민의 역사적 배경은 동북아 지역 및 북미, 유럽 등 지역별로 다양하게 전개되었다. 중국이나 러시아 북방 쪽으로 한인들이 이동하게 된 배경은 조선의 일본 식민지 시기 독립운동지사들이 이동했기 때문이고, 농업의 흉작이나 피폐 등으로 이동하기도 했다. 한인들이 일본으로 이동하게 된 역사적 배경은 일본이 제1차 세계대전 이후 경제적 호황기를 맞아 부족한 노동력을 한국에서 충당하기 위해 강제징용하기도 했다. 이러한 배경하에서 이동하게 된 한인들은 일본에서 임시 노동자로 장기 체류하면서 현지사회에 정착하게 되었다.

일본의 계속된 침략전쟁으로 강제징용이나 징병으로 도일하게 된 한인들도 있었는데 이들은 해방 후 귀국조건이 까다로워지면서 일본에 잔류하게 되었다. 또한 미국 같은 선진국으로는 해외입양을 보냈고, 한국의 경제개발 시기에 파견된 간호사와 광부들이 독일에 정착하여 살고 있다. 이와 같이 한국 이민의 역사적 배경은 식민지 시대와 국내 경제사정에 따라 발생하게 되었고 자신의 자발적인 의지와는 상관없이 이주하게 되었다.

한인들이 정부나 국가의 보호하에 정식으로 이동하게 된 것은 1902년 대한제국시대 여행 업무를 관장하던 수민원(綏民院)이 건립되면서 하와이로 이주한 것이 처음이다. 그러나 현재 외국에 거주하는 재외동포의 이주 역사는 이보다 훨씬 앞선 1860년부터 시작되었다고 볼 수 있다. 재중동포와 재러동포가 발생한 역사적 배경은 1860년 러시아 연해주 지역으로 한인들이 이주한 기록에서 발견된다. 이때부터 한반도의 함경북도 산간지대에 거주하는 한인들이 연해주로 이동하였고, 특히 1869년 흉작으로 많은 조선 농민들이 연해주와 만주로 이주한 기록이 남아 있다. 세월이 지나 러시아 연해주나 중국의 북간도로 이주하는 사람들이 점차 증가하였고 특히 20세기에 들어서면서 독립운동지사들이 유민(流民)의 대열에 끼어들어 러시아와 중국으로 이동하기도 했다.

먼저 재일동포가 발생하게 된 역사적 배경은 1919년 3·1운동 이후 조선인들이 일본으로 대거 이동하면서 시작된다. 당시 한국은 일본의 식민지상태로 일본 영토에 포함되어 있었으나 일본으로 이주하는 사람은 적었다. 일본은 제1차 세계대전 이후의 호황기를 맞아 경제와 산업이 부흥하고 부족한 노동력을 한국에서 충당하기 위해 조선인들을 유인하는 정책을 펼쳤다. 처음 일본으로 이주한 사람들은 처자를 둔 농민들로 1~2년 동안 일본에서 돈을 벌어 귀국하려는 임시노동자들이었다. 그러나 시간이 지나면서 일본에서 일하는 도시노동자의 수가 증가하면서 체류기간도 장기화되는 경향이 나타났다.

일본은 1932년 중국에 만주국을 건설한 후 1937년 중일전쟁, 1939년에는 연합국을 상대로 태평양전쟁을 일으켰다. 이런 가운데 부족한 노동력을

〈사진 4〉 간도 이민(1930년대)

한국에서 강제로 징용하여 처음에는 탄광, 군수공장, 국가시설 건설에 동원하였고 나중에는 군인들을 강제로 징집해 갔다. 1945년 8월 일본의 패전 당시 일본에는 약 246만 명의 동포들이 거주하고 있었다. 이들은 해방을 맞아 귀국을 서둘렀으나 귀국선이 부족하고 시간이 경과되면서 귀국조건이 까다로워져 한국으로의 도항 작업이 거의 끝나갈 무렵에는 약 60만 명의 동포들이 일본에 잔류하게 되었다. 이들이 현재 60만 명의 재일동포 사회를 형성하게 되었다.

미국에 체류하고 있는 재미동포들은 1950년 한국전쟁이 발생하고 미군이 한반도에 주둔하면서 미군과 결혼한 여성들 중 연간 100명 정도가 미국으로 결혼 이주하였고 많은 전쟁고아들이 미군들에 의해 미국 가정으로 해외입양 되었다. 이들 해외입양인들은 현재 전 세계적으로 약 20만 명에 달하며 입양인 디아스포라를 형성하고 있다.

한국에서 해외 이주에 대전환점이 된 계기는 1965년 미국의 이민법이 개정되면서 부터이다. 미국의 이민법 개정에 따라 연간 2만 명 이상이 본격적으로 미국으로 이주하게 되었다. 거의 비슷한 시기에 캐나다로의 이주도 시작되었다. 1962년에는 한국의 경제개발과 더불어 서독으로 광부와 간호사

〈표 15〉 한국인의 연도별 이주형태 및 이주자 수[1]

연도별 이주특징	1960년 (집단이주 등 기타)	1970년 (취업이주)	1980년 (사업이주)	1990년 (연고이주)	1990년대 이후 (국제결혼)
1960년	0	0	3,409	12,289	13,501
1970년	72	51,836	397	188,832	49,927
1980년	133	26,435	14,531	212,592	50,128
1990년	66	34,740	23,431	69,143	14,665

가 계약노동자로 이주하기 시작했다. 이들은 기술이수를 목적으로 처음에는 3년 계약으로 독일에 파견되었으며 당시 파견된 8,000여 명의 광부와 1만여 명의 간호사 대부분은 계약기간 만료 후에도 독일에 그대로 남았다. 그들 중 일부는 자영업에 진출하여 개업하였고 기타 나머지는 독일 이외의 유럽 여러 국가들로 이산되어 오늘날 유럽의 한인 사회를 형성하게 되었다.

한국인의 독일 이주와 더불어 중남미로의 이주도 점차 확대되기 시작하였다. 재외동포 이민사에서 한국인의 이주에 또 하나의 큰 결정적인 계기가 된 것은 베트남(월남)전쟁이었다. 베트남전쟁에는 한국 군대만 파견된 것이 아니라 한국의 건설회사들이 대량 진출하였고, 특히 베트남에 있는 미국 회사에 한인들이 많이 고용되었다. 1975년 베트남전쟁이 끝나자 많은 한국기업들이 중동으로 이주하였고, 많은 한국인들이 동남아시아의 여러 국가로 분산되어 사업을 확대하였다. 그들 중에는 오스트레일리아나 뉴질랜드까지 이주한 사람들도 있었다.

이와 같이 한인들은 19세기 중엽부터 여러 가지 사정과 이유로 동남아 지역은 물론 유럽 지역으로 이주하게 되었는데 21세기 글로벌 시대를 맞이하여 현재 전 세계 176여 개국에 700만 명의 재외동포들이 거주하고 있다.[2]

1 한국일보, 1998년 12월 28일자를 참고로 필자 작성.

2 http://dic.naver.com/search.nhn?query=%EB%89%B4%EC%B9%B4%EB%A7%88&ie=utf8(검색일: 2013년 10월 30일).

재외동포들이 가장 많이 거주하고 있는 국가는 중국, 미국, 일본, CIS 순이며 이들 4개 지역에 재외동포의 90% 정도가 집중되어 있다. 2012년 12월을 기준으로 외교통상부가 '재외동포'로서 제시한 한국계 동포의 국가별 통계 자료는 다음과 같다.

〈표 16〉 재외동포의 연도별 분포추이[3]

연도	1995	1997	1999	2001	2003	2005	2007	2009	2011
아주지역	2,724,000	2,798,000	2,811,000	2,671,000	3,240,000	3,590,000	4,040,000	3,710,000	4,063,000
일본	697,000	700,000	660,000	640,000	899,000	901,000	894,000	912,000	905,000
중국	1,940,000	1,986,000	2,044,000	1,888,000	2,145,000	2,439,000	2,762,000	2,336,000	2,705,000
기타	87,000	113,000	108,000	143,000	196,000	250,000	384,000	461,000	453,000
미주지역	1,965,000	2,209,000	2,271,000	2,376,000	2,433,000	2,393,000	2,341,000	2,432,000	2,521,000
미국	1,802,000	2,000,000	2,058,000	2,123,000	2,157,000	2,087,000	2,017,000	2,102,000	2,177,000
캐나다	73,000	110,000	111,000	141,000	170,000	198,000	216,000	223,000	231,000
중남미	90,000	99,000	103,000	111,000	106,000	107,000	108,000	107,000	113,000
구주지역	527,000	523,000	551,000	595,000	652,000	640,000	645,000	655,000	657,000
독립국가연합	461,000	450,000	487,000	522,000	558,000	533,000	534,000	537,000	536,000
유럽	66,000	72,000	64,000	73,000	94,000	108,000	111,000	117,000	121,000
중동지역	9,000	7,000	6,000	7,000	7,000	7,000	9,000	13,000	16,000
아프리카 지역	3,000	3,000	4,000	5,000	5,000	8,000	8,000	9,000	11,000
계	5,229,000	5,541,000	5,645,000	5,654,000	6,337,000	6,638,000	7,044,000	6,822,000	7,269,000

3 http://terms.naver.com/entry.nhn?docId=928740&cid=505&categoryId=505(검색일: 2013년 10월 30일).

〈표 17〉 재외동포 국가별 분포(2012년 12월 기준)[4]

대륙	국가	외교통상부 통계(%)
유럽	러시아	176,411(2.52)
	영국	44,749(0.64)
	독일	33,774(0.48)
	프랑스	14,000(0.2)
	우크라이나	13,083(0.19)
오세아니아	오스트레일리아	156,865(2.24)
	뉴질랜드	30,527(0.44)
아시아	중화인민공화국	2,573,928(36.7)
	일본	892,704(12.73)
	우즈베키스탄	173,832(2.48)
	카자흐스탄	105,483(1.5)
	필리핀	88,102(1.26)
	베트남	86,000(1.23)
	인도네시아	40,284(0.57)
	싱가포르	20,330(0.29)
	타이	20,000(0.29)
	키르기스스탄	18,403(0.26)
	말레이시아	14,000(0.2)
	인도	10,397(0.15)
	아랍에미리트	9,728(0.14)
	사우디아라비아	5,145(0.07)
	캄보디아	4,372(0.06)
	중화민국	4,304(0.06)
아메리카	미국	2,091,432(29.82)
	캐나다	205,993(2.94)
	브라질	49,511(0.71)
	아르헨티나	22,580(0.32)
	과테말라	12,918(0.18)
	멕시코	11,364(0.16)
	파라과이	5,126(0.07)
기타		77,147(1.1)
합계		7,012,492(100)

4 http://www.mofa.go.kr/search/search.jsp?searchData 참조 작성.

제2절 해외 이주와 현지정착과정

재외동포들의 이주국 현지생활은 각국에 이주 시기와 거주국의 법적 제도, 이민정책에 따라 각각 다르게 나타나고 있다. 함경북도 접경인 북간도 지방의 경우 꽤 일찍부터 유민(流移民)들이 정착하기 시작했다. 1627년 병자호란 직후 청국과 조선은 '강화회맹(江華會盟)'이라는 국경협약을 체결하였다. 이 조약은 중국 동간도와 서간도, 만주 남쪽 상당부분을 조선의 영토로 규정하고 있다. 청(淸)나라가 1627년(인조5년) 조선의 조정에 압력을 넣어 강화회맹(江華會盟)을 체결하였는데, 이 조약 문안에 '서로 국경을 넘는 것을 엄금한다.'는 조항인 월경엄금책(越境嚴禁策), 이른바 봉금령이 포함되어 있었다. 그러나 1869년(고종6년) 함경북도 육진(六鎭) 지방의 대흉작으로 인하여 많은 한국인들이 생계유지를 위해 간도 지방으로 이주하였다.

연해주(沿海州)로의 이주는 1860년(철종11년)에 체결된 '북경조약'에 의거하여 러시아가 연해주를 점령하자 개발인력의 공급원을 한국인 이주민에서 찾게되면서 시작되었다. 한인이 이곳으로 이주한 기록은 1863년 두만강에서 멀지 않은 포시에트 마을에 한인 13호가 거주한 것이 기록으로 남아 있다. 만주 지방의 경우는 간도로 집단이주를 개시하였던 시점보다 훨씬 앞서 한인의 이주가 시작되었던 것으로 보인다.

한인들의 하와이 이주는 일제강점기인 1902년 10월 20일에 시작된 것으로 기록되어 있다. 하와이 이민국에 남아 있는 기록에 의하면 이미 1900년경에 한국인 남자 4명이 호놀룰루에 도착하였고, 1902년에는 12명이 도착한 것으로 기록되어 있다.

일본으로의 한인의 이주는 일제강점기 초기(1910~1922)에는 비교적 적은 편이었다. 이는 일본인들의 생각에 한국이 일본인의 이주지가 되어야 마땅하지 일본이 한국인의 이주지가 될 수 없다는 일제 식민정책의 논리에서 기인한 것으로 보는 것이 타당하다. 일본이 패망한 1945년 8월 15일 이전까지 한국인의 해외 이주는 만주 지방에 160만 명, 일본에 210만 명, 중국 본토에

10만 명, 연해주 및 소련에 20만 명, 미주 및 기타 유럽 중남미 지역에 3만 명 등으로 거의 대부분이 한반도와 가까운 동북아 지역에 편중되었다. 당시 한인의 해외 이주자 총수는 약 403만여 명에 달하여 국내 총인구의 6분의 1에 해당되는 규모였다. 아래에서 한인들이 이주한 역사적 배경과 시기에 따라 구 소련 지역의 연해주(CIS 지역), 중국, 일본, 미국, 중남미, 유럽 등의 순으로 개괄하고자 한다.

1. 러시아 연해주 지역(및 CIS 지역) 고려인

이민 초기 러시아 연해주로 이주한 한인들 대부분은 농민들이었다. 이들은 연해주 현지에서 황무지를 개척하여 농토를 마련하였지만 러시아인들에게 모두 빼앗기고 소작농으로 전락하거나 다른 곳에서 새로운 농지를 개간해야 했다. 한인들은 현지에서 소작농이 되었다 해도 토지세, 인두세 이외에 러시아에 귀화하지 않은 세금, 자녀를 학교에 보내지 않은 세금 등 다양한 명목의 세금을 강요당해 생활이 매우 어려웠다.

당시 한인들은 러시아 국적을 취득하려면 러시아정교의 세례를 받아야 했고 세례를 받으려면 교리문답을 배워야 했으며 교리문답을 배우려면 러시아어를 반드시 배워야 했다. 따라서 무학력의 한인 농민들이 러시아 국적을 취득하는 것은 간단한 일이 아니었다. 그러나 점차 시간이 경과하면서 러시아 국적을 취득하는 사람들이 증가하였다. 당시 러시아는 한인을 세 그룹으로 구분하였는데 러시아 국적을 취득한 사람, 러시아 국적을 취득하지 않은 사람, 그리고 일시적인 체류 후 본국으로 귀국할 사람 등으로 분류하였다. 러시아 정부는 귀화한 한인을 '원호(元戶)', 귀화하지 않은 한인을 '여호(余戶)'라고 불렀다. 러시아의 국적을 취득하면 토지의 소유가 가능하여 국적을 취득하지 못한 사람과는 많은 차별이 있었다. 그러나 이러한 국적조건보다도 당시 러시아 극동지역에 누가 총독에 취임하느냐에 따라 한인들에 대한 대우가 매우 달라졌다. 한인에게 호의를 가진 그로데코프와 같은 총독이 부임하면 '여호(余戶)'라도 대우를 받았고, 운테르베르겔 총독처럼 한인에 대해 비우호적인 총독이 부임하면 원호(元戶)라도 심한 차별을 당해야 했다.

조선에서 일제의 탄압이 심해지자 독립운동지사들이 이번에는 중국의 북간도와 러시아의 연해주로 이주하기 시작했다. 이것은 당시 농민의 경제적 이주와는 달리 망명이주(정치적 난민)라 할 수 있을 것이다. 연해주로 망명한 독립운동지사들은 블라디보스토크의 '신한촌'을 중심으로 의병활동을 지원하였다. 1910년 6월 한인 대표들이 회합을 통해 한반도 13도를 규합한 의병군을 조직하여 고종의 러시아 파천을 요구하기도 했다. 1910년 한일강제병합의 소식이 전해지자 한인 대표들은 신한촌에 모여 한국독립선언문을 낭독하고 8,624명이 독립선언문에 서명을 하여 미국 국무장관 앞으로 발송하였다. 또한 독립특공대를 조직하여 일본 영사관의 습격을 시도했지만 실패했다. 한인들은 현지에서 '권업회'를 조직하여 조선독립을 위한 장기전을 도모하고 애국심의 함양과 정보전달을 위해 권업신문을 발행하기도 했다. 그러나 러시아 연해주에서 독립지사들의 의병활동은 러시아의 방해로 번번이 실패로 돌아갔다.

1905년 러일전쟁에 승리한 일본은 기회 있을 때마다 러시아에 압력을 가해 한인들의 독립투쟁을 방해하였다. 1917년 러시아에서 혁명이 일어나자 원동(遠東) 지역은 구 제정 러시아군, 체코군, 백군, 홍군 등이 혼합되어 혼란이 가중된 상태에서 설상가상으로 미국, 영국, 프랑스, 일본 등 4대 강국의 내정간섭으로 이른바 시베리아전쟁이 촉발되었다. 1917년 연해주에 상륙한 일본군은 다른 연합국 부대가 철수한 뒤에도 그대로 잔류하여 1922년까지 그곳에 주둔하였다. 한인 독립군들은 이때 일본군에 대항하는 러시아 유격대에 가담하여 일본 군대의 병영을 습격하기도 했다. 일본군은 이에 대한 보복으로 러시아 원동 지역의 중요 도시를 공격하였고 한인들에 대한 보복으로 블라디보스토크에 근거지를 두고 있는 신한촌을 공격하였다. 1920년 4월에 일본군은 가두에서 한인 수백 명을 살상하였고 가택수색으로 수천 명을 체포하였으며 공공건물을 방화하는 등 '신한촌'을 초토화시켰다. 이

사건은 '신한촌사건' 또는 '4월 참사'라고 부른다.

1921년 6월에는 러시아의 자유시(自由市)에 있던 한인 독립군과 의병들이 비참하게 죽음을 당하는 사건이 발생했다. 중국의 만주와 러시아 연해주 일대에서 산발적으로 항일투쟁을 벌이던 의병부대들이 정비를 가다듬고 새로운 군대 편성을 위해 자유시에 모여들었다. 때마침 이것을 기회로 삼아 러시아군은 일본 군대를 부추겨 한인 부대를 해산시키기 위해 한인 부대를 포위하고 사격을 가하였다. 이러한 무차별 공격에 의해 당시 한인 독립군과 의병 700여 명이 사망하고 1,000여 명이 부상당했다. 이렇게 당한 한인 독립군들은 서둘러 만주로 돌아가고 말았다.

그 후 러시아에서 혁명이 일어나자 한인들도 태도를 분명히 보여주기 위해 1917년 3월 크라스노야르시크에서 전로한인총회(全露韓人總會)를 개최하였다. 하지만 이곳에서 한인들 간 원호와 여호 간의 대립이 발생하여 결국 총회는 분열되고 이들 중 한 단체가 이듬해 하바로프스크에서 모임을 갖고 한인사회당을 조직하였다. 이것이 후에 고려공산당으로 발전하였다.

1922년 일본군이 러시아 원동 지역에서 철수하자 러시아는 이곳을 소비에트화하여 집단농장 건설을 시도하였다. 한인(고려인)들도 이에 적극 가담하여 원동지구 건설에 협력하였다. 그러나 고려인들에게 또다시 엄청난 시련이 닥치고 있었다. 1937년 중일전쟁이 발발하고 유럽에서도 전쟁의 기운이 감돌자 스탈린은 연해주 고려인들을 중앙아시아로 강제 이주시키려는 계획을 세웠다. 1937년 9월 가을 추수가 끝날 무렵 러시아 당국은 고려인들을 한 사람도 남김없이 가축을 싣는 화차에 실어 한 달여간 시베리아를 횡단한 끝에 중앙아시아 우슈토베 지역에 집단 하차시켰다. 열차로 이동하는 동안 추위와 배고픔에 시달리며 도중에 많은 노약자와 어린이들이 죽어나갔다. 특히 고려인들이 하차한 곳에서 2세 이하의 어린이는 거의 대부분 사망했다고 한다.

러시아 고려인들이 하차한 곳은 우즈베키스탄, 카자흐스탄 등 중앙아시아의 여러 국가로 유라시아 대륙의 중심지역이었다. 이 지역은 여름에는 무덥고 겨울에는 추우며 강우량이 적어 유목민들에게 적합한 땅이었다. 고려인들은 추위를 견디기 위해 두더지처럼 땅굴을 파고 겨울을 지냈다. 이듬해 봄 고려인들은 강을 찾아 운하를 파고 논을 개척하여 가져간 볍씨를 심고 재배하였다. 다행히 대륙성 기후로 일조량이 많고 물만 있으면 벼농사에는 적합한 지역으로 농사는 잘되었다. 고려인들은 첫해 농사에 성공하였고 계속 벼농사에 성공하여 강제이주 3년 후에는 일상을 회복할 수 있었다. 고려인들이 재배한 쌀은 이웃 한반도는 물론 유럽의 소련지역까지 수출되어 '고려인'하면 쌀, 쌀 하면 '고려인'을 연상시킬 정도로 성장하였다.

고려인들이 강제이주를 당한 이듬해 중앙아시아 지역에서 벼농사에 성공했으나 또 다른 시련이 그들에게 불어닥쳤다. 강제이주를 명령한 스탈린은 다시 고려인들을 적성민족으로 간주하여 한국어를 소련의 소수민족언어에서 배제시키고 한국어 학교를 폐쇄하였으며 한국어를 가르치던 교사를 해임하거나 다른 과목으로 대체하도록 명령했다.

고려인들은 그들이 거주하는 공화국 이외의 지역으로 여행이나 이동을 할 수 없었으며 군대에도 입대할 수 없었다. 이에 따라 중앙아시아로 강제이주당한 고려인들은 다른 민족보다 빨리 모국 한국어를 상실하게 되었다. 그리고 중앙아시아에 이주한 고려인들은 모두 농장에 배치되어 농업에 종사하게 되었는데 성실히 일하여 많은 노동영웅을 배출하기도 했다.

이들 중에 대표적인 노동영웅이 김병화와 황만금 등이다. 김병화는 북극성 농장에 배치되어 그곳에서 열심히 일하여 노동영웅 칭호를 두 개나 받았으며 그가 사망한 후 농장을 '김병화 농장'이라 개칭하였고 타슈켄트의 한 거리를 '김병화 거리'라고 명명하기도 하였다. 황만금이 이끈 농장은 '포리토젤' 농장으로 이곳은 구소련의 관광공사에 등록된 유일한 농장이 되었다. 관광공사에 등록된 농장이란 외국인에게 대표적으로 보여주는 관광객 방문농장이라는 뜻으로 소련 내에 존재하는 3만여 개의 집단농장 중 포리토젤 농장만이 유일하게 등록되었다.

스탈린에 의해 한국어가 소련의 소수민족언어에서 제외되고 민족적 탄압을 받고 있을 때 카자흐공화국 서기장은 공화국에 이주한 고려인들이 발행한 한국계 신문인 '레닌기치(나중에 고려일보)'를 계속 간행하도록 배려하였다. 이 때문에 '레닌기치'는 구소련에 있는 유일한 한국어판 신문으로 존재하게 되었다. 카자흐스탄 수도인 알마티에 있는 '조선극장'은 유일하게 한국어를 사용하는 극단으로 지방공연을 하면서 한이 맺힌 고려인들을 위로하는 유일한 단체가 되었다.

고려인들은 1937년 구소련에 의해 중앙아시아로 강제이주를 당한 후 열심히 노력하여 타 민족의 모범이 되었을 뿐만 아니라 자녀의 교육열이 높아 자기희생을 통해 고려인 2~3세들을 열심히 교육시켰다. 그 결과 고려인 2~3세들은 화이트칼라 직업에 종사하는 후대들이 많아지게 되었다. 그러나 이들은 '페레스트로이카'와 '글라스노스티'라는 구소련의 개혁개방 이후 소련이 붕괴되고 독립국가연합이 설립되면서 불리한 상황에 처하게 되었다.

구소련의 붕괴와 더불어 중앙아시아의 여러 공화국들은 독립을 선언하며 자국어를 선포하여 우즈베키스탄공화국에서는 우즈베크어가, 카자흐스탄에서는 카자흐어가 모국어로 선택되었다. 그때까지 사용하던 러시아어는 외국어로 공용어가 되었다. 화이트칼라 직업에 종사하던 고려인들은 공용어인 우즈베크어 또는 카자흐어를 활용할 수 없어 직장을 그만두어야 할 처지에 놓이게 되었다. 이들은 현재 중앙아시아를 떠나 다시 조상들이 살던 연해주로 재이주를 시도하고 있다.

구소련의 '페레스트로이카'와 '글라스노스티'라는 개혁개방 이후 재소한인들은 도시마다 '고려인협회'를 조직하고 '고려인문화센터'를 설립하여 한국어 학습과 한국 전통문화 유지를 위해 노력해왔다. 각 도시의 고려인협회는 다시 공화국의 고려인협회, 그리고 이들을 망라한 독립국가연합의 고려인협회를 두고 있다. 이들 고려인협회가 친한적인 성격이 강하자 북한은 서둘러 통일촉진위원회(약칭 아소크)를 조직하여 고려인협회를 견제하고 사람을 모아 북한 관광을 시키고 친북적인 성향을 유도하기도 하였다.

현재 사할린에는 4만여 명에 달하는 고려인들이 거주하고 있다. 이들은 사할린 남부가 일본의 영토였던 일제강점기에 강제로 징용당한 사람들이 대부분을 차지하고 있다. 당시 광산 등에서 근무하다 일본이 패망하자 소련군이 주둔하게 되었고 이곳에 있던 일본인들이 철수하면서 고려인들은 일본인이 아니라는 이유로 잔류할 수 있었다. 이후 일본인 아내를 둔 고려인 남성들이 일본으로 귀환하여 사할린에 남아 있는 고려인 귀환을 위해 노력하고 있다. 사할린에 잔류한 사람들 중에는 소련 국적 또는 북한 국적의 취득을 거부하면서 한국으로 귀환하기만을 기다리는 사람들도 적지 않았다.

그러나 일본은 이들이 한국인이라는 이유로 러시아는 한국과의 국교가 없다는 이유로, 그리고 한국 정부는 이들을 일본이 책임져야 한다는 이유 등으로 모두에게 버림을 받은 신세가 되었다. 시간이 경과하면서 국제정세가 호전되었고 일본인 변호사와 국회의원들의 활약으로 1988년 이후 한·러 수교가 개시되면서 사할린 억류 고려인들도 한국 방문을 실현할 수 있게 되었다.

중앙아시아에 거주하는 대부분의 고려인들은 주로 농업에 종사하여 큰 성공을 거두었지만 고려인 2~3세들은 도시로 진출하여 지식인이나 지도층에 있는 사람들도 많다. 이들은 주로 중아아시아에 거주하거나 타지에 살더라도 중앙아시아를 고향으로 생각하며 명절이나 연휴에는 중앙아시아에 있는 친척 집을 방문하기도 한다.

중앙아시아에 정착한 고려인들은 두 가지 면에서 특징을 가지고 있다. 하나는 고려인들이 자부하는 민족문화의 보존과 자부심이고 또 하나는 모든 독립국가연합 중에서도 모범적인 소수민족이 되었다는 점이다. 고려인들은 그들의 강제이주의 역경을 성실로써 극복하여 한국의 전통문화를 유지하며 독립국가연합에 거주하는 127개 소수민족 가운데 가장 모범적인 민족 중의 하나가 되었다.

2. 일본 지역 재일코리안

1945년 일본의 패전과 더불어 조국이 해방되자 일본에 체류하던 246만 명 가운데 귀국하지 못하고 일본에 잔류하게 된 약 60만 명이 재일동포 사회를 형성하게 되었다. 해방이 되자 초기에는 많은 사람들이 귀국을 서둘렀지만 어쩔 수 없이 일본에 잔류하게 된 동포들은 지역마다 '조선인연맹'을 결성하여 조선인 귀국을 돕거나 일제강점기 억압되었던 한글과 역사를 가르치는 조선학교들을 자발적으로 설립하였다.

당시 조선인연맹은 자발적 집단으로 전국적인 조직을 결성하였으나 일본공산당의 지시를 받고 있었다. 반대파가 이에 반대하는 세력들을 규합하여 '거류민단'을 결성하였다. 즉, 말하자면 처음부터 재일동포는 좌익과 우익으로 대립되어 대결과 이념투쟁의 온상이 되는 구조를 가지고 있었던 것이다.

해방 후 재일동포들은 가장 먼저 그들 자녀들에게 모국어 교육 등의 민족교육을 실시하기 위하여 자주적으로 많은 학교를 세웠다. 그러나 1948년 일본 정부는 조선학교를 폐쇄 조치하고 학교 폐쇄에 반대하는 재일동포들을 탄압했으며, 1949년에는 재일본조선인연맹을 비롯한 4개 단체를 해산하고 재산을 몰수하기도 했다. 조선인연맹은 1949년에 발생한 '한신교육투쟁' 이후 결국 해산당했다. '한신교육투쟁'이란 오사카와 고베 지역의 재일동포들이 일본 문교성의 지시에 따라 기준미달인 조선인학교 폐교령을 지시한 것에 대한 항의로 일어난 대규모 민족투쟁 사건이다. 해산 당한 조선인연맹은 이후 당시 북한 외상 남일(南日)의 '남일 선언'이 있은 직후 '조선인총연맹(조총련)'으로 바꾸어 북한을 지지하는 단체로 전환되었다.

재일동포는 일본의 패전과 더불어 점령군총사령부(GHQ)에 의해 해방된 민족이기도 하다. 종래 재일동포는 적국국민임과 동시에 한편으로는 '일본국민으로 취급된다.'고 하여 이중 법적 지위를 부여했기 때문에 불안정한 법적 지위 속에서 일본 생활이 시작되었다. 해방 이후에도 일본사회에서 탄압과 차별은 계속되었다.

재일동포 단체에는 대한민국을 지지하는 '민단'과 북한을 지지하는 '총련'이 존재한다. 민단(재일본대한민국민단)은 대한민국이 지원하는 단체이며, 총련(재일본조선인총연합회)은 조선민주주의인민공화국이 지원하는 대표적인 단체의 하나이다. 민단은 처음 1946년 '재일본조선거류민단'이라는 단체로 설립되었다. 1948년 대한민국 정부 수립 후인 9월 28일 '재일본대한민국거류민단'이라는 명칭으로 바뀌었고, 1994년 4월 20일에는 '재일본대한민국민단'으로 단체명을 변경하였다. 민단의 회원 수는 약 50만 명 정도이며, 일본정부에 의한 법적 · 경제적 민족차별 철폐, 일본 지방 참정권 부여, 한일교류 촉진 등의 주요한 역할을 담당해왔다. 민단은 산하에 민족금융기관 및 민족교육기관을 보유하고 있다. 또한 한국에 있는 신한은행은 대한민국의 은행이자 재일동포의 주도로 설립된 대표적인 민족금융기관이라고 할 수 있다.

민단과 조총련은 설립 초기부터 계속해서 대립해왔지만 갈등이 첨예화된 것은 1959년부터 시작된 '북송사건'과 1974년의 '문세광(文世光) 사건'에서 비롯되었다고 볼 수 있다. 북송사건은 북한의 지상낙원이라는 선전으로 약 10만 명의 재일동포가 북한으로 북송된 사건을 말한다. 문세광 사건은 1974년 8월 15일 광복절 기념행사에 참가한 대통령 영부인 육영수(陸英修) 여사를 저격한 사건이다. 이 소식이 재일동포 사회에 전해지자 문세광이 살던 이쿠노구의 민단지부 간부들이 총련지부를 습격하여 총련 소속의 동포들이 피신했다.

일본은 민단과 총련을 구분하지 않고 재일동포에 대한 민족차별정책을 전개해왔다. 예를 들면, 재일동포의 자녀가 14세가 되면 구청에 가서 외국인등록을 해야 하며 이때 열 손가락 모든 지문을 찍어야 한다. 교육적인 측면에서는 일본에서 중학교까지는 의무교육이지만 고등학교 진학 시 재일동포 학생들을 수용하지 않는 학교도 존재한다. 학교를 졸업해도 재일동포들은 일본에서 취업이 매우 어려웠다. 재일동포 2세들은 결혼에서도 똑같은 민족차별을 당했다.

이러한 일본 사회의 편견과 민족차별 속에서 재일동포 사회의 가장 큰 전환점이 된 것은 박종석의 '히다치 차별 사건'이다. 1970년 히다치 회사 입사 시험에 합격한 박종석은 재일동포라는 이유만으로 입사를 거부당했다. 이것을 안 박종석의 일본인 동창생이 중심이 되어 '박군을 지키는 모임'을 결성하였고 박종석의 취업차별을 일본 사회에 호소하였다. 이때 양식 있는 일본인들이 회원으로 대량 가입하여 일본 전국으로 확산되었으며, 동시에 한국에서도 히다치 제품 불매운동이 일어났다.

재일동포들의 이런 민족차별 철폐운동은 미국에까지 확대되었다. 일본 법원은 박종석 군에게 승소판결을 내려 히다치 회사가 박종석 군의 월급을 지불하고 채용하라는 판결을 내렸다. 이 사건을 계기로 재일동포들은 민족운동에 대한 자신감을 회복하여 민족 권익옹호와 권리를 요구하는 운동을 일본 전국적으로 전개하기 시작했다.

재일동포는 일본 사회에서 여전히 취업차별, 학교진학 제한 등 생존권의 위협을 받는 차별을 강요당하고 있다. 또한 재일동포들은 납세의무 면에서 일본인과 똑같은 세금을 부담하고 있지만 사회보장 및 공영주택 입주 등 여러 가지 면에서 차별받고 있다. 재일동포들은 그들의 정당한 권리를 찾기 위해 4대악 제도인 지문날인 거부운동, 외국인등록증 상시휴대, 재입국허가 제도, 강제퇴거제도 등 차별폐지와 지방자치단체 공무원 채용 및 국·공립학교 교원 채용 시 국적조항 철폐, 지방자치단체 참정권 보장, 민족교육 육성 등을 계속해서 요구해왔다. 민단이 주도가 되어 일부 공공아파트 입주권, 아동수당과 노인복지수당을 획득하게 되었으며 학생들이 민족운동의 중심이 되어 지문날인제도를 폐지시켰다. 지금도 계속해서 지방의회의원을 선출하는 지방참정권 운동을 계속 전개하고 있다.

이러한 가운데 한국 정부와 일본 정부 사이에 이른바 재일한국인의 법적 지위 문제가 현안으로 제기되었다. 일본 정부는 1991년 1월 10일 시행된 재일한국인 법적 지위 향상 및 처우개선에 대한 합의사항에서 재일동포 3세의 영주권 허가, 지문날인제도 철폐, 국·공립학교 교원 임용기회 획득, 지

방자치단체 공무원 임용기회 확대 등에 대해 합의하게 되었다.[5]

재일동포 단체들 중 이러한 올드커머 주축의 차별 철폐운동과는 달리 한인회(재일본한국인연합회)는 1980년대 이후 일본에 정착하기 시작한 뉴커머(new comer)들을 주축으로 결성된 일본 내 조직이다. 한인회 사무소는 도쿄 도 신주쿠구 신오쿠보에 자리 잡고 있다. 회원들은 주로 도쿄 도(東京都), 가나가와 현(神奈川県), 사이타마 현(埼玉県), 치바 현(千葉県), 야마나시 현(山梨県) 등 일본 관동지방에 거주하는 뉴커머들로 구성되어 있다. 최근에는 관서지방으로 중심으로 한 한인회가 구축되어 활동을 전개하고 있다.

재일본한국인연합회의 산하단체로서 신주쿠 한인발전위원회가 2009년 4월에 발족되었다. 이 단체는 주로 도쿄 신주쿠, 신오쿠보 주변의 한인상권 활성화 및 주변지역 미화활동, 동포들에 대한 각종 계몽활동을 중심으로 코리아타운 상권 조성 및 이미지 조성활동을 전개하고 있다. 한인회는 일본 내 전국 조직을 구축하여 지부 설립을 시도하고 있지만 민단이나 총련과는 달리 산하 금융기관이나 민족교육기관은 아직 설립하지 못하고 있다. 회원의 대부분은 1980년 이후 일본에 이주해온 뉴커머 중심의 자영업자들로 구성되어 있다.

3. 중국조선족

중국에는 현재 약 200만 명에 달하는 조선족 동포들이 거주하고 있다. 19세기 중반 중국은 두만강과 압록강 연안을 청 태조의 발상지로 여겨 일반인들의 출입을 금지하였다. 이를 '봉금령'이라 일컫는다. 이러한 봉금령으로 인해 한인들이 가까운 두만강과 압록강 연안에 거주할 수 없었기 때문에 러시아 연해주로 이주하기 시작했다. 연해주를 점령한 러시아가 봉금령에도

5 http://ko.wikipedia.org/wiki/%EC%9E%AC%EC%99%B8%EB%8F%99%ED%8F%AC (검색일: 2013년 10월 30일).

아랑곳하지 않고 무주의 땅으로 이주하자 중국은 더 이상 봉금령을 유지할 수 없게 되었다. 이 때문에 중국 정부가 어쩔 수 없이 한인의 이주를 허락하여 관내의 중국인 이주를 장려하였다. 한인들이 이주하기 시작한 정확한 이주연도는 불분명하지만 1869년 한반도에 큰 흉년이 들어 한인들이 대거 두만강을 건너 '북간도'로 이주하였다고 한다.

러시아 연해주와 같이 중국의 북간도로 이주한 한인들은 초기에는 농민이 주류를 이루었고 시간이 경과하면서 독립운동지사들의 망명 이민이 계속되었다. 당시 북간도에서는 연길보다 용정(龍井)이 한인들의 집결 중심지였다. 한인들은 연해주에서와 같이 황무지를 개척하여 농토를 만들고 특히 중국인이나 만주족이 버린 땅의 늪지대를 개척하여 논을 만들고 벼농사를 지었다.

중국인의 통념상 벼농사는 양쯔 강 이남에서나 가능하고 만주와 같은 북부에서는 밭농사만 가능한 것으로 생각했다. 이러한 곳에 논을 만들고 벼농사를 지었기 때문에 중국인들은 이주한인들을 '물오리'라는 별명으로 부르기도 했다. 한인들은 중국에 벼농사를 지어 경제적으로 많은 공헌을 하였으나 중국 이주 한인들의 고난은 연해주와 다를 바 없었다.

현지에서 토지를 소유할 수 없었던 한인들은 애써 일구어 놓은 논밭을 중국인들에게 빼앗기고 소작농이 되었다. 더욱이 중국인 지주는 러시아보다 더 혹독하여 지주에게 바치는 토지세 이외에 지주의 집에 가서 노력봉사를 해야 하고 굴뚝세, 문지방세, 인두세 등 갖은 잡부과세를 부담해야 했다. 심지어 중국식으로 머리를 자르게 하고 중국 옷을 입도록 강요하였다. 중국으로 이주한 한인 독립운동지사들은 초기에 교육부터 시작하여 용정(龍井)을 중심으로 여러 장소에 학교를 세웠다. 서전의숙을 효시로 창동학교, 광성학교, 명동학교, 정동학교, 길신여학교, 봉명학교 등을 개인의 기부로 설립하고 종교단체에서는 은진서숙, 해성서숙, 대성학교, 청일학교, 동흥학교 등을 건립하였다.

한편 압록강 연안인 서간도에는 신성학교, 삼광학교, 삼성학교, 사양학교, 삼성여학교 그리고 신흥무관학교 등이 세워졌다. 이들 학교는 무엇보다 민족혼을 일깨워주는 것으로 이곳에서 배출된 인물들이 독립운동의 일꾼이 되었고 해방 후에도 남북한 정부에서 지도자로 활약하였다. 한국에서 1919년 3 · 1운동이 발발하자 중국 전역으로 확산되어 용정을 중심으로 크고 작은 항일운동이 발생하였고 상해(上海)에 임시정부가 수립되었다.

독립운동지사들이 조선에서 만주로 대거 이주하여 무력 항일전쟁이 계속되었다. 중국에서 한인들에 의해 봉오동전투나 청산리전투가 전개된 것도 1920년 만주의 북간도 주변 지역이었다. 1932년 일본이 중국에 만주국을 건립하면서 항일의병의 일부는 관내로 이동하고 만주에 남은 사람들은 지하로 들어가 중공군과 협력하기도 하였다.

일본의 패망과 더불어 1945년 해방을 맞이하였으나 중국은 장제스(蔣介石)가 이끄는 국민당과 마오쩌둥(毛澤東)이 주도하는 공산당이 전쟁을 시작하였다. 이것을 중국에서는 '해방전쟁'이라 일컫는데 만주에서는 중공군과 협력으로 동북연합군을 편성한 한인들이 해방전쟁에 큰 공헌을 하였다. 해방전쟁이 끝난 후 한반도에서 한국전쟁이 발발하자 중국에서는 '항미원조(抗美援朝)'라 하여 북한을 지원했다. 이에 중국조선족 동포들이 적극적으로 북한을 지원하고 한국전쟁에 참전하였다. 항미원조가 끝날 무렵인 1952년 중국 정부는 전쟁 참여의 보답으로 연변에 조선족자치주 설립을 허용하여 한인에 의한 자치주가 건설되었다.

중국에 거주하는 조선족 동포들은 연변조선족자치주에 거주하는 사람과 자치주 이외 지역에 거주하는 사람들로 구분되었다. 조선족자치주를 '집거지구'라 하고 기타 지역은 '산재지구'라고 칭하였다. 중국조선족 집거지역인 자치주는 인구뿐만이 아니라 경제 · 문화 · 교육 등 모든 면에서 재중(在中)한인의 중심지가 되었다. 중국조선족 자치주의 공용어는 조선어이며 외부의 간판에도 조선말을 먼저 쓰고 뒤에 한자를 사용하게 했다. 중국조선족 자치주의 수도인 연길에는 자치단체인 인민정부와 인민위원회, 당위원회 등이 있다. 연길에는 고등교육기관인 연변대학을 비롯하여 의학원, 농학원 등이 있고 다른 산재지구에서 이곳으로 유학하고 있다.

연길에서 출판되는 한글교재는 중국 전체의 조선족 학교에서 교재로 사용한다. 방송기관으로는 TV · 라디오방송국이 있고 조선족 언론으로는 '연변일보'가 있다. 또한 중국조선족과 관련된 2개의 출판사가 있고, 많은 연구소와 연구회 등이 있다. 연변에는 극장을 비롯하여 곡마단, 영화관 등 문화시설이 있고 문화의 중심지 역할을 하고 있다. 최근 연길 시장은 북한 사람들도 장사를 하는 국제시장으로 변모하였다. 한편 한국에서 백두산을 찾는 관광객이 많아지면서 연길은 국제적인 소비도시로 발전하고 있다.

한국과 중국조선족의 왕래로 가장 큰 소득은 한국과 미국의 교포들이 합작하여 세운 연변과학기술대학으로 조선족자치구에 소재하고 있다. 이 대학은 압록강 상류에 위치하고 있는데 북한의 해산과는 100m도 안 되는 가까운 거리에 있다. 산악지대인 백두산은 인삼 재배지로도 유명하다. 조선족 자치현이기 때문에 자치주와 같이 한글을 공용어로 사용하고 모든 영역을 조선족 동포들이 장악하고 있다. 산재지구란 연변을 제외한 흑룡강성, 길림성, 요녕성 등 조선족 동포들이 다수 거주하는 지역을 말한다. 이들 산재지구에 생활하는 조선족들도 대도시에 집거지를 형성하고 있다. 예컨대 요녕성 심양에는 조선 동포들의 집거지역인 서탑지구가 있다. 서탑지구에는 6층 건물의 조선족 문화예술관이 들어서 있다.

이곳에는 문화예술활동을 하는 사무실이 여러 개 있으며 조선족 관련 각종 행사를 개최하거나 기획하고 있다. 민족문화예술관 이외에도 서탑지구에는 민족학교, 민족식당, 민족백화점, 민족서점 등이 있다. 민족백화점은 조선족들이 필요로 하는 물건을 살 수 있는 곳으로 맷돌, 독, 키, 멍석 등 한인들만 사용하는 물건들을 구입할 수 있다. 이러한 민족문화예술회관은 길림성의 길림시, 장춘시와 흑룡강의 하얼빈시, 목단강시 등 조선족 동포들이 많이 거주하는 곳에 자리하고 있다. 북경에도 1만 명에 달하는 중국조선족들이 거주하고 있어 최근에는 한국에서의 신이주자들과 함께 왕징이라는 코리아타운을 형성하고 있다.

중국은 소수민족을 우대하는 정책을 실시하여 왔기 때문에 조선족들은 비교적 유리한 입장에 있었다. 특히 조선족들은 벼농사를 통해 중국 한족들보다 높은 수익을 올렸고 중국 내 56개 소수민족 가운데 문맹률이 가장 낮은 소수 민족으로 알려지고 있다. 특히 중국조선족들은 중화인민공화국 건립에 지대한 공로를 세운 민족으로 강한 자부심을 가지고 있다.

그러나 1958년 마오쩌둥이 제기한 중국의 대약진 운동이 1960년대에 시작되어 10년이나 지속된 문화대혁명 당시 연변에서 주덕해(朱德海)를 비롯하여 민족주의자들이 한국어를 폐지하는 등 큰 수난을 겪기도 하였다. 문화대혁명이 끝난 후 연변은 원상을 회복하였으나 주덕해는 하북성의 한 농촌에서 문화대혁명의 끝을 보지 못하고 생을 마감하였다.

중국조선족은 한반도 외부에 자치주와 자치현을 가지고 있는 유일한 동포들이다. 중국조선족은 중국 56개 소수민족 가운데 중국 한족보다 교육수준이 높고 1인당 국민생산액이 가장 높은 민족으로 알려져 있다. 중국조선족은 한민족으로서의 자부심이 강하고 한국의 전통문화를 잘 보존하고 있지만 중국 건립기에 큰 공을 세워 중국 국민으로서의 자부심도 매우 강하다.

오늘날 중국조선족 또는 재중동포의 언어는 북한에서 사용하는 조선어를 기준으로 사용하고 있다. 중국 정부의 국가정책에 따라 개편된 중국조선족 언어도 사용하지만 중국의 경제 발전과 도시화로 인해 중국인과의 교류가 커지면서 중국어를 쓰는 사람들이 늘고 있다. 또한 중국조선족 출신이라 하더라도 일찍부터 한족 학교에 다니거나 조선족 공동체에서 떨어져 생활하게 되면 조선어 구사능력이 상대적으로 떨어져 의사소통이 제대로 이루어지지 못한 경우가 있다.

중국조선족의 출신지는 거주지역과 가까운 한반도 북부 지역인 평안도와 함경도가 많은 것으로 추정되며 집성촌을 이루거나 지역 방언을 보존하고 있는 경우도 있다. 현재 중국조선족들은 한민족의 동포라기보다는 주로 중화민족, 즉 중국 정부에서 요구하는 국가정체성을 학교에서 교육받고 있다. 따라서 단일민족, 단일국가관을 가진 한국인들과 모국관 때문에 종종 갈등을 빚는 경우도 있다. 중국조선족은 의복과 음식 문화에 있어서 한민족의 전통풍습을 어느 정도 유지하고 있다. 대표적인 사례로 명절 때에 한복을 입는 습관이나 김치와 불고기, 개고기 등을 여름 보양식으로 먹는 습관 등을 들 수 있다.

그러나 최근 중국조선족은 언어와 풍습 면에서 중국 한족에 동화되는 추세에 있다. 또한 일부 중국조선족 자녀의 부모들은 민족교육보다는 중국에서의 문화적응이 더 중요하다고 판단하여 한족 학교에 입학시키고 있다. 이와 더불어 중국조선족 자체의 인구 감소로 폐쇄되는 조선족 학교가 증가하고 있다. 조선족들이 종교나 신앙을 가진 사람들은 많지 않지만 조선 말기에 건너갔기 때문에 기본적으로 조선의 유교문화의 영향을 많이 받아 각종 의례 등을 통해 이러한 문화를 간직해오고 있으며 불교와 토속신앙이 결합된 민족신앙을 가지고 있다.[6]

4. 미국 지역 재미한인

재미한인의 역사는 1903년 한인들이 하와이 사탕수수밭의 노동자로 이주하면서부터 시작되었지만 일본의 방해로 1905년 한인의 이주가 잠시 중단되기도 하였다. 미국으로 이민이 본격적으로 재개된 것은 1965년 미국이 새로운 이민법을 공포하고 한국인 2만 명의 이주를 허가한 이후부터이다. 미국은 1965년 하트-셀러법(Hart-Seller Act)이라는 새로운 이민법을 제정하였다. 이것은 미국이 그 동안 실시해온 유럽인 위주의 이민을 동양인으로 확대한다는 내용이었다. 이에 따라 한국인 2만 명에게 이민할당이 주어졌다. 그 후 매년 한국에서 2만 명에 달하는 한국인들이 미국으로 이민을 갈 수 있게 되었다.

6 네이버지식백과 한국민족문화대백과, http://ko.wikipedia.org, "재외동포"(검색일: 2013년 10월 20일).

미국의 새로운 이민법에 따르면 7개의 미국 이민 순위가 정해져 있다. 이들 순위를 살펴보면 첫째, 미국 시민권자의 배우자와 미혼 자녀 20%, 둘째, 영주권자의 배우자와 미혼 자녀 20%, 셋째, 전문직 종사자 10%, 넷째, 시민권자의 기혼 자녀 10%, 다섯째, 시민권자의 형제자매 24%, 여섯째, 미국이 필요로 하는 일반 취업이민자가 10%, 일곱째, 공산국가로부터 피난 온 난민으로 6%를 충당한다는 내용으로 구성되어 있다.

초기의 이민자들은 불리한 이민 조건과 환경 속에서도 한국의 독립을 위하여 헌신적인 노력을 기울였다. 그러나 오늘날 대다수의 재미교포들은 세대차이로 인하여 이민의 연속성이 희박해져가고 있다. 1965년 미국으로 이주한 한인들은 대개 한국에서 고등교육을 받았거나 직장생활을 하던 사람들이 대부분이었으며 자녀교육 또는 보다 풍요로운 삶을 희망하여 미국으로 이민을 떠났다. 이 때문에 이들을 '엘리트 이민' 집단이라고 불렀다. 그러나 한국에서의 대학 졸업이라는 고학력이 미국에서의 생활에 반드시 유리한 것만은 아니었다. 재미한인들은 교수, 연구원, 의사 등 몇 개의 영역을 제외하고는 대부분 미국 사회의 하층민에서부터 출발해야 했다.

때문에 미국 사회에서 한인들은 자영업을 선택하여 주류가게, 채소가게, 생선가게, 식품점, 음식점, 세탁소, 주유소 등 구멍가게에서부터 시작하여 이들 사업에서 성공하면 식당, 봉제공장 또는 모텔을 경영하면서 사업의 규모를 늘려나갔다. 이처럼 한인 자영업의 특성상 한 직종을 장기간 유지하지 못하고 직종을 수시로 바꾸는 특성을 보일 수밖에 없었다.

재미한인들이 경영하는 자영업의 중요한 특징은 한인의 업소들 대부분이 흑인 거주지역에 존재한다는 점이다. 한인들은 현지 유색인종들과 잘 어울리지 못했으며 수입의 일정량을 지역공동체 사회에 환원하는 기부 습관을 잘 몰라 흑인들과 자주 분쟁을 일으켰다. 그러는 가운데 한인들은 자녀들의 교육을 중시하여 가게는 흑인 거주지에 있지만 주거지는 부유한 백인 지역에 두는 경우가 많았다. 거주지와 상점이 서로 멀리 떨어져 있고 부유한 백인 지역에 거주하면서 돈만 벌어가는 한인들을 흑인들은 매우 싫어했다.

이러한 흑인들의 불만이 표출된 것이 1992년 5월 LA에서 발생한 코리아타운 습격사건이었다. 흑인 청년들이 고속도로에서 백인 경찰에게 집단 구타당한 사건이 발생하였고 이들 가해자가 무죄로 풀려나자 흥분한 흑인들이 LA 시내에서 폭동을 일으켰다. 이때 흑인들이 코리아타운을 습격하여 가게에 불을 지르고 기물을 부수거나 물품을 약탈해갔다. 한인들은 이것을 보고도 방어할 도리가 없었다. 미국 LA폭동사건은 1923년 일본의 관동대지진, 1937년 소련 연해주 지역에서 중앙아시아로 고려인의 강제이주와 더불어 해외동포의 3대 비극 중의 하나가 되었다. 이 사건이 발생한 후 많은 재미동포들이 LA를 떠나 다른 도시로 이주해갔다.

1992년 이후 많은 재미한인들이 LA 지역을 떠났지만 코리아타운은 여전히 한인들이 가장 많이 거주하는 도시 중의 하나이다. LA 코리아타운은 거리의 표지판 대부분이 한글로 표기되어 있으며 한인을 대상으로 하는 도소매상이 밀집되어 미국 서부는 물론 중부에서까지도 한국 제품을 구입하기 위하여 고객들이 방문하고 있다. 이곳에는 한인 상점뿐만 아니라 신문사와 방송국 그리고 한인회관 등이 밀집되어 있고, 특히 통신망의 발달로 한국 방송을 실시간 동시에 시청할 수 있다. 한국어로 의사소통이 가능하기 때문에 영어를 모르는 한인들이 거주하기 편리하고 한국을 통째로 옮겨다 놓은 것과 마찬가지라고 하여 이곳을 '한국의 나성구'라고 부르기도 한다.

미국 LA를 위시하여 뉴욕, 시카고 등 한인들 다수가 거주하는 미국의 대도시에는 일정한 날을 정하여 '코리언 퍼레이드'라는 축제를 개최하고 있다. 한국을 상징하는 여러 대의 꽃차에 군악대와 농악대가 가두행진을 벌이며 한국을 대외적으로 알리는 홍보행사의 일종이다. 시가행진에 이어 공원이나 극장에서 갖가지 놀이 · 경연대회 · 잔치 등을 벌이며 한인들은 고향의 맛을 음미하는 시간이 되고 미국인에게는 한국의 맛과 멋을 소개하는 기회로 삼고 있다. LA 코리아타운과 같이 한인들의 미국 이주 역사는 짧지만 빠른 속도로 미국 사회에 진출하여 이른바 모범적인 중간계층 소수민족을 형성하게 되었다. 다른 나라에 거주하는 재외동포처럼 미국, 캐나다 거주

한인들 역시 근면 성실한 민족으로 자녀의 교육열이 높아 한인 2~3세들의 주류사회로의 진출도 매우 빈번하다.[7]

5. 유럽 지역 재외동포[8]

유럽 여러 나라에는 미국과 달리 단일민족 또는 몇 개의 민족들로 구성된 나라들이 대부분이기 때문에 민족의식이 매우 강한 편이다. 이곳에 한인들이 정착하게 된 것은 대략 네 가지 요인으로 추정할 수 있다. 첫째, 한국전쟁 때 한국에 주둔한 연합군과의 인연으로 이주한 사람들, 둘째, 그곳에 유학하여 10여 년간 체류하여 영주하게 된 사람, 셋째, 서독의 광부와 간호사처럼 계약노동자로 파견되었다가 임기가 만료되었지만 계속해서 영주하고 있는 사람, 넷째, 최근 한국 상사의 파견근무자로 이주하였다가 한국기업을 퇴직하고 그곳에서 사업을 계속하며 정주한 사람들이다.

1960년대 박정희 대통령이 서독을 방문하였을 때 서독의 뤼브케(Lubke) 대통령과 정상회담을 통하여 독일이 한국에 독일의 광산기술을 원조한다는 협약을 체결하였다. 이에 따라 한국의 광산기술을 향상시킨다는 명목하에 독일 석탄광산협회는 1963년 12월 한국 정부와 정식 협약을 체결하였다. 이에 따라 3년 계약으로 서독 광산에 근무하기 위해 한국 광부 1,000명이 1차로 이주하였고, 2차에 2,000명이 서독으로 파견되었다. 1977년 795명이 도착한 것을 마지막으로 15년간 8,395명의 광산근로자가 서독으로 이주하였다.

이와 비슷한 시기에 한국에서 서독으로 간호사가 파견되었다. 한국 의사 이수길과 이종수가 개별적으로 한국 간호사를 독일 병원에 취업시킨 것이 계기가 되어 독일병원협회가 1969년 한국의 해외개발공사와 계약을 체결

---

7 위키백과, http://ko.wikipedia.org, "한국계 교민"(검색일: 2013년 10월 20일).

8 네이버 지식iN, "해외동포들의 상황"(검색일: 2013년 10월 30일).

하고 한국에서 간호사를 모집하기 시작했다. 간호사 파견은 1965년 18명이 서독에 도착한 것을 시작으로 1970년에는 1,717명으로 증가하였으며, 1977년에 795명을 끝으로 13년간 1만 371명이 독일에 간호사로 파견되었다. 간호사의 경우도 3년간의 계약이었다. 당시 한국 광부와 간호사의 독일 이주는 총 1만 8,000여 명에 달했는데 대부분 미혼이었기 때문에 독일에서 결혼은 사진신부 아니면 한국 광부 및 현지 독일인과 결혼하였다.

독일 이주자는 남성보다 여성이 많았기 때문에 남성들은 대부분 한국 여성 간호사들과 결혼이 가능했으나 한국 여성들은 한국 광부 아니면 유학생 또는 독일 남성과 결혼하게 되었다. 그들 중 가장 많은 것이 한국의 광부였다. 한국 광부들은 3년 계약이 끝난 뒤 여성들 때문에 독일에 남아 다른 직장에서 근무하였다. 한국 간호사들은 상냥하고 친절하여 병원에서도 독일인들에게 인기가 많았으며 계약기간을 넘기고 모두 재계약하여 체류기간을 연장받았다.

독일 광부 출신 한인들은 광산에서 고생을 많이 했기 때문에 강한 의지와 생활력을 가지고 있었다. 더욱이 고생을 하면서 형성된 광부들 간의 동지애는 매우 강하여 어떤 사람이 어느 도시에서 식품점을 개점하면 서독에 있는 모든 친구들이 그의 사업을 도왔고 사업을 하다 실패하게 되면 그가 재기할 때까지 지원했다. 이렇게 광부 출신 한인들은 독일은 물론이고 독일 이외의 여러 나라로 진출한 사람들까지 서로 협력하여 유럽 전역으로 사업을 확대해나갈 수 있었다.

최근 유럽으로의 이민 형태는 한국 상사직원들이 영주하면서 시작되었다. 한국 재벌기업의 현지 상사직원으로 근무하기 시작하여 4~5년이 지나면 현지 사업에도 익숙해지고 무엇보다 자녀의 교육 때문에 귀국을 망설이게 된다. 따라서 현지 사업을 계속하면서 한국 본사에 사표를 내는 경우도 많았다. 이에 대해 본사에서는 처음에는 배신자 취급을 당하기도 했지만 최근에는 암묵적으로 장려하는 분위기도 있다. 이는 후배들의 진출을 도와주고 회사에 사표를 내더라도 결국 유럽 현지에서 본사의 제품을 판매하기 때문에 회사로서도 여러 가지로 유리하게 작용하기 때문이다. 이런 사람이 거주국에 귀화를 신청하면 현지 정부는 빨리 수용하여 그 사람의 사업과 생활에 지장이 없도록 도와주고 있다. 이러한 형태의 사람들은 그 나라의 중상류층 사회에 바로 진입할 수 있게 된다.

1975년 이후 동남아로 이주한 한인들은 유럽의 상사직원과는 달리 처음부터 사업을 목표로 이주했다는 측면에서 기업이민이라 할 수 있다. 이것은 유럽의 최근의 이주자와 유사한 패턴이다. 동남아에 이주한 한인들은 기념품상점, 식당, 여행사 등을 개업하여 이민자들의 노동의 단계를 거치지 않고 이주국에 정착하고 있다. 동남아시아의 여러 나라에 분산된 한인들이 한인 관광객을 상대로 사업을 전개한 것과 같이 유럽 거주 교포들도 한국 관광객을 대상으로 하는 사업을 전개하여 번창하였다.

6. 중남미 지역 재외동포[9]

중남미에 한인들이 정착하기 시작한 최초의 이주는 1905년 계약노동자로 멕시코 유카탄 반도의 메리다 주에 1,033명의 한인들이 에네켄(Henequen) 농장에 도착하면서부터 시작되었다. 첫째, 중남미 이주자들은 처음에는 계약노동자였으나 실제로는 노예생활이나 다름없었다. 혹독한 노동자의 계약생활이 끝난 후 갈 곳이 없었던 그들은 노동자 생활을 계속하다가 1910년 멕시코혁명이 일어나자 일부는 쿠바로 유입되고 일부는 멕시코 농촌으로 건너갔다. 둘째, 중남미로 이주한 한인들은 중립국을 택한 전쟁포로들이었다. 1953년 한국전쟁이 끝나자 포로 교환이 있었는데 그들 중 일부가 남한이나 북한에서의 정착을 모두 거부하고 중립국인 멕시코를 선택하였다. 이들의 후손들이 오늘날 멕시코 농촌에 거주하거나 일부는 쿠바까지 진출하였다. 이와 같이 중남미로 이주한 한인들은 한국전에서 포로가 되어 북한

9 재외동포신문, http://www.dongponews.net/(검색일: 2013년 10월 30일).

과 남한으로의 송환을 거부하고 이곳 중립국인 멕시코를 택한 사람들로 1956년 브라질에 50명과 아르헨티나에 12명이 도착하여 현지 주민들과 결혼하여 생활해왔다.

한국에서 정식으로 남미에 이주자들이 도착한 것은 1963년 브라질에 도착한 17가구의 92명이었다. 이들은 양국 정부의 합의에 따라 농업이민을 위한 계획이민으로 남미에 도착하였다. 그러나 농장의 조건이나 환경을 정확하게 파악하지 못한 채 이주한 한인들은 처음에는 농사를 지을 수 없었기 때문에 대부분 상파울루로 이주하여 이민수용소에서 지내다가 현지 빈민가로 전락하였다. 한국에서 6회에 걸쳐 브라질로 이주한 이민자 집단들은 모두 농장을 포기했지만 가톨릭교회의 주선으로 이주한 53세대 313명만이 유일하게 농장 건설에 성공하였다.

당시 한국에서 남미 브라질로 이주하는 사람들에게는 미화 1,000달러만을 지참하게 하였기 때문에 남미로 이주한 한인들은 평생 입을 옷을 가져가기도 했다. 브라질 빈민가로 유입된 한인들은 처음에는 옷을 내다 팔아 생계를 유지하였다. 남자들이 차를 몰고 밖에서 기다리면 여자들은 옷 보따리를 들고 가가호호를 방문하는 '보부상' 노릇을 하여 장사를 시작하였다. 그들은 가져간 옷을 다 팔고 나면 현지에서 옷을 도매로 구입해 팔기도 하였고 집에 재봉틀을 놓고 옷을 만들어 팔기도 했다. 재봉틀도 점차 한 대가 두 대가 되고 현지 원주민들을 종업원으로 고용하여 사업을 확대해나갔다. 마침내 한인들이 상파울루의 의류 도매상가를 잠식하면서 브라질 의류 상권을 장악하게 되었다. 그들은 의류 제조업에서 도소매업, 그리고 의류 원단을 짜는 견직업종까지 진출하여 남미의 의류계를 장악하였다. 아르헨티나와 파라과이 등 남미의 여러 나라에 이주한 한인들도 대체로 이와 유사한 과정과 경험을 거쳐 현지에서 의류업으로 성공을 거두었고 거주국의 특성에 따라 종사하는 직업을 달리하여 성공해왔다.

남미 거주 한인들은 남미 국가들이 경제적 · 정치적으로 불안정하기 때문에 그곳에 정착하기보다는 자녀를 미국에 유학시키거나 자본을 미국에 예치하는 등 미국이나 다른 선진국으로 이주하려는 경향이 강했다. 말하자면 남미를 경유지로 삼고 최종 거주국은 미국 또는 최소한 영어를 모국어로 사용하는 나라, 심지어 호주 등지로 이주지를 정하는 경우도 있었다.

제3절 동북아 정세와 재외동포의 역할

재외동포들은 그들의 이주 시기와 방향에 따라 이주 유형이 정해졌다. 가령 구한말과 일제강점기 초기의 한인들은 주로 러시아 연해주와 중국 만주로 이주하였고, 현재 이들 한인 3~4세들이 주류를 이루고 있다. 일제강점기 때는 일본에 노동자로 이주하였고 일제강점기 말기에는 강제징용이나 징병으로 동원되어갔다. 재일동포들은 현재 2~3세들이 주류를 형성하고 있다. 1945년 광복 이후 1960년대 재외동포들은 남북미 대륙과 유럽 등 서구문화권으로 이주하여 문화적 충격을 받으며 문화 적응의 어려움을 경험했다. 하지만 재외동포들은 어느 나라에 이주하든 그 나라 문화에 빨리 적응했고 모국의 독립과 경제발전을 위해 헌신의 노력을 다하였다.

재외동포들은 비록 이주의 시기와 장소가 서로 달랐지만 그들이 경험한 이주과정은 유사했다. 그러나 그들은 한국인의 근면 성실한 특성을 발휘하여 거주국의 모범적인 소수민족이 되었다. 재외동포들은 현지 거주국에서도 위기와 차별을 슬기롭게 극복하고 자기를 희생하며 자녀교육에 헌신하여 거주국에서 차세대의 주류사회 진출률을 높여왔다. 이러한 이유로 재외동포를 '아시아의 유태인'이라 부르기도 한다.[10]

글로벌 시대 국제사회에서 위상이 높아진 재외동포들이 모국 발전을 위해 가능한 역할을 살펴보면 경제적 역할, 노동시장에서의 역할, 남북한 완충역할, 글로벌 시대 가교역할 등으로 나누어서 살펴볼 수 있다.

10 http://cafe.naver.com/stduckyoung/2514(검색일: 2013년 10월 30일).

첫째, 재외동포사회의 경제적 역할로서 가장 확실하게 드러나는 분야는 무역이나 투자 등의 실물경제와 관련된 것들이다. 재외동포 사회의 모국 발전과 관련하여 무역과 투자는 가장 오랫동안 그리고 가장 밀접한 연관성을 가지고 있다. 재외동포들은 모국과의 무역과 투자 분야에서 매우 긍정적인 영향을 미치는데 특히 선진국의 비공식적인 무역장벽, 비공식적인 국제계약 체결, 또는 국제무역기회의 불합리한 정보 등과 관련하여 동포 간의 비즈니스 및 사회적 네트워크를 통해 국경을 초월하여 다양한 공식적 · 비공식적 무역장벽을 극복하는 데 기여하고 있다.

둘째, 1990년대 초반부터 많은 재외동포들이 모국인 한국으로 귀환하는 현상이 나타나고 있다. 그 이유는 한국 경제가 성장하여 한국에서도 생활하기에 매력적인 국가가 되었기 때문이었다. 재외동포의 증가에 따라 국내외 노동시장도 큰 영향을 받게 되었다. 그동안 한국은 고도경제성장 덕분에 고임금, 고소득 시대에 진입하게 되었다. 그 결과 1990년 중반에 3D산업 분야에서 노동력 부족현상을 경험하였다. 선진국과 마찬가지로 한국은 값싼 노동력을 동남아 또는 서남아시아로부터 수입하게 되었다.

한국의 임금수준이 1990년 초반에 급격히 상승하였기 때문에 서비스산업을 비롯하여 한국인들이 기피하는 소위 3D업종을 중심으로 한국어 구사에 문제가 없는 중국조선족 근로자들을 많이 고용하고 있다. 한국 기업들이 언어소통에 문제가 없으며 동일한 문화적 배경을 공유하여 신속한 노동시장 적응이 가능한 저임금의 중국 동포 근로자의 고용을 선호하기 때문이다. 이러한 이유에서 2000년대에 들어 중국조선족 동포들이 대거 한국에서 서비스 산업 분야의 노동시장으로 진입하게 되었다. 현재 중국조선족 동포들은 한국의 노동시장에서 한국 경제의 발전에 많은 기여를 하고 있다.

셋째, 한반도 주변 국가에 이산되어 거주하고 있던 재외동포들 중 특히 조선족 동포 사회의 건전한 발전은 한반도에서 남북 대화와 관계 개선, 나아가서는 통일문제까지도 중대한 영향을 미칠 수 있다. 중국과 일본에 거주하고 있는 중국조선족 사회는 지정학적 측면에서 다른 어느 지역에 거주하고 있는 재외동포들보다도 더욱 밀접하고 역동적인 기능으로 남북한 관계 개선에 완충 역할을 담당할 수 있다는 점에서 큰 의미가 있다.

중국조선족 사회는 사회주의 문화와 자본주의 문화 양쪽에 모두 익숙할 뿐만 아니라 현실적으로 남북한 간의 일정한 범위 내에서 자유롭게 왕래할 수 있는 여건과 환경이 조성되어 있다. 이러한 중국조선족들의 장점을 활용한다면 남북은 반세기가 넘는 분단의 세월 속에서 서로 다른 이념에 기초한 상이한 문화체제를 유지하고 있는 남북한의 문화를 상호 수용할 수 있는 문화체제로 전환함으로써 남북 상호 간에 동질적인 문화적 소통과 융합이 가능할 것이다. 이러한 측면에서 중국조선족 사회는 남북한 교류에서 기본적으로 중립적 입장을 취하고 있으므로 남북 간 문화충돌에서 완충 역할을 담당할 수 있을 것이다.

넷째, 글로벌 시대 세계화와 지역화가 동시에 진행되고 있는 오늘날 재외동포는 이들 국가와 지역 사이에서 가교 역할을 담당할 수 있는 디아스포라 집단이다. 특히 재외동포들이 중국과 일본, 러시아, 미국 등 한반도 주변의 4대 열강에 거주하고 있는 동포사회를 네트워킹하고, 그들에게 한반도와 각 주변국가 간의 중개 역할을 담당하도록 한다면 한반도의 미래와 동북아 공동체 형성에도 기여하는 매우 중요한 민족자원이 될 수 있을 것이다.

5
재일코리안 디아스포라

제1절 이주의 역사적 배경

재일코리안이 대량으로 일본에 거주하기 시작한 것은 1910년 '한국 강제병합' 이후이다. 일본은 1854년 근대화의 물결 속에서 미국의 함포외교에 의해 강제적으로 개국통상조약을 체결하였고 유럽 국가들과도 차례로 통상조약을 체결함으로써 자본주의 경제체제로 편입되기 시작하였다. 이러한 과정에서 재일코리안이 도일하기 시작했지만 1875년 강화도에 일본 군함 '운양호'가 출현한 사건을 계기로 1876년 '강화도조약'이 체결되었고 당시 조선은 원산, 인천항을 개항하고 일본에게 유리한 관세 설정, 영사재판의 설정(치외법권인정), 개항장에서 일본 화폐의 유통 등을 강요당했다.

당시 조선의 개항장에 일본인들이 거주하기 시작한 것과는 달리 일본 정부는 원칙적으로 조선인과 중국인의 일본 거주를 인정하지 않아 1909년까지 통계적으로 일본 거주 재일코리안은 790명 정도였다. 그러나 이들 외에도 통계적으로 밝혀지지 않고 있지만 일본 거주 조선인은 상당했을 것으로 추정된다.

일본은 1910년에 한국을 강제로 병합한 후 조선총독부를 통하여 한반도의 토지조사사업을 전면적으로 실시하여 주인이 없는 무소유지나 공용지, 입회지 등을 일본인 지주나 당시 식민지 경영회사였던 동양척식주식회사의 소유로 만들었다. 이로 인해 대부분의 자작농민들이 소작농으로 전락하였고 높은 소작료로 인하여 농촌을 떠나게 되었다. 당시 조선의 산업구조상 전 인구의 약 80%가 농민이었기 때문에 농촌을 떠난 농민들은 도시 주변의 하층민 노동자로 전락하였고 농촌경제의 붕괴는 대량의 과잉인구로 이어졌다.

이러한 농촌경제의 붕괴와 농민들의 계속된 궁핍으로 농촌에서 도시로의 인구이동은 계속 증가하게 되었다. 이와 더불어 해외로 이주하는 농민들이 증가하기 시작했다. 한국 강제병합 당시 약 3,000명 정도였던 재일코리안은 1920년경에는 약 3만 명 정도로 증가하여 1935년에는 65만 명에 달했다. 이 시기 재일코리안의 일본 이주는 '간접적 강제'라고 불리는데 그 이유

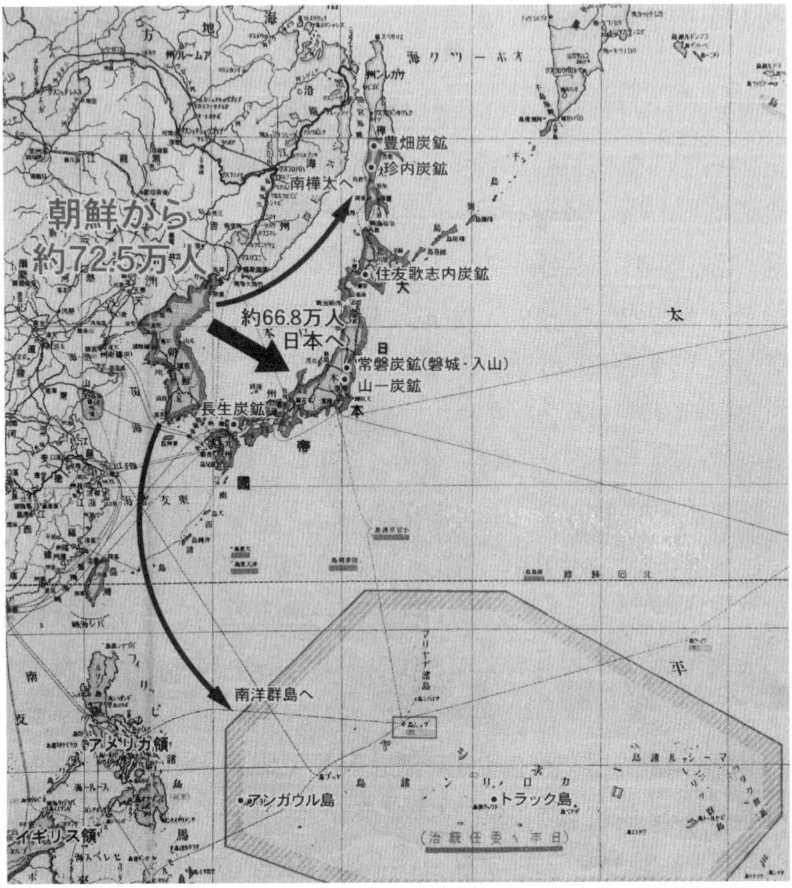

〈사진 5〉 조선인의 강제이주 루트

는 조선에서의 일본 식민지정책이 조선 농촌의 해체와 농민들을 도시빈민층으로 전락시키는 직접적인 원인이 되었기 때문이다.

한일 강제병합 이후 조선인의 일본 도항은 한동안 자유로웠지만 1919~1929년에 도항 희망자의 도항 금지제도를 실시하였으며, 1929년에는 거주지 관할경찰서의 소개장 등을 요구하였다. 그 이유는 일본에서도 1918년 제1차 세계대전 종전 이후 경제불황으로 노동력 과잉상태가 발생했기 때문

〈사진 6〉 관부연락선과 조국해방

이다. 이와 같은 상황 속에서 당시 일본과 조선 사이의 유일한 교통로였던 '관부연락선(關釜連絡船)'은 일본으로의 노동력 유입의 수급을 조절하는 역할을 담당하게 되었다.

당시 농촌의 해체와 더불어 경제적 궁핍에 직면하게 된 조선 농민들의 이주는 일본뿐만 아니라 동북아 여러 지역으로 확대되었다. 한반도의 남부지역 출신자들은 관부연락선의 항로를 이용하여 도일하는 자가 많았고, 북부지역 출신자들은 중국 동북부나 구소련의 연해주 지역 등으로 이주하였다. 오늘날 중국 동북부 길림성을 중심으로 약 200만 명의 중국조선족들이 집거하는 연변조선족 자치주를 형성하고 있으며, 구소련의 연해주 지역에 거주하던 수십만 명의 조선인들이 1937년에 스탈린에 의해 중앙아시아로 강제 이주당했다.

당시 일본의 식민지화된 조선으로부터 도항한 대부분의 조선인들은 일본 북큐슈나 후쿠오카, 고베, 오사카, 교토 등의 관서지방, 도쿄와 요코하마 등의 대도시 지역에 진출하여 토목건설업 노동자, 쓰레기 수집, 행상, 금속수거, 인력거꾼 등의 일에 종사하였다. 또한 일본 광산이나 발전소 등의 잡부로 일하면서 어느 정도 생활이 안정되면 친척이나 친구들을 초청하여 함께 생활하였다. 1945년 이전 재일코리안은 일본 자본주의 경제발전에 중요한 노동력으로 이용되었던 것이다.

제2절 개념 및 지역적 분포

'재일한국 · 조선인(재일동포)'이라는 호칭은 일제강점기 이후 사용되기 시작하면서 대한민국 정부 수립 이전까지는 재일조선인으로 불렸으며, 1952년 '샌프란시스코 조약' 발효 이후 외국인등록 국적란에 '조선'으로 표기되었지만, 1965년 한일기본조약 체결에 따라 한국 국적으로 전환되었다. 1970년 후반부터 1980년에 걸쳐 '재일한국 · 조선인'이라는 명칭의 개념이 확대되었다.[1] 국적 선택에 따라 재일조선인이나 재일한국인으로 구별되며 재일한국 · 조선인 전체를 재일조선인 혹은 재일동포로 칭하는 경우도 있다.

1970년대부터 한국을 지지하는 재일본대한민국민단(민단)은 '재일한국인'이어야 한다고 주장하고 있으며, 반대로 북한을 지지하는 재일본조선인총연합회(총련)는 계속해서 '재일조선인'으로 불러야 한다는 주장을 펼쳐왔다. 민단도 총련도 일본에 거주하는 조선민족으로 모두 자신들의 단체 및 자신들이 지지하는 국가에 속해야 하며 호칭도 '자신들이 사용하고 있는 것을 사용하여야 한다.'고 지금도 계속 주장하고 있다. 한편 일본인들은 한국적이든 조선적이든 상관없이 모두 재일한국인으로 취급하는 경향이 있다.[2]

이와는 별도로 국적이 아니라 민족정체성 측면에서 재일조선인이라고 부르는 경우도 있다. 민족 이름은 한국에서는 '한민족' 등으로 불린다. 글로

---

1 細井綾女(2010), 「「コリアン·ジャパニーズ」·「ブール」の呼称の変遷と国籍問題」, 『言葉と文化』, 第11号, pp. 81-98.

2 浮島さとし(2010), 「在日国籍の摩訶不思議 — 「日本には『北朝鮮籍』, は存在しない！」」”, 日刊サイゾー.

벌 시대를 맞이하여 최근에는 호칭에 의한 민단과 총련의 갈등을 피하고 국적을 불문하는 호칭으로 재일한국 · 조선인 외에 '재일코리안'이라는 호칭이 사용되고 있다. 또한 재일한국 · 조선인으로서의 민족정체성 회복을 주장하며 일본에 사는 한반도 유래의 주민(일본적이 없는 사람 포함)의 총칭으로 '코리안재패니즈'을 사용하기도 하며 재일한국인 작가 가네시로 가즈키(金城一紀)와 아라이 에이이치(新井英一) 등이 이 명칭을 사용하고 있다. '재일'이라고만 표현할 경우 일본 거주 재일외국인 일반이 아닌 재일한국조선인(뉴커머를 제외한 특별 영주자)을 가리키는 경우가 대부분이다. 여기에서는 '재일동포'를 편의상 '재일코리안'으로 통일하여 사용하고자 한다.

일본에서 재일코리안 외국인등록자는 2012년 현재 약 53만 명으로 그중 특별영주자는 약 38만 명쯤 된다. 체류자격별로 상세히 살펴보면 특별영주자, 영주자, 정주자 자격의 체류자가 약 45만 명, 유학이 약 1만 8,000명, 가족 체류가 약 1만 5,000명 쯤 된다.

일본의 도도부현(지역)별 재일코리안의 분포 내역을 보면 오사카 지역이 약 12만 명, 도쿄 지역이 약 10만 명으로 나타났지만 오사카 지역 12만 명, 효고 현 4만 9,000명, 교토 약 3만 명을 합하면 약 20만 명에 달하여 관서지방에 거주하는 재일코리안의 영주자가 약 38%를 차지한다. 다음으로 많은 지역은 도쿄 도(東京都), 가나가와 현(神奈川県), 치바 현(千葉県), 사이다마 현(埼玉県) 등 관동지방으로 16만 6,525명이 체류하고 있어 재일코리안 전체에서 약 26% 정도가 이 지역에 집중되어 있다.

관서지방을 중심으로 한 재일코리안 집거지역은 오사카(大阪) 지역은 쓰루하시(鶴橋) 역 주변의 코리아타운(御幸森コリアタウン), 이카이노(猪飼野) 지역, 고베(神戸) 지역은 나가타 구(長田区), 나다 구(灘区), 교토(京都) 남구의 히가시쿠죠(東九条) 등이다.

재일코리안들이 관서지방에서도 특히 이곳 오사카 지역에 집거하게 된 배경은 메이지 이후 오사카부가 철강이나 조선 등의 관영보다는 방적(섬유)이나 금속가공, 화학 등 민간자본을 중심으로 발달하여 1920년대 전국 공

〈표 18〉 재일코리안 지역별 및 체류자격별 분포(2012년 말)[3]

〈지역별 분포〉

지역(都道府縣)	인구(명)	지역(都道府縣)	인구(명)	지역(都道府縣)	인구(명)
합계	530,046	이시카와(石川)	1,855	히로시마(廣島)	9,906
홋카이도(北海道)	5,148	후쿠이(福井)	2,981	야마구치(山口)	7,082
아오모리(青森)	980	야마나시(山梨)	2,160	도쿠시마(德島)	370
이와테(岩手)	1,024	나가노(長野)	4,312	카가와(香川)	1,007
미야기(宮城)	3,989	기후(長野)	5,148	에히메(愛媛)	1,458
아키타(秋田)	695	시즈오카(静岡)	5,958	고치(高知)	640
야마가타(山形)	1,859	아이치(愛知)	37,404	후쿠오카(福岡)	18,010
후쿠시마(福島)	1,768	미에(三重)	5,564	사가(佐賀)	824
이바라키(茨城)	5,262	시가(滋賀)	5,436	나가사키(長崎)	1,283
도치기(栃木)	2,862	교토(京都)	29,992	구마모토(熊本)	1,097
군마(群馬)	2,834	오사카(大阪)	120,889	오이타(大分)	2,388
사이타마(埼玉)	17,805	효고(兵庫)	49,167	미야자키(宮崎)	629
치바(千葉)	16,755	나라(奈良)	4,336	가고시마(鹿兒島)	545
도쿄(東京)	100,684	와카야마(和歌山)	2,593	오키나와(沖縄)	752
가나가와(神奈川)	31,281	도토리(鳥取)	1,194	미정(未定 · 不祥)	2,013
니이가타(新潟)	2,081	시마네(島根)	814		
도야마(富山)	1,237	오카야마(岡山)	5,975		

〈체류자격별 분포〉

체류자격	인구(명)	체류자격	인구(명)	체류자격	인구(명)
합계	530,046	교육	93	연수	27
교수	943	기술	5,367	가족 체류	15,117
예술	42	인문지식, 국제 업무	9,755	특정 활동	5,027
종교	945	기업 내 전근	1,750	영주자	62,522
보도	48	흥행	305	일본인 배우자 등	17,017
투자경영	2,941	기술	1,394	영주자의 배우자 등	2,429
법률회계 업무	6	기능실습 1호	66	정주자	7,774
의료	39	문화활동	250	특별영주자	377,350
연구	196	유학	18,643		

업 생산액 제1위인 공업도시였기 때문이다. 따라서 오사카 산업들은 도쿄보다 작은 중소가내기업, 영세적인 기업, 하청업 등 일본 경제 이중구조의 저변을 형성하고 있었다. 업종들은 주로 방적방직의 섬유산업, 고무, 비누, 셀룰로이드 등의 화학공업, 유리, 철기, 양산 등의 금속가공업 등이었다. 효고 현에는 고무, 방직 이외에도 대규모 철강, 조선, 교토에는 비단, 염색 등의 섬유산업 공장제 가내공업이나 도자기 제조업 등이 발달하였다.

관서지방을 중심으로 한 오사카 지역은 기업의 영세성으로 저임금노동자 집중과 노동환경이 열악한 공장이 집적되어 있었다. 이들 오사카 지역의 공업들이 발전하면서 저임금 노동력의 수요는 급증하게 되었고 1920년대에는 대부분이 한반도에서 도일한 조선인들로 채워지게 되었다. 일본 식민지 지배 결과 조선 농민의 피폐와 궁핍으로 이주민들이 대량 발생하게 된 것이다. 일본 경찰들도 호경기 때에는 조선인의 일본 도항을 제한하지 않았기 때문에 단신으로 도일하여 직업을 구하고 생활이 안정되면 가족이나 친척들을 초청하였다.

당시 도일자 대부분은 일용직 노동자나 단가도급, 위험한 중노동 등 철도나 운하, 부두, 공장의 건설 등 토목공사에 종사하는 사람들이 많았으며 쓰루하시(鶴橋) 주변이나 히가시오사카(東大阪) 역에 재일코리안들이 많았던 이유는 공장 현장에서 가까웠기 때문이다. 방적공장에서는 젊은 여성의 노동력을 모집하기 위해 적극적으로 모집원을 조선에 파견하기도 했다. 1922년에는 오사카와 제주도를 연결하는 항로가 개설되어 23년에 정기항로 개설, 29년에 조선인 경영의 기선회사 설립과 취항 등으로 제주도 출신자들이 대량으로 오사카에 건너올 수 있게 되었다. 때문에 현재에도 제주도 출신자들이 오사카 코리아타운에 많이 거주하며 동향회가 잘 조직되어 있다. 1920년대 이후에는 조선인의 이주가 증가하여 직종도 공장이나 토목 현장뿐만

3 법무성 입국관리국 통계, http://www.e-stat.go.jp/SG1/estat/List.do?lid=000001111233(검색일: 2013년 9월 2일).

〈사진 7〉 재일코리안 산업의 정착과정

이 아니고 폐품상, 채종상, 운반업 등으로 확대되어 대도시 주변부에 직업을 구하여 이주하는 사람들이 증가하였다.

이러한 가운데 재일코리안의 상호부조를 위한 조직이 1920년대부터 생겨나게 되었다. 더욱이 이때에는 재일코리안들이 사회주의, 아나키즘 운동에 참가하는 사람들도 출현하기 시작하였고 1922년에는 오사카조선노동동맹회, 1925년에는 재일본조선노동총동맹이 결성되어 일본노동총동맹과의 연계를 통해 각지의 공장노동쟁의에도 참여하게 되었다. 이후 일본 산업의 군사화 진행과 함께 대량의 노동자들이 강제연행 등의 수단에 의해 일본으로 유입되어 관서지방의 조선인 인구는 점점 증가하게 되었다. 따라서 관서지방을 중심으로 재일코리안 기업이 창업되는 경우가 많았고 이 지역 민족단체의 활동도 큰 비중을 차지하게 되었다.

재일코리안(재일동포)은 일본에 영주하고 있는 한국인으로 약칭은 재일동포이다. 재일코리안은 일제강점기 강제징용 · 징병으로 일본에 끌려왔거나 식민지시대 토지조사사업으로 인해 경작권을 박탈당한 뒤 생계유지를 위해 일본으로 건너온 조선인들이 유래이다. 재일코리안은 1911년 2,527명이었는데 1920년 3만 189명, 1930년 29만 8,061명, 1938년 79만 9,878명으로 급속히 증가하였다(일본 내무성 조사통계). 이러한 재일코리안의 증가는 주로 일제강점기하에서 조선 농촌의 경제적 궁핍에 기인한다. 또한 1937년 중일전쟁이 발발한 이래 전쟁이 장기화됨에 따라 일본 국내에서의 노동력 부족이 심각해지자 일본 정부는 이를 보충하기 위해 노무공출이나 징용 등의 형식으로 한국인을 강제연행하기 시작했다. 1939~1945년의 조선인 강제연행자만 해도 무려 67만 명을 초과하였으며 이들은 주로 위험이 따르는 탄광, 광산 공사장, 군수공업 등에 배치되어 강제노동에 동원되었다. 강제연행자를 비롯하여 1945년 8 · 15 해방 당시 재일코리안 수는 200만 명을 초과하였는데 일본에서의 그들의 생활 상태는 비참했으며 일상적인 박해와 민족차별에 시달려야 했다.

1945년 8월 15일 일본의 패전과 더불어 재일코리안들은 대부분 귀국을 서둘렀으며 이듬해 3월까지 130만 명 가량이 모국으로 귀환했다. 당시 재일코리안 모국 귀환에 대하여 일본 정부는 뚜렷한 대책이 없었으며 일본을 점령한 연합군총사령부(GHQ)도 한국인 귀국자 1인당 1,000원(圓) 이상의 휴대를 금지했다. 재일코리안은 1949년 말까지 대략 146만 명이 조선으로 귀환했으나 약 60만여 명은 단기간 내 귀국할 수 없는 여러 가지 사정으로 인하여 해방된 조국에 귀환하지 못하고 계속 잔류하게 되었다.

1945년 해방 이후 재일코리안의 인구동태 추이를 보면 외국인등록법이 제정된 1952년 9월 말 시점에서 56만 6,647명이었다. 일본 법무성출입국통계에 의하면 1960년 58만 3,537명, 1974년 63만 8,806명, 1982년 66만 9,854명, 1988년 67만 7,140명, 1992년 말 71만 2,519명으로 집계되었다. 이들 중에 41만여 명은 '재일본대한민국거류민단(민단)'[4] 소속이었으며 재일본조선인총연합회(총련)[5]는 20만 명, 기타가 약 10만 명 정도였다.

4 재일교포 가운데 대한민국을 지지하는 한국인들의 단체.

재일코리안의 분포는 오사카, 고베, 교토를 중심으로 하는 긴끼(近畿) 지역에 약 32만 명, 도쿄 등 관동지역에 약 20만 명, 나머지는 중부지방과 규슈, 홋카이도 등에 거주하고 있다.

2011년 12월 말 통계자료에 따르면 재일코리안의 연령별 분포는 해방 이후 세대인 40세까지가 전체의 63.1%를 차지하였으며 40~49세가 15.4%, 50~59세가 9.5%, 60~69세가 7.2%였으며, 70세 이상은 4.8%에 불과하였다. 재일코리안 총인구 54만 5,401명은 특별 영주자 38만 5,232명, 일반 영주자 6만 262명, 정주자 8,288명, 일본인의 배우자 등 1만 8,780명, 정주자의 배우자 등 2,523명 등으로 구성되어 있다.[6] 대체적으로 일본의 법률상 올드커머(Old comer)는 특별영주자, 뉴커머(New comer)는 일반영주자의 신분으로 거주하고 있다.

재일코리안들은 주로 한국 남쪽지역 출신자가 많았는데 그 이유는 식민지시대에 일본과 가까운 남부지역에서 이주한 사람들이 많았으며 현재는 그 자손들로 구성되어 있다고 볼 수 있다. 재일코리안들이 소지하고 있는 국적으로는 대한민국 국적, 무국적(조선적)으로 나눌 수 있다. 일본 법무성 출입국관리국의 통계자료에 의하면 외국인등록을 한 재일코리안 수는 2007년 말 59만 명, 2012년 말 53만 명 정도로 일본에 체류하는 재일외국인 가운데 27.6%로 재일중국인 다음으로 2위를 차지하였다.

재일코리안은 일본출입국관리 시 특권을 가지고 있기 때문에 일본 입국 시 지문 날인과 얼굴 사진 제출을 면제하고 있다. 일본에 입국하는 16세 이상의 외국인 중 일반영주자, 일본에서 태어나 자란 사람, 중국 잔류 일본인, 중남미 일계인도 일반 외국인과 마찬가지로 모두 지문 날인과 얼굴 사진 제출이 의무화되었다. 그러나 특별영주자와 외국인 학생, 외교 또는 공용의 체류자격자에 해당하는 사람과 국가 행정기관의 장이 초빙한 자에 대해서

---

5 재일교포 가운데 북한을 지지하는 단체.

6 "国籍(出身地)別在留資格(在留目的)別外国人登録者" (Excel) (プレスリリース), 独立行政法人統計センター, (2011年 12月 末), http://www.e-stat.go.jp/SG1/estat/List.do?lid= 000001089591.

는 이러한 제약을 면제하고 있다.

한국에서는 재외국민 2세로 병역 면제신청 조건을 충족한 사람은 귀화할 때가지 병역을 면제받는다. 이는 한국 병역법시행령 제128조 5항에서 "재외국민 2세는 국외에서 출생한 사람으로서 17세까지 본인과 부모가 계속하여 국외에서 거주하며 본인 및 부모가 외국 정부로부터 국적 · 시민권 또는 영주권을 취득한 사람, 영주권제도가 없는 나라에서는 무기한 체류자격(5년 이상 장기체류자격자 포함)을 취득한 사람"으로 규정하고 있다. 재일코리안의 징병제도와 관련된 법률은 2011 년 2월에 개정되었다. 원칙적으로 한국의 성인 남성(18~35세)은 병역 의무가 부과되는데 예외로 다음 조건을 충족한 사람은 병역이 면제된다.

첫째, 한국 이외의 국가에서 태어난 사람, 둘째, 국내에서 태어났지만 6~18세까지 국외에서 자란 사람(한국에서의 교육은 3년 이내 허용), 셋째, 본인이 18세가 될 때까지 모든 가족이 거주국의 영주권을 취득하고 있는 경우이다. 따라서 일본에서 태어나 자란 재일코리안 특별 영주자는 징병의무가 없다. 또한 한국으로 유학해도 징병의무가 발생하는 것은 아니다. 그러나 한국에 영주 귀국신고를 하거나 국내에 주민등록을 할 경우 병역의무가 부과되는 경우가 있다. 징병제도는 개혁에 의해 이전보다 매우 엄격해졌다. 병역 면제 조건을 충족한 사람은 병역의무가 없지만 귀화를 하지 않고 재일코리안으로 계속 지낸다면 37세가 될 때까지 여권 갱신 때마다 "병역의무자 국외여행기간 연장허가신청"을 계속해야 한다.[7] 북한은 평상시 재외국민 외국귀환자녀도 병역징집 대상에서 제외하고 있다.

특별영주자는 체류기간을 갱신할 필요가 없고 일부 공무원을 제외한 직업차별의 제한이 없다. 또한 생활보호 대상자의 신청 자격이 주어지며 그들의 자손들도 특별영주 허가를 신청할 수 있다. 일본에서 강제추방은 다음의 경우에만 인정되며 다른 체류자격에 비해 매우 제한적이다. 가령 "내란, 외

---

7 四村法務事務所.

환, 국교에 관한 죄, 외국원수 외교사절 또는 공관에 대한 범죄행위로 금고 이상의 형벌에 처해진 자, 법무 대신에 범죄 행위로 일본 외교상 중대한 이익이 침해되었다고 인정한 자, 그 밖에 범죄로 무기징역 또는 7년 이상의 징역이나 금고에 처해진 자" 등이 해당된다. 그러나 일본에서 7년 이상의 형벌에 처해진 흉악범 등에 적용되어 추방된 사례는 아직까지 없는 것으로 알려지고 있다.

제3절 민단과 총련계 민족단체

1945년 일본 제국주의 식민지로부터 한반도가 해방되자 10월에는 동경에서 '재일본조선인연맹(조련)'이 결성되었다. 조련은 당시 약 200만 명에 달하는 재일조선인의 귀국을 위한 생활원조, 생활상담, 조선어 교육 등의 활동에 매진하고 있었다. 그러나 미국과 소련의 조선정책에 대한 대립을 배경으로 조련 내부에서 정치적 쟁의가 격화되어 1946년 1월 임시대회를 계기로 좌우양파로 분열되기 시작했다. 그 무렵 일본 공산당의 간부와 당원에는 조선인 당원도 있었으며 일본 공산당이 조련의 지도부를 장악하고 주도권을 가지고 있었기 때문에 조련은 일본 공산당의 정치방침을 실행하는 별동대의 역할을 수행했다.

이들의 활동에 반발한 사람들이 중심이 된 '재일조선인거류민단'이 같은 해 10월에 발족되었으며 1948년 '대한민국'과 '조선민주주의 인민공화국'의 성립 이후 재일코리안 민족단체는 각각의 지지조국을 유일한 정통정부로 여기는 분열상태가 계속되었다. 냉전체제하에 미 점령군(GHQ)은 일본 좌익세력의 탄압을 도모하기 위해 1949년 9월에 단체 등 규제령을 발동하여 조련과 그 산하단체의 민주청년동맹을 해산시키고 간부를 추방하였다. 1950년 6월에 한국전쟁이 발발하자 미 점령군은 일본 공산당 간부의 추방, 매스컴의 공산주의자 숙청 등을 단행하였다. 이에 반발한 일본공산당은 군사방침을 정하고 조련의 후계단체인 '민전(재일조선통일민주전선)' 과 '조국방위대'를 필두로 한국전쟁의 후방교란 비합법 투쟁을 전개하였지만 이와 같은 방침은 일본 사회에서 고립을 자초하는 결과를 초래하였다.

1950~1953년 한국전쟁 후 1955년에 '재일본조선인총연합회(총련)'가 결성되었고 조선민주주의인민공화국(북한)에 재일동포를 결집시켜 일본 공산당과의 단절을 도모하여 재일조직으로서 새롭게 출발하게 되었다. 북한은 재일조선인을 일본 정부로부터 '내정간섭'을 배제하고 '공화국국적법'에 의한 '재외공민'으로 규정하여 총련은 공화국의 '조국통일민주주의전선'의 일원으로 공화국최고인민회의 대표원 선출자격을 가지게 되었다. 1959년부터 북한으로의 대대적인 '귀국운동'을 전개하여 약 10만 명의 재일코리안들이 귀국하게 되었다. 1965년 한일조약 체결을 전후로 조선상공회, 조선은행, 보도기관, 청년과 여성, 학생회 등 많은 산하단체들을 조직하여 일본 정부의 탄압정책에도 불구하고 조선학교의 운영과 민족교육에 힘써 왔다.

민단(재일본대한민국민단)의 모체인 재일본대한민국거류민단이 결성된 것은 1948년 9월이었으며 남한의 단독선거로 이승만 대통령이 대한민국을 발족시킨 것과 때를 같이 하고 있다. 1945년 해방 후 총련에 참여하지 않은 사람들이 건국촉진청년동맹(건청)과 신조선건설동맹(건동) 등을 조직하였다. 이들 가운데는 주로 사회주의, 공산주의에 반감을 가진 민족파들로 무정부주의자(아나키스트)들도 포함되어 있었다. 이들이 중심이 되어 1946년 10월 '재일조선인거류민단'을 조직하였다. 최초의 단장은 1923년 소화천황저격계획을 시도한 혐의로 구속 기소된 박열이었으며 1948년에는 명칭을 '재일조선인거류민단'에서 '재일한국인거류민단'으로 변경하였다.

민단의 주요 활동은 1959년 시작된 총련의 재일조선인 '귀국운동' 반대와 저지활동, 1965년 한일국교정상화로 협정영주에 의한 체류자격의 안정을 요구하는 재일코리안들에게 한국적 취득, 모국성묘 및 친족방문 등을 위한 영사업무대행 등으로 조직이 급속도로 확대되었다. 이 기간에 약 36만 명 정도가 조선적에서 한국적으로 국적을 변경하였다. 이후 민단은 재일코리

〈사진 8〉 민단과 총련 건물

안의 정주지향이 확정됨에 따라 법적 지위 안정과 권익옹호 운동에 매진하였다. 민단은 총련과 마찬가지로 상공인의 상호 부조조직이나 금융사업 조성, 한국학원(도쿄, 오사카, 교토의 학교법인)의 경영 지원, 서울올림픽이나 독립기념관건설 모금, 월드컵 공동개최 모금 등 한국 문화의 발전에도 크게 기여했다. 1994년 민단은 명칭에서 '거류'를 배제하고 '대한민국민단'으로 개명하였다.

재일코리안 민족단체에는 대한민국을 지지하는 민단과 북한을 지지하는 총련이 있다. 재일코리안은 1945년 일본의 패전과 함께 미군점령군총사령부(GHQ)가 '재일한국인은 해방된 국민이다. 그러나 예전에는 적국의 국민이기도 했으므로 일본국민으로 취급되기도 한다.'라고 이중의 법적 지위를 부여하여 불안전한 법적 지위 속에서 일본 생활을 시작했다. 1945년 해방 이후에도 일본 사회에서 탄압과 민족차별을 계속 받았다. 해방 이후 재일코리안들은 그들 자녀들에게 모국어교육 등의 민족교육을 실시하기 위하여 자주적으로 많은 조선학교를 설립했다. 1948년 일본 문부성은 조선학교를 폐쇄 조치하고 학교 폐쇄에 반대하는 재일동포들을 탄압했다. 1949년에는 재일본조선인연맹을 비롯한 4개 단체를 해산시키고 재산을 몰수하였다. 재일코리안은 지금도 여전히 일본 사회에서 취직 · 진학 · 영업 등에서 민족차별에 의한 생존권을 위협받고 있다.

재일코리안들은 납세의무에서 일본인과 똑같이 부담하고 있지만 사회보장 및 주택입주 등에서 차별받고 있다. 따라서 재일코리안들은 그들의 정당한 권리와 지위를 확보하기 위하여 4대악 제도인 지문날인제도,[8] 외국인등록증 상시휴대, 재입국허가제도, 강제퇴거제도 등의 폐지와 지방자치단체 공무원 채용 및 국 · 공립학교 교원 채용 시 국적조항 철폐, 지방자치단체 참정권 보장, 민족교육 육성 등을 요구해왔다.

이와 같은 노력의 결과, 한국 정부와 일본 정부 사이에 이른바 재일한국인의 법적 지위 문제가 본격적으로 제기되었으며 1991년 1월 10일 재일한국인 법적 지위 향상 및 처우개선에 대한 합의사항에서 재일동포 3세의 영주권 허가, 지문날인제도 철폐, 국 · 공립학교 교원 임용기회 획득, 지방자치단체 공무원 임용기회 확대 등을 합의하였다.[9]

재일코리안 민족단체들에 대해 살펴보면 먼저 '재일본대한민국민단'은 일본에 거주하는 재일한국인을 위한 조직으로 보통 '민단'으로 부른다. 한국을 지지하는 민단은 주로 올드커머 재일한국인과 그 후손들이 중심이 되어 전국적인 민족단체로 성장하였으며 본부는 도쿄에 자리 잡고 있다.

민단과는 대립적인 성격의 다른 단체로는 '재일본조선인총연합회'를 들 수 있다. 중심 회원들은 재일코리안들 중 조선민주주의인민공화국(북한)에 강한 소속감을 가지고 있는 재일조선인들로 조직되어 조선총련, 총련, 조총련 등으로 약칭하여 부르기도 한다. 재일본조선인총연합회는 '재일본조선

8 일본에서 1952년 외국인등록령이 외국인등록법으로 개정됨과 동시에 만들어졌고 1955년 4월 27일부터 실시된 지문날인에 대해 외국인들이 거부한 일.

9 한국민족문화대백과, 한국학중앙연구원.

〈사진 9〉 민족차별 투쟁-이진우와 김희로 사건

인연맹'을 모태로 1955년 결성되었으며 한국 정부보다도 북한에 강한 소속감을 가진다. 그러나 '재일본조선인총연합회' 소속이라고 해서 반드시 주체사상을 신봉한다고 볼 수 없으며 총련의 강령과 규약을 인정하는 모든 재일코리안에게 개방되어 있다.

재일한국인연합회(한인회)는 1980년대 이후 일본에 정착하기 시작한 뉴커머(New-comer)들이 결성했으며 본부는 재일본대한민국민단과 같이 도쿄 신주쿠구 신오쿠보에 위치하고 있다. 또한 '재일본조선인인권협회'는 재일코리안의 권리를 향상시키려는 목적으로 1994년 결성되었고 본부는 역시 도쿄에 위치해 있다.

이들 민족단체는 재일코리안 회원 상호 간에 친목과 정보 공유, 지역사회 발전과 융화에 힘쓰고 있으며 교육 면에서도 한글교육, 민족교육의 활성화 등에도 노력하고 있다. 또한 재일코리안의 지방참정권 획득 운동과 뉴커머들의 영주권 자격 취득을 지원하며 일본인과의 법적·경제적 차별철폐운동, 한국 측 역사 인식에 근거한 한일 역사문화교류 촉진 역할 등을 담당하고 있다.

在日朝鮮人青年の訴訟きょう口頭弁論
われら就職差別を背負って
「ボクは新井か朴か」
日立製作所相手に訴え
人並みに扱って
新井鐘司君
75%

〈사진 10〉 취업차별(박종석 사건)와 주택입주차별

제4절 민족차별과 외국인 참정권

1. 통명의 사용 강요

재일코리안들은 일본 사회에서 '통명(通名)'[10]의 공적 사용이 가능하다. 일반적으로 '통명'은 외국 국적의 사람이 일본 국내에서 사용하는 통칭명(通称名)을 가리킨다. 일본은 외국 국적자에게 자신의 본명이 아닌 '통칭' 사용을 인정하지만 일본 국적의 사람들은 통명을 등록할 수 없다. 일본에 체류하는 재일외국인은 외국인등록증에 통명을 기재하는 것이 가능한데 이는 외국인의 경우 가타가나의 표기가 많으면 도장 만들기가 어렵기 때문이기도 하다.

일본에 체류하는 재일외국인의 외국인등록증의 통명은 변경이 용이하여 범죄에 악용하는 사례도 가끔 발생하고 있다. 2000년 9월 건강보험증의 통명을 변경하고 휴대전화를 불법으로 판매한 재일코리안이 검거되는 사례

10 통칭명의 약자로, 본인 이름 이외의 다른 이름을 사용하는 것.

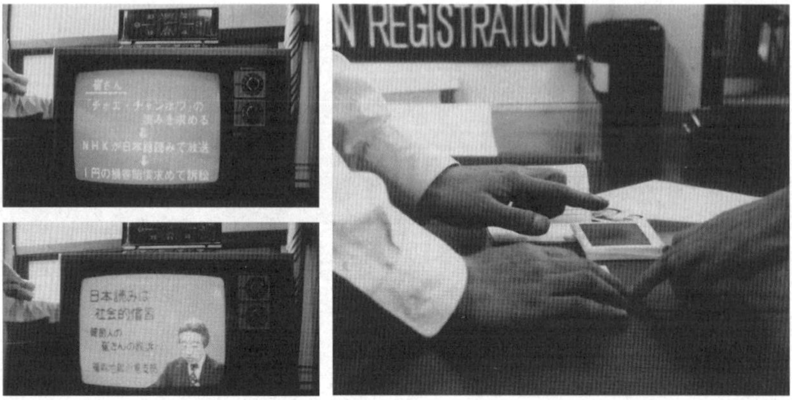

〈사진 11〉 본명 사용과 지문날인

도 있었다. 또한 일부 은행에서는 통명으로 계좌개설이 가능하다. 통명을 변경한 후에는 사실상 익명 계좌가 되고 이것이 재일코리안에 의한 범죄의 온상이 되는 경우도 종종 발생하였다. 일본에서 태어나 일본어와 일본 문화, 사회적 관습을 익힌 외국인의 경우, 특히 아시아 출신의 경우는 통명을 사용하면 국적 구분이 어렵다. 일본에서 재일코리안들이 민족차별을 피하기 위해 통명을 사용하는 경우도 있다.

일본에서는 보통 범죄사건이 일어났을 때 통명이 보도되는 경우가 많고 실명은 거의 거론되지 않는다. 매스컴 보도에서 통명만 보도할지 아니면 실명까지 거론할 것인지에 대한 판단은 언론사의 재량에 맡긴다. 언론에서는 '편집 및 검토에 대한 사내 규정'에 의해 통명을 우선 보도한다. 때문에 주로 통명을 사용하는 재일코리안 등이 용의자로 지목되는 사건의 경우 본명보다는 통명을 사용하는 언론도 있다. 언론사 중에 아사히신문(朝日新聞)은 용의자 보도에 대하여 통명과 실명 중 어느 것을 사용할지 여부를 매 사건마다 신중히 검토하고 있다.

재일코리안 약 1만 2,000명의 인명을 수록한 "재일한국인명록 1981년 판(통일일보사, 1980)"을 기준으로 통명 사용빈도가 많은 이름들을 상위부터 배열

하면 다음과 같다. 재일코리안들이 통명으로 사용하는 한자 상위 10개는 山(194), 田(153), 本(134), 川(117), 原(105), 村(73), 井(70), 野(67), 金(56), 島(49)순으로 많았다. 통명은 아라이(新井), 야마모토(山本), 기무라(木村), 가네모토(金本), 가네다(金田), 야스다(安田), 이와모토(岩本), 가나자와(金沢), 가네야마(金山), 가네미츠(金光), 다카야마(高山), 도쿠야마(徳山), 히라야마(平山), 마쓰모토(松本), 야마다(山田) 등이었다.[11]

2. 외국인 참정권

1945년 패전 후 일본 정부는 선거권(피선거권)에 대하여 호적법의 적용을 받는 자로 한정해왔다. 구 식민지 출신자(조선, 대만)들은 이 때문에 전쟁 전에 가지고 있었던 선거권을 박탈당하고 1952년 샌프란시스코 조약에 의해 일본 국적을 상실하였다. 이 때문에 이들의 지방선거권도 지방자치법 제18조의 국적조항에 의해 배제되는 것이 원칙이었다.

그러나 재일코리안 국적자의 세대교체가 진행되면서 영주지향이 확정된 1990년대 들어서면 재일코리안들 사이에 '납세의 담보로서 선거권을', '억압된 재일코리안의 인권을 되찾는 일환으로서 참정권을'이라는 주장들이 나오기 시작했다. 일본인에게도 구 식민지 출신자의 처우에 관한 인권의식이 높아진 시기로 이러한 시대적 배경을 통해 지방참정권 획득운동과 지방의회에 대한 지방참정권의 촉구가 민단에 의해 주장되었다.

1995년 3월 일본 최고재판소가 지방선거의 경우 영주하고 있는 외국인에게 "그 의사를 반영하기 위하여 법률에 의해 수장이나 의원의 선거권을 부여하는 조치를 취하는 것은 헌법상 금지되어 있지 않다.", "그러한 조치를 취할 것인지 아닌지는 국가의 입법정책에 관련된 것이다."라는 판단을 제시하였다. 이에 따라 국회에서 지방공무원법을 개정하면 '재일코리안'의 지

11 인명록: 재일코리안 인명의 통명 목록.

방참정권의 실현이 가능하게 되었다.

총련에서는 지방참정권의 획득에 대하여 1996년부터 반대적인 입장을 취해왔다. 이유는 주로 참정권의 행사가 내정간섭과 연결되고 선거권 행사로 인해 재일조선인의 동화가 한층 촉진될 것으로 전망했기 때문이다.

일본 정부의 법제에 의하면 외국인의 정치적 권리 규정은 먼저 헌법이 보장하는 집회, 결사 및 언론, 출판 등 표현의 자유, 사상, 양심의 자유 등 기본적 인권에 관련된 '국민의 권리'는 외국인에게도 적용되는 것이 원칙이다. 또한 외국인이 정치자금규제법에 의해 정치단체를 설립하는 것에 대한 국적조항도 존재하지 않는다. 지방참정권의 경우 지방자치법은 그 목적으로서 '지방공공단체에서 민주적이며 능률적인 행정의 확보'를 제1조로 내걸고 있다.

2002년 시가 현 마이하라초(滋賀県米原町)를 비롯한 몇 개의 자치단체에서 주민투표에 영주외국인의 투표권을 인정하고 있다. 지방참정권 이외에도 지역에 따라 가와사키 시는 '외국인대표자회의', 오사카 부의 '외국인문제유식자회의', 도쿄 도의 '외국인도민회의', 교토 시의 '외국적시민시책간담회', 등이 설립되어 참여하고 있다.

재일코리안 국정참정권 문제는 일본에서 오랫동안 해결되지 못한 채 미결 상태로 남아있는 문제 중의 하나이다. 일본 헌법 제15조 제1항에서는 "공무원을 선정하고 이를 파면하는 것은 국민 고유의 권리이다". 제43조 제1항에서 "양원은 전 국민을 대표하는 선거로 선택된 의원들이 조직한다."라고 규정하여 외국인의 '국정참정권'은 인정하지 않고 있다.

일본에서 외국인 지방참정권의 일부 인정은 수장 · 의원 선거 등에 공직선거법이 적용되고, 지방자치단체의 일부 주민투표 조례에 국적 조항이 없는 것에 기인하고 있다. 전자의 공직선거법에 관해서는 선거인은 일본 국민에 한정되므로 외국 국적자의 참정권은 법률상 인정하지 않는다.[12] 후자의

12 공직선거법 제21조에서는 선거인명부에 등록되는 것은 "해당 시정촌의 구역 내에 주소를 둔 나

주민투표 조례와 관련하여 외국 국적자의 주민투표권을 인정하자는 움직임을 보이는 지자체도 있다(이와테 현(岩手県), 시가 현(滋賀県), 히로시마 현(広島県), 도쿄 고가네이 시(東京小金井市), 나가노 현 나가노 시(長野県長野市) 등).

일본에서 외국인참정권 문제의 주요 쟁점은 지방선거권 부여가 검토되고 있는 특별영주 외국인으로, 그 숫자는 39만 9,106명이며 이들 중 99%인 39만 5,234명이 재일코리안이며, 일반영주 외국인은 56만 5,089명이다(2010년 12월 말 기준).[13] 전술한 바와 같이 재일코리안 민족단체들이 외국인 참정권을 요구하는 운동을 전개하고 있고 일본의 일부 정당 국회의원들도 외국인 참정권 부여에 긍정적인 자세를 취하고 있기도 하다. 한편 총련은 지방참정권 부여에 대해 일본의 동화정책으로 이어질 수 있다는 위험성 때문에 반대 입장을 취하고 있다.

3. 지문날인 반대운동

일본에 거주하는 외국인들은 1992년까지 모두 외국인등록법에 의해 등록 및 갱신 시 지문날인을 해야 했다. 재일코리안들도 적용대상이었는데 특별영주 자격을 가지고 있는 자들은 지문날인 의무가 면제되어 1992년에는 서명이 사진으로 바뀌었다.

일본에서는 신헌법이 시행된 1947년에 천황명의의 '칙령'에 의해 외국인등록령이 시행되었다. 이에 따라 재일코리안을 포함한 모든 외국인들이 외국인등록을 하도록 의무화되었다. 이 제도는 1945년 이전부터 일본에 체류하는 조선인의 등록, 관리의무제도였던 '협화회 수첩'이 외국인등록령의 기초자료가 되었다고 한다. 1946년 GHQ의 지령을 받은 일본 정부는 재일코리안의 귀환희망자 등록을 실시하여 등록의무 위반자에게는 6개월 이하의

이 만 20년 이상의 일본 국민"이다.

13 국적(출신지) 다른 체류 자격(체류 목적)별 외국인 등록자 독립 행정법 인 통계 센터.

〈사진 12〉 지문날인 반대운동 및 한종석 기자회견

징역, 8,000엔 이하의 벌금 등 엄한 벌을 부과하였다.

1952년 국적을 상실하게 된 재일코리안들은 외국인등록령의 외국인등록법 적용대상이 되었다. 외국인등록법은 먼저 씨명, 현주소, 생년월일, 근무처, 근무처주소 등 신분사항에다 본인의 소재를 언제든 확인할 수 있는 사항을 상세히 망라한 것으로 열 손가락 모두 지문날인 의무가 있었다. 재일코리안들에게 등록증의 상시휴대 의무와 위반자들에게는 형사벌을 적용하는 등 재일코리안을 치안상 범죄예비군으로 취급하는 인권침해의 내용도 포함되었다. 처음 "외국인의 거주관계 및 신분관계를 명확히 하여 체류외국인의 공정한 관리를 목적으로 한다."라는 외국인등록법 규정은 표면적인 것에 불과했고 외국인치안대책입법으로 출발하게 되었다. 1955년부터 61년까지 외국인등록법 위반혐의로 검거된 재일코리안은 9만 8,000명에 이르렀으며 형사벌에 의해 전과1범이 되기도 하였다.

재일코리안들은 외국인등록법 공포 초기부터 법령 실시에 대한 반대운동을 전개하여 1950년에는 등록증교환 갱신절차의 거부, 신청 거부운동을 벌여 초기 3년간 실시를 연기하였다. 1979년에는 일본이 국제인권규약을 비준함에 따라 지문날인 거부운동에도 탄력을 받게 되었다. 지문날인제도는 유럽 출신자들에게도 적용되었기 때문에 그들도 인권침해라는 비판을 제기하였다. 1985년에는 지문날인 거부자와 보류자가 1만 명을 초과하여 시민연대운동으로 발전하였다. 1986년 나카소네 내각은 지문날인을 1회로 제한하여 등록증을 카드제로 바꾸는 등 개정을 단행했다. 지문날인 반대운동은 '민족차별과 투쟁하는 연락회의' 등이 조직되면서 종래 민족단체와는 다른 사회운동으로 전개되었다. 이렇게 하여 지문날인제도는 1992년 정식적으로 폐지되기에 이르렀다. 1999년 입국관리법 및 외국인등록법 개정으로 1년 이상 체류하는 외국인에 대하여 지문날인 의무를 폐지하고 본인의 서명과 가족사항의 등록으로 바뀌었다. 또한 본인의 등록원표에 지문날인의 사진을 개시하는 제도로 바뀌었다.

4. 관동대지진과 조선인 학살

1923년 9월 1일 오전 11시 58분에 발생한 관동대지진은 진원지가 사가미완(相模湾)이었다. 지진으로 인해 도쿄나 가와사키에 대형 화재가 발생하여 피해자 340만 명, 사망자 및 행방불명자가 10만 5,000명, 가옥의 전소 38만 1,000호, 반파 17만 5,000호 등 큰 피해를 냈다. 지진으로 큰 피해를 당한 가운데 여러 가지 유언비어가 난무하여 그중에서도 "조선인이 우물에 독을 넣었다.", "조선인이 폭동을 일으키고 있다."라는 유언비어가 구전으로 확대되었다.

이러한 대지진의 패닉 속에서 일본인들이 각지에서 '자경단'이라는 단체를 조직하여 죽창, 괭이, 낫 등으로 무장하여 조선인으로 보이는 자들을 무조건 붙잡아 폭행하거나 살육을 단행하였다. 일본 헌병이나 경찰이 근거 없는 정보를 흘렸기 때문에 피해지의 일본인들이 무기를 손에 들고 자경이라는 이름하에 조선인을 발견하면 현장에서 무조건 학살을 자행하였다. 관동대지진 때 조선인 대학살은 그 무렵 일본 민중이 이미 3·1독립운동의 보도, 도일한 조선인들이 일본인의 직업을 점령했다거나 언어와 생활습관이

〈사진 13〉 조선인 강제노동과 관동대지진

다르다는 등 편견과 차별의식을 가진 헌병들의 정보조작으로 일어나게 되었다.

당시 아라카와(荒川) 카메이도(亀戸)에서 일본인에 의해 총살당하거나 학살당한 조선인 수는 약 6,000명 이상으로 도쿄부 내에만 1,727명 정도였다고 한다. 당시 전국 재일조선인의 총수가 약 8만 명 정도였기 때문에 희생자의 비율로 보면 상당히 큰 비중을 차지하고 있다. 희생자를 추모하여 도쿄 료고쿠(両国) 역 북쪽 요코아미초(横網町) 공원에는 '관동대지진조선인희생자추도비'가 세워져 있다.

5. 한신교육투쟁

1945년 해방 후 일본에서 생활하던 재일코리안들의 최대 희망은 모국귀환이었지만 수송체계의 미비, 조국 생활의 불투명한 전망 등으로 현재 상태를 지켜보면서 일본 전국 각지에서 힘든 생활을 영위해나갔다. 이들이 일본에서 공통적으로 정열을 쏟은 것은 민족교육이었다. 당시 재일코리안들은 "돈 있는 사람은 돈을, 지혜 있는 사람을 지혜"를 이라는 슬로건 아래 여기저기에서 창고나 공장의 일부 또는 일본학교의 교실 한 칸을 빌려서 '국어

강습소'나 '조선학교'를 그들의 손으로 손수 세우기 시작했다.

재일코리안들은 도일 이후 힘든 노동생활 가운데 거의 교육을 제대로 받지 못한 사람들이 대부분이었다. 그리고 언젠가는 모국에 돌아갈 것으로 생각하여 조선어의 읽고 쓰기, 산수 등을 배우게 하여 조국 건설에 이바지하고자 했다. 일본학교에 다니던 학생들은 차별의 쓰라림을 잘 알고 있었기 때문에 차별 없는 학교, 즉 자신들의 학교에서 자녀들이 배우기를 원했다. 1948년 초 일본 전국에 존재했던 조선학교는 초·중·고(청년학교)를 합쳐 606개교, 약 5만 8,000명의 학생들이 공부하고 있었다. 그 밖에도 민단계 학교가 54개교에 약 6,500여 명이 다니고 있었다. 그런데 이들 민족학교에 갑자기 폐쇄명령이 내려졌다.

1948년 1월 문부성은 조선인 학생들에게 일본학교에 취학의무가 있으며 무인가 조선학교의 존속은 인정하지 않는다는 통달을 각 도도부현을 통해서 내려보냈다. 여기에 항의하는 조선인들이 각지에서 격렬한 항의운동과 교섭을 전개하였다. 일본 각지에서 대량의 경찰대를 동원하여 교실에 있는 학생들을 밖으로 쫓아내는 폭거를 단행하였다.

3월 24일에는 효고 현청에 항의하러 간 조선인과 이를 지원하는 일본인들이 지사, 시장, 시 경찰국장 등과 교섭을 통해 지사로부터 학교폐쇄령의 철회를 약속받았다. 그러나 그날 밤 미국 점령군의 고베 헌병대 사령부로부터 '비상사태선언'이 선포되고 폐쇄명령 철회문서의 무효, 2,000명 이상의 조선인 무차별 체포가 이루어졌다. 오사카 오테마치(大手町) 공원에 집결되어 있던 조선인 집회에 무장경찰이 권총을 난사하여 조선인 소년 한 명이 희생되었다. 이를 계기로 촉발된 '한신교육투쟁(阪神教育闘争)'은 체포자 2,900명, 점령군의 군사재판에 회부된 자가 213명으로 이들에게 중한 형벌을 부과하였다.

1949년 9월에는 당시 조선인의 최대 결집체였던 조선인연맹과 재일조선민주청년동맹에 '단체규제령'이 적용되어 조선인 학교 가운데 조련 설치 학교는 폐교, 민단계 등의 무인가학교에는 해산을 권고하여 응하지 않는 학교

〈사진 14〉 한신교육투쟁

는 2주간 이내에 사립학교 인가신청을 하도록 문부성과 법무부연명의 통달이 내려졌다.

미 점령군과 일본 정부의 강경한 탄압자세의 배후에는 "일본을 반공의 방파제로 삼는다."라는 미국의 세계전략, 재일조선인이 '공산주의 세력의 온상'이라는 인식 등이 깔려 있었다. 사립학교 설립허가를 신청하여 일본 교육체계하에 존속을 허가받은 것은 오사카의 1학원 3개교뿐이었다.

한편 지역 학부모들의 강한 결의와 지원으로 전국 44개교의 조선학교가 재개되어 자주운영의 길을 걸었다. 이것이 오늘날 민족학교의 원형이다. 1950년대 후반에 접어들면 각지에서 조선학교의 재건이 착착 진행되어 공립조선학교의 자주화에 승리한 곳도 생겨났다. 1955년 총련 결성 이후 북한으로부터의 원조를 통해 조선학교의 재건, 확충, 신설이 계속되었다. 이들 학교는 사립학교법에 따라 학교법인을 운영모체로 하는 각종 학교로서 인가를 도도부현으로부터 받는 형태를 취했다. 즉 일본의 학제를 따르는 형태로 학년 편성이나 학과 편성을 취하면서 교원이나 커리큘럼, 사용언어 등은 민족독자성을 유지하고자 하였다.

1959년에는 도쿄 도 코다이라 시에 조선대학교가 설립되어 총련 조직의 전문연구자나 교원 양성의 역할을 수행하였다. 조선학교는 1993년도부터 2011년까지 18년간 35개교가 폐교, 약 30.6%가 감소하였으며 2012년 현재 초급학교 79개교에서 58개교(21개교 감소), 중급학교 56개교에서 35개교(21개교 감소), 고급학교 12개교에서 9개교(3개교 감소)로 감소하여 총 102개교만이 현존하고 있는 것으로 알려지고 있다. 이 가운데 오사카의 민단계 2개교(금강학원, 건국학교)는 문부성 인가의 일조교(一条校)로 운영되고 있다.

6. 조선인 전쟁범죄 문제

원래 '전쟁범죄자'는 전쟁으로 인하여 발생하는 전쟁범죄인을 지칭한다. 러시아 극동국제군사재판은 전쟁 책임을 구 대일본제국의 지도자들에게 묻는 것으로 A급 전범으로 25명이 유죄, 7명이 사형선고를 받고 집행되었다. 그 밖에도 '일반적인 전쟁범죄' 및 '인도적인 범죄'로 불리는 B, C급 전범으로 피고인이 된 700명 중 조선인이 148명, 대만인이 173명이 포함되어 있었다. 이들 가운데 조선인 23명과 대만인 26명이 사형, 무기형은 조선인 18명이었다.

1941년 미일 · 영일 개전 이후 일본의 아시아 침략은 중국 대륙 이외에도 동남아시아, 남태평양제도 등지로 확대되어갔다. 이 때문에 수백만의 일본군 병사가 '황군'으로 파견되어 침략의 선봉에 서게 되었다. 이들은 당시 동남아시아를 식민지 지배하고 있던 영국, 미국, 네덜란드와 격전을 벌이게 되었다. 전장이 확대되면서 필요한 인적자원을 식민지였던 조선이나 대만에서 모집하는 정책을 펼치게 되었다. 형식적으로는 지원병이었지만 실질적으로는 강제적으로 조선이나 대만에서 청년들을 모집하여 전선으로 보냈다. 총독부나 언론기관들은 이러한 현상을 '내선일체'의 성과로 홍보하였으며 육군에 동원된 조선인 병사는 약 18만 7,000명, 해군이 약 2만 2,000명 정도였다. 여기에다 군속으로 군 관계 노무에 동원된 사람들이 육해군 합쳐 15만 명을 초과하였다.

전장에서는 조선인과 대만인 병사들이 황군의 일원으로 전투를 벌였으며 이들 중 군인군속을 모두 합쳐 약 1만 6,000명이 사망하고 많은 사람들이 부상당했다. 특히 조선인 군속들 가운데는 아시아 각지의 포로수용소 감시자로서 근무한 사람들이 많았다. 이들이 다룬 포로들은 주로 영국, 미국, 네덜란드, 오스트레일리아 출신의 병사들이었다.

이들 포로들의 취급에 대해서는 포로의 대우에 관한 조약으로 인도적 취급에 의해 강제노동, 강제감금 등이 금지되었다. 그러나 타이, 자바, 인도네시아, 필리핀 등 연합군의 포로들은 비행장 건설, 철도 건설, 토목건설업 등의 현장에 동원되어 연일 노동에 시달리면서 사고나 영양실조로 인한 희생자들이 속출하였다. 연합군 포로 가운데 전체 사망자는 약 1만 2,000명, 민간인의 경우 자바 섬에서는 6만 9,000명의 억류자 중 약 6,300명이 사망했다고 한다. 조선인 병사와 군속은 일본인 상관의 명령에 의해 포로의 감시와 이동을 억지로 떠맡게 되었다.

1945년 일본이 패전하자 연합군 측은 각지에서 포로의 수용이나 감시 등 일상 업무를 담당한 일본군의 장교, 병사, 군속 등을 포로학대 등의 죄로 체포하여 연합군의 군사재판소에 고발하였다. 그들 중에는 '황군'의 일원으로 침략에 동원된 재일코리안 병사나 군속들이 포함되었다. 가령 인도네시아 바타비아재판에 기소된 110명 가운데 46명이 조선인이었다.

7. 종군위안부(從軍慰安婦)

일본군의 아시아 침략이 격화된 가운데 일본군 장교나 병사들의 성 노리개(희생자)가 된 아시아 여성들은 일본 정부의 정식 사죄와 개인보상을 요구하는 운동을 전개하기 시작했다. 이들은 종군위안부 문제를 일본재판소에 제소하였으며 UN의 인권위원회에도 1996년에 발표된 '여성에 대한 폭력특

〈사진 15〉 위안부 송신도 할머니

별보고서'에서 구 일본군의 행위를 '인도적인 죄'로 단정하였다. 이 보고서에서는 다음과 같은 내용을 권고하였다. 권고 내용은 첫째, 종군위안부(従軍慰安婦)에 대한 국가에 의한 법적 책임의 인지, 둘째, 피해자 개인에 대한 보상금 지급, 셋째, 모든 자료 공개, 넷째, 피해자 여성에 대한 공개서면 사죄, 다섯째, 교육장소에서 이해의 심화, 여섯째, 가해자의 책임추궁과 처벌 등이었다.

현재 총 10만 명 정도로 추산되고 있는 '종군위안부'는 한반도나 일본 점령지에서 일본인과 현지 일본군 앞잡이들의 "좋은 직업이 있다. 급료가 높다, 아주 쉬운 직업이다."라는 감언이설에 속아 응모하여 일본군 시설의 배치, 수송이나 관리를 담당하는 장소에서 성 노예가 되었다. 1930년대 중반부터 본격화된 이러한 군대시설은 1938년 중반 경부터는 명목상 '민영'화되었다.

일본군 위안부들 가운데는 일본 본토에서 강제 연행된 재일조선인들도 포함되어 있었다. '조선인강제연행강제노동일기'(1974)에 의하면 조선에서 일본인에 속임 당하거나 강제적으로 연행된 재일조선인 여성들이 홋카이도 탄광이나 삿포로, 하고다테 등의 '조선요리점'에서 일한 사람들이 있었다고 한다. 중국 전선에서 일본군의 침략이 확대됨에 따라 '조선요리점'을 경영하고 있던 조선인 업자들은 일본 경찰들이 만든 조선인 관리기관이었던 '협화회'를 통해 모집여성들을 최전선으로 보내기도 하였다. 이들 업자들은 조선인 여성들을 데리고 가서 일본군 병사의 성 노예로 봉사하도록 강요했다고 한다. 물론 이들 가운데는 일본인 업자들도 상당수 포함되어 있다.

8. 사회보장과 기초생활보호 수급

재일코리안은 납세의무 면에서 일본인과 똑같이 부담하고 있는데 사회보장 및 주택 등 여러 측면에서 차별을 받고 있다는 말을 앞에서 언급하였다. 특히 일본 정부 생활보호수급 대상자 수급에 반대하여 인정 방법이나 기준에 끊임없이 이의가 제기되고 있다. 예를 들면 재일코리안의 생활보호 수급 비율이 일본인보다 현저히 높은 것은 부당하다고 주장하며 일본 정부의 생활보호 부담을 강조하는 논리이다.

일본국 헌법 제25조 1항에는 "모든 국민은 건강하고 문화적인 최저한도의 생활을 영위하는 권리를 가진다."라고 규정하고 있다. 1950년 이후 일본 정부 생활보호법에서는 "일본국 헌법 제25조에 규정된 이념으로 국가가 생활이 어려운 모든 국민에 대해 그 곤궁의 정도에 따라 필요한 보호를 실시하여 그 최저한도의 생활을 보장함과 동시에, 그 자립을 조장하는 것을 목적으로 한다."라고 기술하고 있으며 그 속에 '국민'이라는 용어가 추가되었다.[14] 즉 일본 정부 생활보호법에 의한 권리 보장은 일본 국민에 한정한다

14 생활보호법 제1조, 총무성 법령 데이터 제공 시스템.

는 것이었다. 일본 오이타(大分) 지방법원은 "헌법이 요청하는 사회권의 보장은 국가가 국민보호 의무를 원칙으로 하기 때문에 외국인을 보호할 의무도 그 국적에 있다."고 판결을 내렸다.[15]

또한 1965년 6월 한일기본조약 비준서를 교환할 때 박정희 대통령도 '재일동포 고생'의 원인을 '한국 정부의 책임'이라고 인정하고 한국 정부도 재일동포의 안전과 자유에 대해 보다 적극적으로 노력하고 최대한 보호할 것을 약속했다.[16] 2008년 일본 정부는 1개월 평균 3만 2,156가구(연 총 38만 5,870가구), 5만 1,441명(연 총 61만 7,297명)의 외국인에게 생활보호수급을 지급하고 있다.[17] 2008년 시점에서 생활보호수급을 받고 있는 외국인 3만 955명 가운데 재일코리안이 2만 3,232명으로 1위, 중국 국적이 2,842명으로 2위를 차지했다. 재일코리안의 3.9%, 재일중국인의 0.4%가 생활보호의 수급을 받고 있는 셈이다. 재일코리안의 수혜율은 일본 전체의 생활보호수급 비율이 1.2%인 점을 감안하면 거의 3배 이상 된다.[18] 오사카 시에서는 2010년 외국인 수급자가 처음으로 1만 명을 돌파했고 대부분이 재일코리안 고령자의 무연금 세대로 사회문제가 되고 있다.[19]

일본에서 생활보호수급자는 귀화 신청이 거의 받아들여지지 않는다. 비교적 귀화조건이 완화된 특별영주자도 소득의 주요 부분이 생활보호수급이면 귀화하기 어렵다.[20] 또한 재일코리안이 40년간 연금보험료를 납부한 경우 노령 기초연금은 한 달에 약 6만 6엔, 25년간 납부하면 약 4만 1,000엔

---

15 "외국인에게도 「보호청구권」을 오이타의 영주 중국인 여성이 제소", 교도통신, 2009년 6월 19일자; "생활보호 신청" 「영주 외국인도 적용」, 오이타 합동신문, 2010년 10월 18일자.

16 한일조약 비준서 교환에 관한 박정희 한국 대통령 담화, 일본 정치·국제 관계 데이터베이스, 도쿄대 동양 문화 연구소 다나카 아키히코 연구실.

17 통계 요람 후생 통계 요람 제3편 사회복지 제1장 생활보호 후생노동성.

18 "재일중국인의 생활보호수급자는 약 3,000명, 재일한국·조선인에 이어 2위–일본 "레코드 차이나, 2010-11-14.

19 "생활보호수급의 외국인 첫 1 만 명 돌파 오사카", 산케이 신문, 2010.6.14.

20 고베·오사카 귀화 신청. comQ3: 현재 생활보호를 받고 있는 경우 귀화 신청할 수 있습니까? 長内 행정서사사무소 귀화 신청 사 3.

인데 비해, 65세의 생활보호수급자는 주택지원을 포함하여 매월 12만 1,530엔으로 외국인 무연금 수령자가 일본인의 국민연금 가입자보다 고액의 수급을 받는 역전 현상도 문제가 되고 있다.

제5절 민족학교

일본에는 재일코리안들이 중심인 조선학교와 한국학교 등 민족학교가 존재한다. 일본의 학교는 학교교육법의 제1조인 초, 중, 고, 대학, 고등전문, 맹학교, 농학교, 양호학교 및 유치원 등으로 이들 학교를 '일조교(一条校)'로 부르고 있다. 이에 반해 민족학교는 동법 제83조의 1항에 있어서 "제1조에 예를 든 이외의 학교교육에 해당되는 교육을 행하는 기관은 모두 각종학교로 한다."라고 규정하고 있다. 일조교의 설치와 허가, 폐쇄, 변경 명령, 제출 사항 등은 도도부현 지사(대학 문부대신)에게 있다. 도쿄의 조선대학교는 도쿄도지사의 인가에 의한 것으로 각종학교에 해당된다.

일조교와 83조의 차이점은 교장 및 교원자격, 건강진단, 보건조치, 자녀 사용자의 의무교육조항 폐지 등으로 민족학교는 동포사회의 입학 권유로 자녀들이 입학하고 있다. 학교의 커리큘럼, 교과편성도 크게 차이가 난다. 일조교고의 경우 초, 중, 고 모두 학교교육법의 목적과 교육의 목표가 정해져 있다. 따라서 교과서도 "문부대신의 검정을 거친 교과용 도서 또는 문부성이 저작의 명의를 가지고 있는 교과용 도서를 사용하게 되어 있다." 민족학교는 민족학교의 교원이나 교육관계자 등이 작성한 교과서, 부교재 등을 자유롭게 활용하여 교육할 수 있다. 이와 같이 일조교와 83조교는 교원자격, 건강검진 및 보건문제, 취학의무, 교과편성, 검정교과서 사용 등에 관해 큰 차이점을 가지고 있다.

오사카에는 재정권의 문제로 일조교 2개교가 있는데 1946년 창립된 백두학원 건국학교(유, 초, 중, 고), 금강학교(유, 초, 중, 고)로 1950년에 일조교(중, 고

〈사진 16〉 설립 초기 조선학교

는 86년)로 전환되었다.

'민족학급'은 재일코리안이 집거하고 있는 지역의 공립 초중학교에 설치되어 있다. 정규수업 외에 과목 외로 '재일코리안'의 자녀들을 모아서 한국인 강사에 의해 한국어나 한국의 역사, 문화 등을 학생들에게 가르치고 있다. 1948년 '한신교육투쟁사건' 이후 문부성학교교육국장통달에 의해 시작되었으며 일본학교에서도 학부모들이 재일코리안 학생들이 한국인으로서 살기 위한 최소한의 민족교육의 요구를 각지의 교육위원회와 교섭한 결과 실현되었다. 1948년 당시 77개교에 민족학급이 설치되었다. 1997년 오사카시는 '민족클럽기술지도자초청사업총괄기술지도자제도'을 설치하여 시내 초 · 중학교 67개교의 '민족학급'을 과외가 아닌 학교교육으로 수용하여 민족강사의 처우를 개선하기도 하였다.

재일코리안의 민족교육 면에서 일본에는 학교 법인의 인증을 받지 않은 국제학교, 조선학교, 한국학교, 한글학교 등 다양하게 존재한다. 조선학교는 북한에서 실질적인 재정 지원을 매년 받아오고 있다. 또한 조선장학회에 의해 지급되는 재일코리안과 한국인 유학생만을 대상으로 한 장학금제도도 있다.

재일코리안 아동을 위한 일본 정부의 지도지침 중 오사카 시의 지침 내용은 다음과 같다. 첫째, 모든 학생들에게 재일코리안들이 체류하게 된 역사적 경위와 사회적 배경을 인식시킴과 동시에 한반도의 문화와 역사에 대한 이해를 심화시키도록 노력해야 한다. 이것은 모든 학생들이 재일코리안 문제에 대해 올바른 지식을 가지고 이해하며 편견과 차별을 없애 나가기 위한 일환이다. 일본과 한반도와의 관계에 대해 고대부터 현대에 이르기까지의 역사적 이해와 동시에 문화의 공통점과 차이점에 대한 이해를 바탕으로 상호 존중하는 것이 중요하기 때문이다.

둘째, 재일코리안 학생들이 본명을 사용하는 것은 본인의 정체성 확립에 관련된 사항이라는 점이다. 일본학교에서는 모든 인간이 서로의 차이를 인정하고 함께 사는 공생사회 구축을 목표로 재일코리안 학생들의 실태 파악에 노력하고 있다. 또한 재일코리안 학생들 스스로 긍지와 자각을 높이기 위한 본명 사용을 적극 장려하고 있다. 오사카 부 내의 공립 초・중학교 및 부립 고등학교에 재학 중인 재일외국인 학생들 중 대부분이 재일코리안 학생들이다. 이들 학교에서는 재일코리안 학생들의 현실을 감안하여 학생들의 생활실태에 대해 이해를 높이고 모든 사람이 서로의 차이를 인정하고 함께 사는 사회 만들기를 공동목표로 따뜻한 인간관계를 구축하기 위해 노력하고 있다. 또한 다른 학생들에게도 본명 사용의 중요성을 이해할 수 있도록 세심한 지도와 동시에 학부모들과 본명 사용의 의의에 대해 충분히 논의하고 본명을 사용할 수 있는 환경 조성에 노력하고 있다.

셋째, 재일코리안 학생들이 자신의 장래에 대한 진로를 스스로 선택하고 자기실현을 준비할 수 있도록 진로지도의 충실과 동시에 관계 기관과의 연계를 통한 학습지도에 힘쓰고 있다. 재일코리안의 취업현황, 고용조건 등은 국제인권규약에 따라 평등의 정신에 입각한 인권 의식의 고양과 국제화의 진전 등을 반영하여 많이 개선되어왔지만 여전히 불평등한 상황에 처해 있다. 오사카 부내에서는 여전히 "재일코리안은 채용하지 않는다."등의 취업차별이 존재하고 있다. 이것은 재일코리안들에게 고용기회 균등과 직업선택의 자유를 박탈하는 심각한 문제이기도 하다.

오사카 부 교육위원회는 관계기관과의 협조로 '긴끼(近畿)(관서지방 주코쿠(中国) 지방과 중부(中部)지방 사이에 위치한 지역(교토 부와 오사카 부의 2부, 시가 현(滋賀県), 효고 현(兵庫県), 나라 현(奈良県), 와카야마 현(和歌山県), 미에 현(三重県) 등 5현을 포함하고 있다.) 의 '취업통일신청서'의 취지를 철저히 설명하고 채용전형을 받은 학생의 보고에도 유의하면서 기업의 채용전형 등이 합리적으로 진행되도록 촉구하고 있다. 각 학교에서는 진로지도 담당교원을 중심으로 재일코리안의 고용, 취업문제 등에 대한 연수를 높임과 동시에 공공 직업소개소 및 기업과의 연계를 긴밀히 하여 진로 선택의 기회 균등이 보장되도록 노력하고 있다.

넷째, 재일코리안 학생들의 지도에 충실을 기하기 위해 교직원 연수에 노력하고 있다. 재일외국인에 대한 이해교육을 철저히 하여 교직원 스스로가 외국과 민족의 역사, 문화 등을 제대로 이해하고 인권존중의 정신을 바탕으로 재일외국인에 대한 차별을 용인하지 않는 태도를 견지하도록 노력하고 있다. 재일코리안 문제에 대한 지도를 철저히 수행하기 위해 학교에서 지도방침, 지도방법 등에 대해 교직원들 간 이해 촉진, 자료의 수집 및 교재 연구 등 교직원 연수에 충실하고 있다. 이처럼 오사카 시는 재일코리안 자녀들에 대한 교육지침을 마련하여 실천을 위해 노력하고 있다.

조선학교에서 민족교육은 재일코리안 학교에 관한 〈우리 학교〉라는 다큐멘터리를 보면 쉽게 이해할 수 있다. 모델 학교는 홋카이도 조선초중고급학교이다. 이 학교의 교육목표는 모든 재일코리안 자녀들이 민족적 주체성을 가지고 지 · 덕 · 체를 겸비한 조선 사람으로서 자신의 조국과 민족을 위해 기여하는 인재, 국제화가 진행되는 가운데 일본을 비롯한 세계 모든 국민과의 우호 친선에 기여하는 인재를 육성하는 것에 두고 있다.

조선학교의 교육 내용은 교육의 목적에 따라 최근 과학의 성과와 학부모의 요구, 일본의 실정을 고려하여 구성하고 있다. 민족교육의 내용은 무엇보다도 교육에서 민족의 자주성을 지키고 자녀들이 조국과 민족에 대한 올바른 지식을 가지고 민족의 자주의식을 키우는 것을 기본으로 하고 있다. 또한 자녀들이 일본에서 생활하는 현실조건을 고려하여 필요한 지식을 충분히 습득할 수 있도록 일본어와 영어, 일본과 세계에 관한 지식을 습득하는 내용이 구성되어 있다. 민족교육의 내용은 주체성, 과학성, 현실성을 고려하여 교육과정과 교과과정이 편성되어 있다.[21]

제6절 생활문화와 전승문학

일본에서 재일코리안 음식이라 하면 '야끼니쿠(불고기)'라는 이미지가 강하다. 사실 한국에서는 옛날부터 야끼니쿠나 내장을 먹는 습관은 거의 없는 문화로 전통적인 혹은 대표적인 한국 요리와는 거리가 멀다. 일본에서 야끼니쿠 요리는 한국인의 식생활과는 무관하게 '재일코리안'의 생활 가운데 탄생한 음식문화이다. 1945년 이후 재일코리안들은 식량 부족에다 불안정한 취업상태였기 때문에 정상적인 생활이 사실상 매우 힘든 시기였다.

따라서 재일코리안들은 밭에서 채소쓰레기를 줍거나 당시 일본인들이 내다버린 소나 돼지의 내장을 요리해서 나누어 먹었다. 해방 이후 공터나 암시장에서 내장으로 요리한 '호르몬야끼'라는 가게들이 생겨나고 재일코리안들은 물론이고 배고픈 일본인들도 포장마차에서 사먹기 시작했다.

일본 경제가 고도경제성장기에 부흥하자 야끼니쿠 점포는 레스토랑으로 변모하였으며 전국적인 체인점도 생겨났다. 지금은 외식 레스토랑 산업의 붐으로 일본 어디를 가더라도 '한국식 야끼니쿠 점포'인 '조선식 요리점'을 볼 수 있게 되었다.

재일코리안 야끼니쿠 붐은 일본인이 일반 가정에서 김치를 만들고 야끼니쿠를 매일 먹고 있는 것처럼 생각할 수 있지만 사실은 그렇지 않다. 2000년대를 전후로 일본 젊은이들 중에는 김치를 좋아하는 비율이 매우 증가하였다.

재일코리안 음악 분야에서는 민족무용이나 다양한 음악을 통하여 자신

---

21 홋카이도 조선초중고급학교 교육목표.

들이 '재일코리안'이며 조선민족의 일원이라는 증거를 노래나 춤을 통해 승화하려는 이들이 꾸준히 증가해왔다. 대표적으로 아라이 에이치(新井英一)는 재일코리안 현대음악의 대표자이며 교토의 '한마당'은 재일코리안 아마추어 연극인들로 구성된 그룹으로 '히노마루와 기미가요문제', '광주사건', '한국 노동자 운동' 등을 다룬 창작품들을 공연하기도 하였다. 이들의 공연은 재일코리안들이 모이는 장소, 집거지의 공민관이나 보육원, 민족학교 등 다양한 장소에서 이루어졌으며 재일코리안의 지역문화활동의 거점으로 탄생하였다. 이러한 재일코리안의 시도는 도쿄, 오사카, 효고 등에서 1980년대 후반부터 등장하기 시작했다.

최근에는 오사카의 이쿠노 문화제나 사천왕사 왓소 축제, 고베 나가타 지역, 교토 히가시쿠조 등 재일코리안의 집거지를 중심으로 매년 지역민들과의 교류모임이 개최되고 있다. 이들은 민족단체의 지원보다는 재일코리안 2~3세들이 자발적으로 자신들의 문화활동을 회고해보고 창조해나가자는 마음으로 일본인과의 연계를 구축하기 위해 시작되었다. 이러한 재일코리안들의 문화활동은 일본 사회에서 재일코리안들이 만들어 내는 일종의 '하위문화'이며 '대항문화'의 일종에 속한다고 볼 수 있다.

재일코리안 예능 분야에서도 미소라 히바리, 미야코 하루미, 마쓰자카 게이코, 비토 타케시 등이 활동하고 있으며 이들은 일본에서 정월에 방송되는 홍백가합전에 등장하는 단골들로 영화나 TV의 인기배우들도 상당수 있다.

재일코리안 문학에서는 작가 유미리가 1997년 『가족시네마』로 아구타가와상을 수상했으며 『풀 하우스』, 『청춘오월당』 등 많은 작품을 생산하고 있다. 그밖에도 이회성이 『다듬이질 하는 여자』로 1971년, 이양기가 『유희』로 1988년에 아쿠타가와상을 수상했다. 재일코리안 출신 나오기상 수상자에는 1981년 『카마타 행진곡』을 쓴 쓰카 고헤이, 1966년에 수상한 다치바라 마사아키 등이 있다.

식민지 시기와 전후 재일코리안 작가로는 1930년대 장혁주와 김사량, 제2세대 작가로는 김학영(1966), 김수길(1981), 김석범(『화산도』, 1981), 이기승

〈사진 17〉 재일코리안 기업-신격호와 손정의

(1985), 양석일(『피와 뼈』, 1998), 종추월(1970) 등이 있다. 그밖에도 재일코리안 문학가들에는 강신자(아주 보통의 재일한국인), 작가 현월, 시인 김시종, 김양자 등도 기억해둘 필요가 있을 것이다.

6
중국조선족 디아스포라

제1절 중국조선족 이주의 역사적 배경

일반적으로 중국조선족이란 중국 땅에 거주하고 있는 중국 국적의 한민족(韓民族)을 지칭한다. 중국에 거주하는 조선족은 현재 약 200만 명 이상으로 주로 요녕성, 길림성(연변조선족자치구), 흑룡강성 하얼빈 등 중국 동북3성과 여러 지역에 산재되어 거주하고 있으며 한마디로 중국조선족은 한민족의 혈통을 가진 중국 국적의 한인들이라고 정의할 수 있다. 중국조선족은 민족적으로는 한민족에 속하지만 국적 면에서는 1999년 8월 '재외동포법'이 국회를 통과하여 발효되면서 재외동포법 제2조 2항에 재외동포를 '대한민국 국적을 보유하였던 자 또는 직계비속으로서 외국 국적을 취득한 자 중 대통령령이 정하는 자'로 규정하고 있기 때문에 '재외국민'보다는 '외국 국적 동포'에 속한다.

1910년 일본에 의한 조선의 강제병합 이후 급격히 증가하게 된 한인들의 중국 간도 이주는 만주 역사에 있어서 오랫동안 일본 제국주의에 의해 계획된 이민이었다. 즉 한인들의 간도 이주는 만주에 거주하는 한인들을 통해 정치적 · 경제적 · 군사적 이득을 취하고자 했던 중국과 일본 간의 외교관계가 복합적으로 작용한 결과였다. 만주로의 한인 이주는 중국의 여러 지역으로 이동하였지만 그중에서도 특히 간도 지역에서는 중국인의 간도 이주 규모를 능가할 정도였다. 따라서 만주의 경제생활에서 한인 이주민들이 차지하는 위치는 매우 중요했는데 만주 지역에서 해마다 증가하던 벼농사와 모내기 파종방식을 최초로 도입한 것이 한인 이주민들이었기 때문이다.

조선이 일본에 강제병합된 이후 10년간 지속된 만주로의 한인들의 이주 요인에 관한 문제는 직간접적으로 극동지역의 국제관계나 정치경제적 발전, 중국의 국가 구성이나 계급투쟁 등에 관심을 두고 연구하던 많은 학자들의 관심을 끌었다. 이들은 대다수의 한인들이 한반도에서의 물질적 궁핍을 벗어나기 위해 당시 빠른 속도로 발전하던 만주에서의 새로운 가능성에 대한 희망을 품고 중국으로 이주하였기 때문이라고 설명하고 있다.

이러한 한인들의 간도 이주 원인에 관한 연구는 당시 평양신학교 교수들이 1931년 미국지리학회의 지원을 받아 중국 길림 지방의 중심부에 살고 있던 한인 이주민들을 대상으로 수행했던 현지조사에서도 밝혀지고 있다. 당시 한인들을 대상으로 한 조사에서 이주의 원인을 묻는 질문에 단 일곱 가구만이 정치적인 탄압을 이유로 들었고, 대부분은 경제적인 원인으로 한반도에서 먹을 것조차 변변치 못했던 수입을 이주 요인으로 꼽았다.

한일 강제병합 이후 조선에서는 자본주의 시장경제가 발전하기 시작하여 농업 분야로까지 확대되기 시작하였다. 일본 식민지시대 조선은 일본의 수요, 그중에서도 해마다 심각해져가는 식량문제를 해결하기 위한 생산기지 역할을 담당했다. 당시 일본은 주식인 쌀의 만성적 부족에 시달리고 있었다. 따라서 한인들의 주식인 쌀을 공출해갔고 그 공출량이 해마다 증가함에 따라 조선에서는 쌀값이 폭등하기 시작했다.

이에 따라 쌀의 높은 현금화 가능성과 상품성은 토지 소유주의 수입을 높이고 토지의 매점매석으로 인한 토지가의 상승을 초래하였다. 경작지에 대한 수요와 농촌에 외국 자본 유입으로 인해 조선의 토지들은 점차 일본인들에게 넘어가기 시작했다. 이는 당시 조선의 경제적 상황이 일본보다 좋지 못했기 때문이며 일본의 자금과 조선의 자금 간에 벌어진 경쟁에서 일본 자금이 우위를 점했기 때문이다.

조선의 강제병합 직후 집중적으로 조선에서 토지의 매점이 이루어졌고 이로 인해 조선의 소작농 가구들은 농업 생산물 가격상승으로 농업으로 별다른 이득을 보지 못했다. 돈이 필요한 농민들은 수확 직후인 가을에 수확물을 내다 팔아야 했는데 그때는 이미 농산물 가격이 급격히 하락한 이후였다. 게다가 조선의 소작농들은 자신들이 수확한 것의 상당량을 자신들이 소모해야 했기 때문에 농산물의 가격상승이 큰 의미를 가지지 못했다. 따라서 아주 적은 양의 잉여 수확물이라도 조선 농민의 수입에는 큰 도움이 될 수 있었다. 상품을 팔아 받은 돈은 대부분 토지에 대한 세금으로 지출하였다.

농사에 필요한 기후조건이 좋아 풍작을 거둔 해에는 소작농들도 일본의 대지주들과의 생존경쟁에서 살아남을 수 있었지만 홍수나 가뭄, 이른 서리 등으로 수확량이 급감한 경우 조선 농민들은 높은 이자를 주고서라도 은행이나 고리대금업자로부터 돈을 빌릴 수밖에 없었다. 소작농들의 지속적인 채무 증가는 조선 농민의 상황을 더욱 악화시켰다. 이것은 다시 조선 농민들의 토지매매로 이어져 점차 경작지는 조선과 일본의 대규모 토지 소유주들에게로 집중되게 되었다.

이러한 농촌 경제구조의 악순환으로 인한 조선 농민층의 파탄은 토지를 소유하지 못한 소작농가의 지속적인 증가를 초래하여 1920~30년대에는 이러한 소작농들이 조선 농촌마을 인구의 대부분을 차지하였다. 소작농들의 토지임대는 거의 수탈에 가까워 대부분의 경우 농민들은 수확량의 절반, 혹은 그 이상을 소작료로 지불해야 했다. 그 해가 흉작일 경우 소작농들은 거의 파산했다. 이런 식으로 식민통치 시기에는 일본인들에 의한 집단적인 토지의 수탈로 인해 조선 농민의 빈곤화가 심화되었고 소작농들은 농촌을 떠나 도시로 흘러들어가 도시 부랑자가 되거나 국경을 넘어 이주하기 시작했다.

한편 농촌의 피폐와 더불어 만주로의 한인 이주 증가의 원인을 정치적인 요인으로 보는 시각도 존재한다. 정치적인 관점에서 한인의 이주는 "일본인 이주자들을 위해 조선에 가급적 많은 땅을 확보하고, 일본의 지배하에 있는 한인들을 만주 전 지역으로 이주시켜 점진적으로 만주에 일본의 신민을 확대시키고 그들을 보호한다는 명분을 만들고자 노력했던 일본의 극동지방 정책과 전략의 일환"으로 보았던 것이다.

영국의 학자인 G. 쇼우는 일본의 한인 만주 이민장려정책에 대하여 "일본의 신민인 한인들이 만주로 이주한다는 것은 곧 그 지역에서 일본의 영향력 확대를 의미하는 것이었다. 한인들의 만주 이주는 소위 '전술의 도입'으로 불릴 만한 것이었다. 여기서 전술이라 함은 '무질서 상태'가 벌어질 수 있으며 이러한 '무질서'가 일본으로 하여금 그 지역으로 군대를 파견할 수 있는 구실을 제공할 수 있는 그런 지역으로 만드는 것이다."라고 분석한 바 있다.

이와 같이 일부 한인들이 정치적 동기로 인해 만주로 이주한 것은 사실이지만 이들이 전체에서 차지하는 비중이 극히 낮았기 때문에 정치적 망명은 개별이주의 원인이 될 수는 있었지만 집단이주의 공통적인 원인이 될 수는 없을 것으로 생각된다.

한인 이주민들 중 일부는 만주에 위치한 일본 정부기관의 산업시설, 상업 및 농업회사 등에서 근무자 통역이나 무역업자 등으로 일하기도 했다. 이민자들 중에는 조선에서 극에 달했던 일본인의 탄압을 피하기 위해 이주한 독립운동을 위한 애국주의적 성향의 이주민들도 포함되어 있었다.

제2절 한인의 만주 이주와 지역적 분포

1910년에서 1930년 당시 만주에 거주하고 있던 한인의 이주규모나 통계는 현재 존재하는 자료로는 정확히 파악하기 어렵다. 한인의 만주 이주에 관한 많은 문헌들이 존재하지만 내용들이 매우 다양하기 때문에 정확히 추정하기는 어려운 실정이다. 그럼에도 불구하고 지금까지 만주로의 한인 이주자에 대한 통계는 여러 공식기관들에 의해 발표되었다.

이들 중 몇 가지를 살펴보면 첫째, 만주 지역의 일본 영사기관들이 한인 거주자들을 등록한 적이 있었다. 둘째, 동양척식주식회사와 남만주철도주식회사가 한인 수와 그 움직임에 대해 조사한 적이 있었다. 셋째, 한인 이주에 관심을 보였던 중국의 기관들에 의해 조사된 적이 있었다. 그러나 만주의 거의 전 지역에 한인들이 분포되어 있었을 뿐만 아니라, 그들 중 일부가 중국인으로 귀화하기까지 했던 당시 한인 전체를 등록하고 그 수를 파악한다는 것은 거의 불가능한 일이었다. 따라서 당시 만주의 한인 인구 수에 대한 공식적인 통계자료는 없지만 1910~1932년 만주와 간도에 거주하던 한인의 수와 인구변화를 추정해보면 〈표 19〉와 같다.

비공식 자료들에 의하면 만주의 한인 수는 위에 제시한 것보다 훨씬 많을 것으로 추정하고 있다. 예를 들어 1927년에는 100만 명의 한인이 만주에 거

〈표 19〉 한인 만주 및 간도 거주현황(1910~1932)

연도	만주	간도
1910	220,000	109,000
1912	238,403	125,500
1915	282,070	자료 없음
1917	337,461	자료 없음
1920	459,427	자료 없음
1923	528,027	323,806
1925	513,973	자료 없음
1927	558,280	382,405
1930	607,119	394,937
1931	630,982	자료 없음

주했다고 한다. 이와 같은 수치의 불일치는 1920년대에 들어 더욱 심화되었다. 왜냐하면 같은 시기에 만주에서는 다양한 반일 무장세력들이 항일투쟁을 벌였는데 여기에 속한 대부분의 한인들은 중국 정부나 일본 정부에 의해 공민으로 등록되지 않았기 때문이다.

중국 연구자들의 대다수는 공식적인 문서들에 나타난 한인의 수보다는 20~25% 정도 더 추가되어야 한다고 주장하고 있다. 이들의 주장에 따르면 1930년대 초반에 실제로 만주에 거주했던 한인 수는 대략 75만~80만 명쯤 된다. 이것은 만주 전체 인구의 3%에 조금 못 미치는 수치이지만 한인들

〈표 20〉 해방 후 조선인의 한반도 귀환 실태

지역	이주자 수	귀환자 수	정주자 수	비고
중국 동북지역	216여만 명	105여만 명	111여만 명	제한적인 귀환정책
일본	200여만 명	140여만 명	70여만 명	연합국의 귀환정책
기타 지역	소련, 사할린, 미국 등지의 조선인에 대해서는 귀환정책도 없었고 실질적으로 귀환도 이루어지지 않았음.			

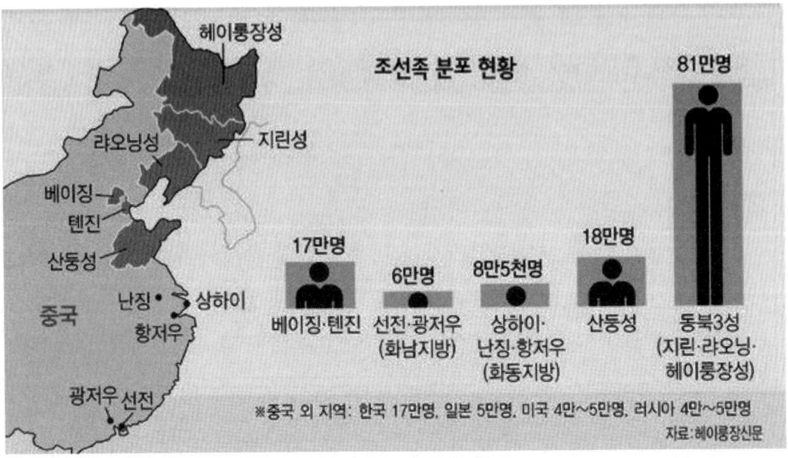

〈그림 3〉 중국 내 조선족의 분포지역 현황[1]

은 만주의 총인구에 있어서 중국인 다음으로 많은 수를 차지하였다. 이들 중 많은 조선인들이 해방 이후 한반도로 귀환했다.

이상에서 살펴본 바와 같이 1910년 일제의 강제병합을 계기로 나라를 잃게 된 조선인들이 만주 일대로 지속적으로 대거 유입되어 각지에 정착하여 오늘날 중국조선족 사회의 주류를 형성하게 된 것으로 볼 수 있다. 오늘날 중국조선족 인구는 2000년을 기준으로 192만 3,842명이며 중국 내 56개 소수민족 중 13번째로 많은 인구규모를 가지고 있다. 중국조선족이 가장 많이 거주하는 지역은 길림성으로 중국 내 조선족 전체 인구의 약 60%인 114만 5,688명이 생활하고 있다. 중국조선족은 길림성 내에 연변(延邊) 조선족 자치주와 장백(長白) 조선족 자치현 등 두 개의 민족자치구를 형성하고 있다.

1 중국 흑룡강신문, 2007년 12월 12일자 참조, http://bbs.moyiza.com/bbs/view.php?bbid=crcn_debate&no=3627(검색일: 2013년 12월 11일)

제3절 중국조선족의 정착과정

1. 중국 동북지역 이주

전술한 바와 같이 중국조선족은 한반도에서 이주해온 한민족이라 할 수 있다. 한인들은 처음 경제생활의 빈곤과 기아 등으로 한반도에서 중국 동북지방으로 자발적으로 이주하였고 나중에 한반도가 일제식민지로 전락하면서 독립운동지사들이 독립운동을 전개하기 위해 이 지역으로 이주하였다.

이후 일본이 중국 동북지역을 강점하기 시작하면서 대규모의 한민족을 한반도에서 동북으로 강제 이주시키기 시작했다. 조선족들은 동북지역에 정착하여 그들만의 집거지를 형성하여 한반도의 전통문화를 계승하였으며 민족교육을 통해 한민족공동체를 유지해왔다.

역사적으로 거슬러 올라가면 한인들이 중국 동북지역을 삶의 터전으로 일구어 살아가기 시작한 것은 1800년대 중반 이후부터로 추정된다. 1860년대 말 한반도에 심한 기근이 들어 먹고살기 어렵게 되자 두만강과 압록강 인근의 한인들이 당시 봉금 지역으로 묶여 있던 만주로 건너가 농사를 짓기 시작했다. 청나라가 봉금령을 해제하고 일제가 한반도를 식민지 지배하면서 인근 함경도와 평안도 지역 주민에 한정되지 않고 한반도 전역에서 한인들이 동북지역으로 이주하기 시작한 것으로 생각된다.

특히 일본이 한반도를 강제점령한 이후에는 경제적인 어려움과 생활고를 해결하고 일제로부터의 압박을 피하여 독립운동을 전개하기 위해 수많은 조선인들이 만주로 이주하였다. 1931년 만주사변 이후에는 적지 않은 조선인들이 일제의 군량미 생산을 위해 이주했고 일부 조선인들은 일본을 돕기도 하였다. 이에 따라 1930년대에는 만주 지역 전체 주민의 76%가 조선인들일 만큼 이 지역은 조선인의 절대적인 영향력하에 놓이게 되었다. 1945년 해방 무렵 동북지역의 조선인 수는 전체 조선인이 9%에 육박할 정도로 216여만 명에 달했다.

1905년 일본 정부의 을사조약에 이어 1910년 강제병합으로 조선이 일제의 식민지로 전락하자 많은 조선인들이 자연스럽게 한반도와 가깝고 이미 많은 조선인들이 거주하고 있던 중국 동북지역으로 이주하여 독립운동의 기지로 삼았다. 이곳으로 이주한 조선인은 농민들이 대다수였지만 이들 중에는 일제에 저항하고 조국의 독립을 쟁취하기 위한 일과 직간접적으로 연관된 독립운동지사들도 상당수 포함되어 있었다. 실제로 두만강과 압록강 인접 지역은 물론이고 동북지방 전역에서 조선인들에 의해 전개된 독립운동의 발자취들은 오늘날에도 전해지고 있다.

물론 이들 중에는 일본의 식민정책을 이용하여 친일 행각을 벌인 사람들도 적지 않았다. 특히 일제가 중국 동북지역에 만주국을 세운 이후 이른바 내선일체를 주장하며 조선인을 중국인에 비해 상대적으로 우대하면서 만주통치에 조선인들을 적극 활용했다. 일제는 당시 일본인을 1등 민족, 조선인을 2등 민족, 만주족을 3등 민족, 한족을 4등 민족 등으로 서열화시켰다. 1930년대 초 중국에서 발생한 만보산사건과 민생단사건은 일제의 조선인 우대정책에 대한 중국인들의 불만이 표출된 사건 중의 하나였다.

해방 이후 중국공산당이 만주 지역을 장악한 뒤 이른바 친일잔재 청산운동을 전개하고 중화인민공화국 수립한 후에는 조선족 사회 내의 친일잔재는 거의 대부분 청산되었다. 중국 동북지역에서는 많은 조선인 독립운동이 전개되었기 때문에 신민부가 중국국민당 정부와 연합전선을 결성하여 당시 일제와 결탁하고 조선인 탄압에 앞장섰던 동북지역 중국 군벌인 장쉐량(張學良) 세력을 타도할 계획을 세웠다. 그러나 이 계획이 실패로 돌아가고 민족주의계열의 독립운동이 급격히 쇠퇴하자 당시 중국도 신해혁명 이후에 과도기적 상황에서 장제스의 국민당 정부에 의해 통치되었으나 동북지역은 예외였다. 왜냐하면 중국공산당과 싸우고 있던 국민당 정부가 동북지역까지 신경을 쓸 여력이 없어 사실상 방치되고 있었기 때문이다. 당시 동북지역에까지 중앙권력이 미치지 못한 상황에서 조선인들에게는 만주가 독립운동을 하기에 가장 적합한 장소 중의 하나였던 셈이다. 그러나 장쉐량이 이끄는 중국 군벌이 동북지역에서 영향력을 행사하며 일제를 도와 조선인 탄압에 앞장서기 시작했다. 그리고 일제는 마침내 1931년 9월 18일 만주사변을 일으켜 만주국 괴뢰정부를 세운 후 동북지역에 대한 직접 통치를 실시하였다.

1931년 만주사변 이후 항일운동이 크게 위축됨에 따라 중국공산당은 당원을 확충하고 군사력을 강화하기 위해 이 지역에 살고 있던 조선인의 가입을 서둘렀다. 조선인 또한 일제의 탄압으로 독립운동의 맥이 끊긴 상황에서 독립운동을 위해 중국공산당에 가입하지 않을 수 없는 상황이었기 때문에 조선인과 중국공산당이 연합한 항일유격대에는 조선인이 훨씬 더 많았다. 하지만 항일유격대를 지도한 것은 중국공산당이었다. 이러한 상황 속에서 조선인은 부당한 핍박을 받거나 갈등이 발생하기도 했다. 그러나 중국공산당이 민생단사건을 해결하는 과정에서 조선인에 대한 우호적인 정책을 제시함에 따라 이후 비교적 원만한 관계를 유지할 수 있었다.

2. 동북지역에서의 정착

한인들의 동북지역 이주는 19세기 후반부터 1945년 해방이 되기까지 3차에 걸쳐 진행되었다. 한인들의 제1차 이주는 자유이민시대로 1875년부터 1910년까지의 시기이며 19세기 후반부터 본격화되었다. 당시 쇠퇴하던 청(淸)나라가 러시아의 남하를 막고자 동북지역으로의 이주금지정책을 해제했기 때문이다. 이에 따라 인접지역에 거주하던 평안도, 함경도의 농민들이 압록강과 두만강을 건너 이주했다. 또한 1875년 청나라 정부는 재정수입을 늘리기 위하여 봉금령을 해제하고 이민실변정책[2]을 실시했다. 이곳에 무민국을 설치하여 조선인 이주자들이 두만강을 건너와 밭을 개간하는 것

2 청나라 정부가 변강지구의 국방을 강화할 목적으로 이민을 끌어들여 변방을 건설하기 위해 제정한 정책.

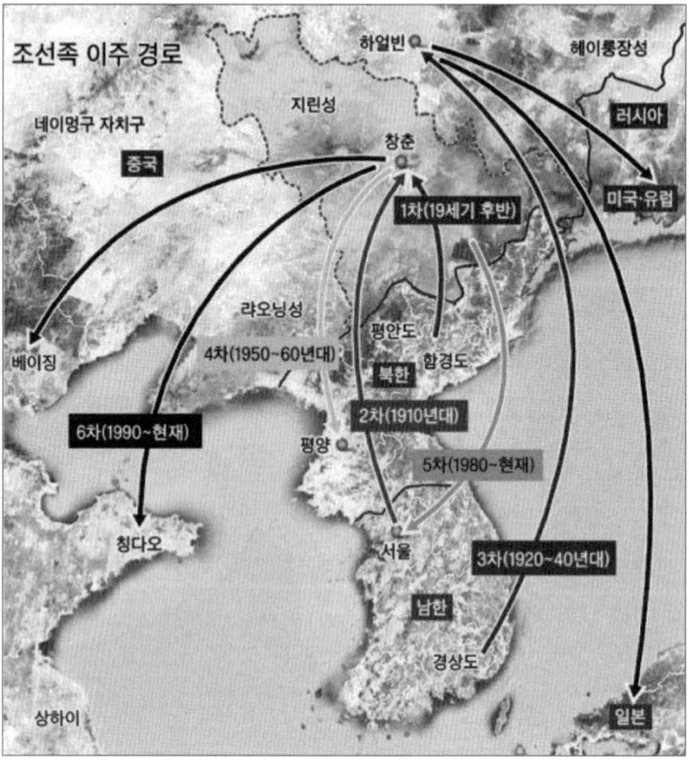

〈그림 4〉 19세기 한인 이주와 21세기 중국조선족의 이주경로[3]

을 허용하였다. 청나라 정부는 1883년 3월에 조선 정부와 '봉천여조선변민교역장정'을 체결하여 조선의 이민자들이 중국 동북에 입주할 수 있도록 허락하였다. 당시 큰 수재로 인해 기근에 허덕이던 조선인들이 동북지역으로 대거 월경하였고 이로 인해 1904년에 5만여 명에 불과하던 만주 지역의 조선인 이주자는 1909년에 18만 4,867명에 육박하였다.

한인의 제2차 이주는 1910년부터 1930년까지의 시기를 가리킨다. 1910년 일본은 조선의 식민통치를 감행하면서 대량의 토지를 농민으로부터 강

3 중앙일보, 2013년 8월 13일자 보도기사 참조.

탈하였다. 이로 인해 파산한 농민들이 두만강과 압록강을 건너 중국의 동북 지역으로 이주해갔다. 많은 애국지사들과 반일의병들도 일본 침략자들의 탄압을 피해 중국 동북으로 건너가 반일투쟁을 벌였다. 1910년대에 들어서면 한일 강제병합에 저항하는 독립 운동가들이 이주하면서 동북지역의 조선인 이주자들은 20만 명을 초과하였다. 1919년 한반도에서 3·1독립운동이 일어난 직후 일본은 반일운동에 대한 탄압을 강화했다. 그 결과 수많은 조선인 반일지사들과 독립운동가들이 동북으로 망명하면서 1919년 동북지역에는 조선인 이주자가 약 43만 명에 달했다. 일본의 식민통치지배의 강화로 조선인들은 계속해서 중국 동북지역과 러시아 연해주 등지로 이주해갔다.

한인의 제3차 이주는 일제의 강제이주 시기인 1931년부터 1945년까지의 시기로 볼 수 있다. 1931년 9월 18일 일본은 '만주사변'을 일으켜 동북지구를 강점하였다. 이때부터 동북지역의 3,000만 명에 달하는 중국인들은 일제의 망국생활을 강요당하게 되었으며 약 60여만 명에 달하는 조선인 이주자들도 일본의 지배하에 들어갔다. 일제는 동북지역을 중국 대륙을 침략하기 위한 병참기지로 만들기 위하여 강제 이주정책을 실시하여 조선인 이주자들을 강압적으로 동북지역에 이주시켜 침략전쟁을 위한 군량을 생산하도록 강요했다.

이상과 같이 조선인의 만주 이주는 한반도가 일제에 강점당하면서 더욱 증가하기 시작했다. 조선의 식민지 지배 이후 토지조사 등의 명목으로 일제는 조선인 소유의 농토를 강제수탈하자 땅을 잃은 농민과 생업을 상실한 유민들의 숫자가 늘어나면서 전국에서 조선인들이 만주로 흘러 들어갔다. 특히 그 과정에서 대량의 경상도 농민들이 괴뢰국인 만주국 흑룡강성으로 강제 이주당한 것으로 전해지고 있다.

그러나 1945년 해방을 맞이한 후 조선인의 이주의 흐름도 바뀌었다. 동북지역에 주둔한 중국국민당은 관할지역의 조선인을 '한교'로 간주했다. 그들은 처음에는 자산을 몰수하고 한반도로 귀환을 강요했다. 그러나 나중에 중국공산당은 한인들을 '중국 소수민족'의 일원으로 인정하고 중국 국적을 부여했다. 이렇게 하여 중국 56개 소수민족의 일원인 '중국조선족'이 탄생하게 되었다.

3. 한반도 귀환과 중국조선족의 위상

일제로부터 해방될 무렵 중국 동북지역에는 한반도에서 이주해간 216여만 명의 조선인이 거주하고 있었다. 이들 중 약 절반 정도는 해방 후 연고가 있는 남한 또는 북한으로 귀환하였고 중화인민공화국이 수립된 1949년 10월 무렵에는 중국 동북지역에 약 111여만 명의 조선인이 잔류하였다.

그 무렵 약 절반 정도의 중국 동북지역 조선인이 한반도로 귀환하지 않은 이유는 재일조선인들의 미귀환 사유와 여러 가지 면에서 다르게 나타나고 있다. 재일조선인의 경우 연합국이 나서서 이들의 귀환을 돕기 위한 구체적인 조치를 취함으로써 모국 귀환이 이루어졌다. 그러나 중국 동북지역 조선인들은 국민당 정부세력이 관할하고 있던 서부권에서 귀환정책이 제한적으로 추진되어 소수의 조선인만이 귀환정책의 도움으로 귀국했고 대부분의 조선인들은 당시 각자 판단과 자력으로 귀환해야 했다.

중국에서 중화인민공화국이 수립될 때까지 한반도로 귀환하지 않고 동북지역에 정착한 약 111여만 명의 조선인들의 원적지를 확인할 수 있는 자료는 현재 찾아보기 어렵다. 그러나 여러 정황으로 추정해 볼 때, 대체로 북한 지역과 남한 지역 출신이 6 : 4 정도의 비율로 북한 지역 출신이 훨씬 많았을 것으로 추정하고 있다. 특히 지리적으로 북한과 가까운 만주 지역 조선인들의 경우 해방 후 바로 중국공산당의 영향하에 있었기 때문에 이념적으로도 북한과 밀접한 관계를 맺고 있어 귀환의 필요성이 상대적으로 적었을 것으로 생각된다. 이들은 중화인민공화국 수립 이후 소수민족 식별 조사를 통해 동북지역 조선인에게 조선족의 명칭을 부여할 때 조선족 대신 북한과의 관계를 고려하여 북한 공민인 '조교'로 분류되기도 하였다.

결국 오늘날 중국에서 살아가고 있는 중국조선족은 해방 후 여러 가지 이유로 한반도로 귀환하지 않고 중국에 잔류하게 된 사람들과 그 후손들로 정의할 수 있다. 중국 당국이 중국에 거주하는 같은 조선인임에도 불구하고 산해관 이남에 거주하던 사람들은 조선족이 아닌 '조교'로 분류한 것도 조선족의 출현 시점과 관련하여 주목받는 대목이다. 해방 이전에 중국에서 살았기 때문에 이후 역내 질서가 재편되는 과도기적 과정을 거치면서 소수민족인 조선족임과 동시에 중국 공민의 일원으로 새로운 삶을 살게 된 것이다.

중국 내 국공내전에서 승리한 중국공산당은 1949년 10월 1일 중화인민공화국을 수립하였다. 이 역사적인 사건은 중국 동북지역에 정착한 조선인들에게는 또 다른 선택을 강요당하는 순간이 다가왔음을 알리는 신호였다. 중국조선족들이 만주 지역에 정착하기로 결정한 후 이 지역에서 전개된 국공내전에 참전하여 싸웠지만 다른 한편으로는 북한을 조국으로 생각하며 조국 통일의 날을 손꼽아 기다리고 있었다. 그러나 북한에서 조선인민공화국이 수립된데 이어 중국에도 중화인민공화국이 수립됨에 따라 이들은 북한과 중국 중 어느 한쪽을 조국으로 받아들여야 하는 상황을 맞이하게 된 것이다.

1948년 9월 북한에 조선인민공화국이 수립됐을 때 중국에 정착한 조선인들은 누구보다도 기뻐했다. 일제로부터 해방됨에 따라 '조국이 있는 민족'이 된 사실에 자긍심을 가지고 북한과의 연대 가능성에 강한 기대감을 가졌기 때문이다.

실제로 북한에 공산정권이 수립된 직후인 1949년 1월 중국공산당 내에서 연변 등 일부 동북지역 조선인들의 장래에 관한 열띤 논쟁이 있었다. 이 논쟁에서 북한 측 대표는 이 지역과 조선인들을 북한에 편입하거나 가맹공화국으로 독립시켜줄 것을 주장했지만 중국공산당 측의 의중이 크게 반영되어 중국공산당의 통치하에 두고 자치권을 부여하는 방식으로 정리되었다.

이런 점에서 보면 중국공산당은 연변 등 조선인 밀집지역을 포함한 동북지역에 정착한 조선인들의 장래 문제에 대하여 이미 정책적으로 정리하고 있던 것으로 보인다. 그러나 조선인들, 특히 일반 대중들은 이러한 사실을

〈사진 18〉 중국 길림시 민족문화제 행사[4]

전혀 몰랐을 것으로 추측된다.

이런 사정과는 별개로 동북지역에 정착한 조선족들은 중국공산당이 내전에서 승리하고 정권을 수립한 것에 대해 크게 환영했다. 이는 당시 조선족들이 마음 속의 조국인 북한과 깊은 유대감을 가지고 있었지만 다른 한편으로는 중국에 정착하려는 마음을 가지고 있었기 때문이다. 당시 조선족들은 중국공산당의 조선족에 대한 우호정책에 따라 무상으로 토지를 분배받고 생활근거지를 확보하고 있는 상황에서 중화인민공화국이 수립되어 향후 전반적인 생활안정이 이루어질 것으로 기대했기 때문이다.

결국 중국조선족 동포들은 그동안 북한을 조국으로 인식하며 몸과 마음을 별개로 생각했다면 중화인민공화국 수립으로 자신들의 생각을 한쪽으로 정리해야 하는 새로운 상황을 맞이하게 된 것이다. 1948년 이후 국민당

4 http://kr.chinajilin.com.cn/cxz/content/2006-03/04/content_58315.htm(검색일: 2013년 12월 11일)

정부 영향하에 있던 조선족들 중 상당수가 한반도로 귀환했기 때문에 사실상 중화인민공화국이 수립된 1949년 10월 무렵 중국 동북지역에 남아 있던 조선인들은 중국공산당을 지지하거나 정책에 동조하는 조선인들만 남게 되었다. 중국공산당을 지지하지 않고 있던 사람들도 동북지역에 남아 있는 한 지지하지 않을 수 없게 되었다.

중국조선족은 국적이나 민족이 일반적으로 역사적인 범주에 속하지만 단순히 역사적 의미보다도 정치적 의미가 더 짙은 것으로 생각된다.[5] 우선 중국조선족이 중국의 한 개 소수민족으로 편입될 때 개개인 차원의 법적인 절차에 따라 편입된 것이 아니라 위로부터 내려온 규정에 의해 편입된 것이고 편입된 후에도 북한과의 특수한 정치적 혈맹관계 및 조선족과 북한과의 혈연적인 관계 등의 원인으로 인하여 사실상, 감정상에서 국적관념이 매우 모호하게 존재하였다. 예를 들면 1958~59년 사이 북한에서 국가 복구건설을 위한 인재지원을 중국 정부에 요청했을 때 중국에서는 조선족을 모집하여 보내주었고 1960~62년과 1966~69년 사이에는 북한에 건너간 중국조선족에 대해 북한은 자국민과 거의 똑같은 대우를 해주었다. 즉, 중국조선족은 선명한 민족적 특성과 문화적 전통을 가지고 있으면서 이미 중국 국적을 취득하고 중국 헌법에 의해 보호받는 소수민족 공동체가 되었다.

제4절 조선인에서 중국조선족으로 전환

중화인민공화국 수립 이후에도 중국조선족들은 한동안 조선인이나 조선민족이라는 호칭을 일반적으로 사용하였다. 이 명칭은 3년 후 자치구를 자치주로 축소하면서 조선민족에서 '민'자를 생략하고 '연변조선족자치구'로 변경하였다. 이때부터 조선족 명칭을 공식적으로 사용하게 되었다. 하지만

5 정인갑(1999), 『한민족공영체』 제7호, pp.59-160 참조.

조선족 동포사회에서 조선족이라는 명칭이 보편적으로 사용된 것은 이보다 훨씬 늦은 1950년대 말 동북지역에서 진행된 조선족 대상의 민족 정풍운동을 겪고 난 이후로 추정된다.

중국조선족이란 명칭은 중국공산당이 동북지역에 정착한 조선인들의 지위를 정상화하는 과정에서 중국 공민을 구성하는 소수민족의 일원으로 인정함에 따라 사용된 것이다. 따라서 이 명칭은 민족적 관점이 아니라 중국공산당이 조선인을 다민족사회인 중국 사회의 정상적인 일원으로 수용하기 위한 정책적인 의견을 반영하고 있다. 그러니까 오늘날 보편적으로 사용되고 있는 조선족의 명칭은 중국공산당이 중국에 정착한 조선인을 중국 공민을 구성하는 56개 소수민족의 일원으로 공식화하면서 사용한 정치적 용어라고 할 수 있다. 중국조선족 동포들은 중국공산당이 조선족으로 호칭하며 중국 공민의 지위를 부여함에 따라 해방과 함께 시작된 동북지역 정착을 위한 투쟁에 종지부를 찍게 되었다. 이로써 중국조선족들은 조국인 북한을 선택할 것인가에 대한 갈등이나 중국에서의 민족차별에 대한 두려움을 떨쳐버리고 명실상부하게 동북지역에서 소수민족으로 정착할 수 있었다.

중국조선족들은 오랫동안 중국에서 벼농사에 만족감을 표시하면서 비교적 안정된 생활을 영위해왔다. 그들 자신들의 피나는 노력과 중국의 소수민족 우대정책에 힘입어 경제적으로도 상대적으로 여유 있는 생활을 누리고 정치적으로도 공민의 권리와 의무를 수행할 수 있게 되었으며 민족자치권도 행사할 수 있게 되었다. 그러나 전체적으로 조선족 사회는 전통적인 생활방식과 벼농사 위주의 경제구조에서 오랫동안 벗어나지 못했다. 하지만 최근 중국 내 경제적 변화에 의해 조선족들의 경제인식도 크게 바뀌었다. 이에 따라 조선족 농민들이 도시로 대거 진출하면서 조선족 사회의 경제와 사회구조를 크게 변화시켰다.[6]

과거 중국조선족 인구의 약 80%가 벼농사 위주의 농업에 종사했지만, 최

6 연변자치주(1998), 『연변통계년감』, p.35 참조.

근 조선족들의 도시 진출과 더불어 2~3차 산업에 종사하는 비중이 높아져 민족경제의 주축을 이루고 있다.

또한 중국조선족은 중국의 개혁개방에 의해 자본주의 경제에 일찍 눈을 떴으며 이 기회를 선점한 조선족들은 친척 방문이나 노무송출로 부를 축적한 이들도 많았다. 또한 조선족들은 중국 진출 한국 기업에 취직하여 일자리를 얻을 수가 있었으며 이러한 자본들은 다시 조선족 사회의 음식점과 유흥업소로 흘러들어 중국조선족 사회가 다른 소수민족 사회들보다 2~3차 산업에서 빠르게 성장할 수 있었다. 중국조선족들은 기업의 창업에도 열성적이어서 1980년대 이후 심양화신그룹, 상해동진집단 등과 같은 조선족 대기업들이 출현하기 시작했다. 이에 따라 한국 기업이 중국에 진출한 사례도 계속 증가해왔다. 중국 진출 한국 기업에는 많은 조선족들이 근무하고 있으며 그들은 한국어로 소통이 가능할 뿐만 아니라 중국 기준의 급여를 주기 때문에 한국 기업의 입장에서는 다른 나라 진출기업보다는 상당히 유리하게 작용했다.

중국조선족 사회는 한민족 전통의 상부상조의 공동체의식이 강했다. 한국 특유의 인연, 지연, 혈연을 중심으로 예로부터 상부상조하는 마을공동체의식을 키워왔던 우리 민족의 전통문화도 초기 중국조선족 집거지 형성에 기여하였다.[7] 중국조선족들의 집거지는 조선족들의 단결의 기둥과 정신적인 기반이 되었다. 조선족 민족공동체는 조선족 농민들이 생활의 어려움을 극복해가는 힘이 되었으며 그들을 단결시키는 응집력으로 작용하였다. 중국 정부가 소수민족 보호정책을 시행하면서 중국조선족들의 경제, 문화, 교육, 예술사업 등에 많은 지원을 해주었고 조선족들의 생활수준을 크게 향상시켰다. 이러한 가운데에서도 조선족 공동체는 해체되지 않았고 조선족들을 끈끈하게 이어주는 전통관습과 문화도 그대로 유지되고 있다.

중국조선족들이 중국에서 소수민족으로서 민족전통을 잘 유지할 수 있

---

7 한희운(1992), 『중국조선족이민실록』, 연변인민출판사, p.92 참조.

었던 요인으로는 집단거주지의 형성을 들 수 있을 것이다. 19세기 중엽 조선족들이 국경을 넘어 만주에 새로운 삶의 터전을 개척할 때 현지에는 선주민인 만주족을 제외하고 한족은 조선족보다 적었다. 당시 만주에서는 한족 역시 조선족과 마찬가지로 이방인처럼 여겨질 정도로 만주 지역에서 한족의 역사는 오래되지 않았다. 따라서 중국조선족이 만주(연변) 지역에서 문화적 전통을 잘 보존할 수 있었던 것은 집단거주와 모국어 사용, 생활형태, 문화적 가치지향 등에서 동질성을 유지할 수 있었기 때문이다. 특히 조선족들은 집단거주지에서 전통문화와 생활방식을 서로 공유할 수 있었기 때문에 문화와 습관의 유지가 다른 소수민족 보다 훨씬 용이했다. 그리고 소수민족 위에 항상 비교의 대상으로 중국 한족에 두고 있었기 때문에 상대적으로 문화적 동질감을 결속시킬 수 있었을 것이다. 중국에서 조선족의 비교 상대는 항상 한족일 수밖에 없었기 때문에 민족정체성이 상대적으로 강하게 작용하였으며 중국조선족의 문화정체성을 유지하는 데 기여했을 것으로 짐작된다.[8]

특히 중국조선족은 만주 지역에서 논농사를 개척하여 성공적으로 정착할 수 있었기 때문에 문화적 전통이 더욱 강하게 존속되었다. 그러나 최근 들어 중국조선족들의 농촌 여성의 중국 내 도시 진출과 한국 진출로 인해 연변조선족 사회의 해체와 위기의식이 고조되어왔다는 점도 상기할 필요가 있다.

제5절 중국조선족의 한국 귀환과 문제점

1. 중국조선족 사회의 해체위기

중국조선족의 한국 귀환은 1950년대 말부터 시작되었다. 당시 마오쩌둥

8 정재남(2008), 『중국의 소수민족』, 살림.

이 주도한 대약진운동이 실패하고 중국에서 대기근이 발생되면서 시작되었다. 중국조선족들은 항일전쟁에서 승리한 후 애국주의 문화전통을 발휘하여 중국 인민해방전쟁에 기여했다. 신중국이 건립된 이후 그들은 중국에서 법률적으로 국가의 주인이자 소수민족 공동체의 일원이 되었다. 1952년에는 연변조선족자치주의 성립과 더불어 자치권리까지 행사하게 되었다. 1978년 12월 중국공산당은 제11기 중앙위원회 제3차 전체회의를 열고 "계급투쟁을 고리로 하는" 시행착오적인 정부방침을 포기하고 경제건설을 당과 국가의 중점사업으로 결정하였다. 이후 중국은 개혁개방정책을 실시하여 특색 있는 사회주의를 건설하기 시작하였다. 개혁개방 이래 중국 경제는 전례 없는 경제성장을 이룩하였다. 개혁개방 이후 10년만인 1990년 중국 국민의 수입은 개혁개방 전인 1978년의 23.2배에 달했다. 중국 농촌 주민의 1인당 소득은 3,255위안으로 1978년에 비해 24.3배로 증가했다. 이에 따라 중국의 국제적 위상도 G2라는 경제대국을 달성하고 군사대국으로 이어지고 있다.

그러나 농업 중심의 지역공동체를 통해 민족정체성을 잘 유지해오던 조선족 사회는 1978년 중국 정부의 개혁개방정책 실시 이후 연해(沿海) 지역을 중심으로 전개된 산업화와 현대화의 시대적 흐름에 적응하기 힘든 지리적인 여건에 놓여 있었다. 1980년대 말에는 중국의 개혁개방정책이 본격화되고 한중 문화교류가 시작되었다. 1988년 서울올림픽은 중국조선족들에게 잊혀 있던 모국에 대해 잘사는 한국이라는 의식을 일깨워주었으며 한국으로의 조선족 이주가 본격화되었다. 중국조선족들은 1992년 한중 수교와 중국의 본격적인 개혁개방을 계기로 전통적인 거주지와 과거 농업 중심의 생산활동 영역인 연변을 벗어나 중국 각지와 전 세계로 이주하기 시작했다.

글로벌 시대 중국조선족 사회도 개혁개방의 바람을 타고 정치, 경제, 문화 등 다방면에서 커다란 성과를 거두었다. 하지만 연변의 농촌인구는 도시화가 가속화되면서 크게 감소하였다. 전통적인 농업체제가 붕괴되고 많은 농민들은 토지를 버리고 도시로 이주하기 시작했다. 중국의 개혁개방정책은 중국조선족 사회를 크게 변화시켰지만 동시에 조선족 사회에 새로운 문제를 야기했다. 조선족의 급속한 인구이동에 따른 조선족 집거지역의 농촌인구의 격감, 조선족 여성들의 국외 유출, 한족 및 타 민족에게 경작지의 양도, 전통집거지의 소멸, 민족교육의 약화, 농촌총각의 결혼문제, 장기출국과 국외체류에 따른 가정파탄, 동족외 혼인으로 인한 조선족 인구의 자연감소 등이다.

중국조선족 인구가 감소하는 주요 원인을 살펴보면 다음과 같다. 첫째, 조선족 사회가 농업 위주로 경제발전이 느리고 경제적 수입이 비교적 낮았기 때문이다. 개혁개방 이래 연변 지역의 경제는 큰 발전을 이루었고 사람들의 생활수준도 높아졌다. 하지만 모든 조선족들의 생활수준이 높아진 것은 아니었다. 중국 변경지역의 오지에 위치하고 있는 중국조선족 사회는 원래 산업화 시설이 매우 부족한 곳이었다. 조선족 자체 내에 수많은 인재들을 보유하고 있음에도 불구하고 신흥산업의 발전속도는 매우 느린 곳이었다. 결과적으로 조선 사회 내 빈부격차가 커졌으며 이로 인한 대규모 인구유출로 조선족 학계에서는 조선족 해체위기로 진단할 만큼 조선족 사회에 대한 우려의 목소리를 나타내기 시작했다. 중국조선족 사회는 인구의 급격한 감소와 그에 따른 조선족 집거지의 해체위기 등이 가장 심각한 사회문제로 대두되고 있다. 이승률(2007)은 그의 저서 『동북아시대와 조선족』에서 "만일 조선족 사회가 해체의 위기를 맞는다면 동북아 지역은 귀한 민족자산을 잃게 될 것이며 또한 한반도의 입장에서는 21세기 역사 발전을 위해 가장 중요한 대륙 진출의 교두보를 상실하게 될 것이다."라고 주장하였다.[9]

2. 한국 정착의 문제점

1990년대 이후 중국조선족들이 대거 한국으로 귀환하면서 이들의 집거

9 이승률(2007), 『동북아시대와 조선족』, 박영사.

지는 서울, 경기에 집중되고 있다. 서울 지역에는 구로구, 영등포구, 금천구 등에 가장 많은 조선족들이 밀집하여 거주하고 있으며, 경기도 지역에는 안산시, 성남시, 수원시 등, 그리고 기타 지역에는 창원, 울산, 부산, 대구 등에 많이 거주하고 있는 것으로 나타났다.

특히 중국조선족들은 한국 경제의 3D산업 분야에서 중요한 역할을 담당해왔다. 한국에서 중국조선족의 직업은 전문직보다는 대부분 일용직 노동자 또는 식당보조 및 웨이터 등 단순노무직에 종사하는 경우가 많다. 그들은 특정지역의 중국조선족 집거지에 모여 살며 노동조건은 열악한 편이지만 한국에서 받는 급여가 중국의 같은 직종의 3배 이상 많은 급여를 받을 수 있기 때문에 한국에 단순히 돈을 벌기 위해 오는 경우가 많았다.

그러나 최근 한국 사회에서도 조선족의 체류가 장기화되면서 전문직으로 성공한 조선족들도 속속 등장하고 있다.[10] 가령 김&장 법률사무소에서 중국 법률 관련 업무를 맡고 있는 양초염 변호사는 조선족이다. 그는 2007년 상하이 명문 교통대학 재료공학과를 졸업한 후 상하이 재경대법학원에 진학하여 2009년 중국 변호사 자격을 취득했다. 이후 상하이 법률회사에서 근무하던 양 변호사는 김&장에 스카우트되어 한국으로 이주한 성공적인 케이스이다. 양 변호사는 성공한 조선족에 속하지만 대부분의 중국조선족들은 한국에서 단순노무직에 종사하는 경우가 많다.[11]

중국조선족들이 한국으로 온 목적은 대부분 돈을 벌기 위해 오는 경우가 많다. 이 때문에 그들은 한국인의 혈통이라는 점을 중시 여기지만 한국에서의 부당한 대우나 임금체불 등 악덕 기업으로 인해 한국에 대해 부정적인 인식을 가지고 있기도 한다.

중국조선족들이 한국에서 체류하기 위한 비자에는 H-2와 F-4가 있다. H-2 비자는 방문취업비자로 단순노동자로 입국하는 이들을 위한 체류비자

10 예동근 외(2011), 『조선족 3세들의 서울이야기』, 백산서당.

11 중앙일보, 2013년 8월 13일자 보도기사 참조.

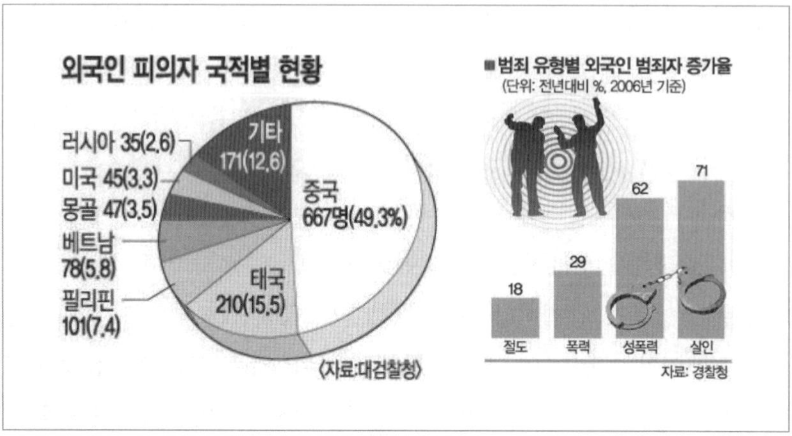

〈그림 5〉 외국인 범죄율 증가 추이[12]

이다. F-4 비자는 단순노무직을 제외한 전문직 비자로 계속해서 갱신할 수 있다는 점에서 특혜를 주고 있다. 이처럼 한국에서도 중국조선족들에게 전문직의 경우 비자의 특혜가 주어지지만 단순노동자의 경우 비자갱신이 안되면 불법체류자로 전락하기도 한다.

또한 한 가지 지적해야 할 것은 최근 한국에서 중국조선족들에 의한 범죄가 사회문제화되면서 한국 사회에서 그들에 대한 이미지는 좋지 않은 편이다. 단순히 최근 외국인 범죄율의 국적별 현황을 보더라도 중국 국적이 50%로 절반 정도를 차지하고 있다. 이들 중국인 가운데에는 중국조선족들이 다수 포함되어 있다. 이것은 외국인 단순 범죄율과 비교했을 경우 외국인체류 인구대비 중국조선족의 범죄율은 그리 높은 편은 아니다. 그러나 외국인 전체 비율로 따지면 4대 강력범죄에서 외국인에 의한 범죄발생 비율은 증가하고 있다. 이는 한국에서 외국인 체류자가 많아지고 다문화사회가 진행될수록 또 다른 부정적인 측면을 보여주고 있는 사례에 해당된다.

12 중앙일보, 2013년 8월 13일 보도기사 참조.

7
재미한인 디아스포라

제1절 이주의 역사적 배경

재미한인의 이주 역사는 다문화국가로 구성된 미국에서 다른 아시아계 이민자들과 마찬가지로 미국의 과거와 현재, 그리고 미래를 만드는 데 능동적으로 참여해온 것으로 평가되고 있다. 과거 조선은 일본으로부터 임진왜란(1592)과 정유재란(1597)이라는 두 차례의 전란을 걸친 침략과 정묘호란(1627)과 병자호란(1636)이라는 중국만주족(후금)의 침략으로 말미암아 한반도는 황폐화되었다. 이후 한국은 250년 이상 중국을 제외한 외국과의 접촉이 없었기 때문에 '은둔의 왕국'으로 알려져 왔다. 조선은 중국과 일본으로부터 침략을 경험하면서 17세기 이후 외국의 문물을 수용하는 데 상당히 두려움을 느끼고 있었기 때문이다.

하지만 조선은 1875년 일본 선박 '운요호'가 강화도 수병들에 의해 퇴각당하는 사건을 계기로 1876년 일본과 강화도조약을 체결하면서 외국과의 불리한 외교관계를 받아들일 수밖에 없는 처지에 놓였다. 조선과 일본 간에 체결된 '강화도조약'으로 일본은 조선의 무역권의 대부분을 차지하였다. 강화도조약은 조선이 그동안 스스로 자초한 고립과 쇄국을 반강제적으로 끝내면서 궁극적으로 서구 열강들과 조약을 체결하는 불평등 조약의 단초가 되었다. 한반도에 외국인들이 유입되면서 조선의 국토는 점차 혼란스러운 전쟁터로 변했으며 이후 주변 열강들의 틈에 끼여 청일전쟁(1894~1895)과 러일전쟁(1904~1905)을 경험하게 되었다. 두 차례에 걸친 전쟁에서 승리한 일본은 그 기세와 여파를 등에 업고 1910년 조선을 강제병합하기에 이르렀다.

이와 같이 조선이 열강들 사이에서 외부로부터 사회경제적 위기를 당하고 있을 때 당시 미국의 의료 선교사이자 외교관이었던 알렌이 조선의 고종에게 한인들의 하와이 이주를 허락하도록 간청하였다. 1860년대 이후 한인들이 국내의 경제적 궁핍으로 인하여 가까운 만주와 러시아 연해주 등지로 이주하기는 했지만 한반도에서 멀리 떨어진 이국땅 하와이로 이주한다는 자체를 생각지도 못하고 있었던 때였다. 하와이로의 한인 이주의 첫 발상은

1896년 하와이 사탕수수농장주조합(HSPA)으로부터 받은 이민자의 수용제안에서 비롯되었다. 당시 미국 내에서도 하와이를 강제 병합하려는 기세가 높아짐에 따라 하와이 사탕수수 농장주들은 특정 인종이 농장의 노동력을 장악하는 것을 방지하기 위하여 다양한 소수민족들을 농장에 적절히 배치하려는 계획을 세우고 있었다.

하지만 하와이 농장주들이 오랫동안 다양한 민족을 고용해온 노동력 정책은 미국의 하와이 강제병합 정책으로 인해 심각한 위협을 받을 수밖에 없는 상황이 전개되었다. 하와이가 미국에 병합이 되면 하와이 농장주들은 더 이상 값싼 중국인 노동력을 고용할 수가 없게 되고 당시 하와이 농장 노동력의 3분의 2를 차지하고 있던 일본인노동자들을 견제할 노동력을 박탈당하게 되기 때문이다. 왜냐하면 미국 본토에서 1882년 이후 시행되어온 중국인 이민금지법이 하와이에서도 적용되어 하와이 농장에서 일본인들의 노동력 독점을 방지할 방법이 없었기 때문이었다.

조선은 1900년대 초반부터 시작된 심각한 기근과 가뭄 등 대규모 자연재해로 말미암아 수많은 농부들의 삶이 피폐해진 상황이었다. 이러한 조선사회의 경제적 배경은 알렌이 고종을 설득하는 데 매우 유리하게 작용했다. 당시 주업이었던 농업으로부터 일정한 수입과 식량의 모든 원천을 잃어버린 농부들은 일자리를 구하기 위해 평양과 인천 등지의 항구 도시로 이주했으며 알렌은 이들 농부들에게 하와이 농장에서 일할 것을 권유하였다. 하지만 조선의 사회적 상황에서 선교사들이 자신들의 신자들에게 하와이, 즉 '기회로 가득 찬 그리스도의 나라'로 갈 것을 적극적으로 설득하기 전까지는 실질적으로 고국을 떠나 하와이로 가려는 농부들은 많지 않았다.

당시 조선의 신문들은 하와이에서의 풍요로운 삶을 부각시켜 크게 보도하기 시작했다. 이에 가난과 정치적 불안정에 허덕이고 있던 조선인들은 주택 무료제공, 높은 임금, 무상의료 서비스 등을 약속했던 신문 광고들에 매료되었다. 신문광고에는 하와이를 설명하는 글귀 중 '천국의 섬'이라는 문구가 실려 있었다. 이는 많은 조선인들이 고국을 떠나 하와이 농장으로 이주하는 데 공헌했다. 조선인들은 당시 노동자 모집책인 데이비드 데쉴러가 인천에 설립한 데쉴러 은행으로부터 돈을 대출받아 도항자금을 마련하였다.

데쉴러 은행은 하와이 사탕수수농장협회의 자본금으로 조선에 설립되어 조선인들이 하와이 농장에 도착하여 일을 시작하면 이들이 받는 월급에서 일정금액의 대출액을 공제한다는 조건으로 100달러의 도항비를 빌려주었다. 미국 선교사들과 조선인 노동자 모집책들의 적극적인 노력의 결과 다양한 배경을 가진 상당수의 조선인들(전직 군인, 농부, 정부 관리, 장인, 노동자 등)이 하와이로 이주하기 시작했다.

당시 조선인들은 하와이로 이주하여 사탕수수 농장에서 먼저 일하고 있던 일본인 노동자들은 목격하게 된다. 그들은 낮은 임금과 열악한 노동환경에 맞서 노동투쟁을 벌이고 있었다. 이들이 기록한 통계에 의하면 1900년부터 1905년 사이에 일본인 노동자들은 하와이에서 농장주를 상대로 34회의 파업을 단행하였다고 한다.

따라서 사탕수수 농장주들은 하와이 농장 전체 노동력의 3분의 2를 차지하고 있던 일본인 노동자들의 노동투쟁을 무마하기 위해 '다른 어떤 동양인들보다 순종적이며 고용주를 존경한다.'고 알려진 조선인 노동자들을 모집하는 데 커다란 관심을 보이게 되었다.

조선으로부터 최초의 미국 하와이 이민은 1902년 하와이 사탕수수재배자협회의 비숍 회장이 조선을 방문하여 대한제국 정부와 이민협정을 체결함으로써 본격적으로 시작되었다. 19세기 중후반 미국의 남북전쟁 이후 하와이의 사탕수수와 파인애플 농장들은 부족한 노동력을 확보하기 위해 동북아 지역으로 눈을 돌리기 시작했다. 이러한 하와이의 노동력 수요에 따라 하와이 농장주들은 각국에 하와이의 풍습, 구체적인 작업내용, 미국달러로 임금지불 등을 골자로 하는 내용의 홍보포스터를 각 항구도시마다 걸고 이민 노동자를 모집하였다. 1883년부터 1902년 사이 미국에 건너온 조선인들은 극소수이기는 했지만 이들은 주로 외교관, 학생, 상인들이 대부분이었다. 그리고 마침내 1903년 총 102명의 조선인들을 태운 미국 상선 갤릭호가

〈사진 19〉 하와이 최초 이민선 갤릭호

호놀룰루 항구에 도착한 이후 조선인 이민자들의 숫자는 크게 증가하기 시작했다.

조선에도 하와이 사탕수수 농장에서 일할 노동자를 모집한다는 홍보 포스터가 나붙었다. 모집 포스터의 내용을 보면 "하와이는 기후가 온화하여 극심한 더위나 추위가 없고 무료교육을 받을 수 있으며 1년 내내 어떤 절기든지 직업을 얻기가 쉽다."라고 적혀 있었다. 이 신문광고지는 "하와이는 나무에도 돈이 열린다."라는 소문과 함께 조선 사회에 급속도로 퍼져나갔고 지원자들이 몰려들었다. 그 결과 크리스천이 중심이 된 122명(통역 2명 포함)의 첫 이민단을 구성하고 1902년 12월 22일 인천항을 떠나 일본 고베 항에 도착하여 신체검사를 실시했다. 그리고 신체검사 결과 20명이 부적합으로 탈락하고 나머지 102명의 조선인들이 1903년 1월 13일 미국 상선 갤릭호를 타고 하와이 사탕수수재배협회의 노동자 신분으로 미국 호놀룰루 항에 도착했다. 조선인 이민자들은 하와이로 건너오기 전까지 농촌보다는 대부분 도시에서 거주하는 자들이 많았다. 이들 이주자의 대부분은 독신 남성들로 구성되었다. 이들 이주자들은 조선에서 미국 선교사들이 노동자 모집에 주력했기 때문에 1903년부터 1905년 사이 미국에 도항한 조선인의 약 40%가 크리스천들이었다.

〈사진 20〉 하와이 한인이민 1세대

이후 계속해서 1903년부터 1905년까지 약 7,000여 명의 조선인들이 하와이로 도항했다. 하지만 1905년 일본과 '을사조약'이라는 제2차 한일협약이 강제로 체결되면서 이민의 문호는 굳게 닫히고 말았다. 왜냐하면 당시 일본 정부는 하와이의 일본 노동자들을 조선인 노동자들과의 경쟁으로부터 보호하고 미국에서 조선인들이 전개하는 독립운동을 막기 위한 목적으로 비자발급을 중단시켰기 때문이다.

1905년까지 약 7,200명의 조선인들이 미국 하와이 사탕수수 농장의 노동자로 일하기 위해 이주하였다. 1910년부터 1924년 사이에는 하와이 사탕수수 농장에서 일하는 조선인 노동자들과 사진결혼한(사진결혼신부) 신부들이 하와이로 도항하기 시작했다. 1924년 '동양인 배척법'이 생겨날 때까지 약 14년 동안 1,000여 명의 조선인 신부들이 '사진결혼'을 통해 미국 하와이로 도항했다. 이후 사실상 중단된 미국 이민은 1965년 린든 존슨 미국 대통령이 '개정이민법'에 서명하면서 재개되었다. 1965년 이후에는 이민쿼터제로 매년 2만여 명의 한인들이 '아메리칸 드림'을 꿈꾸며 미국으로 이주할 수 있게 되었다.

이에 힘입어 1970년대 후반부터 한인들의 미국 이주자 수가 급격히 증가하여 경제적 · 사회적 이유로 이민을 떠난 한인 이주자는 연평균 2만 4,200명에 달했다. 이는 1960년대에 비해 7배나 증가한 수치였다. 1980년대에 들어서 한인 이주자는 계속 증가세를 보여 매년 3만여 명이 넘는 한인들이 미국으로 도항하였다. 이처럼 폭발적인 증가세를 보이던 한인 이주자는 1980년대 후반 한국 경제의 부상, 사회 안정 등으로 점차 감소세를 보이기 시작했다. 이주자들은 1990년대부터 연간 1만 4,000~1만 5,000명 수준으로 계속 하락세를 보이고 있다. 한편 2012년 말 기준으로 현재 미국에 거주하는 재미한인 약 200만 명 정도로 알려지고 있다.

제2절 이주과정과 현지정착

1860년경부터 시작된 조선의 해외 이주사를 살펴보면 1945년 전까지는 주로 경제적 빈곤과 일제의 억압에 의한 이주로 볼 수 있다. 초기 미국 이주자들에게 대한 하와이 농장주들의 가장 큰 고민은 조선인 노동자들이 농장에서 도시로 급속히 이동해가는 문제였다. 하와이 조선인 노동자들이 도시로 진출하는 속도는 매우 빨랐다. 1906년 말 하와이 조선인 노동자 수는 3,615명 정도였는데 이것은 전체 노동력의 9%에 해당하여 중국인 노동자 수와 비슷했다. 1907년에는 약 1,000명의 조선인들이 하와이 사탕수수 농장을 떠났다. 사탕수수 농장에는 단 2,638명의 조선인 노동자들이 잔류했고 이는 전체 농장노동자의 6% 수준에 불과했다. 1908년에 잔류 조선인 노동자는 2,125명으로 전체 노동자의 4.5%만이 사탕수수 농장에 남아 있었다. 말하자면 매년 약 4분의 1 정도의 조선인 노동자들이 농장을 떠난 셈이다. 1909년에는 하와이에서 노동자들에 의한 대규모 노동쟁의 파업이 발생하여 농장에 잔류한 조선인들은 약 1,700명에 불과했다.

이러한 조선인 노동자들의 타 지역으로의 이동을 방지하기 위하여 하와이 농장주들은 농장에서 기독교 전도사업을 전개했다. 하와이 농장주들은 조선인 노동자들이 크리스천이 되면 더욱 신뢰할 수 있고 실정법을 준수하고 보다 나은 노동자들이 될 것으로 생각했기 때문이다. 즉 하와이 농장주들은 기독교적 신앙이 농장에서 조선인들의 생활을 보다 안정되게 하여 농장으로부터 노동자의 이동이나 이탈을 방지할 수 있다고 믿었다. 많은 조선인 이민자들이 고국을 떠나기 전에 어떤 식으로든 기독교와 인연을 맺고 있었으므로 농장주들의 이러한 접근 방법은 어느 정도 통했다. 하와이 농장주들도 대부분 기독교인들이었으므로 농장에서 조선인들을 대상으로 선교하는 것을 반대하지 않았다.

하지만 하와이 농장주들도 모르는 사이 이미 대부분의 조선인 노동자들은 스스로 신앙생활에 전념하고 있었다. 기록에 의하면 하와이에서의 조선인 최초 예배는 1903년 7월 4일 오아후 섬의 모쿨레이아(Mokuleia)에서 있었다고 한다. 조선인 노동자들이 하와이에 처음 도착한 후 6개월 만에 드린 예배였다. 당시 기록을 보면 "우리는 기독교회를 조직하고 약 50명의 한인들이 윤치봉의 지도로 주일마다 예배를 보았다."라고 적혀 있었다. 그러나 당시 조선인들이 세운 예배당이 없었으므로 그들은 농장 숙소의 부엌에서 예배를 보았고 목회는 조선에서 약간의 목사 훈련을 받은 사람들이 전담했다.

조선인의 하와이 이민은 1924년 '동양인 배척법'과 1945년 제2차 세계대전의 종결로 거의 중단 상태에 빠져들었다. 그러나 1965년 미국 이민법이 개정된 이후 다시 활기를 띠기 시작했다. 1970년 미국 국세조사에 의하면 미국 전역에 거주하는 한국인은 미국 시민권 취득자를 포함하여 7만 명 정도였으며 이후 매년 2~3만 명 정도의 이주자들이 증가하고 있는 것으로 나타났다. 당시 미국 이민법에 의한 이민쿼터제는 연간 2만 명 정도 할당되었지만 미국 시민의 부모, 자녀, 배우자 등 직계가족의 이민쿼터에는 제한이 없었기 때문에 연고초청에 의한 이민자까지 합치면 연간 약 3만 명 정도가 이주한 것으로 추정된다.

1971~1975년 사이에 미국 이민의 사회적 · 경제적 특성을 보면, 우선 남

녀 성비(性比)에서 여성이 100 : 64.8의 비율로 높았다. 이러한 현상은 여성의 수명이 남성에 비해 상대적으로 길다는 점, 주한 미국인이 귀국할 때 한국인 아내를 동반했다는 점, 미국인들이 해외입양 시 여자아이의 입양을 선호했다는 점 등으로 설명될 수 있을 것이다. 연령은 상대적으로 젊은 층이 대부분이었으며, 교육수준은 아시아계 이민 가운데서 가장 높았다.

한국에서 해외 이주가 인구정책 차원에서 추진된 것은 남미로의 농업이민 권장에서부터 비롯되었다. 한국 농업이민의 첫 번째 사례는 1902년 하와이로의 농업노동이민자 121명이었다고 볼 수 있는데 대한민국 정부수립 이후의 해외 이주는 1962년 '해외 이주법'의 공포와 더불어 개시되었다. 그리고 같은 해 12월 브라질 농업이민자 제1진으로 92명이 출국하였다. 그러나 당시 해외 이주는 정부당국의 장기적이고 합리적인 이민정책이 선행되지 않았던 상태에서 개인교섭과 자연인 자격으로 시작된 집단이민으로 브라질 정부가 인정한 영농이민과는 동떨어진 결과를 초래하였다. 이러한 이주결과는 이후 한국인의 브라질 이주에 큰 장애가 되었다. 1964년 정부 주도의 브라질 집단이주와 1966년 가톨릭 영농이주가 실패로 돌아가자 브라질 정부는 한국 이민자를 더 이상 받아들이지 않겠다는 입장을 밝혔다. 브라질로의 이민의 길이 막히자 일부 민간이민 주선단체들이 남미 볼리비아나 파라과이 등지로 이민을 추진하였다.

1962~1976년 사이 남미 이주동포는 1만 8,555명 정도였다. 남미 이주는 당사국들이 농업개발을 위하여 요청한 농업이민이었다. 그 나라에서 농사를 짓기 위해 건너간 것이었지만 실제 농업이민으로서의 정착률은 10%에도 미치지 못하여 많은 문제점들이 노출되었다. 당시 공식적인 남미 이주자들은 약 2만 1,000명으로 추정되지만, 실제로는 불법이주자들이 많아 두 배가 넘을 것으로 추정된다.

1981년 당시 남미지역 한국 이민자들의 직업별 분포를 보면, 상업 80%, 제조업 10%, 농업 3%, 기타 7%로 농업이민이라는 이민 취지에서 많이 벗어나 있다. 이러한 이민결과로 인하여 1977년 5월에 남미지역으로부터 이민 제한조치가 내려졌고 이후 이미자의 수는 급감하였다. 1981년에는 칠레와 아르헨티나의 두 나라가 한국 이민을 받아들이기 시작하여 한국 정부는 이민 장려정책을 시행하였다. 따라서 기타 남미지역으로의 해외 이주의 문호가 다시 확대되었다.

이상과 같이 한국인들이 해방 이후 하와이를 포함한 북미나 남미로 대량 이주하였는데 그들의 이주형태에 대해 살펴보면 다음과 같다. 첫째, 정부 주도의 농업이민 등 집단이민으로 남미이민이 중단된 1977년 이후 정지되었다가 1981년에 5년 만에 재개되었다. 둘째, 민간 주도의 계약이민으로 정부가 이주알선법인 등에 의한 계약이주를 적극 권장하거나 이민사업 자체를 민간 주도로 추진하는 경우이다. 셋째, 초청연고이민으로 통상 시민권이나 영주권을 가진 이민자의 직계가족, 형제자매가 이민초청자의 대상이며, 캐나다는 이주자의 조카와 삼촌까지 가능하다. 초청자는 초청장(이민국 발행)과 현지이주 후 생계를 보장하는 재정보증서를 첨부하여 한국에 있는 초청대상자에게 우송하면 이민절차가 진행된다. 넷째, 취업이민 형태로 특정 기술을 가진 사람 등이 현지 법인업체와 취업계약을 체결하면 가능하다. 1982년 '해외 이주법'이 개정되어 해외 이주 알선이 일반 기업에도 개방되었다. 1970년대 이후 미국으로의 한국 이민자들이 급증하자 이들이 집거지를 이루면서 로스앤젤레스와 뉴욕에는 코리아타운이 형성되었다. 현재 LA를 비롯하여 뉴욕의 맨해튼 등 한국인들이 거주하는 미국 대도시 곳곳에 한국인들의 공동체인 코리아타운이 형성되어 있으며 이곳을 통해 한국 음식, 한국 방송과 TV드라마 등 다양한 한국 문화가 전파되고 있다.

제3절 분포지역 및 거주현황

미국의 인구센서스(2000) 조사에 따르면 미국의 총인구는 2억 8,140만 명이다. 이들 중 아시아 출신은 1,190만 명으로 전체의 4.2%를 차지하고 있다. 아시아 출신자 중에는 중국인이 270만 명으로 가장 많고, 2위는 필리핀인 230만 명, 3위는 인도인 190만 명, 4위는 한국인 107만 6,000명 정도로 미국 전체 인구의 0.38%를 차지하였다. 그러나 미국 내 각 지역 한국총영사관을 통해 파악되고 있는 재미한인은 2001년도에 212만 명 정도로 추정되고 있다. 미국 내 한인 동포는 1992년 153만 명, 1995년 180만 명, 1997년 200만 명, 2001년 212만 명으로 꾸준히 증가하고 있으며 미국 전역의 대도시와 인근지역에 거주하고 있다. 재미한인들은 주로 서부지역에 44%, 북동부지역에 23%, 남부지역에 21%, 중서부지역에 12% 정도가 거주하고 있는

〈사진 21〉 코리아타운 한국 식당과 식료품점

것으로 나타났다.

주요 도시별 한인거주자를 살펴보면 로스앤젤레스가 25만 7,975명(23.96%)으로 가장 높고, 2위는 뉴욕으로 17만 509명(15.83%), 3위는 워싱턴 DC로 7만 4,454명(6.91%), 4위는 샌프란시스코로 5만 7,386명(5.33%), 5위는 시카고로 4만 6,256명(4.3%), 6위는 시애틀로 4만 1,189명(3.82%), 7위는 필라델피아로 2만 9,309명(2.72%), 8위는 애틀랜타로 2만 2,317명(2.07%) 등이다.

한인 거주자의 미국 내 주별 순위를 살펴보면 1위 캘리포니아 주 34만 5,882명, 2위 뉴욕 주 11만 9,846명, 3위 뉴저지 주 6만 5,349명, 4위 일리노이 주 5만 1,453명, 5위 워싱턴 주 4만 6,880명, 6위 텍사스 주 4만 5,571명, 7위 버지니아 주 4만 5,279명, 8위 메릴랜드 주 3만 9,155명, 9위 펜실베이니아 주 3만 1,612명, 10위 조지아 주 2만 8,745명 등으로 나타났다.

미국 내 한인 동포의 43%는 주로 캘리포니아와 뉴욕에 거주하고 있는 것으로 나타났다. 또한 재미한인의 4분의 3 정도가 위에 열거한 10개 주에 대부분 거주하고 있다. 재미한인도 중국이나 일본 등 다른 아시아 출신 이민자들과 마찬가지로 특정 지역에 집중 분포되어 있다. 중국계 화교의 경우 57%가 캘리포니아와 뉴욕에, 일본계 일계인의 경우 캘리포니아와 하와이에 62% 정도가 거주하고 있다.

다음 〈표 21〉은 2003년부터 2008년까지 재미한인들의 거주현황을 제시하고 있다. 재미한인들은 주로 LA, 뉴욕, 시카고, 샌프란시스코, 시애틀, 휴스턴, 애틀랜타 순으로 한인 거주자 수가 많은 것으로 나타났다. 연도별로 살펴보면 재미한인은 LA이나 뉴욕의 경우 거주자 수가 점차 감소하고 있으며 기타 지역은 조금씩 증가하고 있는 것으로 나타났다.

〈표 21〉 재미한인 거주자 수(2008년 기준)[1]

구분	2003년	2005년	2007년	2008년
미주 전 지역	2,157,498	2,087,496	2,016,911	2,102,283
주미국대사관	136,614	143,200	153,868	177,803
주LA총영사관	698,325	699,400	482,006	518,300
주뉴욕총영사관	504,000	356,250	426,255	380,300
주시카고총영사관	210,347	225,800	235,820	239,600
주샌프란시스코총영사관	162,400	166,152	177,450	178,560
주시애틀총영사관	151,189	154,157	158,405	172,167
주휴스턴총영사관	120,900	121,300	142,590	159,400
주애틀랜타총영사관	102,000	148,900	156,400	189,000
주호놀룰루총영사관	31,036	30,857	33,834	29,252
주보스턴총영사관	34,600	35,700	43,718	44,589
주하갓나출장소	6,087	5,780	6,565	7,116
주앵커리지출장소				6,396

〈표 22〉 재미한인 체류자격별 현황(2008년 12월 기준)[2]

구분	재외국민	영주권자	체류자일반	시민권자 유학생	외국 국적	총계
미주전역	1,098,854	524,084	469,528	105,242	1,003,429	2,102,283
주미국대사관	80,440	39,718	31,326	9,396	97,363	177,803
주LA총영사관	229,200	93,300	118,700	17,200	289,100	518,300
주뉴욕총영사관	209,600	62,800	118,000	28,800	170,500	380,100
주시카고총영사관	125,200	52,000	61,300	11,900	114,400	239,600
주샌프란시스코총영사관	65,250	25,810	32,800	6,640	113,310	178,560
주시애틀총영사관	99,348	90,625	6,293	2,430	72,819	172,167
주휴스턴총영사관	107,460	63,010	32,950	11,500	51,940	159,400
주애틀랜타총영사관	147,260	80,440	55,020	11,800	41,740	189,000
주호놀룰루총영사관	15,500	4,030	7,130	4,340	13,752	29,252
주보스턴총영사관	10,925	7,884	2,244	797	33,664	44,589
주하갓나출장소	5,146	1,381	3,360	405	1,970	7,116
주앵커리지출장소	3,525	3,086	405	34	2,871	6,396

앞의 〈표 22〉에 제시한 바와 같이 2008년도 말을 기준으로 재미한인들의 체류자격별 분포를 살펴보면 재외국민이 가장 많은 수를 차지하고 있고 다음으로는 영주권자, 체류자 일반, 시민권자 유학생 등의 순으로 높게 나타났다. 재미한인은 미국 이민이 1965년 본격적으로 시작되어 이민 역사도 오래된 만큼 재외국민과 외국 국적 동포로 구분하여 살펴보면 체류자격별 거주자의 비율도 거의 비슷한 수준을 보이고 있다.

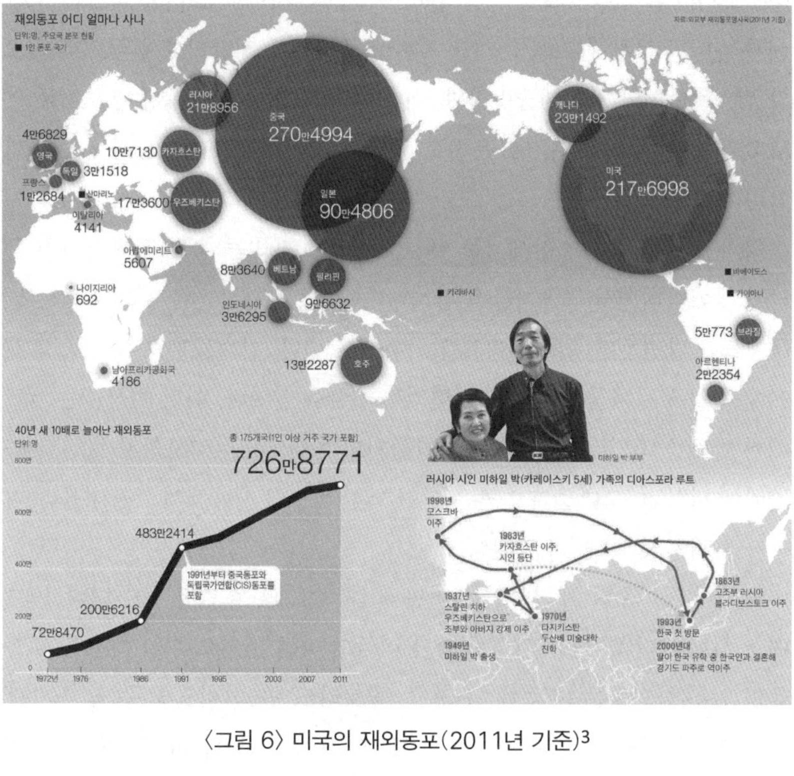

〈그림 6〉 미국의 재외동포(2011년 기준)[3]

---

1 외교부(2009), 『거주자별 재미 한국교민 현황』.

2 외교부(2009), 『거주자별 재미 한국교민 현황』.

3 중앙일보, 2013년 9월 30일자 보도기사 참조, http://article.joins.com/news/article/article.asp?total_id=12719250&ctg=1200

제4절 이주유형과 정착과정

1. 노동 이주

1903년 하와이의 사탕수수 농장에서 일하기 위해 갤릭호를 타고 떠난 첫 이주자들이 도착한 이후, 현재 미국에 살고 있는 재미한인은 약 200만 명에 달한다. 초기 재미한인 이민 선구자들의 하와이 이민생활은 매우 고달팠다. 그들은 현지에서 매일 아침 일찍 시끄러운 사이렌 소리를 들으면서 잠에서 깨어나 하루에 거의 10시간 가까이 중노동에 시달리고 월급으로는 고작 한 달에 16달러를 지급받았다. 재미한인 노동자들은 목에 번호표를 달고 하루 종일 제대로 쉬지도 못하고 사탕수수를 자르고 나르는 중노동에 시달렸다.

하와이 사탕수수 농장에서는 루나(luna)라고 불리는 농장 감독관이 말을 타고 돌아다니면서 노동자들을 감시했다. 이들 감독관들은 일하지 않는 노동자들을 발견하면 종종 채찍질을 가하기도 했다. 남성들과 똑같이 농장 캠프에서 일했던 여성들은 더욱 형편없는 임금을 받았다. 어떤 여성들은 캠프에서 빨래를 하거나 옷과 음식을 만들기도 했다. 일본 역사학자 로널드 타카키에 의하면 "그녀들의 손목은 거친 노란 비누를 사용해서 부풀어올라 피부가 벗겨져 있었다."라고 한다.

하와이로 이주한 재미한인들 가운데 대략 1,000여 명은 1904년과 1907년 사이에 보다 더 좋은 기회를 찾아 미국의 다른 지역으로 이주했다. 예를 들면 일부 한인들은 미국 내 유타 주, 콜로라도 주, 와이오밍 주 등지의 광산으로 이동하였고 일부는 알래스카로 이주하여 연어잡이 수산업 회사에서 일을 하기도 했다. 어떤 한인들은 애리조나 주와 캘리포니아 주에 정착하여 철도 건설에 참여하기도 했다. 당시만 해도 미국 본토에 거주하고 있던 한인들의 규모가 상대적으로 적어 한인들만의 독자적인 공동체를 형성하기에는 역부족이었다.

미국으로의 한인 이민은 1903년 1월 일단의 조선인들이 하와이 사탕수수 농장의 계약노동자로 도착하면서 시작되었다. 초기 조선인 이민자들을 하와이로 끌어들인 흡인요인은 하와이 사탕수수 농장에서 값싼 노동력에 대한 수요를 확대한 것이었다. 1830년대부터 하와이에 대규모 노동집약적인 사탕수수 농장이 생겨나면서 세계 각국의 이민자들이 노동자로 모집되었다. 조선인들에 앞서 중국인들이 1852년부터 하와이에서 노동자로서 일을 시작하였는데 1882년 '중국인 배제법(Chinese Exclusion Act)'에 의해 그들의 이민이 중지되었다. 이후 일본인들이 대체 노동자로 사탕수수 농장에 투입되면서 1885년부터 일본인들이 대규모로 이동하기 시작했다. 일본인들은 1890년경 전체 하와이 노동자들의 80%를 차지하면서 보다 높은 임금과 처우 개선을 요구하면서 노동파업쟁의를 주도하기 시작하였다. 백인 농장주들은 이에 대한 해결책으로 한국, 필리핀, 포르투갈 등지에서 이민자들을 대체노동자로 수용하여 일본인들의 세력을 무력화시키려고 시도하였다.

결국 초기 한인 이민자들은 한편으로는 값싼 노동력으로서 또 다른 한편으로는 일본인의 파업 파괴자(strike breakers)로서 투입되었다. 1902년 12월 22일 일본인 대체노동자로서 한인 101명이 승선한 최초 이민선 갤릭호는 인천항을 출발하여 1903년 1월 13일 호놀룰루 항에 도착했다. 이후 일본 제국주의가 1905년 일방적으로 한인 이주를 중단하기까지 총 7,226명의 한인들이 하와이로 도항하였다. 이들 중 84%는 20대의 젊은 남성들이었고 9% 정도가 여성들이었으며 7%가 어린이들이었다. 이러한 이민자들의 인구 구성에서 알 수 있는 바와 같이 초기 한인 이주자들은 빠른 시기에 돈을 벌어 고향으로 '금의환향'하려는 일시체류(sojourner)의 성격이 강했다.

당시 하와이 한인사회는 결혼 연령의 여성들이 매우 부족하였다. 이 문제를 해결하고자 1910년부터 한국에서 하와이 노동자들과 결혼할 신부들을 구하기 시작했다. 이들은 상호 사진만을 보고 결혼을 결정한다고 하여 '사진신부'라고 불렀다. 이렇게 하여 1924년 미국 이민법에 의해 한인 이주가 금지되기까지 총 1,000명의 사진신부들이 하와이, 그리고 115명의 사진

〈사진 22〉 사진신부 결혼

신부들이 캘리포니아로 이주하여 가정을 꾸렸다. 젊은 노동자들만 있던 재미한인 사회가 사진신부들의 유입으로 가정을 꾸리게 되자 재미한인 2세 들이 태어나고 가족 중심의 사회로 변모하였다. 또한 경제적인 측면에서도 재미한인들은 사탕수수 노동자 또는 도시 주변 일용노동자에서 탈피하여 보다 장기적인 사업(예를 들면 자영업, 쌀농사, 고구마 농사 등)에 도전하였다. 또한 미국 본토의 철도 건설현장이나 과수원에서 일하면 하와이 농장에서보다 높은 임금을 받을 수 있다는 정보를 입수하고 1903년부터 1915년까지 총 1,087명의 한인들이 미국 본토로 이주하였다. 그러나 사진신부들의 미국 이주는 한인사회에 반드시 긍정적인 영향을 미친 것만은 아니었다. 당시 사진결혼 신부의 경우 남편과의 연령차이가 평균 14세 정도여서 부부간에 이혼율이 높았고 결혼한 여성들이 일찍 과부가 되는 문제점 등이 발생하였다.

하와이 초기 한인 이주에서 기억해야 할 중요한 사항은 조선에 대한 일본의 식민지 지배를 벗어나 해외에서 독립운동을 시도하기 위해 미국으로 건너 간 정치 망명가 및 독립운동가들이다. 1910년부터 1924년까지 541명가량의 한인들이 학생 신분으로 미국 대학에서 공부한다는 명목하에 미국으로 이주하였다. 그들은 나중에 하와이와 미국 본토의 한인 사회의 정치적 지도자로서 부상하였으며 해외에서 조선의 독립운동을 주도하였다. 이렇게 세 종류로 구성된 한인 이민사회는 1945년 조선이 독립되기까지 하와이에는 6,500명, 미국 본토(특히 캘리포니아 주)에 3,000명 정도가 미국 주류 사회와는 고립된 상태로 거주하고 있었다.

1945년 해방 이후 미국으로의 이민은 주한미군과의 관계 속에서 시작되었다. 한국전쟁을 겪으면서 한국에는 약 4만 명의 주한미군이 주둔하게 되었다. 이들 주한미군들이 한국 여성들과 결혼하여 이주하였다. 당시 한국 사회는 국제결혼(외국인과의 결혼)에 대한 편견과 차별이 심한 사회였고 이에 따라 많은 한인 여성들이 미국인 남편을 따라 미국으로 이주하였다. 1950년부터 1964년 사이에 6,000명 가량의 한인 여성들이 미군의 배우자로서 미국으로 이주하였다. 1950년부터 2000년까지 미군의 아내로 미국으로 이주한 한인 여성의 수는 약 10만 명에 달했다.

2. 전쟁고아의 해외입양

한국전쟁이 발발하면서 전쟁고아들이 대량 발생하였고 1954년 이러한 전쟁고아 문제를 해결하기 위한 방편의 하나로 해외입양이 시작되었다. 해외입양은 2002년 말까지 약 20만 명으로 추산되고 있으며 이들 중 절반가량인 약 10만 명이 미국 가정에 입양되었다. 해외입양아의 수는 전체 재미한인(200만 명)의 5%에 해당하는 수치이다. 이들보다 먼저 떠난 초기 한인 이주자들이 미국 일부 대도시에서 자신들만의 공동체를 형성하였던 것에 비해 전후 국제결혼 여성들이나 해외입양아들은 미국 전역에 산재되어 미국인 공동체 내에서 활동하였다. 이들은 오랫동안 한인 사회나 미국 주류사회에 속하지도 못하고 고립적인 생활을 강요당하다 최근에 '해외입양인연대', '한국인 · 미국인 아내협회' 같은 단체를 만들어 상호 교류와 연대를 강화하고 한인으로서의 정체성을 되찾으려고 노력하고 있다.

같은 시기기 한인 이민의 또 다른 이주형태는 유학생들의 증가라고 할 수 있다. 1945년부터 1965년까지 약 6,000명 정도의 한인들이 유학을 목적으로 미국으로 도항했다. 하지만 대다수의 유학생들이 학위를 취득한 후 미국에 체류하거나 또는 학위를 취득하지 않고 미국에 정착하는 경우가 많았다. 이들은 미군과 결혼한 한인 여성들과 마찬가지로 1965년 미국으로 이민 문호가 개방되었을 때 가족들을 초청할 수 있는 연쇄이민의 기반을 제공하였다.

1965년에는 미국 이민법이 개정되면서 미국으로의 한인 이주는 새로운 전환기를 맞이하였다. 개정된 이민법에 의해 유학생, 간호사와 의사 신분으로 미국에 건너간 한인들은 대부분 영주권을 취득하였다. 이들이 1965년부터 1970년 사이에 한인 이민사회의 주류를 형성하였다. 이들은 나중에 국제결혼한 한인 여성들과 함께 한국에 남아 있는 가족을 초청하여 1970년대에 들어서 급격히 증가한 한인 이민사회의 토대를 마련해주었다.

미국으로의 한인 이민은 1970년 초부터 본격적으로 시작되어 연간 3만 명 정도의 한인들이 미국으로 이주했다. 한인 이민이 정점에 달한 1985년과 1987년 사이에는 연간 3만 5,000명의 한인들이 이주하여 멕시코와 필리핀 다음으로 미국으로의 이민자 수가 많은 3대 이민국가가 되었다. 하지만 한인 이주는 1987년 3만 5,849명을 정점으로 하여 점차 감소 추세로 돌아섰으며 1999년에는 1만 2,301명 정도에 머물러 1972년 이래 최저를 기록하였다. 1991년부터 1998년 사이에는 13만 6,651명의 한인들이 미국으로 이주했는데 이러한 규모는 동일 기간에 미국으로 이주한 총수 760만 5,068명 중 1.8%에 해당되며 한국은 14번째로 미국으로 이주자를 많이 보내는 국가가 되었다. 2000년도에 미국으로 이주한 이민자수는 1만 5,214명으로 일시적으로 증가하기도 하였으나 이들 중 절반 정도가 이민자들이고 나머지는 비영주 목적으로 미국에 왔다가 나중에 미국 영주권을 취득한 사람들이다. 최근에는 이민자의 수가 더욱 감소하여 미국 이민자는 연간 7,000~8,000명 선에 머물고 있다. 1948년부터 2000년 사이에 미국으로 이주한 한인 이민자 총수는 80만 6,414명 정도이다.

1970년대 이후로 폭발적으로 증가하기 시작한 재미한인 이민 1세와 이민 2세들의 출생으로 인해 재미한인 인구는 1950년 1만 명에서 1970년 6만 9,150명, 1980년 35만 7,393명, 그리고 1990년에는 79만 8,849명으로 증가하였다. 2000년도 미국 인구센서스 통계에 따르면 한인 인구는 107만 6,872명으로 집계되었는데 이는 1990년대에 비해 35% 증가한 것이다. 현재 재미

한인 인구는 약 200만 명으로 미국 전체 인구 2억 8142만 2,000명 중 0.38%를 차지하고 있다.

3. 유학생과 전문직 종사자

1965년 이후 미국으로 이주한 한인들은 그 이전에 이주한 한인 이주자들과 크게 구별되는 경제적 특성을 가지고 있다. 우선 한인 이민자들은 핵가족 단위로 이주했고 이주 후에도 가족구성원이 계속 유지됨으로써 미국 사회에서의 경제적 적응이 훨씬 용이했다. 또한 이들은 한국에서 대도시, 대졸, 전문직 또는 화이트칼라 직종 출신의 신중간계층 구성원들이었다. 이들은 대학 교육과 직장을 찾아 지방에서 서울이나 부산 등 대도시로 이동한 사람들이 많았고 부모 세대에 비해서 훨씬 높은 수입과 지위를 자랑하는 직업을 선택하는 등 수직적 신분상승을 한 이들이 많았다. 이렇게 미국으로 이민 가기 전에 고국에서 이미 서울과 같은 대도시 자본주의 경제체제에서 생활했기 때문에 이들은 미국의 뉴욕, 시카고, 로스앤젤레스와 같은 미국 대도시 자본주의 체제에서도 쉽게 적응할 수 있었다.

1965년 이후 미국으로 이주한 한인들은 한국에서의 신분이나 계층이 중산층 출신이 압도적이었는데 이러한 양상은 1970년 중반을 기점으로 점차 바뀌기 시작했다. 1965년 미국으로 입국 시 세관에 자기 직업을 신고한 전체 한인들 중 84%는 한국에서 전문직, 관리직, 판매직, 사무직 등과 같은 화이트칼라 직종에 종사했다고 응답한 것으로 알려졌다. 이러한 전문직종의 비율은 1970년에는 81%로, 그리고 1975년에는 65%로 감소하였다. 반면 한국에서 노동직, 기능직, 서비스직, 농업 등의 블루칼라 직종에 종사했던 이민자들이 전체 한인들 가운데 차지하는 비율이 높아져 1980년대 초반에는 화이트칼라 출신과 거의 비슷한 양상을 보였다. 이와 같이 예전과는 달리 다양한 계층으로부터 서로 다른 동기를 가지고 미국으로 이주한 한인이민자들이 증가하면서 한국 이민사회는 더욱 복잡한 양상을 띠었고 한인 이민공동체가 당면한 문제들도 더욱 다양해졌다.

4. LA폭동과 한인사회

미국 로스앤젤레스에서 1992년 4월 29일 한인 대상의 대규모 방화, 약탈 사건이 발생했다. 미국의 일반 폭도들이 코리아타운을 공격했지만 경찰은 수수방관했고, 결국 교민사회 전체가 큰 피해를 입었다. 재미한인들이 '4 · 29 폭동'이라고 부르는 이 사건 이후 20년 동안 한인 사회는 매우 달라졌다. 타 인종 및 타 민족과의 교류가 더욱 활발해졌고, 한인들의 정치력도 눈에 띄게 신장되었다. 미국 LA에서 발생한 '4 · 29 폭동'이 미주 한인들에게 준 가장 큰 교훈은 다인종 · 다민족 사회에서 타 민족과 더불어 사는 지혜를 배워야 한다는 것이었다. 코리아타운에서 한인 교회를 다니며 한인끼리만 뭉치는 폐쇄적인 삶에서 벗어나 보다 능동적으로 타 인종 및 타 민족과 어울리고 함께 발전하는 사회를 구축하는 데 앞장서야 한다는 것이었다. LA폭동사건 이후 한인 1.5세와 2세 단체들은 다인종 · 다민족 연대에 적극 앞장서기 시작했다. 또한 한인청소년회관의 이름을 '코리아타운 청소년회관'으로 바꾸고 다인종 · 다민족 공동체를 대상으로 봉사활동을 전개하였다. 한인노동연대도 코리아타운 노동연대로 이름을 바꾸고 한인과 라틴계 노동자들의 권익신장 운동을 전개하였다.

미국 LA '4 · 29 폭동' 후 이미 20년이 지난 시점에서 미국 주류사회 언론들은 한인 사회가 LA폭동의 쓰라린 경험을 극복하고 짧은 시간에 재기에 성공했다는 점에 주목했다. 하지만 이민 1세대들은 아직도 여전히 현지지향적인 생활보다 모국지향적인 삶 속에서 모국의 경제발전을 위해 물심양면으로 지원해오고 있다. 향후 재미한인의 정치력 신장과 공동체 발전은 재미한인 사회가 이룩해야 할 중요한 당면 과제의 하나로 남아 있다.

제5절 하와이 한인 이주요인과 특징

1. 이주의 흡인요인과 배출요인

미국으로 이주한 한인 이민자들의 구성원이 다양했던 것처럼 그들이 하와이로 건너간 이유도 매우 다양하다. 19세기 동북아의 전환기에 하와이로의 한인 이주를 설명할 때 이주 배경을 세계 자본주의 체제하에서 저임금 노동력이 주변부에서 중심부로 이동한 결과로 설명하기도 한다. 어느 정도 신뢰할 수 있는 이론일지는 모르지만 어느 누구도 한인들을 대상으로 하와이로 이주를 강요하지 않은 것도 사실이다. 오히려 이주자들은 여러 가지 이주의 장단점을 검토한 후 자신들의 앞날을 개척하기 위해 이주를 스스로 결정한 합리적인 사람들이다.

한인 이주자들이 자기들의 고향을 떠나야 했던 가장 절박한 이주요인은 서민들의 생활을 어렵게 만들었던 조선 말기의 참혹한 경제적 상황이었다. 예를 들면 조선 사회의 기근과 기아의 위협을 들 수 있는데 경제문제로 인하여 직접적으로 생계위협을 받지 않은 사람들도 그들을 괴롭혔던 도둑질, 물가고, 반란과 전쟁, 콜레라, 화폐 위조, 높은 세금, 부패, 행정무능, 빈곤과 가난 때문에 모국을 떠난 사람들도 있었다. 그리고 해체된 조선 구식군대의 일부 군인들은 일본의 침략이 임박한 데 대한 두려움을 느끼고 이주하기도 했다.

그러나 대부분의 이주자들은 도시 빈민이나 노동자들이었으므로 일본 제국주의에 대한 두려움보다는 생활수준의 악화가 이민의 주된 동기였다. 이렇게 한인 이주자들은 경제적 빈곤이나 일본 침략에 대한 두려움 등 여러 가지 이유로 이주했지만 당시 사회적 상황이나 심리적 상황을 볼 때 여행자나 일시체류자의 성격이 강했다. 왜냐하면 이들 대부분은 고국의 경제상황이 나아지고 일본 통치로부터 조국이 해방되면 언제든지 귀국할 생각을 가지고 있었기 때문이다.

그런데 왜 한인들은 동북아에서 멀리 떨어진 하와이로 이주했을까? 많은 한인들이 구한말 중국이나 러시아 연해주로 이주했다. 한인들이 하와이를 이주의 목적지로 선택하게 된 유인요인으로 기독교의 역할을 언급하지 않을 수 없다. 19세기 전환기 한인 기독교인들의 숫자는 소수에 불과했으나 하와이 이민자들의 대다수가 기독교와 연관을 가진 사람들이었다. 따라서 세기의 전환기에 조선의 기독교 상황을 검토해본다면 한인들의 이주동기에 대해 어느 정도 파악할 수 있을 것이다.

당시 대부분의 한인 이민자들은 농민들이었으며 유교적인 전통적 가치관을 가지고 있었다. 그들의 유교적 가치관은 기독교와 같은 서양문물을 그대로 수용하기 힘들었고 미국과 같은 먼 이국으로 이민 가는 것 자체를 꺼려할 수밖에 없었다. 그러나 19세기 말 도시로 이동한 한인들은 그곳에서 미국 장로교 선교사들과 접촉하게 되었고 그들은 외국인 선교사의 주된 선교의 대상이 되었다. 이주민 대부분은 보다 나은 생활을 지향했기 때문에 새로운 종교에 큰 매력을 느꼈다. 청년 시절 고향을 떠나 도시생활을 하게 된 이들은 고향의 선산에 가서 조상의 제사를 지낼 수도 없었고 지켜야 할 논밭이나 친척도 없었다. 이런 상황에서 기독교를 믿게 된 그들은 하와이 이민의 기회를 접하게 되었다. 이러한 기독교인들에게 하와이 이주의 결정은 매우 쉬웠다. 예를 들면 그들은 한국 내에서 이동을 한 번 경험했기 때문에 한 번 더 이동을 하는 것은 별 문제가 되지 않았다. 그들은 기독교인으로서 이미 한국에서 미국인이나 서양 풍습에도 익숙해져 있었기 때문에 유교적 관습을 지키지 않아도 별문제가 되지 않았다.

이들이 선교사들에게 이민에 대한 자문을 구하면 하와이로 가는 것을 권장했을 것으로 생각된다. 기본적으로 선교대상을 찾는 미국 선교사들이나 당시 이민자들을 찾고 있던 데쉴러 선교사도 결국 같은 처지의 사람들을 찾고 있었다. 즉, 도시 노동자들이나 시골의 고향을 떠난 사람들로 서양 사람들이나 서양의 생각, 양복, 양식, 양옥, 종교, 나아가 그들의 언어까지 익숙해져 있는 사람들이었다.

이들은 서양 선교사들에 의해 심리적으로 이민 준비가 된 사람들이었고 가난 때문에 고국을 떠난 사람들이었지만 그들에게 하와이는 어떤 매력이 있었을까? 어떤 사람들에게는 종교의 자유, 또는 자기 자신이나 아이들의 교육기회, 일본 제국주의에 대항하여 독립운동을 할 수 있는 기회 등이 매력적이었을 것이다. 그러나 대부분의 이민자들에게는 보다 풍요로운 삶에 대한 기대가 매우 컸다. 이러한 이유들은 가난 때문에 모국을 떠나야 했던 사람들이나 도전적이고 모험적인 삶을 동경하는 젊은 청년들에게 충분히 매력적이었다.

일반적으로 젊은 독신 남성들은 잠깐 외국에 나가 돈을 벌어서 존경받으며 귀국하려는 생각을 하기도 한다. 이러한 심리는 중국인이나 일본인들도 마찬가지였다. 일본인들에게는 오래된 데카세기(Dekasegi) 전통이라는 것이 남아 있는데 이는 고향을 떠나 다른 지방에서 잠깐 일을 하는 풍습이었다. 중국인이나 일본인 이민자들처럼 한인 이민자들도 이민 시 이와 같은 이상적인 기대에 부풀어 있었지만 그들이 맞닥뜨린 현실은 정반대였다.

당시 한국 사회에서 입수하는 미국이나 하와이에 대한 거의 모든 정보는 현실과 동떨어진 것이었다. 자연히 그들 대부분은 열심히 일하면 하와이에서의 생활은 보다 나을 것이라고 낙관했으며 쉽게 돈을 모을 수 있을 것으로 믿었다. 그러나 한인 이주자들은 하와이에 도착하자마자 그들이 선택한 이민생활이 한가한 나들이 정도가 아니라는 것을 금방 깨달았다.

당시 하와이로 이주한 대부분의 한인 이민자들은 조선 말기에 모국의 가난과 식민지 지배 때문에 조국을 떠나야 했고, 하와이에 대한 홍보선전에 속아 하와이로 이주한 사람들도 많았다. 이와 같이 한인들은 그들이 처한 여러 사정 때문에 모국을 떠나 하와이에 정착하였고 점차 하와이에서 미국 대륙의 본토, 그리고 중남미로 이동하기 시작했다.

2. 이주의 시대적 구분 및 특징

처음 하와이로 이주한 한인 이민자들에게서 몇 가지 중요한 특징들이 나타나고 있는데 그것은 보통 한인 이민자들뿐만 아니라 중국인이나 일본인 이민자들에게도 서로 유사하면서도 다른 특성들이다. 당시 하와이에 거주하던 다양한 민족의 이민자들의 특징을 비교해보면 하와이의 한인 사회가 어떻게 발전해왔는지를 가늠할 수 있다.

첫째, 하와이 한인 이주자들은 1853년부터 1900년 사이에 도착한 5만 명의 중국인이나, 1885년부터 1907년 사이에 도착한 18만 명의 일본인에 비해 수적으로 월등히 적었다. 한인 이민자 수가 중요한 것은 그것이 한인들로 하여금 미국 사회에 빨리 적응하도록 했기 때문이다. 당시 수적으로 많았던 중국인들이나 일본인들은 어느 정도 하와이의 고유문물과 서양 문물로부터 고립되어 있었기 때문에 결과적으로 동화가 늦어졌다고 볼 수 있다. 하지만 한인들은 수적으로 불리했기 때문에 동화가 다른 소수민족보다 빨랐다.

둘째, 대다수 하와이 한인 이민자들은 이주하기 전에 농촌이 아닌 도시에서 거주했다. 한인 이주자들이 그럴 수밖에 없었던 이유는 데쉴러의 동서개발회사(East-West Development Company)의 이민 모집 장소가 모두 조선의 항구도시와 대도시에 위치해 있었기 때문이다. 그리고 이민자들 대부분이 서양의 기독교와 관련되어 있었는데 그 이유는 기독교 개종자들과 선교사들이 도시에 거주하고 있었기 때문이었다.

셋째, 한인 이민자들은 이주 전에 대부분 비농업 분야의 직업에 종사하는 이들이 많았다. 이것은 그들의 주거지가 도시였으므로 당연한 결과이기도 하지만 많은 사람들이 일용 잡부, 군인 출신, 지방 서기, 경찰, 광부, 어부, 선박공, 철도원, 나무 채벌꾼, 하인, 가정부, 학생, 정치적 망명자, 스님 등이었다. 이들 중 농부는 7분의 1 정도로 대부분이 도시의 실업자들이었다. 이처럼 19세기 전환기에 한인 이민자의 대부분은 농부가 아닌 도시 노동자,

혹은 실업자들로서 대부분이 농촌 출신이었던 중국인, 일본인 이민자들과는 달랐다.

넷째, 한인 이민자들은 하와이로 이주하기 전 도시에서 살았던 사람들이 대부분이었지만 반드시 도시 출신은 아니었다는 점이다. 이들의 상당수가 원래 시골에서 살았으나 도시로 이동했거나 도시로 도피한 사람들이었다. 1893년과 1905년 사이에 조선에서 동학농민운동, 청일전쟁 그리고 러일전쟁 등 적어도 세 번의 큰 전란이 일어났다. 이러한 사건들은 많은 농민들을 도시로 피난하게 만들었다. 또한 농촌의 기근과 높은 세금으로 고향에서 살 수 없었던 사람들이 많았다. 한인 이민자들의 상당수가 그들이 모국을 떠나기 전에 농촌으로부터 도시로 이동했다는 사실은 하와이 한인 이민 1세들 역시 시골인 하와이 사탕수수 농장에 적응하고 나중에 다시 도시인 호놀룰루로 옮겼다는 점에서 상호 유사성을 가지고 있다.

다섯째, 한인 이민자들은 고국에서도 넓은 지역에 산재해 있었다는 사실이다. 데쉴러 선교사의 11개 이민자 모집 사무실은 조선 반도의 전역에 걸쳐 있었다. 한반도 북쪽의 성진과 의주로부터 중앙의 서울, 인천, 평양, 원산과 남쪽의 부산, 목포 등 대도시에 산재해 있었다. 이에 따라 하와이 한인 이민자들 중 북한 출신이 많았지만 대체적으로 전국에서 모여 든 반면에 중국인, 일본인 이민자들은 주로 그들 모국의 어느 한 지역이나 농촌 출신자들이 많았다. 이러한 사실은 나중에 하와이에서 한인 이민 1세들의 사회구성에 중요한 의미를 부여했다. 그들이 도시 출신이었다는 점과 함께 출신 지역이 다양했다는 점은 중국인과 일본인에 비해 그들로 하여금 하나의 집단보다는 상당한 이질성을 갖게 했다.

여섯째, 한인 이민자들의 사회적 계급이 다양했다. 한인 이민자들 중에는 양반 출신으로 학식 있는 사람들도 있었지만 상당수는 하층민들로 거의 무학이나 다름없었다. 따라서 한인 이민자들이 다양한 계층의 출신이었다는 점은 이민 1세들의 이질성을 더욱 증폭시켰다. 일본인이나 중국인 이민자들에게 이러한 이질성은 거의 보이지 않았으며 중국 이민자의 경우 상류층의 이민자는 극소수에 불과했다.

마지막으로 한인 이민자들은 기독교와 강한 유대관계를 가지고 있었다. 이는 농촌에서 이동한 하층민들에게 기독교가 쉽게 전파되었기 때문이었다. 이러한 기독교와의 유대가 한인 이민자들이 일본인, 중국인 이민자들과는 구별되는 요인의 하나였다. 따라서 한인 이민자들은 하와이에 도착해서 세례받은 경우보다는 그들이 모국을 떠나기 전에 여러 도시에서 미국 선교사들과 접촉하여 세례를 받았으며 하와이에 대한 정보를 입수하였다. 또한 그들은 도시에 살면서 선교사들이 세운 학교에서 한글이나 영어를 배우고 서양 예절, 서양식 건물, 양복, 음식, 약품, 서양 풍습 등과 접촉할 기회를 가졌다. 이러한 한인 이민자들의 특성은 그들이 하와이에 도착한 이후에도 기독교와 높은 관련성을 가지게 되었으며 유교적 보수성 유지보다는 개방적이어서 한인들이 서양 문화에 빨리 적응하는 데 도움을 주었다.

재미한인의 이민 역사를 시기별로 살펴보면 편의상 제1기에서 제4기까지로 구분할 수 있다. 제1기는 미국 이민사의 제1기로 1902년부터 1905년까지이다. 1902년 12월 22일 인천(제물포)에서 한국 역사상 처음으로 공식적 노동이민자를 실은 배가 하와이를 향해 떠났다. 하와이로의 한인 노동이민은 1905년까지 계속되었다. 하와이로 이주한 한인들은 최초 이민계약이 만료된 후에도 대부분의 사람들이 귀국하기보다는 미국의 서부지역으로 이동하였고 미국 내에서 한인 사회 공동체의 발판을 마련하였다.

제2기는 1906년부터 1945년까지의 시기로 구분된다. 당시 이주자들은 주로 일제의 탄압을 피해 이주한 정치적 망명자와 유학생들이었다. 이들은 숫자는 적었지만 미국 현지에서 독립운동을 전개하는 등 활발한 활동을 펼쳤다. 제3기는 1946년부터 1965년까지로 대체로 다음과 같은 범주에서 이민이 이루어졌다. 미국인과의 결혼을 통해 이주했거나 미국 가정에 입양되어 간 전쟁고아, 그리고 유학생으로 갔다가 미국에 정착한 사람들이었다.

제4기는 1965년 미국 이민법이 개정되어 대규모의 한인 이민이 가능해진 시기이다. 1965년 이후 한인의 이주형태를 구분하면 다음과 같다. 첫째,

미국인과 결혼해서 시민권을 얻은 한국 여성들이 초청한 그들의 직계가족, 둘째, 미국 유학생으로 갔다가 현지에서 시민권을 획득한 사람들과 그들에 의해 초청된 직계가족, 셋째, 미국 현지기업의 고용계약에 의한 이민과 그들의 직계가족, 넷째, 무역상업 비자나 비즈니스 투자비자로 미국에서 활동하다가 영주권을 취득한 경우 등이다. 특히 한국은 1970년대 가난에서 벗어나 아메리칸 드림을 꿈꾸던 한국인 집단 이민이 본격적으로 시작된 시기였다. 그리고 1980년대에 대량의 한국인들이 이주하여 오늘날과 같은 재미한인 사회를 형성하였다.

1903년 하와이 노동이민으로 시작된 미국으로의 한인 이민은 대부분이 초기에는 주로 하와이 사탕수수 농장에서 농업에 종사하였다. 그리고 점차 미국 본토와 도시지역으로 이동하였으며 1920년대 이후 샌프란시스코를 중심으로 한 미국 대도시에 정착하였다. 한인 이민자의 증가와 더불어 미국 체류자들이 1920~1960년 사이에 현지에서 18개의 한인학교를 설립하였다(손태근, 1988). 1965년 미국 이민법 개정으로 급격히 증가하기 시작한 한인 이민자들은 로스앤젤레스, 뉴욕, 시카고 등의 주요 대도시에 집중적으로 정착하여 한인 집단 거주지인 코리아타운(Koreatown)을 형성하였다. 오늘날 재미한인은 200만 명을 상회하는 대규모 이민집단으로 성장하였으며 해외거주 동포들 중 경제적 · 사회적으로 가장 활력 있는 이민사회를 형성하고 있다.

제6절 재미한인의 경제활동과 공동체

1. 자영업의 탁월성

미국으로의 초기 한인 이민은 농업 분야의 노동이민으로 시작되었다. 1923년 미국에서 동양계 이민을 차별하면서 이민자들의 직업구조 역시 매우 단순했다. 그러나 1965년 대규모 이민이 발생하면서 한국계 이민사회의 직업도 다양해지고 경제 구조도 복잡해졌다. 이들 신이주자들 대다수가 한국에서는 고등교육을 받은 전문인들이었지만 미국 사회에서 전문관리직으로 진출하기는 쉽지 않았다.

김형찬(1989)이 1986년에 재미한인의 직업 분석을 시도한 바에 따르면 약 절반 정도는 학생, 주부 및 기타였으며 나머지 절반 정도가 각종 직업에 종사하고 있는 것으로 나타났다. 이들 중 절반 이상이 상업과 서비스업에 종사하였으며 전문직은 5%에 불과했다. 이는 한국계 이민자들의 대다수가 이민 1세대들이었기 때문에 영어가 서투르고 미국과 한국 교육제도의 불일치, 그리고 미국 사회에서 보이지 않는 인종차별 등에 기인하는 것으로 나타났다. 물론 이런 경향은 1990년대 이후 이민 2~3세대가 증가하면서 많은 변화를 가져왔지만 여전히 제한적 수준에 머물러 있다.

재미한인들은 미국 이민 초기 의사, 간호사, 엔지니어 등과 같이 특정 직종에 종사하기 위하여 온 사람들과 어느 정도 경제력을 갖춘 이민자들을 제외하고 대부분은 처음에는 힘든 노동부터 시작했다. 이민자들이 단순노동 중에서 가장 손쉽게 접근할 수 있었던 직종은 청소업이나 봉제공장의 노동자와 같은 것들이었다. 단순노동에 종사하는 재미동포들은 한국에서의 노동 경험이 적고 학력이나 경력에 비하여 임금이 낮은 직종이었기 때문에 일하는 데 많은 어려움을 겪었다. 따라서 그들은 기회만 있으면 스스로 독립할 수 있는 소규모의 자영업(small business)을 개시하였다. 미국 대도시의 노점상이나 시장(swap market)에서의 행상은 소자본으로 비교적 손쉽게 시작할 수 있어서 상당수의 한인들이 자영업에 종사하였다. 그리고 많은 한인들이 이를 바탕으로 자금을 축적하여 대규모 사업으로 진출하였다.

재미한인들은 이민 초기에 언어적 문제와 사회구조상의 차이점 때문에 직업상 계층의 하락을 경험하여 미국에서 3~4년 정도의 정착과도기가 지나면 소규모 자영업을 시작했다. 미국 정부의 직업분류에 의하면 소규모 자영업은 100명 이하의 고용인을 가진 사업체를 지칭하는데 이들 중 5명 이하의 고용인을 둔 소기업을 '가족기업'이라고 한다.

재미한인들이 경영하는 소규모 자영업은 대부분이 이러한 종류의 가족 기업에 속한다. 한국계 이민자들이 운영하는 소규모 자영업은 업종이 다양하다. 그러나 소규모 자영업 중에서도 특히 재미한인들이 많이 종사하는 업종은 식품이나 잡화점, 의류 장신구점, 그리고 자동차 부품 관련 업종 등을 꼽을 수 있다. 식료나 잡화점은 세븐일레븐(Seven-Eleven)과 같은 편의점, 식료품 가게, 주류 판매점, 과일, 채소 가게 등이 대표적이고, 의류 장신구는 1970~80년대 가발공장이 주 업종을 차지했지만 현재는 액세서리, 네일아트, 시계, 문방구, 완구, 의류 등으로 매우 다양해졌다.

재미한인들이 소규모 자영업에서 탁월성을 보이고 상당한 수입을 올려 미국에서 정착에 성공한 것은 그들 특유의 근면성 때문이다. 가령 한인들이 경영하는 소규모 자영업은 토요일은 물론이고 일요일에도 영업을 하였으며 미국인들의 주당 평균 노동시간이 40시간인데 비해 자영업자들은 하루 평균 10시간 이상 일했다. 미국에서의 한인들의 이민경제 적응과정은 실제로 매우 다양하고 복합적인 과정의 산물이라 할 수 있다. 오늘날 재미동포들은 여전히 이국땅에서 불굴의 의지로 어려운 환경을 개척해나가고 있다. 이들 중 상당수는 어려운 기업환경과 역경을 극복하고 기업가로 성공하기도 하고 실패하기도 한다. 하지만 재미한인들의 성공사례가 많은 이민자들에게 '아메리칸 드림'을 꿈꾸도록 여전히 도전정신을 불어넣고 있다.

2. 코리아타운과 공동체 형성

현재 미국 윌셔 지구에 자리 잡고 있는 LA 코리아타운은 한인 유입과 그들에 의한 소규모 자영업의 급증으로 1980년 로스앤젤레스 시 정부로부터 '코리아타운'이라는 공식 명칭을 인가받았다. 윌셔 지구는 1950년대까지 주로 백인들의 거주지 및 상업지였다. 그러나 1965년 이후 이주한 한인들 상당수가 이 지역으로 모여들었고 이들은 코리아타운이라고 불리는 지역에서 자영업을 개시하였다.

한국에서도 1962년 이민법이 제정되고 1965년 미국 내의 이민법이 개정되어 가족 초청 및 직업 기술이민자들이 미국으로 이주하면서 상대적으로 지대가 저렴하고 접근하기 편리한 올림픽도로 주변에 한인들의 자영업과 주택이 들어서기 시작했다. 1971년에는 웨스트 올림픽도로에 한인에 의한 최초의 미니몰이 세워졌다. 1960년대 서독 파견 광부로 일한 적 있던 이희덕 씨가 이 건물에 올림픽 마켓을 오픈하였고 사무실 공간을 이민자들에게 임대하였다. 1971년 이후 코리아타운은 많은 변화를 겪기 시작했다. 미국 내에서도 한글 간판이 유독 많은 올림픽도로는 한인 자영업 활동의 중심지가 되었다. 그리고 코리아타운은 계속해서 주변지역으로 확장되어갔다.

LA 코리아타운에는 2008년경에 약 12만 4,281명의 한인이 살고 있었다. 코리아타운을 로스앤젤레스 한인촌이라 부르기도 하고 LA 코리아타운이라고 부르기도 한다. 미국 내 최대의 한인 밀집지역은 로스앤젤레스 대도시 주변에 산재한 한인 주거지를 가리키는 경우도 있으나, 이곳은 한인 집거지역이라기보다는 소수민족 혼합 거주지역에 한인 기관, 단체 및 상업 서비스 업체들이 밀집된 상업지역이라 할 수 있다.

1) 코리아타운의 형성

한인 이주는 1900년대 초 미국으로 최초 이민선 갤릭호가 하와이 사탕수수 농장에서 일할 노동자를 태우고 호놀룰루 항구에 도착하면서 시작되었다. 이렇게 시작된 미주 한인의 이민 역사는 이미 100년을 경과하였다. 이후 미국에서 1965년 이민자의 출신국 제한규정을 완화하는 개정이민법이 발효되면서 한인들의 미국 이민은 빠른 속도로 성장하였다. 1972년 대한항공이 LA에 취항하면서 LA는 본격적으로 미국 내 한인의 중심도시가 되었다.

이리하여 한인들의 미국 내 진출 교두보는 과거 하와이나 샌프란시스코에서 LA로 본격적으로 바뀌었다. LA에 한인들이 많이 거주하여 경제적인 논리로 항로가 개설되었지만 이로 인해 LA에 거주하는 한인이 폭발적으로 증가하였다. 미국항로 개설과 더불어 1977년까지 약 25만 명 정도의 한국인들이 미국 전역에 산재하기 시작하였으며 시카고 지역에는 2만 5,000여 명의 한국인이 거주한 것으로 기록되어 있다.

1979년 3월에는 서울–뉴욕 간 대한항공 노선이 뉴욕 지역 퀸즈(Queens)에 개설되었다. 이로 인해 많은 한인들이 뉴욕에 정착할 수 있었다. 1980년대 시행된 미국 센서스조사에 따르면 35만 7,393명의 한인들이 미국에 거주하고 있는 것으로 조사되었다. 1980년대 초반에는 한인의 절반 정도가 캘리포니아 주에 거주하였고 특히 6,000개의 소규모 자영업체가 LA에서 운영되고 있었다.

이들 자영업체의 급격한 성장과 확대는 결국 1980년 캘리포니아 주 LA에 공식적으로 코리아타운이 형성되는 밑바탕이 되었다. 당시 LA에 대한 한국인들의 이미지는 황금빛의 도시 그 자체였고 한국에서는 '나성'이라 불리며 이를 찬미하는 노래까지 생겨났다. 1992년 대한항공의 서울–시카고 항로 개설, 1991년 아시아나 항공의 서울–LA 직항 개설, 그리고 1992년 서울–뉴욕 직항노선 개설은 시카고, LA, 뉴욕에 자리한 3대 코리아타운의 발전을 가속화시켰다. 대한항공과 아시아나항공 여객항로의 취항은 한국과 미국의 코리아타운을 연결시켜주는 중요한 연결고리가 되었고 한인 이민을 촉진시키는 역할을 하였다.

지금은 LA가 미국 한인 이주 역사의 중심지로 변모하였고 미국 내 코리아타운 중 가장 많은 한인들이 거주하는 지역으로 발전하였다. 코리아타운의 위치는 다운타운과 LA 서쪽의 바닷가 부촌을 연결하는 중간지역으로 재미한인들의 비즈니스 활동의 터전이자 중심지이기도 하다. LA 코리아타운은 사계절 따뜻한 기후와 편리한 교통, 좋은 학군과 주변의 다양하고 풍부한 문화공간과 쇼핑 등 편리한 생활환경을 가지고 있다.

그동안 LA 올림픽도로를 중심으로 형성되었던 코리아타운은 점차 윌셔가로 중심이 옮겨지면서 영역을 점점 확대해가고 있다. 한인타운의 경제력과 함께 문화적으로도 한인 사회를 대표하여 한국을 미국 주류사회에 전파하는 기지 역할을 수행하고 있다.

특히 최근에는 한류의 영향으로 백인을 비롯한 여러 소수민족들이 식당 등 자영업의 고객이 되어 코리아타운을 방문하고 있다. 한인들에게도 코리아타운은 비즈니스뿐만 아니라 베드타운(Bed Town)으로도 각광을 받고 있으며 점점 더 많은 동포들이 유입되어 고층 빌딩을 비롯한 대형 주거단지들이 개발되었다.

2) 코리아타운의 성장과 문화활동

최근 최봉윤의 재미한인 연구에 따르면 1905년과 1907년 사이에 약 1,000여 명의 한인들이 보다 나은 경제적 기회를 찾아 하와이를 떠나 미국 본토로 향했다고 주장하였다. 로스앤젤레스 한인들은 1906년 최초로 한인 장로교회를 세우기 위해 벙커 힐 지역에 있던 주택을 임대하였다. 존 리의 연구에 의하면 1910년 이곳에 대략 40~50명의 한인들이 모여 살고 있었던 것으로 나타났다. 1930년 무렵 한인들의 주거지역은 인근지역으로 점차 확대해가기 시작했는데 한인 장로교회가 교회 건물을 세우기도 했다.

1965년 미국 이민법 개정 이후 코리아타운은 한인 이민자들이 모여드는

〈사진 23〉 LA 한인 장로교회(1930)

주요 정착지가 되었다. 이렇게 되자 코리아타운은 급속히 성장했으며 새로 온 이민자들을 돕기 위한 사회 서비스 단체들과 미디어 기관들이 형성되기 시작했다. 코리아타운은 처음 도착하여 언어 장벽에 부딪힌 한인 이민자들에게 생활상의 안식처를 제공하였다. 그리고 점차 한인들은 자신들의 상업 기술과 자본을 총동원하여 코리아타운을 경제적으로 번성시키는 공동체로 탈바꿈시켰다. 1982년에는 코리아타운개발협회(KDA)의 협력으로 캘리포니아 교통국이 '코리아타운'이라는 간판을 내걸었다.

코리아타운은 여전히 갓 이민 온 수많은 뉴커머 한인들에게 고향과도 같은 정착기능을 담당하고 있다. 하지만 코리아타운은 다민족들이 집거지하는 지역의 하나이다. 이 지역에 거주하는 다수의 이민자들은 라티노계들이다. 1990년 인구 센서스조사에 의하면 한인들은 전체 주민의 15% 미만인 것으로 나타났다.

코리아타운은 다양한 한인 커뮤니티 단체, 텔레비전, 라디오, 뉴스 미디어, 종교 단체들이 밀집되어 있어 한인들의 심장부와 같은 역할을 하고 있다. 하지만 다양한 소수민족들이 혼종화하는 공간으로 변화하면서 한인들이 몰려 사는 집거지 공간이라는 특징, 즉 소수민족들의 사회적 공간적으로 제한된 장소가 갖는 특징은 점차 사라지고 있다. 또한 미국 내 소수민족들에 대한 주택 차별이 완화되면서 부유한 한인들이 점차 교외 지역으로 이동하고 있다.

코리아타운은 비록 한인 이민자들이 감소하고 있기는 하지만 한국으로부터 투자가 촉진되면서 상업활동의 중심지로 발전하고 있다. 코리아타운에는 나이트클럽, 쇼핑몰, 화장품 가게, 레스토랑, PC방, 가라오케, 사우나 스파 등 유흥오락시설이 즐비하게 들어서 있다. 술집과 클럽이 세워지면서 한국의 생생한 밤과 술 문화를 즐기려는 현지인들이 이곳으로 모여 들고 있다. 코리아타운의 이러한 유흥오락 시설들은 오랜 외국생활로 지친 한인들에게 향수를 달래기 위해 마치 서울의 축소판에 와 있는 듯한 느낌을 주고 있다. 하지만 동시에 밤늦은 시간대의 영업이 불가피하여 폭력, 음주운전,

매춘, 범죄 노출과 같은 심각한 사회 문제들을 발생시키고 있다.

재미한인들이 미국 내에 결성한 단체는 총 1,000여 개가 넘는 것으로 나타났다. 특히 뉴욕, LA 등 한인들이 많이 거주하고 있는 지역에는 관련 단체가 200개가 넘는다고 한다. 외교통상부가 발표한 2011년도 '재외공관별 한인단체 현황'에 따르면 미국 내 한인단체는 총 1,129개로 지난 2010년의 1,000개보다 129개 증가한 것으로 나타났다. 한국 공관 관할지역별로는 뉴욕 총영사관 내 한인단체가 가장 많았고 LA 총영사관 내 한인단체가 두 번째로 많은 것으로 나타났다.

지역별로는 뉴욕과 뉴저지 등 뉴욕 총영사관 관할지역의 한인단체가 238개로 가장 많았고 남가주와 애리조나, 네바다 등 LA 총영사관 관할지역은 234개로 집계되었다. 뉴욕 총영사관 내 한인단체 수는 2년 전과 동일했지만 LA 총영사관 내 한인단체는 7개 정도 증가한 것으로 나타났다. 워싱턴 DC의 주미대사관 관할지역 한인단체는 154개였으며 시카고 총영사관 132개, 샌프란시스코 총영사관 109개 순이었다. 시애틀 총영사관은 97개, 호놀룰루 총영사관은 82개, 애틀랜타 총영사관은 41개 순이었다.

한편 LA 총영사관 관할지역 내 존재하는 한인단체의 특징을 살펴보면 봉사단체가 약 40개로 가장 많았으며 LA세계한인무역협회, LA한인상공회의소 등 경제단체가 27개, LA를 포함한 지역 내 한인회가 약 20개 정도였다.

또한 남가주한의사협회를 포함한 학술단체 19개, 재향군인회 17개, 예술단체 16개, 정치 및 문화단체 각각 15개, 노인회가 14개 등이었다. 이밖에도 종교단체 12개, 체육단체 9개, 향우회 5개, 교육단체가 4개로 집계되었으며 기타 단체로 분류된 곳은 5개 정도였다.

LA 총영사관 관할지역 내 한인단체들은 애리조나 지역 한인회 7개, 네바다 3개, 뉴멕시코 1개를 제외한 전체의 95% 이상이 남가주 지역에 집중 분포되어 지역에 따른 불균형 현상을 보이고 있다. 이들 한인단체들은 코리아타운을 중심으로 매년 대규모 행사를 개최하여 한국의 전통문화와 음식문화를 알리는 데 노력하고 있다.

〈사진 24〉 LA 코리아타운 한인축제

〈사진 25〉 샌프란시스코 한인축제

8

CIS 지역 고려인

제1절 CIS 지역 고려인의 분포

CIS(Commonwealth of Independent States)는 독립국가연합이다. 독립국가연합은 1991년 12월 31일 소련(소비에트사회주의공화국연방)이 해체되면서 구소련연방공화국 중 11개국이 결성한 정치공동체를 가리킨다. CIS는 2008년 그루지야가 탈퇴함으로써 2009년부터 10개국이 회원국으로 참여하고 있다. 회원국으로는 러시아, 우크라이나, 벨라루스, 몰도바, 카자흐스탄, 우즈베키스탄, 타지키스탄, 키르기스스탄, 아르메니아, 아제르바이잔공화국, 그리고 준 회원국으로 투르크메니스탄이 있다.[1]

일반적으로 이들 CIS 지역을 중심으로 거주하고 있는 재외동포들을 고려인(까레이스키)이라 부르고 있다. 고려인의 기원은 조선이 일본의 식민지 지배를 받던 시대에 국경을 넘어 러시아 연해주 등 여러 지역에 정착한 한민족을 가리키며 현재 CIS 지역에서 디아스포라적인 삶을 이어가고 있다. 즉, 말하자면 '고려인'들은 러시아를 비롯한 독립국가연합에 살고 있는 재외동포를 총칭하여 일컫는 용어로 러시아어로는 '카레이스키'라고 하며, 현지에 거주하는 재외동포들은 스스로를 고려 사람(Koryo-saram)이라고 부르고 있다.[2]

1990년에 실시된 소련의 마지막 인구센서스에 따르면 구소련 지역에 거주하는 고려인은 43만 8,650명이었으며, 당시 소련인구 2억 8,600만 명 중 1.54% 정도를 차지하였다. 소련 내에는 119개의 소수민족들이 살고 있었는데 이들 중에서 고려인은 절대 인구 면에 있어서는 29번째로 많은 인구를 차지하고 있으며 도시에 거주하는 인구 비율이 높은 것으로 나타났다. 고려인들의 주요 거주지는 러시아와 중앙아시아 국가들이며, 러시아 연방에 거주하는 고려인 동포 수는 11만여 명으로 추정된다. 그밖에 사할린(Sakhalin)과 연해주(Primorskiy) 그리고 하바로프스크(Khavarovsk) 지방에 약 4

1 키르기스스탄의 재외동포 현황 (키르기스스탄 개황, 2008.12, 외교부).

2 두산백과, http://terms.naver.com/entry.nhn?docId=1167114&cid=200000000&categoryId=200000191

독립국가연합(2005년 당시 12개국이었음)3

1992년 소련의 해체와 동시에 독립한 국가들4

〈그림 7〉 CIS(독립국가연합) 지역 국가5

만여 명, 아무르(Amur) 지역에 3만 5,000여 명, 북부 카프카즈 지역에 1만 8,000여 명, 수도 모스크바와 주변지역에 5,500명, 그리고 상트페테르부르크에 2,000여 명 거주하고 있는 것으로 알려지고 있다. 현재 중앙아시아 거주하고 있는 고려인 수는 약 32만 명으로 주로 우즈베키스탄공화국과 카자흐스탄공화국 지역에 집중적으로 밀집되어 있다.

구소련에서 살고 있는 고려인들은 세대별로 대략 다음과 같이 3개 그룹의 유형으로 분류할 수 있다. 제1그룹에 속하는 고려인들은 한반도에서 러시아 시대 극동으로 이주한 한인으로 이들의 인구가 가장 많다. 1860년대부터 시작된 한인들의 소련 이주는 수차례에 걸쳐 계속되었으며 이들은 현재 2~5세대를 이루며 살고 있다.

고려인 제2그룹은 사할린에 살고 있는 이들이며 약 6만여 명에 이르는 것으로 추정된다. 이들은 1939~1945년 사이 일제식민지의 기만과 강압정책에 의해 이주하여 강제노역을 당했다. 사할린은 제2차 세계대전 전 일본의 영토였으나 종전과 더불어 소련의 영토로 귀속되면서 일부 고려인들은

3 네이버 뉴스, http://news.naver.com/main/read.nhn?mode=LSD&mid=sec&sid1=104&oid=022&aid=0000087966

4 킴스스터디, http://cafe.naver.com/stduckyoung/2507

5 위키백과, http://ko.wikipedia.org/wiki/%EA%B3%A0%EB%A0%A4%EC%9D%B8

일본으로 이주하였다. 이에 따라 고려인 일부가 남사할린에 잔류하게 되었으며 그 수는 4만 7,000여 명에 달한다.

고려인 제3그룹은 재소한인들로 수적으로 가장 적다. 이들 재소한인들은 노동자로 왔다가 잔류하게 되었거나, 유학생으로 대학과 연구소에서 연구하다가 귀국하지 못한 사람들로 구성된다. 또한 북한에서 국경을 넘어와 소련 시민으로 귀화한 이주민들도 포함되어 있다. 이들 고려인 그룹을 내부적으로 상세히 살펴보면 소련에 남아 소련국적을 취득한 이들과 북한 국적으로 소련에서 일시적으로 체류하고 있는 이주민들로 구성되어 있다.

구소련 당시 인구통계에 의하면 중앙아시아 지역에는 1937년 이후 강제 이주당한 고려인들이 중앙아시아(우즈베키스탄, 카자흐스탄, 타지키스탄, 투르크메니스탄, 키르기스스탄) 지역에 약 32만 1,089명 정도가 거주하고 있는 것으로 나타났다. 이는 구소련 전체 고려인 중 약 73%에 해당된다. 공화국별로는 우즈베키스탄에 약 18만 3,000명, 카자흐스탄에 약 10만 3,000여 명, 키르기스스탄에 약 1만 8,000여 명, 타지키스탄에 약 1만 3,000여 명, 투르크메니스탄에 약 3,000여 명 정도였다. 고려인들이 가장 많이 거주하는 우즈베키스탄에는 전체 우즈베키스탄 인구의 약 1%, 카자흐스탄에서는 약 0.6%를 차지하였다.

고려인들은 거주지에서 비록 독립된 자치구를 갖지는 못했지만 각 공화국의 도시 또는 인근지역에 거주하고 있다. 예컨대 우즈베키스탄에 거주하는 고려인들 중 약 9만여 명이 타쉬켄트 지역에 집중적으로 거주하고 있다. 초기 고려인 이민자들은 주로 농촌지역에 거주하면서 농업에 종사하는 사람들이 대부분을 차지하였지만 소련 도시화의 진전으로 상당수의 고려인들이 도시지역으로 이주하여 생활하고 있다.

2008년도 통계에 따르면 고려인의 인구분포는 러시아의 인구수 약 1억 4,350만 명 중 고려인(한국인과 조선인을 포함)은 약 14만 8,000명, 우크라이나 인구 약 4570만 6,100명 중 고려인은 약 1만 3,000명 정도이다. 카자흐스탄은 인구 약 1655만 8,459명 중 고려인은 약 10만 명, 우즈베키스탄 인구 약 2934만 1,200명 중 고려인은 약 17만 6,000명 정도로 알려졌다. 그밖에

〈그림 8〉 고려인의 분포지역과 강제이주루트[6]

타지키스탄 인구 약 697만 6,985명 중 고려인은 약 6,000명, 키르기스스탄 인구 약 550만 7,000명 중 고려인은 약 1만 9,000명 등으로 CIS 전 지역에 고려인은 대략 55만 명 정도로 추정되고 있다. 또한 외교통상부가 2011년 7월에 발표한 자료에 의하면 우즈베키스탄 17만 3,600명, 카자흐스탄 10만 7,130명, 키르기스스탄 1만 8,230명, 타지키스탄 1,740명, 투르크메니스탄 884명 등으로 중앙아시아 지역에 약 30만 1,584명의 고려인들이 거주하고 있는 것으로 알려졌다.

제2절 이주의 역사적 배경과 정착과정[7]

1. 러시아 연해주 지역 이주

러시아가 극동 연해주와 아무르주 등 중국과의 접경지역을 점령한 것은

6 중앙일보, 2008년 12월 22일자 보도기사 참조, http://article.joins.com/news/article/article.asp?total_id=3428924&cloc(검색일: 2013년 12월 14일)

7 YACHESS, http://yachess.com/bbs/view.php?id=talk&page=1&sn1=&divpage=1&category=4&sn= off&ss=on&sc= on&select_arrange=subject&desc=asc&no=44

19세기 후반부터 시작된다. 조선이 러시아와 국경을 접하게 되면서 이민이 시작되었다고 볼 수 있다. 러시아에 남아 있는 기록으로는 1857년부터 한인들이 러시아 국경지대에 출현한 것으로 밝혀지고 있다. 한인들이 러시아에 이주하기 시작한 공식적인 기록으로는 1863년부터라고 볼 수 있다. 이때부터 한인들이 이동하기 시작하여 1864년 1월경에는 14가구 65명의 한인들이 8개의 초막을 치고 땅을 경작하며 현지에 정착하게 되었고 1865년 연해주 군무지사에 의하여 '레자노보' 마을로 명명되었다고 한다. 이후 한인들의 수는 급증하였고 성공적으로 현지에 정착함에 따라 러시아 행정당국은 한인들에게 특별한 관심을 가지기 시작했다.

그 후 러시아의 지원으로 한인들의 수는 더욱 증가하여 1867년 1월 1일자 한인의 수는 185가구 999명에 달했다. 한인들의 이동은 계속되었고 1869년에는 한반도의 기근 때문에 죽음을 무릅쓰고 이주해온 한인들도 많았다. 한인의 대거 이동으로 같은 해 12월 초에는 푸루겔름의 지시에 의해 쟈첸코 대령은 경흥으로 가서 조선 측에 한인들의 이동을 중지시키는 단호한 조치를 취해줄 것을 요청하였다. 하지만 한인들은 자국으로 돌아가면 당시 조선에서는 쇄국법이 엄격하여 돌아가도 죽게 될 것을 알고 있었기 때문에 귀환을 거부하였다. 이에 러시아는 노동력이 필요한 석탄광, 건설업, 블라디보스토크 항구건설, 군함에 필요한 목재공급 등에 고려인들을 동원하였다. 1870년경에는 이미 한인들의 숫자가 8,000~9,000명에 달했다.

하지만 1880년대 러시아에서는 조선으로부터 한인들의 이민을 배제하고자 하는 움직임이 강하게 일어났다. 한인 이민자들을 더 이상 수용하지 않고 이미 이주한 한인들도 국경지대로부터 내륙 지방으로 이주시키는 방안을 결정하기도 했다. 한인들이 대거 추방의 위협으로부터 벗어나게 된 것은 1893년에 프리아무르 총독이 두호프스키 총독으로 바뀌어 한인들에 대한 관대한 정책이 시행되면서부터이다. 1910년 일본이 조선을 강제병합한 이후 러시아로의 한인 이주는 더욱 증가하였다. 이는 일본 식민지의 횡포로 일본의 통치를 벗어나려는 사람들이 대량 이주하였기 때문이다.

〈사진 26〉 블라디보스토크의 과거와 현재[8]

1900년대 일제 침략이 시작되면서 망명정치가들이나 독립운동지사들이 연해주 이주에 가세했고 1905년에는 한일 독립운동의 전초기지가 되었다. 1910년 한일 강제병합 직후에는 식민통치의 고통을 피해 고향을 등진 많은 한인들이 이 지역에 정착하기 시작했다.

1917년에 소련에서 볼셰비키 혁명이 발생하였고, 1922년에는 일본과 러시아 간 마지막 전쟁으로 일본군이 퇴각하면서 소련 땅으로 정착되는 듯했으나 1991년에 소련연방이 해체되면서 또 다시 주인이 바뀐 땅이 되었다. 이렇게 역사적으로 굴곡이 많았던 땅에 살았던 고려인(까레이스키)들은 매번 땅의 주인이 바뀔 때마다 많은 고통을 감내해야 했다.

1917년 러시아혁 명은 한인들의 러시아 이민과 러시아의 이민정책에 큰 변화를 초래했다. 러시아 혁명 이후 연해주를 비롯한 극동지방은 적군과 백군이 내전을 치르고 있었고 일본군이 시베리아에 진출하고 있는 상태였기 때문에 당시 정치적으로 러시아의 이민정책이 본격적으로 관철될 수 있는 시기가 아니었다.

8 http://yang-jjoon.blogspot.kr/2013/08/blog-post_9723.html

1922년에 일본군이 극동지방에서 퇴각하자 러시아 공산당은 토지문제 등 많은 현안문제를 안고 있는 고려인들이 극동지방에 거주하는 것을 탐탁지 않게 생각하여 극동지방에서 고려인들을 타 지방으로 이주시키는 대대적인 계획을 세웠다. 하지만 당시에는 이를 곧바로 실행시키기에는 정치적으로나 경제적으로나 여건이 충분하지 못한 때였다.

1926년 러시아 공산당은 경제적인 문제를 기회로 고려인들을 구소련 지역의 내륙 깊숙이 이주시키고 국경지대에는 그들이 보다 신뢰할 수 있는 러시아인을 포함한 유럽지역으로부터 이민을 받아들여 고려인들의 자리를 채우게 한다는 계획을 세웠다.

2. 이주과정과 현지정착

고려인들이 러시아 지역에 이주하는 과정을 이주 시기별로 구분하면 다음 4단계로 구분할 수 있다. 제1기는 1863~1884년으로 이때는 경제적인 곤란으로 이주를 시작하였다. 제2기는 1884~1893년으로 조선의 농민들이 몰락하던 시기였다. 제3기는 1894~1910년 한반도를 둘러싸고 일본과 러시아가 경쟁을 벌이던 시기로 정치적 망명자들이 많았다. 마지막 제4기는 1910~1917년 일제가 토지조사사업을 벌이던 시기로 이로 인해 많은 농민들과 정치적 망명자들이 이주하였다. 1910년 조선이 주권을 상실하게 되어 이미 정착해 있던 한인들이 러시아에 대거 귀화하게 되었으며 이민자들도 계속 증가하였다. 당시 고려인의 구소련 지역으로의 이주과정을 요약하여 살펴보면 다음과 같다.[9]

9 다음 오픈지식, http://k.daum.net/qna/openknowledge/view.html?qid=3LLoU

〈표 23〉 고려인의 강제이주와 주요 사건[10]

이주 연도	이주에 따른 주요 사건기록
1850년대	자발적 이주. 극동지역 개발을 위한 러시아 정부의 묵인 하에 한인들은 계절 농민 형태로 러시아 극동지역으로 이주 시작
1863년	연해주 포시에트 지역 고려인 동포 13가구 최초 기록
1867년	185가구 999명
1869년	한반도 북녘 대기근으로 이주 급증 1만여 명
1902년	고려인 동포 이민자 수 3만 2,380명
1905년	을사보호조약 이후 의병기지화
1908년	의병 건수 1,451건, 참가 인원 6만 9,800여 명. 연해주 총독의 박해로 의병활동 만주 이동
1910년	경술국치 후 고려인 동포 이민 급증
1914년	고려인 동포 수 6,300명, 블라디보스토크에 신 한촌 건설
1917년 10월 (볼셰비키 혁명 이후)	이오시프스탈린(체제하 극동지역에서 수십 개의 농업, 어업 '콜호즈(Kolkhoz: 소련의 농업생산협동조합, 집단농장)'를 조직하는 등 경제, 사회, 문화적 잠재력을 갖춘 한인 공동체 형성. 아리랑 라디오 방송, 주간지 「일치」 등 언론사가 있으며 전통무용 공연단 「만남」 등이 활동 중
1918년 4월	일본군 연해주 점령
1922년 10월	일본군 연해주 철수 친일 거류민단 5,000명과 함께 귀국
1923년	재소 고려인 동포 공식 10여만 명 거주. 실지 25만 명 거주
1932년	연해주 고려인 동포 학교 380개. 잡지 6종, 신문 7종
1937년 8월 21일	9월 21일-11월 15일. 스탈린의 고려인 강제이주(이주 전 고려인 동포 지식인 2,500명 총살형). 소련 당국은 극동지역 한인을 중앙아시아 지역으로 강제 이주키로 결정. 이주 숫자는 카자흐스탄 9만 8,454명, 우즈베키스탄 7만 4,500명으로 이주 도중 사망 숫자를 포함해 대략 18만여 명으로 추산. 화물차량이나 가축차량에 집단 수용되어 한 달여 이동한 탓에 질병이나 열악한 조건에서 어린이 60% 가량이 이주 도중 사망
1938년 3월	이주민 정주구역 배당. 이주민 대부분은 농업에 종사하였고 주로 집단농장을 형성하여 거주
1953년	약 16년간 집단 수용소 생활과 같은 생활함(예: 민족교육 금지, 국가기관 취업과 취학 제한, 사회·정치적 진출도 사실상 봉쇄)
1953년	스탈린 사망 이후 모든 제한조치 완화
1989년 11월 14일	소련 당국, 강제이주 불법성 인정 성명 발표
1991년 4월 26일	러시아, '탄압받은 민족의 명예회복에 관한 법' 공포. 구소련의 해체와 독립국가들의 탄생에 따라 새로운 이주와 유랑생활
1993년 4월 1일	러시아, '러시아 고려인 명예회복에 대한 결정' 발표. 그러나 중앙아시아 국가에서는 아직 고려인 명예회복에 관한 법이 마련되지 않고 있음

10 주요 내용을 바탕으로 필자 작성.

제3절 고려인의 강제이주와 귀환

1. 1937년 고려인 강제이주

사할린은 러시아 연해주 동쪽, 그리고 일본 홋카이도 북쪽에 위치하고 있으며 현재는 러시아의 영토에 속하는 섬이다. 러시아 사할린 주(州)는 사할린 섬과 그 부근의 작은 섬, 그리고 쿠릴열도를 포함하고 있으며, 유즈노사할린스크 시(市)가 주도(州都)이다. 러시아는 이 섬을 사할린(Сахалин)으로 부르고, 일본은 가라후토(華太)라고 지칭한다.

사할린은 청나라 말기 청의 아주 미약한 영향력하에 있었지만 18세기에 들어와 일본과 러시아 간에 섬을 두고 경쟁이 심화되었다. 1855년의 러-일 화친조약에 의해 양국이 사할린을 공동으로 통치하다 1875년 상트페테르부르크 조약으로 러시아가 쿠릴열도를 일본에 할양하는 대신 사할린을 양도받았다. 그 후 러-일 전쟁에서 승리한 일본은 1905년 포츠머스 조약으로 북위 50도 이남의 사할린(남사할린)을 할양받아 식민통치하다가 1945년 제2차 세계대전에서 패전하면서 소련 영토로 복속되었다.

구소련은 1937년 8월 21일 외국 스파이 행위자로서 일본이 한국인이나 중국인 스파이를 파견하고 있다는 불분명한 이유 등으로 공식적으로 사할린 한인들의 강제이주를 결정하였다. 이에 따라 전소연방공산당(볼셰비키) 극동지방위원회, 극동지방 집행위원회, 내무인민위원국은 국경 부근 지역인 포시에트, 몰로토프, 그로데코보, 한카, 하롤, 체르니고프, 스파스크, 슈마코보, 포스티셰프, 비킨, 뱌젬스키, 하바로프스크, 수이푼, 키로프스크, 카리린, 라조, 스보보드니이, 블고베시첸스크, 탐보브카, 미하일로프, 아르하라, 스탈리노, 블류헤르 등에 거주하는 모든 한인들을 남카자흐스탄주의 아랄해, 발하쉬 지역 및 우즈베크 소비에트사회주의공화국으로 이주시키도록 지시하였다.

고려인 강제이주는 1937년 가을에 시작되어 "3일 안에 현장을 떠나라"라

〈사진 27〉 고려인의 이동경로와 정착지 우슈토베[11]

는 붉은 명령서가 도착하면서부터 18만 명에 달하는 고려인들이 시베리아의 칼바람이 고스란히 들어오는 가축운반용 강제이주 열차에 실려 약 40일간의 기나긴 여정 끝에 중앙아시아 지역에 도착하여 정착하게 되었다.

한국은 1945년 일제로부터 해방되고, 1950년 한국전쟁을 거쳐 근대화에 성공한 후 1988년 서울올림픽과 2002년의 월드컵 대회를 치루면서 비약적인 경제발전을 이룩하였다. 하지만 일본의 식민지 지배와 더불어 시작된 러시아 연해주로의 한인 이주, 그리고 적성국 이민자로서 지정되어 강제이주를 당한 고려인 2~3세들은 여전히 유랑생활을 계속하고 있다.

2. 고려인의 한국과 일본 귀환[12]

사할린으로의 한인 이주는 1870년대로 추정되며 1897년 러시아 정부가 실시한 인구조사에 따르면 당시 한인은 67명 정도였다. 이들은 주로 두만강을 건너 연해주에서 거주하다가 사할린에 정착하게 되었다. 초기에는 북사할린에 거주하는 자가 많았는데 블라디보스토크 등 러시아 원동은 물론이고 만주 지역의 한인들이 점차 사할린으로 이주하기 시작했다.

11 고려인의 역사, http://blog.naver.com/PostView.nhn?blogId=soowee&logNo=60143766994 (검색일: 2013년 12월 14일).

12 러시아 CIS 고려인과 사할린 한인의 차이, http://blog.daum.net/jso0869/6033564

일제의 조선 강제병합 이후 1910~1918년 시행한 토지조사사업으로 수많은 조선 농민들이 토지를 잃고 생계를 위해 고향을 떠나게 되었다. 한인들은 1904~1905년 러일전쟁으로 일본에 귀속된 북위 50도 이남의 남사할린(가라후토)으로 이주하였다. 당시 일본이 사할린을 본격적으로 개발하면서 안정적인 노동력 확보가 중요했는데 일본인 노동자들이 열악한 노동조건 때문에 사할린에서 일하기를 꺼려하면서 일본인 대신 한인들을 적극적으로 유입하기로 결정했기 때문이다.

그러나 1937년 소련의 강제이주정책으로 연해주 고려인들과 함께 북위 50도 이북의 북사할린에 거주하던 한인 1,000여 명이 중앙아시아로 강제이주 당했다. 결과적으로 사할린에는 일본 영토였던 남사할린에만 한인들이 거주하게 되었다. 사할린 한인들은 강제이주 후 많은 세월이 지난 후에야 모국 귀환사업을 통해 본국으로 영주귀국하고 있다.

1) 고려인의 일본 귀환

1956년 '일-소 공동선언'에 의해 일본인 가족의 입장에서 사할린으로부터 일본으로 귀환한 한인들을 중심으로 1958년 2월 동경에서 '사할린억류귀환한국인회(대표 박노학)'가 결성되었다. 이들은 먼저 서신 왕래와 사할린 잔류자의 귀환 촉진을 호소하는 운동을 시작으로 1975년 12월 사할린 코르사코프에 거주하고 있던 엄수갑 등 4명이 일본 국가를 상대로 '사할린 잔류자 귀환청구소송'을 동경지방재판소에 제출하면서 사할린 한인문제의 해결을 촉구하는 운동이 본격화되었다. 이 소송은 15년간 지속되어 1983년 4월 '아시아에 대한 전후책임연구회'가 결성되는 계기가 되었다.

1987년 7월 17일에는 일본 국회의원을 중심으로 '사할린 잔류 한국·조선인 문제 의원간담회(일본 국회의원 155명 참여)'가 발족되었다. 이런 배경 속에서 1988년 4월 일본 외상은 사할린 잔류 한인에 대해 일본이 도의적 책임을 져야 한다는 점을 인정하였으며 1989년 7월 한-일 양국 적십자사로 구성된 '사할린 거주 한국인 지원 공동사업체'를 설립하여 모국 방문(일시 방문 및 영주귀국) 문제를 전담하게 하였다.

한편 1990년 8월 28일에 사할린 한인 문제에 대한 소송이 본격적으로 시작되었다. 이는 일본 정부에 법적인 책임을 추궁하고 이를 바탕으로 보상을 청구하는 최초의 '전후보상' 재판이었다. 이 소송에서 사할린에 강제연행된 21명(사할린 잔류 한인, 영주귀국자, 유가족으로 구성)이 일본 정부에 1인당 1,000만 엔의 보상금을 청구했다. 하지만 이 소송은 1994년 7월 14일에 취하되고 말았다. 이유는 당시 피고인 일본 정부가 사할린 한인들에 대한 지원정책의 기본방향(소위 '50년 파일럿 프로젝트'라 칭함)을 준비하는 중이니 만약 재판결과가 잘못 나올 경우 이에 부정적 영향을 끼칠 수 있다는 이유를 내세워 원고 측에 소송을 취소할 것을 권유하여 원고 측에서 이를 수긍하였다. 즉, 원고 측은 재판을 중단하고 정부와의 타협에 주력하는 것이 좋다고 판단하여 소송을 취하한 것이다. 이러한 '50년 파일럿 프로젝트'에는 모국 방문, 지역 방문, 영주귀국 비용, 영주귀국자의 거주시설 건립, 사할린 잔류 고려인들을 위한 문화센터 건설 등을 지원하는 내용들이 포함되었다.

2) 고려인의 한국 귀환

1966년 2월 국회 외무위원회에서 외무부장관이 '공산지역(화태) 피억류교포 송환'에 관한 보고서를 통해 사할린 한인 문제가 한국 국회에서 처음으로 거론되었다. 이어 1968년 6월 14일 '사할린 억류교포 송환 촉진에 관한 건의안'이 의결되었다. 그 후 1970년 8월 이두훈 씨가 대구에서 '사할린 억류교포 귀국촉진회(1980년 2월 '중소 이산가족회'로 개칭)'를 결성하여 이산가족들의 의견과 이익을 대변하고 이산가족 재회사업을 적극적으로 추진하였다. 이러한 활동에 협력하고자 1972년경에는 일본에서도 '사할린 억류 귀환한국인회에 협력하는 여성들의 모임'이 결성되어 일본 내 여론을 주도하였다.

한편 한국 정부는 사할린 한인 문제에 대해 조국을 그리워하는 수많은 재외동포들에 대하여 무관심했고 반일과 반공 문제로 사할린 한인 문제를 이용하면서 정권의 정통성 위기를 극복하는 데 활용하기도 했다. 더욱이 사할린 한인에 대한 1차적인 책임은 일본에 있고 일본이 먼저 책임을 지겠다고 나서면 한국도 이에 상응하여 적극적으로 나서겠다는 수동적인 태도를 취해왔다. 또한 일본에 1차적인 책임이 있다고 하더라도 일본의 책임은 법적 책임이 아니라 역사적 · 도덕적 · 인도적 책임에 불과하다는 일본 정부의 입장을 수용하여 특별히 일본에게 법적 책임의 추궁을 취하지 않겠다는 입장을 밝혔다. 이러한 방침은 현재도 계속 유지되고 있다.

이러한 배경 속에서 한국 정부는 '사할린 동포 영주귀국 업무처리지침'을 제정하였다. 그러나 한국 정부의 반응은 매우 소극적이었다. 일본 정부가 제시한 한-일 정부를 주체로 한 것이 아닌 적십자라는 민간기구를 통하여 '영주귀국사업'을 실시하자는 제안을 수용하였다. 따라서 일본 정부의 조치는 사할린 한인에 대한 '법적 책임'을 뒤로 한 채 '역사적 · 도덕적 · 인도적 책임을 회피한 지원'이라는 비판을 받고 있다.

제4절 고려인 귀환과 당면 과제

1. 일본의 고려인 귀환책임

전술한 바와 같이 사할린 한인의 귀환에 대하여 일본 정부는 '책임'은 인정하지 않고 이들의 귀환을 '지원'한다는 입장을 보이고 있다. 한국도 일본이 1차적 책임자라는 기존 입장을 고수하면서 일본의 조치가 있으면 그에 상응하는 정도의 조치를 취하고 있는 상황이다.

일본 정부는 그동안 사할린 한인의 모국 방문사업(일시방문, 영주귀국, 영주귀국자 사할린 지역 방문)에 약 700억 원을 지원한 것으로 알려졌다. 일본 정부는 이러한 '자금지원'으로 의무를 다했다는 입장을 보이고 있으며 한국 정부도 이러한 일본 정부에 대해 아직까지 별다른 이의를 제기하지 않고 있다.

그러나 앞으로 사할린 한인의 영주귀국 문제는 시간과의 싸움이기도 하다. 1945년 종전 당시 4만 3,000명의 한인이 사할린에 억류되어 생활하고 있었다. 현재 이들 중 90% 이상이 사망하였다. 아직도 한국으로의 영주귀국을 희망하는 사할린 한인 1세들이 살고 있으며 현실적인 이유로 한국으로의 영주귀국을 포기하고 사할린에 잔류하고 있는 사할린 한인 1세들도 있다. 그동안 일본 정부와 한국 정부가 이들에게 영주귀국의 기회를 제공하지 않고 세월이 경과한 지금은 고령으로 건강이 좋지 않은 고려인들이 대부분이다. 따라서 사할린 한인의 영주귀국 문제는 '더 이상 지체할 수 없는 조속히 실현해야 할 사업' 중의 하나이다.

사할린 한인의 귀환에 관한 책임 문제는 시간이 경과되면서 두 가지로 발전되었다. 하나는 종전 당시와 같이 귀환 실현 책임의 문제이다. 그동안 일본과 한국 양국이 적십자사를 통해 실시한 모국 방문사업이 이에 해당한다고 볼 수도 있다. 또 하나는 귀환 실현 책임 불이행에 대한 책임문제이다. 즉 사할린 한인을 적절한 시기에 귀환시켜야 했는데, 현재는 사할린 한인 4세들이 출생한지도 20년 정도가 지났고, 이미 90% 이상의 한인 1세대가 사망하였다. 따라서 이제는 이들에 대한 귀환 실현 책임 불이행에 대한 책임이 새로이 성립되었다고 볼 수 있다. 아직 두 번째 책임에 대해서는 본격적으로 제시된 바가 없다. 이러한 두 번째 책임의 문제가 본격적으로 제기되기 전에 사할린 한인의 영주귀국 문제가 조속히 그리고 납득할 만한 수준으로 해결되어야 할 것으로 생각된다.

2. 일제 강제동원과 개인 재산청구권

구소련 사할린 지역으로 강제동원 되었던 고려인들은 일본의 전시체제하에서 임금도 제대로 받지 못하고 은행 또는 우체국 저금, 국채 등의 매입, 보험료의 납입 등 여러 가지 명분으로 강제로 예금하게 되었다. 이들 중에서 우편저금에 대하여 2007년 9월 도쿄지방재판소에서 '사할린 잔류 한인·조선인 우편저금 등 보상청구소송'이 제기되었다. 이 소송은 당시 일본

우편국(우정공사) 저금과 간이생명보험 불입금에 대한 청구소송이었다. 이 소송을 주도한 다카키 겐이치 변호사는 "이 소송은 궁극적으로 일본 사법부로부터 승소판결을 받으려는 것이 아니라, 여론 형성을 통해 쟁점화하여 일본 정부와 한국 정부로부터 일정한 자금출연을 통해 기금을 조성하고 사할린 한인의 한국 영주귀국과 정착사업, 그리고 사할린 잔류자에 대한 지원사업 등에 활용하는 것을 목적"으로 하고 있다고 밝힌 바 있다. 이 소송에서 대상이 되었던 우편저금과 간이생명보험은 당시 일본이 임금을 강제로 예치한 저금 형태의 일부에 불과했기 때문에 일본이 정치적으로 일괄적으로 해결해야 할 문제들이었다.

하지만 일본 정부는 한-일 과거사에 있어서 재산권 문제는 기본적으로 1965년 소위 '한 · 일 청구권협정'으로 최종적으로 그리고 완전히 타결되었다는 입장을 고수하고 있다. 한국 정부도 위안부 문제, 원폭피해자, 사할린 고려인 문제는 2005년부터 1965년 한 · 일 청구권협정 대상에 포함되지 않는다는 기본입장을 표명하였다.

이와 관련 한국 헌법재판소는 2011년 8월 위안부와 원폭피해자의 재산권 및 인간으로서의 존엄과 가치라는 기본권의 중대한 침해가능성, 구제의 절박성 등을 고려할 때, 한국 정부의 그동안 행태가 위헌임을 판시하며 분쟁해결에 한국 정부가 적극 나서도록 촉구하였다. 이와 더불어 2012년 5월 대법원은 미쓰비시 중공업과 신일본제철의 한국인 피징용자 그룹이 제기한 소송의 최종판결에서 1965년 청구권 협정에도 불구하고 피고 기업은 이들 고려인들의 미지불 임금을 지불할 의무가 있고 불법적으로 이루어진 강제징용에 대한 손해배상 청구권이 소멸되지 않았다고 판결하였다.

이처럼 사할린 한인 문제는 과거 일본의 식민지배와 그에 따른 문제들이 복잡하게 얽혀 여전히 미해결의 과제로 남아 있다. 고려인 강제이주와 미귀환이라는 두 가지 문제는 일본의 식민지 지배의 역사 전체를 아우르는 당면 문제이며 따라서 반드시 일본이 정치적 책임을 지고 해결해야 하는 문제임과 동시에 이를 방치해 온 한국 정부 또한 일정부분 책임을 져야 한다.

제5절 고려인 단체와 문화활동[13]

1. 고려인 단체

1990년 설립된 고려인협회는 전국 20개 지방 고려인협회를 관할하는 등 거주 고려인들을 대표하는 단체로서 고려인 권익보호와 역량강화 등 제반 활동에 중심적 역할을 수행하고 있다. 고려인협회는 2004년 12월 고려인 자체 부담으로 고려인회관을 건립하기도 하였다.

러시아와 독립국가연합 지역에도 '고려인연합회'가 결성되어 있다. 초대 회장은 지호천 모스크바 한인회장이고 부회장은 백규성 하바로프스크 고려인연합회장, 박양균 우즈베키스탄 한인회장, 이경종 연해주 한인회장 등이 역임하였다. CIS 지역은 한인회와 고려인회가 연합하여 하나로 연합회를 결성하였다. 연합회 결성과정에서 많은 어려움이 있었지만 양측 회장들의 이해와 협조로 가능하게 되었다. 이들은 한인회를 결성하여 청년들에게 모국에 대한 애국심을 키워주기 위해 지역별로 문화센터를 건립하고, 이들 청년들에게 한국어를 배워야 할 필요성과 당위성을 제공하는 활동을 해왔다. 또한 고려인 단체는 거주국에서 한국 문화를 알리고 국가 브랜드를 향상시키는 활동에 중점을 두고 있다.

또한 고려인 중심의 한국교육문화학교연합회는 모스크바 소재 국립경영대학교에서 러시아와 15개 CIS 지역에 한글학교를 건립하여 동포 자녀들과 현지인들에게 한국어를 보급하고 있으며 교육자들의 자긍심 향상과 보다 나은 교육 프로그램을 제공하고자 CIS 지역 한국어 교사 세미나를 개최하기도 하였다.[14]

고려인협회의 전신인 고려문화센터는 산하에 23개의 고려인 사회문화단

---

13 네이버 블로그, http://blog.naver.com/phiodor?Redirect=Log&logNo=110088165914

14 재외동포신문, http://www.dongponews.net/news/articleView.html?idxno=24706

체를 운영하고 있으며 한국 및 거주국의 국경일 등 기념행사에 고려인을 대표하여 연간 20여 차례의 문화공연을 개최하는 등 고려인의 한민족 정체성 유지에 기여하고 있다.[15]

1923년 3월 1일에는 삼일운동 4주년을 기념하여 독립운동가들이 '선봉'을 창간하였다. 고려인 강제 이주 후 '레닌기치'(1938.5.15~1990.12.31)로 개명하였으며 1999년 1월부터 지금의 '고려일보'로 명칭을 바꾸어 발행하고 있다. 직원은 12명(주필은 김콘스탄틴)으로 주 1회 2,500부(러시아어판 11면, 한국어판 5면 발행)를 발행하고 있다. 그러나 고려인의 한국어 사용이 감소하면서 한국어판 편집·취재인력 확보에 어려움을 겪고 있으며, 고질적인 재정난으로 현재는 고려인협회가 국가로부터 경영권을 인수받아 운영 중에 있다.

고려극장은 1932년 9월 블라디보스토크에서 설립되었으며 1937년 한인 강제이주 이후인 1939년 '크질 오르다 주립 음악연극 조선극장'으로 부활하였다. 100명(극장장 니 류보비)의 공연단 및 직원을 보유한 고려극장은 독립국가연합 지역 동포사회 내 유일한 국립예술극장으로 매월 2~3회의 연극, 무용, 음악 등의 공연을 한국어로 실시하고 있다. 2002년에는 창립 70주년을 계기로 현재의 단독 극장건물을 카자흐스탄 정부로부터 인수받았다. 2007년에는 창립 75주년 기념 『고려극장의 역사』라는 자료집을 발간하였다.

고려인 방송은 소련 국영 TV·라디오방송국 산하에 1984년 5월에 신설된 이후 직원 3명(성이리나 국장)이 주 2회에 20분씩 방송한다. 최근 고려인협회 및 우리민족TV 등과 함께 고려인 회관 내 독자적인 스튜디오 설립을 추진 중에 있다.

또한 러시아 국영 TV·라디오방송국은 1991년 2월부터 고려인 직원 4명(최옐라 국장)이 한국어 및 러시아어로 주 1~2회에 20분씩 방송하고 있으며 자체 제작 프로그램과 한국 KBS로부터 한국 소식 등 프로그램을 지원받아 방송하고 있다.

---

15 고려인들의 이주와 식문화, http://cafe.naver.com/singsingrussia/2000

〈사진 28〉 고려인 문화활동

이렇게 CIS 지역에 거주하는 고려인들은 그들 고유문화를 유지 · 계승하고 있는데, 오랜 기간 모국과 격리되어 생활해왔음에도 불구하고 우리말과 문화를 지켜오고 있다. 한국과 수교 이후 한국 정부로부터 꾸준한 지원 등에 힘입어 젊은 청년층 고려인들의 우리말 구사 능력이 매우 향상되고 있으며 북한 성향을 보이던 공연예술 분야도 점차 한국화되어가고 있는 추세이다.

2. 고려인의 정치경제계 주요 인물

우즈베키스탄의 경우 고려인들의 집단농장은 수도인 타슈켄트 남부에 분산되어 있고 이들 중에서도 '김병화 농장'과 '포리타젤 농장'이 유명하다. 대표적인 고려인 집단농장인 '김병화 농장(1925년 창설, 1974년 김병화 농장으로 개칭, 동포 1,000여 명 거주)'을 꼽을 수 있다. 이 농장은 1937년 고려인 중앙아시아 강제이주 당시 최초 정착지역 중 하나로 당시에는 갈대밭이었다고 한다. 김병화는 1940~1974년까지 35년간 이 농장을 개간하여 대표자를 역임하면서 우즈베키스탄 고려인들 중 유일하게 두 차례나 '노동영웅훈장'을 수상하였다. 그러나 구소련으로부터 우즈베키스탄 독립 이후 경제적인 어려움으로 농장이 해체되어 현재는 사유화되었으며 다수의 고려인들이 현지를 떠나 이제는 약 1,000여 명의 고려인들이 거주하고 있다.

김병화 농장은 원래 '북극성 농장'이었다. 농장장이 된 김병화는 농장을 최우수 농장으로 만들어 노동영웅 칭호를 두 개나 받았고, 그의 사후(死後) 이 농장을 '김병화 농장'으로 칭하고 타슈켄트의 한 거리를 '김병화 거리'라 명명하기도 했다.

'폴리타젤(Politadel) 농장(1929년 창설, 농장주는 카자흐스탄인)'은 '김병화 농장'과 비교되는 대표적인 고려인 집단농장으로 1953년 황만금이 농장 대표자로 취임하여 소련 내에서 가장 많은 생산량을 기록하여 '노동영웅훈장'을 수상하였다. 이곳에는 다수의 고려인이 거주 하고 있다. 이 농장은 한때 최고 1만 1,000여 명의 고려인들이 거주하기도 했으나 지금은 5,000~6,000명 정도의 고려인이 거주하는 것으로 추정되고 있다.

포리타젤 농장은 황만금이 농장장이 되면서 획기적인 발전을 도모하였고 구소련에서 유일하게 관광공사에 등록된 농장이다. 관광공사에 등록되었다는 것은 구소련에서 외국인들에게 가장 모범적인 농장으로 보여주는 농장임을 말한다. 소련에는 3만여 개의 집단농장이 있으나 관광공사에 등록된 농장은 포리타젤 농장이 유일하다.

최근 우즈베키스탄, 키르기스스탄 등 상대적으로 경제 발전이 낙후된 중앙아시아 지역의 고려인들이 비교적 경제 사정이 양호하고 농업 여건이 유리한 북캅카스와 연해주 등 극동지역 및 모스크바 등지로 이동하고 있는 추세이다. 이 지역에 체류하고 있는 고려인들은 대부분이 계절농업에 종사하며 농한기에는 원국적인 구소련으로 복귀한다.

구소련 지역 고려인 사회는 5~7세대에 걸쳐 러시아에 체류하면서 '장 류보미르' 전(前) 연방하원의원, '남 류드밀라' 공훈배우 등과 같이 러시아 정치 · 경제 · 문화계에 폭넓게 진출하고 있다.

최근 러시아 경제 회복과 함께 현지 고려인들의 경제·사회적 지위도 상승 중이며 특히 최근에는 유통업, 은행업, 가전제품 판매업 분야에서 다수의 기업가들을 배출하고 있다. 대표적인 고려인 기업가로는 전(前) MDM은행장인 김 이고르, 레이저 크래프트 사장인 태 스타니슬라브 등이 있다

키르기스스탄 내에는 1937년 강제 이주된 한인들의 후손 2~4세대 고려인들이 동포사회의 주류를 형성하고 있다. 고려인들은 정·관계 고위직, 기업계, 학계, 문화, 언론계 등 다양한 분야에서 두각을 나타내고 있다. 대표적 인물로 유가이 알렉산드르 국방부 차관, 신로만 의회의원 등을 들 수 있다.

또한 키르기스스탄이 시장경제로 전환되는 과정에서 고려인들이 기업활동에 두각을 나타내고 있으며 중앙아시아 최대 낙농제품 생산업체인 '신라인'의 신 게오르기 회장을 필두로 상 보리스가 호텔업 등에서 성공하였다.

현재 카자흐스탄에는 약 10만 명의 고려인이 거주하고 있으며 1937년 강제 이주된 한인들의 후손인 2~4세대 고려인들이 동포사회의 주류를 형성하고 있다. 카자흐스탄 고려인들도 정·관계 고위직과 학계·문화·예술 분야 등에서 두각을 나타내고 있다. 니 블라디미르 대통령 알마티자산관리처장, 최유리 상원의원, 김 비올레타 대법관 등이 대표적인 카자흐스탄 고려인들이다.

카자흐스탄은 최근 시장경제체제로의 전환을 추진 중에 있으며 2000년부터 연평균 10%의 고도경제성장을 지속하는 과정에서 고려인들이 기업활동에 두각을 나타내고 있다. 김 블라디미르 카자흐스탄 무스 구리광업 공사 사장, 김로만 카스피안 홀딩 회장(현 고려인 협회장) 등을 필두로 신브로니슬라브 알마티 인지스트로이 건설회사 회장 등이 카자흐스탄 기업계에서 두각을 보이고 있으며 전자제품 유통업계에서는 고려인 기업인들이 상위를 차지하고 있다.

또한 한국과 수교 및 한국대사관 개설 이후 한국 정부의 지원 등에 힘입어 고려인 청년들의 한국말 구사능력이 꾸준히 향상되고 있으며 북한 성향의 공연예술 분야도 점차 한국화되어가고 있다. 학술 분야에서는 한구리 전

(前) 카자흐스탄 법률대학 학장, 박이반 과학아카데미 수학연구소 부소장 및 강 게오르기 카자흐스탄 경제대학 역사학과 과장 등이 활동 중이다.

3. 고려인 문화활동

고려인의 문화활동을 살펴보면 카자흐스탄은 우즈베키스탄과 달리 스탈린이 한국어를 소련의 소수민족 언어에서 제외시키고 한국학교를 폐지하며 한국어 교육을 중단시켰다. 그럼에도 불구하고 카자흐스탄 고려인들은 계속해서 고려인 신문인 '레닌기치'를 발행해왔으며 '조선극장'을 유지해왔다. '레닌기치'는 구소련에서 간행되는 유일한 한글 일간지이다. 구소련에서 허용한 신문이기에 '레닌기치'는 정부와 당에서 지시하는 법령과 명령을 게재하고 홍보하는 당 기관지 역할을 하였다. 한편으로는 한인들이 문학작품을 발표할 수 있는 유일한 지면으로 고려인들의 작품들을 많이 게재하였다. '레닌기치'는 전성기 때 60여 명의 직원들이 있었으며 신문 발행부수도 1만 2,000부에 달했고 타슈켄트, 크질 오르다, 두샨베, 프롤제 등지에 지사를 두기도 하였다.

구소련의 페레스트로이카 이후 '레닌기치'는 '고려일보'로 개칭하고 내용면에서도 고려인들이 강제 이주당한 이후 힘들고 어려웠던 시절의 수기 등 폭로성 기사를 많이 게재하였다. 그러나 한글을 이해하는 독자가 감소하여 '고려일보'는 러시아어판을 증가시켰다.

카자흐공화국의 수도 알마아타(Alma-Ata)에 있는 조선극장의 명칭은 '카자흐공화국 국립 한인음악 · 희곡극장(Kazakh Republic National Korean Music and Comedy Theatre)'이다. 이 극장의 기원은 1920년대 러시아 극동지역에서부터 비롯되었다. 1937년 고려인들의 강제 이주와 함께 단원을 포함한 전체 고려인 극장이 크질 오르다로 옮겨졌다가 1942년에는 우슈토베로 이전되었으며, 1959년 다시 크질 오르다로 되돌아갔다. 이후 1969년 고려인 문화의 중심지인 알마아타에 자리 잡아 오늘에 이르고 있다. 이 극장에서는 창설

〈사진 29〉 고려인 노동절 기념행사

50주년인 1982년에 이르기까지 180편이 넘는 작품을 공연하였다. 이러한 예술 활동의 공로가 인정되어 소련정부의 명예훈장을 받기도 하였다. 이 극장에서 공연된 작품에는 구소련 지역 고려인들이 겪어 온 사회적 · 정치적 상황이 잘 드러난 작품들이 많았다.

1938년에 공연된 태장춘의 〈행복한 사람들〉에서는 중앙아시아로 이주한 후 고려인들의 삶이 잘 묘사되어 있고, 제2차 세계대전 기간과 1947년에 공연된 〈홍범도〉에는 항일투쟁이 잘 표현되어 있다.

그밖에 1920년대 볼셰비키 편에 선 극동고려인들의 갈등도 다루어졌는데, 1957년 태장춘과 채용의 〈빨치산들〉, 1962년 채용의 〈새벽〉, 1963년 채용과 염사일의 〈잊을 수 없는 날들〉, 1966년 맹동욱의 〈북으로 가는 길〉 등이 여기에 해당된다. 최근에는 〈춘향전〉, 〈심청전〉, 〈양반전〉, 〈흥부와 놀부〉 등 고전이 많이 다루어지기도 했다.

고려인 극장은 고려인들이 많이 모여 살고 있는 집단농장이나 농촌을 순회하면서 1년에 250회 이상의 공연을 실시했다. 특히 강제 이주당하여 힘든 생활을 할 때 지방을 순회하면서 마당의 횃불을 조명삼아 공연을 하기도 했다. 당시 고려인 극장은 고려인들의 한과 고통을 달래주는 유일한 단체였다.

오늘날에도 고려인 극장의 모든 공연은 한국어로 진행되기 때문에 각 지역의 동포들, 특히 젊은 청년 세대들에게 한국 문화와 한국어를 알려주고 민족적 긍지를 높이는 데 기여하고 있다. 알마아타에서는 1984년부터 한국어 방송이 실시되고 있다. 한국어 방송은 주 3회, 즉 수요일과 금요일에는 각각 20분씩 그리고 일요일에는 30분간 방송된다. 수요일에는 주로 정치사회관련 시사해설을 하고, 금요일에는 보도, 그리고 일요일에는 문학 · 예술 · 음악 등을 주로 방송한다.

구소련의 페레스트로이카 정책 이후 중앙아시아의 여러 도시에 고려인협회와 고려인문화센터가 조직되었고 한글반이 운영되어 한국에 대한 관심도 높아졌다. 이러한 한국 편중에 제동을 걸기 위해 북한은 '아소크'라는 조직을 결성하여 북한 방문단을 모집하여 모국 방문을 유도하기도 하였다. 그러나 한국은 중앙아시아 여러 나라들과 외교관계를 수립하고 교육문화원을 설치하였으며, 재벌기업의 현지 진출로 한국과의 외교관계를 더욱 공고히 하고 있다.

1991년 12월 구소련이 해체되면서 중앙아시아에 5개의 새로운 독립 국가가 탄생하였다. 중앙아시아 지역에 독립국가들이 형성되면서 각 공화국의 국어를 자신들의 민족어로 바꾸고 역사를 새로 쓰는가 하면 자신들의 종교인 회교를 강조하는 회교민족주의가 차차 강화되어 고려인들의 삶에 불리한 상황이 전개되고 있다.

제6절 고려인 민족정책과 한국 정부

1985년에 등장한 고르바초프의 페레스트로이카(개혁개방) 정책 이후 소련 민족정책의 억압적 요소들이 점차 부정되기 시작하였다. 특히 구소련의 해체를 전후한 시기의 정치적 변화는 한인들의 민족자치주 건립의 가능성을 한층 높여주었다. 소련공산당 중앙위원회는 '민족정책강령'을 발표하여 "모든 민족이 어떤 형태와 종류이든 민족자치를 향유할 수 있는 최대의 자치권을 부여한다."고 하였다. 그리고 모든 민족이 자기들의 민족문화와 민족어를 보존하고 발전할 수 있도록 하였다. 각 공화국 내의 자치공화국, 자치주, 그리고 자치구에 대해서는 정치적으로 이들의 권한을 대폭 확장하기로 약속하였다.

또한 자기 민족지역을 형성하지 못한 민족들에게는 영토를 부여받지는 못하더라도 자기들의 민족적 전통과 문화, 언어를 발전시킬 수 있는 권리를 부여한 '민족문화자치구'를 건립할 수 있도록 하였다. 이러한 민족정책의 공표 이후 고려인들이 거주하는 도시마다 고려인협회 또는 고려인 문화센터가 만들어졌다. 그리고 러시아 연방 최고회의는 '러시아 고려인 명예회복에 관한 법안'을 발표하였다. 주된 내용은 강제이주와 그 이후의 탄압이 불법적이었고 범죄 행위였음을 인정하고 고려인들의 명예를 회복시켜주어야 한다는 것이 골자였다. 따라서 고려인은 강제이주 전에 원래 거주하던 지역으로 귀환할 수 있는 권리를 부여받았다.

이러한 변화들은 고려인들로 하여금 고려인자치주에 대한 관심을 불러일으켰다. 고려인협회와 문화센터 대표들의 모임에서 운영소위원회는 자치공화국 창건의 필요성을 강조하였고 자치공화국의 최적지로는 하바로프스크 변경이나 프리모리에 변경의 일부를 제시하였다. 극동지역 재소한인단체 총연합회 부의장이 연해주 인민대표자회의에서 중앙아시아에서 연해주로 이주를 조직화하여 연해주 일대에 한인자치주 건립을 역설하였다. 재소한인단체총연합회 제1 부회장인 허웅배가 연해주 동부 해안 일대에 '한인경제구'를 건설하여 한국으로부터 투자를 유치하여 고려인들의 삶의 터전을 마련하자는 제안을 보리스 옐친 러시아 대통령에게 건의하기도 했다.

연해주로 고려인 이주를 가장 적극적으로 추진했던 사람은 김 블라디미르였다. 그는 우즈베키스탄에서 노력영웅 칭호를 두 차례 받은 인물로 페르

가나 주 경제장관을 역임하기도 했다. 그는 파르티잔스크(중국 명으로 수청) 시에 고려인들을 집단적으로 이주시킬 계획을 가지고 중앙아시아에서 이주 희망자 20여 명으로부터 당시 1억 루블을 받았다. 그는 주정부로부터 '수청 한인지구'의 명목으로 25ha의 토지를 부여받았고 이곳에 250채의 가옥을 짓고 한인촌을 건설할 계획이었다. 그러나 설계도 작성과 토지 사용허가를 받는 기간이 수개월 지연되었고 그 사이 러시아 경제가 도탄에 빠지고 인플레이션이 발생하였다. 당시 미화 1억 달러에 해당하던 1억 루블이 하루아침에 휴지조각이 되고 말아 한인 이주사업이 실패로 돌아갔다.

최근 한국 정부는 고려인 전용 전통묘지 건립비용의 일부를 지원하고 있으며 고려인 이주동포의 재정착 및 재해 피해에 대해 지원하고 있다. 특히 중앙아시아 지역으로부터 러시아로 이주해온 동포들의 재정착을 지원하고 있다. 우즈베키스탄의 경제 악화 및 타지키스탄 내전 등으로 약 7만 명의 고려인이 러시아와 기타 독립국가연합 지역으로 이주하였는데 상당수가 불법 또는 외국적으로 체류하고 있는 형편이다. 이에 대해 한국 정부는 자연재해 및 내란 지역의 피해동포를 지원하는 사업을 전개하고 있다.

또한 한국 정부는 차세대 동포들의 민족 동질성을 유지 · 복원하는 데에도 힘쓰고 있다. 청소년 모국 방문사업, 유학 알선 등을 통한 동질성 회복을 시도하고 동포 청소년들이 축제나 경연대회 등 다양한 계기를 통해 모국 청소년들과 만남의 장을 마련하여 민족적 동질성을 회복하도록 유도하고 있다. 동포단체 육성 및 모스크바와 지방 간 네트워크(network) 구축을 지원하고 고려인 문화 · 비즈니스 회관 건립을 지원하며 주요 문화행사 지원 등 고려인 단합의 구심체로서 동포단체를 육성하고 있다. 그리고 모스크바와 지방 주요도시 동포단체에 컴퓨터를 보급하고 네트워크를 구축하는 사업도 지원하고 있다.

한국 정부는 우즈베키스탄에 2007년 수교 15주년 및 '고려인 정주 70주년'을 맞이하여 공식 기념행사(9월 22일)에 정부 대표단을 파견하였다. 한국 정부는 고려인 정주 70주년을 맞아 고려인 1~2세대들의 생애와 우즈베키스탄 사회 발전에 기여한 바를 평가했으며 고려인 동포 3~4세대들에게는 한국과 우즈베키스탄 사이에서 국가 간 가교역할을 해줄 것을 비전으로 제시하였다. 이처럼 한국 정부는 우즈베키스탄에 거주하는 고려인들에게 전반적으로 미래 지향적인 방향으로 나갈 수 있도록 네트워크 구축을 지원하고 있다.

2007년 3월 4일부터 방문취업제가 시행됨으로써 시험에 의한 고려인 방문취업비자 쿼터가 4,022명이었으나 시험응시자가 2,020명으로 미달되었다. 이에 미달 인원에 대한 선착순 비자신청의 기회를 부여하여 모두 신청된 바 있으며 비자 쿼터에 대한 전체 신청자는 2008년 11월 3,611명으로 89.8%의 신청률을 보였다. 2008년부터는 고려인들에 대하여 무시험 컴퓨터 추첨에 의한 방문취업비자를 발급하기로 됨에 따라 2,711명의 쿼터 중 2,165명이 신청하여 모두 합격 처리되었다. 이 비자 쿼터는 2008년 11월 11일부터 방문취업사증(H-2) 신청을 받고 있다.

우즈베키스탄 한국교육원은 2009년 3월 현재 23명의 고려인 한국어 교사가 교육원 내 49개 학급 1,270명의 수강생들에게 한국어를 교육하고 있다. 현지 한글교육 현황을 보면, 2009년 3월 현재 타슈켄트 시에 72개교, 타슈켄트 주에 35개교, 기타 지방도시에 32개교 등 총 139개교 초 · 중학교에서 한글을 가르치고 있다. 이들 중 14개교에서 한국어를 제2외국어로 채택하여 교육 중에 있다. 교사는 대부분 고려인 동포 2~3세들로 주당 4시간의 수업을 실시하고 있다.

9
재유럽 한인

제1절 유럽 한인의 이주와 분포

유엔 보고서에 의하면 2013년 현재 전 세계 이민자 수가 2억 3,200만 명에 달한다. 한국의 재외동포 수는 701만 2,492명으로 총 인구의 10분의 1 정도를 차지하고 있는 것으로 나타나고 있다. 한국은 이와 같이 적지 않은 수가 해외에서 재외동포로 살고 있으며 재외동포는 한국 정부에게 이제 더 이상 무시할 수 없는 귀중한 민족자산이 되었다. 해외에 거주하고 있는 재외동포는 크게 동북아시아(일본, 중국), 남아시아 태평양, 북미(미국, 캐나다), 중남미, 유럽, 아프리카, 중동지역으로 분류할 수 있다. 따라서 보통 재외동포라고 하면 동북아시아와 북미만을 생각하고 유럽이나 중남미 등에 대해서는 잘 모르는 경향이 있다. 따라서 여기에서는 일반 사람들에게 잘 알려지지 않은 유럽 한인을 중심으로 이들의 이주 역사와 과정, 단체와 문화활동에 대하여 살펴보고자 한다.

한인들이 유럽으로 이주하게 된 가장 큰 배경은 한국전쟁 때문이었다. 한국전쟁이란 1950년 6월 25일부터 1953년 7월 27일까지 3년 1개월간 한반도에서 지속된 전쟁으로 일본 제국주의로부터 해방된 지 5년 만에 발생하여 민족의 분열과 대립의 격화, 분단체제를 고착시킨 결정적인 계기가 되었다. 한국전쟁이 한반도에서 발발하면서 유럽 국가로부터 많은 지원을 받게 되었다. 유럽에서 한인이 가장 많은 나라는 스웨덴(2,050명)인데, 한국전쟁의 참전을 계기로 인연을 맺은 한국인들이 이곳으로 이주하였기 때문이다. 또한 이 지역에는 한국전쟁 고아들이 약 4만 명 정도가 입양되어 스웨덴 한인 사회의 토대를 이르고 있다.

한국전쟁이 끝난 이후 1960년대 한국은 경제적으로 매우 어려운 시기였다. 때문에 돈을 벌기 위해 외국으로 이주해가는 사람들이 상당히 많았다. 주로 독일로 간호사나 광부노동자로 이주하였다. 한국인들이 유럽으로 가장 많이 이주한 시기는 1962년부터이며 정착을 목적으로 한 이민이 이때부터 본격적으로 시작되었다. 동북아를 중심으로 한 중국, 일본, 독립국가연합을 제외한 대부분의 재외동포 이민자와 그 후손들은 주로 이 시기에 이주하여 정착한 사람들이다. 1962년 한국 정부는 남미, 서유럽, 중동, 북미국가들과 집단이민과 계약이민을 실시하였다. 독일로 파견된 간호사와 광부들, 그리고 유학생, 정부 주재원들이 합세하여 이민사회를 형성하게 된 것이다.

유럽은 지리적 위치, 정치, 인종, 문화적 지표를 기준으로 편의상 다음과 같이 나눌 수 있다. 유럽 지역은 크게 서부유럽(영국, 프랑스, 베네룩스 3국), 북부유럽(아이슬란드, 스칸디나비아 3국), 중부유럽(독일, 오스트리아, 스위스), 남부유럽(지중해 연안 국가), 동부 유럽(러시아, 벨라루스, 우크라이나, 폴란드, 유고슬라비아, 체코, 불가리아 등) 등으로 구분된다.

2011년 현재 전체 726만 8,771명의 한국 재외동포 중 유럽 지역에 거주하는 재외동포는 12만 1,028명으로 파악되었다. 이는 전체 재외동포 중 1.67%에 해당되는 수치이다. 중국과 미국에 거주하는 재외동포에 비하면 적지만 향후 유럽 지역과의 교류증진에 크게 공헌할 것으로 기대된다.

외교통상부에서 발표한 2011년 재외한인 현황에 따르면 유럽 국가들 중 한인들이 가장 많이 사는 국가는 영국(4만 6,829명), 독일(3만 1,518명), 프랑스(1만 2,684명) 등이다. 또한 최근 유럽 내 한인의 경제규모는 빠른 속도로 증가하고 있으며 한국과 유럽 간의 교역규모도 점차 증대하고 있는 것으로 나타났다. 이것은 영국 등 주요 유럽 국가들은 물론 동유럽 국가들에 대한 한국 기업의 진출이 가속화되고 있기 때문이다. 주요 교역대상국은 한인들이 많이 거주하고 있는 독일, 프랑스, 영국, 이탈리아 등이다.

다음에 제시한 〈표 24〉를 보면 유럽 거주 재외국민 중에서 영국에 거주하는 재외동포가 가장 많고 다음으로 독일, 프랑스, 이탈리아 순이다. 특히 재외동포들 중 독일 시민권자가 7,814명으로 나타났다. 이는 파독광부와 간호사들이 귀국하지 않고 현지에 정착하면서 시민권을 획득했기 때문인 것으로 보인다. 실제로 주간신문 유로저널이 지난 2009년 7월 15일과 2010년 2월 10일 외교통상부 재외동포 현황보고를 통해 발표한 바에 따르면, 유럽 한인들의 87.4%가 한국 국적을 보유하고 있으며 시민권자들은 12.5%를

〈표 24〉 유럽거주 재외국민 통계(2011년 기준)[1]

국가명	재외국민			재외국민 합계	시민권자	재외동포 총계
	영주권자	일반체류자	유학생			
영국	9,170	14,020	19,000	42,990	3,839	46,829
독일	6,414	11,315	5,975	23,704	7,814	31,518
프랑스	2,268	3,305	6,325	11,898	786	12,684
이탈리아	470	1,538	1,912	3,920	221	4,141
스페인	2,108	827	216	3,151	929	4,080
터키	8	2,757	55	2,820	17	2,837
스위스	349	1,585	0	1,934	538	2,472
오스트리아	248	952	748	1,948	439	2,387
스웨덴	0	811	111	922	1,128	2,050
네덜란드	614	796	253	1,663	108	1,771
슬로바키아	606	978	3	1,587	0	1,587
벨라루스	6	18	54	78	1,268	1,343
체코	85	934	312	1,331	1	1,332
헝가리	159	857	279	1,295	0	1,295
폴란드	52	856	248	1,156	0	1,156
아일랜드	139	198	669	1,006	62	1,068

차지하였다.

또한 재외동포재단 조사에서도 유럽 지역에 거주하는 재외동포의 상당수가 대한민국 국적(85.5%)을 소유하고 있으며, 유학이나 어학연수 이후 계속해서 현지에 체류(43.9%)하는 경우와 경제적 기회 또는 직업(18.1%) 등을 이유로 이주한 경우가 많았다. 직업은 학생 신분(35.1%)과 자영업자(16.2%)의 비율이 높았는데 경제활동을 하는 유럽 지역 재외동포들은 대부분 정규직 또

1 외교부, http://www.mofa.go.kr/(검색일: 2013년 10월 17일)

는 상근 업무(66.4%)의 형태로 생업에 종사하고 있는 것으로 나타났다.

최근 유럽 내 한인의 경제규모는 빠른 속도로 증가 추세를 보이고 있다. 한국과 유럽 주요국과의 교역규모도 커지고 있으며 경제교류도 더욱 활발해지고 있다. 영국을 비롯한 유럽 주요국에 대한 한국 기업의 진출도 점차 확대되고 있으며 동유럽 국가에 대한 한국 기업의 진출이 더욱 가속화되고 있는 실정이다.

제2절 독일 이주[2]

독일에 최초로 한인이 이주한 시기는 1919년 이후이다. 3 · 1독립운동 이후 한회제 등 영남의 유학 유지들이 민족지도자 양성을 위해 '기미육영회'를 결성하여 전진한을 일본으로, 안호상과 이극로를 독일로, 신성모를 영국으로 파견하였다. 이어 카리타스 수녀원에 의해 한국 간호사 일단이 취업이민으로 독일에 진출하기 시작했다.[3]

한독 관계는 1882년 수교 이래 관계를 지속하여 오랜 역사를 가지고 있다. 하지만 현재의 재독 한인 사회는 1960년대 이후 이주자들의 역사가 지금까지 계속 이어온 것이라 할 수 있다. 1961년 군사 쿠데타를 통해 정권을 잡은 박정희 정권은 서독 정부로부터 상업차관을 들여오기 위해 혼신의 노력을 기울였다. 정부 차원의 노력 끝에 서독 정부로부터 1억 5,000만 마르크(당시 약 4,000만 달러)의 상업차관을 인가받았으나 외국은행으로부터 지급보증을 받을 수 없었다. 그래서 착안한 발상이 한국인의 노동력을 서독에 파견하는 일이었다. 독일 패전 후 산업 재건에 필요한 광부와 간호사를 파견하기로 한국과 협약을 맺었고, 그들에게 지급되는 3년간의 월급을 서독의

2 재외 한인의 역사, http://theme.archives.go.kr/(검색일: 2013년 10월 17일)

3 임채완 · 전형권(2006), 『재외한인과 글로벌 네트워크』, 파주: 한울아카데미, p.215.

상업은행(Commerz Bank)에 예치한다는 조건으로 현지 은행에서 지급 보증을 받을 수 있었다. 이때 선발된 5,000명의 석탄광부와 2,000명의 간호사들이 독일 이민 1세대를 형성하게 되었다. 이들 외에도 각종 기술자들이 장기 또는 단기 훈련을 받기 위해 독일로 건너갔다. 이들 중 상당수가 현지에 잔류하여 교민의 일원이 되었다.[4] 독일에 온 광산 노동자 중 40%는 3년 계약 만료 후 본국으로 귀국하였지만, 20%는 1960년대 중반 이후 미국과 캐나다 등 북미권으로 재이주하여 미국 여러 도시에 한인촌을 형성하였다. 그리고 나머지 40%는 독일 사회에 정착하였다.[5]

기존 연구에 따르면 1970년부터 1981년까지 한인과 독일인 간의 국제결혼이 1,622건 정도였다. 이들 중 90%가 한국 여성들이었으며 한인 남성의 경우는 10%에 불과했다. 1980년대 초 독일에서는 한인 부모들이나 국제결혼을 한 한인들 사이에서 이민 2세대가 등장하기 시작했다. 이와 같이 지난 50여 동안 재독한인 사회는 사회적 구성과 직업부문에서 많은 변화가 일어났다. 재독한인들은 다른 지역 코리안 디아스포라와 비교하여 무역이나 소규모 자영업종사자들의 비율이 낮았다. 재독한인 남성들은 전문가 혹은 단순노동자들이 대부분이었으며, 시간이 지날수록 전문가 계층이 두드러졌다. 재독한인들은 다양한 취업 기회 및 사업 가능성과 교육 혜택이 열려 있는 베를린, 뮌헨, 함부르크, 프랑크푸르트, 뒤셀도르프, 슈투트가르트 등 대도시로 진출하기 시작했다.[6]

유럽의 여러 국가들이 가지고 있는 가장 큰 공통점 중의 하나가 있다면 그것은 이들 국가들이 모두 비이민자들로 구성된 국가라는 점이다. 다시 말해 어느 나라도 정식 이민을 수용하지 않았다는 것이 특징이다. 따라서 한인들이 이들 나라에 거주하게 된 것은 특수한 조건에서 이루어진 경우가 많았으

4 한 · 유럽연구회(2003), 『유럽한인사: 프랑스와 독일을 중심으로』, 재외동포재단 연구보고서 2000-1, pp.400-403.

5 이광규(2005), 『동포는 지금』, 파주: 집문당, p.114.

6 김 게르만(2010), pp.369-372.

며 이것조차도 처음부터 이민으로 수용된 것이 아니었다. 만일 유럽 국가 출신과의 결혼에 의한 국적 획득이 정식 이민이라면 북유럽과 서유럽 및 몇 나라는 한국에 파병되어 주둔하던 군인들과의 국제결혼에 의해 이주한 사람들이 대부분이었다. 이것은 극히 제한된 수의 사람들이고 흔히 말하는 보편적인 의미의 정식 이민이라 할 수 없다. 독일에 이주한 한국 근로자들이 그곳에 정착하여 동포사회를 이루고 있으나 이것도 엄밀히 말하면 처음부터 정착목적으로 이주한 것이 아니라 계약에 의하여 일정 기간 체류한 후 귀국하는 것이 원칙이어서 그곳에 처음부터 정주하는 것은 허락되지 않았다.

1. 광부와 간호사 파견

유럽의 중부지역은 1960년대 독일 파견 광부와 간호사의 정착으로 한인사회가 형성되기 시작하였다. 한국에서 독일로 광부들이 파견된 것은 1963년 한국-독일 간 체결된 기술협정에 의해서였다. 당시 독일은 자국민들이 고된 육체적 노동을 기피하자 이를 감당해줄 외국인 노동자가 필요하였다. 한국은 당시 취업난을 극복하기 위해 해외 인력수출을 적극 권장하고 있었다. 이러한 양국의 이해관계가 맞아 떨어져 1963년 한국-독일 간 기술협정이 체결되었으며 같은 해 12월 23일 파독광부 1진 123명을 선두로 한인들의 독일 이주가 본격적으로 전개되었다.

한국은 독일 정부의 요청에 따라 광부 파견을 위한 신체검사를 엄격히 실시하였으며 3년마다 인력을 교체하는 방식으로 광부를 파견하기로 하였다. 그런데 당시 광부로 나간 사람들 대부분은 귀국하지 않고 현지에 정착하는 사람들이 많았다. 그들은 한국에서 대부분 도시에 살고 있던 고학력층으로 광산에서 일해본 경험이 없는 사람들이었으며 1977년까지 8,395명이 독일로 이주하였다.

한편 독일에 파견된 간호사는 1965년 한국 의사 이수길과 이종수 씨가 한국 간호사를 독일 병원에 취업시킨 것이 계기가 되었다. 이후 독일병원협회가 한국 해외개발공사와 계약을 체결하고 1969년부터 한국에서 간호사를 모집했다. 독일에 파견된 간호사는 1965년 18명을 시작으로 1977년까지 모두 47회에 걸쳐 약 8,000여 명이 독일로 파견되었다. 이들도 광부와 같이 처음에는 3년 계약노동자로 파견되었다. 진출초기에는 독일에서 언어장벽과 문화적 차이로 단순노동을 담당하는 등 어려움을 겪었으나 독일어를 어느 정도 습득하게 되면서 성실성과 간호능력을 인정받아 독일 병원에서 장기체류를 원하는 경우가 많았다.

한편 독일로 간 광부와 간호사들의 상당수가 결혼적령기의 미혼들이었다. 그리하여 광부와 간호사 간의 결혼으로 독일에 정착하는 경우도 많았다. 간호사들은 광부들 외에도 유학생, 독일인들과 결혼하여 독일 사회에 정착하였다.

1963년부터 한국은 독일에 광부와 더불어 간호사를 파견하기 시작했다. 비슷한 시기에 간호사 1만 1,057명이 파견되어 1960~70년대 한국 청년 약 1만 9,000여 명이 독일로 파견되었다. 당시 말이 파견이지 오늘날 동남아시아인들이 한국에 돈 벌러 오는 수준 정도였다. 당시 한국은 매우 가난했고 박정희 대통령은 경제개발을 위한 재원을 마련하기 위해 서구 선진국에 도움을 요청하였다. 먼저 한국의 최고 우방국인 미국에 차관을 요청했지만 당시 미국 대통령 케네디는 돈을 빌려주지 않았다. 박 대통령은 한국과 마찬가지로 분단국가였던 서독 대통령에게 차관을 받는 대가로 독일 사람들이 기피했던 업종인 광부와 간호사의 파견을 약속하였다.

당시 한국에서 고졸 출신 파독 광부 500명을 모집하는데 4만 6,000명이 몰렸다. 그들 중에는 정규대학을 나온 학사 출신자들도 많았다. 독일 광부 파견을 위한 면접을 볼 때 손이 고와서 떨어질까 봐 까만 연탄에 손을 비벼 거친 손을 만들어 면접에 합격했다는 소문도 있었다. 서독 항공기가 그들을 태우기 위해 김포공항에 도착하자 간호사와 광부들의 가족, 그리고 친척들의 눈물바다가 되었다. 독일 전세기로 낯선 땅 서독에 도착한 간호사들은 시골 병원으로 뿔뿔이 흩어졌다. 말도 통하지 않는 여자 간호사들에게 처음

〈사진 30〉 파독 광부와 간호사 모습(1960년대)[7]

맡겨진 일은 시체를 닦는 일이었다. 어린 간호사들은 울면서 거즈에 알코올을 묻혀 딱딱하게 굳어버린 시체를 이리저리 굴리며 닦았다고 한다.

남자 광부들은 지하 1,000미터 이상의 깊은 땅 속에서 뜨거운 지열을 참아내며 열심히 일했다. 독일에서 광부라는 직업은 엄청나게 힘들고 위험하며 건강에도 큰 무리가 가는 일이었고, 간호사들 역시 시체를 닦거나 독일 의사들을 보조하는 정도의 직업이었지만 한국보다 보수(월급의 약 7배)가 높았기 때문에 경쟁률이 10 : 1이나 되었다. 이렇게 한국에서 높은 경쟁률을 통과한 광부 7,936명, 간호사 1만 1,057명이 독일로 파견되었다. 그곳에서 한국국민 특유의 근면성과 성실성으로 최선을 다해 일했고 그들은 월급의 80~90%를 한국으로 송금하여 외화벌이에 큰 역할을 담당하였다. 당시 그들이 독일에서 보여준 근면함과 성실함이 독일의 경제발전에 기여했다고 독일 정부도 인정하였다.

1964년 박 대통령 부부가 독일을 방문했을 때 그곳에 파견된 광부와 간호사를 만나게 되었는데 그들은 눈물을 흘리며 애국가를 불렀고 박 대통령 내외에게 아버지와 어머니라 부르며 눈물을 펑펑 흘렸다고 한다. 그 모습을

7 1960년대 독일로 간 광부와 간호사, http://news.naver.com/main/read.nhn?mode=LSD&mid=sec&sid1=102&oid=079&aid=0002523676(검색일: 2013년 10월 24일)

본 박대통령은 "이게 무슨 고생입니까? 나라가 못살아 여러분이 외국에서 이런 고생을 합니다. 여러분 각자가 외교관이라는 마음가짐으로 독일인의 근면성을 배우고 한국이 발전하는 데 큰 힘을 보태주십시오. 지금은 못살아도 우리 후손들에게 부강한 나라를 물려줍시다."라고 격려했다고 한다. 이 모습을 본 독일총리는 한국 사람들에게 감탄하여 한국 차관을 승인했다고 한다.

이렇게 독일로 이주한 파독 광부와 간호사들은 깊은 지하갱도와 병원에서 흘린 땀과 눈물의 대가로 받은 월급을 모국 가족들에게 모두 송금했다. 당시 그들로부터 받은 외화송금액은 연간 약 5,000만 달러로 한국 GNP의 2%에 해당했으며 한국 근대화와 경제발전의 중요한 자금원이 되었다.

2. 재독한인의 현지정착

1963년 박정희 대통령이 서독을 방문했을 때 서독의 뤼브케 대통령과 독일이 한국에 기술을 원조한다는 협약을 체결하였다. 이에 따라 한국의 광산기술을 향상시킨다는 명목 아래 독일 석탄광산협회는 1963년 12월 한국 정부와 정식 협정을 체결하였다.

이에 따라 3년 계약으로 서독 광산에서 근무하기 위해 광부 1,000명이 1차로 이주하였고, 이어 2차로 2,000명이 서독으로 이주하였다. 이렇게 하여 1977년에 795명이 도착한 것을 끝으로 15년간 8,395명의 광산근로자들이 서독으로 이주했다.

이와 비슷한 시기에 한국에서 서독으로 간호사들이 이주하였다. 한국 의사 이수길과 이종수가 개별적으로 한국 간호사를 독일 병원에 취업시킨 것이 계기가 되어 독일병원협회가 1969년 한국의 해외개발공사와 계약을 체결하고 한국에서 간호사를 모집해갔다. 1965년 18명이 도착하였고, 1970년에는 1,717명으로 증가하였으며, 1977년에 795명을 끝으로 13년간 1만 371명이 독일에 파견되었다. 간호사의 경우도 3년간의 계약으로 독일로 이주하였다.

광부의 대부분은 고등교육을 받은 사람들로 한국에서 광부였던 사람은 한 명도 없었다. 당시 한국은 고등교육을 받아도 취업하기 힘들 때였다. 광부의 작업이 고단하고 어려운 것을 알면서도 많은 사람들이 스스로 지원하여 서독 광부로 진출하였다. 이들 광부의 대부분은 총각이었고 3년 계약이 끝난 뒤 독일에 계속 체류하기 위해서는 결혼해야 했다. 따라서 대부분의 광부들은 한국 간호사와 결혼하고 계약기간이 끝난 뒤 독일에 머물면서 광산에서 나와 다른 직장을 구하였다.

한국 간호사도 계약기간이 지난 후 대부분 독일에 체류하였다. 간호사의 경우 독일인들에게 매우 상냥하고 부지런하다는 이미지가 있어 독일 병원에서도 인기가 높았으며 병원 측에서도 간호사의 독일 체류를 권장하기도 하였다. 간호사 대부분은 결혼 적령기의 처녀들이었고 독일에서 독일 남성이나 한국 유학생 또는 한국 광부와 결혼하였다. 당시 정확한 결혼비율은 알 수 없으나 광부와 결혼한 간호사가 가장 많았고 다음으로 유학생이나 독일 남성과 결혼한 경우가 많았다. 한국 유학생과 결혼한 간호사는 남성이 유학이 끝난 후 한국으로 귀국하였다.

한국 광부와 간호사로 이루어진 가정이 독일에 정착하여 재독동포 사회를 형성하였다. 광부는 광산에서만 근무하였기 때문에 여성들보다 독일어 능력이 부족하여 직장생활을 하는 데 많은 어려움이 있었다. 그러나 광부는 지하에서 다져진 강인한 체력과 의지를 가지고 어떠한 역경도 극복할 수 있었고 무엇보다도 광부 특유의 강한 동지애를 가지고 있었다. 말하자면 광부 한 사람이 어떤 도시에서 식품점을 개업하면 그의 광산 동료들과 선후배들이 십시일반으로 그의 사업을 도왔고 사업에 실패했을 때에도 그가 다시 재기할 때까지 도와주었다.

이런 과정을 거쳐 광부 출신들은 서독만이 아니라 다른 유럽 지역에까지 확산되어 생활의 터전을 잡았고 미국 로스앤젤레스와 시카고 한인촌의 기초를 닦은 사람도 모두 서독에서 이주한 광부들이 대부분이었다.

제3절 영국과 프랑스 및 기타 유럽 한인

1. 재영한인

전후 영국에 정착한 초기 한인은 1958년 3월에 개설된 주영한국대사관 직원 6명이 전부였다. 이후에 대학교 유학생 200명 정도가 한인 사회에 합류하였다. 이와 같이 초기 영국에 도착한 한인들은 정착 의사도 없었고 이주민이라는 관념도 없었다. 1960년대 말 영국 거주 한인들의 대부분은 학생들로 약 200명 정도였다. 1970년대 초부터 영국과 한국 간의 경제관계가 활성화됨에 따라 런던에 한인 기업의 지사와 은행 등이 생겨났다. 이에 따라 1970년부터 1979년까지 한인들의 수는 1,000명에서 2,000명 정도로 증가하였다.[8] 1990년대 중반에 잉글랜드 거주 한인들은 1만 5,000명 정도까지 증가하였다. 이들 중 약 1만 2,000명은 런던 지역에 거주하였다.

1960년대 말부터 런던과 인근도시에 한인들이 정착하기 시작하였고, 그들은 주로 중소기업에 종사하였다. 이러한 한인 비즈니스의 편중은 상대적으로 한인 밀집촌이 형성되는 배경이 되었다. 특히 런던 남서쪽에 위치한 킹스턴, 뉴몰든 및 서비튼 등의 지역이 이에 해당된다. 런던 서쪽의 리크만스워드와 너트포서 등지에는 과거 대우자동차 공장이 자리 잡고 있어 한인들이 밀집하였다. 특히 윔블던에서 2마일 떨어진 런던의 교외지역에 위치한 뉴몰든의 한인 공동체는 형성된 지 30년 이상이 되었다. 이 지역은 '작은 서울(Little Seoul)'로 불리기도 한다. 다른 지역에 비해 비교적 편리한 교통, 쾌적한 환경, 비교적 싼 주거비 및 좋은 학교 등으로 인해 1990년대 말 재영한인 2만 5,000명 중 약 8,000명이 이곳에 거주하고 있었다. 또한 이 지역에 재영 한인들의 사업 중심지가 형성되면서 전체 한인 기업의 21%가 이곳에 자리 잡게 되었다.[9]

---

8 김인호(1992), 『재영한인회 어제와 오늘』, 재영한인회, p.8.

2. 재불한인

재불한인의 발자취는 19세기 말로 거슬러 올라간다. 1886년 조선이 프랑스와 정식 국교를 맺은 후, 한국인 유학생들이 프랑스의 대학에서 수학하기도 했다. 1900년 조선은 파리 만국박람회에 대사를 파견하여 한국관을 설치하는 등 다양한 활동을 펼친 적이 있었다. 1910년 이후 일제강점기 동안 한인들의 프랑스 진출 사례는 1919년 대한민국 임시정부 수립과 독립운동을 위한 한국 대표들의 파리국제회의 참가 등이 대표적이다. 해방 이후 1949년 2월 15일 프랑스는 대한민국을 공화국으로 승인하였으며, 4월에 양국 간의 교류가 시작되었다. 1950년 이후 프랑스에 한인이 본격적으로 정착하기 시작했는데 당시 한국 이민자들은 주로 한국전쟁에 참전했던 프랑스 군대를 따라 유학생 자격으로 이주한 28명의 학생들이 대부분을 차지했다. 이들 유학생들 대부분이 현지에서 공부를 마친 후 귀국하지 않고 프랑스 각지에 정착함으로써 한인 사회가 조금씩 형성되기 시작하였다. 1960~70년대에 이르면 유학생 이외에도 많은 사람들이 프랑스로 들어오기 시작한다. 이들은 주로 독일이나 미국 등지를 거쳐 프랑스에 거주하고 있던 친지들과 합류하기 위해 입국한 사람들이었다.

특히 1960년대 말경에는 독일에서 광산 노동자나 간호사들이 프랑스로 건너가 대부분 식당을 비롯한 요식업에 종사하기 시작하였다. 1971년 무렵 장단기 체류자를 제외한 한인 정착자의 수가 19명에 불과했지만 1977년에 이르러 292명으로 급격히 증가하였다. 그리고 1974년에는 프랑스에 한글학교가 설립되기도 했다.[10] 한국의 경제발전에 따라 1960년대부터 최근까지 많은 정부기관과 공공기관, 민간 상사들이 파리에 진출하면서 한인들이 대폭 증가하였다. 이들 한국인들 중 일부는 프랑스에 잔류하여 교민사회에

9 김 게르만(2010), 앞의 책, pp.381-382.

10 임채완 · 전형권(2006), p.213.

편입되기도 하였다.[11] 한편 자녀가 없던 프랑스 가정에서 1970년대 초부터 한인 아동들을 한국에서 입양하기 시작하면서 그 수가 1990년대 말 경에는 약 1만 3,000명에 달했다.

재불한인들의 프랑스 거주 자격의 특징을 살펴보면, 우선 시민권 및 영주권 소지자는 전체의 10% 정도에 불과하며 기타 일시체류자의 비율이 월등히 많은 편이다. 재불한인 사회는 거의 여성이 주도하는 사회라고 할 만큼 여성의 수가 남성의 수에 비해 2배 이상 많은 것으로 나타났다.[12] 또한 직업별 구성을 보면 대부분의 한인들은 서비스업종인 여행사 관광가이드, 통번역, 숙박업 등에 종사하고 있는 것으로 알려졌다. 다음으로 무역이나 상품 판매업종에 종사하는 한인들로 여기에는 주로 여성들이 많았다. 반면 전문 직종에 종사하는 사람들은 많지 않았다.

3. 기타 유럽 한인

독일에 비해 영국, 프랑스, 네덜란드 등 과거 식민지 경영을 경험한 나라들은 타 민족에 대해 상대적으로 관대하여 많은 외국인들이 이들 나라에 거주하고 있다. 그러나 이들은 모두 과거 식민지 지역 출신자들로 이들은 그곳에서 특별대우를 받았다. 예컨대 대학에 입학을 하거나 대학에서 장학금을 받을 때 과거 식민지 국가의 학생들에게 특별대우를 해주었다. 또한 그들에게 일자리를 제공하고 영주권을 부여하여 국적을 취득하게 하는 등 모든 영역에서 과거 식민지 지역 출신자들을 우대하고 기타 지역 출신자들은 차별했다.

한국인의 경우 법적으로는 유럽의 어느 나라에도 이민을 갈 수 없는 상태가 지속되었다. 이들 나라에 이미 정착한 한국인들이 가족을 초청하는 것도 불가능했다. 다만 그곳에 상사 주재원으로 근무를 하고 일정기간이 지난 후

11 오장환(2005), 『유럽 지역 한인 사회 역사와 현황: 프랑스 사례를 중심으로』, 국사편찬위원회, p.153.

12 한 · 유럽 연구회(2003), p.48.

체류연장을 받아 장기 거주하는 이들을 주로 재외동포라고 부른다. 최근 기업이민이 이루어지고 있는 곳은 독일, 영국, 프랑스, 네덜란드, 벨기에 등 몇 나라에 지나지 않는다. 한편 영국, 프랑스, 독일과 같이 재외동포들이 많이 거주하고 있는 나라에서도 한국인들은 소수민족 중의 소수민족으로 주류 사회에서는 잘 드러나지 않는 민족이다. 독일의 경우 같은 직장에서 한국인이 불만을 말해도 터키계의 노동조합에서 이를 차단하면 상부에 한인들의 의사가 전달되지 않는 구조이다. 따라서 한인들은 말없는 민족으로 때로는 멸시를 당하기도 했다.

유럽과 EU는 한국 외교의 5대 축으로 특히 EU는 한국의 대북정책을 지지하고 한반도 평화와 동북아 안정에 기여할 수 있도록 상호 협력하고 있다. 1948년 한국 정부 수립과 함께 영국, 프랑스, 독일, 이탈리아 등 주요 유럽 국가들은 한국 정부를 한반도의 유일한 합법정부로 승인하였다. 영국(1949)을 시작으로 프랑스(1949), 스페인(1950), 독일(1955), 이탈리아(1956) 등의 국가들이 한국과 외교관계를 재수립하였다. 또한 유럽의 터키(1957), 노르웨이(1959), 스웨덴(1959), 덴마크(1959) 등과도 외교관계를 수립하여 한국의 중요한 외교적 기반을 형성하였다.

반면 소련을 비롯하여 동유럽 국가 8개국은 대부분 1948년에 북한을 공식인 국가로서 승인하고 외교관계를 수립하였다. 한국은 경제발전을 기반으로 유럽의 많은 나라들과 우호 및 실질적인 협력관계를 체결하기 위한 외교적 노력을 경주한 결과 1980년대 유럽 국가들과 국제 교류 및 경제·통상협력을 강화하였다.

특히 한국 정부는 유럽공동체(EC: European Community) 출현의 중요성을 감안하여 한국과 EC 간 경제·통상 분야의 정기적인 협의체로서 1983년부터 외무장관급의 한·EC 고위급 협의회를 구성하여 매년 장관급 회의를 개최해 오고 있다. 한국은 유럽 국가들과 경제사절단 또는 통상사절단이란 이름으로 많은 민·관(民官) 합동의 인적 교류를 지속해오고 있다. 한국 정부는 유럽공동체와는 주로 경제각료회의, 경제실무자회의, 경제협력위원회, 공동위원회 또는 과학장관회의 등을 통해 투자 및 합작사업의 가능성을 협의하고 있다. 1990년대에는 한국과 유럽 국가들과의 관계도 괄목할 만한 성장을 이루었다. 유럽 국가들은 한국을 단순히 전통 우방국가로만 간주하지 않고 경제 · 통상 및 정치적인 측면에서 상호 긴밀한 협조관계를 필요로 하는 동반자로 인식하게 되었다.

유럽은 미국과 일본에 이어 세 번째로 큰 한국의 교역대상 국가가 되었으며 영국, 프랑스, 독일 등 유럽 주요 국가에 대한 한국의 투자도 증가하고 있다. 이와 같이 유럽 국가들과의 경제 · 통상관계가 급격히 증가하자 한국과 유럽 간에는 지적소유권 문제, 보험 · 금융시장 개방 문제, 수출덤핑 문제 등 민감한 경제 · 통상 현안문제들도 대두되었다. 유럽과의 관계가 긴밀해짐에 따라 한 · 유럽 정상 간의 접촉도 빈번해졌다.

한국 정부는 유럽 지역 개별국가와의 관계 강화와 더불어 1990년대 초부터 심화되고 있는 EU 통합에 대처하기 위하여 EU와의 관계 확대를 도모하였다. 이에 따라 EU는 1993년 6월 한국결의안을 채택하여 한국과의 관계를 경제 · 통상관계에서 한 차원 높은 단계로 격상시키기도 하였다. 이어 양측은 1996년 10월 한 · EU 기본협정을 체결하고 한 · EU 공동정치선언에 서명하여 한 · EU 관계를 경제관계로부터 정치 · 안보관계로까지 확대하였다. 이에 따라 EU 국가들은 북한 핵문제, 남북한 문제 등에 있어 한국의 입장을 지지해왔다. 또한 EU는 1997년 9월 한반도 에너지개발기구(KEDO: Korean Peninsula Energy Development Organization)의 상임집행이사국으로, 영국, 프랑스, 독일 등은 비회원국가로서 KEDO 활동에 협력하고 있었다.

제4절 유럽 한인의 이주유형

유럽 여러 나라들의 이민정책과 생활환경에 따라 이들 국가에 거주하는 한인들 간에도 많은 차이가 있다. 한국인이 이들 나라에 거주하게 된 동기들도 다양하다. 그러나 이들 유럽에 거주하는 동포사회를 이민자로 규정하면 이들을 이주국가와 정착 과정에 따른 이민유형으로 분류할 수 있다.

1. 이주국가에 따른 유형

현재 유럽에 거주하는 한인들의 한인 사회를 몇 가지 유형으로 분류하면 다음과 같다.

첫째 유형은 북유럽의 스웨덴, 노르웨이, 덴마크, 그리고 서유럽의 네덜란드와 벨기에를 포함하는 나라들로 이들 국가는 한인 동포들보다 입양한 국인들이 압도적으로 많은 나라들이다. 북유럽 지역으로는 스웨덴, 노르웨이, 핀란드, 덴마크 등이 이에 속한다. 이들 중에서 한인이 가장 많은 나라는 스웨덴(2,050명)인데, 한국전쟁 참전을 계기로 인연을 맺은 한국인들이 이주를 시작한 곳이다. 또한 이 지역에는 한국전쟁 고아 약 4만 여 명이 입양되어 이들 해외입양아들이 한인 사회를 이루는 토대가 되었다.

둘째 유형은 독일과 같이 한국 취업 이주자들이 다수를 이루고 있는 사회로서 '취업이민 사회'의 유형이라 할 수 있다. 이는 중부유럽형 이민 유형이라 할 수 있으며 독일과 오스트리아 및 스위스를 포함한다. 이들 독일, 스위스, 오스트리아 등 중부유럽 지역들은 주로 1960년대 독일 파견 광부와 간호사들이 이 지역에 정착함으로써 한인 사회가 형성된 국가들이다.

셋째 유형은 유학생이 많고 유학생들이 주도하는 프랑스 이민사회이다. 이것은 서유럽형으로 분류할 수 있으며 '유학생 주도형'이라 할 수 있다. 이러한 유형은 프랑스만이 아니라 영국, 이탈리아 등을 포함한다. 이 지역들은 주로 한인 유학생들을 중심으로 한인 사회가 형성되어 상당수의 사람들이 한국 국적을 가지고 체류하고 있다.

넷째는 기업이민이 주도하는 사회라 할 수 있다. 이것은 '기업이민 주도 사회'라 부를 수 있으며 남유럽 여러 나라를 포함하여 네덜란드, 벨기에, 영국 등은 모두 유학생과 국제결혼으로 이주한 연고 이민자들이 많으나 이들 나라에서 동포사회를 주도하는 것은 기업이민이라 할 수 있다. 특히 동유럽 국가들은 1980년대 말부터 한국과 수교를 정식으로 체결하여 주재상사원들의 이주가 이루어진 지역이다.[13]

2. 이주과정에 따른 이민유형

유럽의 한인들을 이주과정에 따라 분류하면 연고이민, 취업이민, 기업이민으로 유형화할 수 있다. 연고이민(연쇄이민: Chain Migration)은 여러 나라에 처음 이주하기 시작한 한인들의 이주형태이다. 예를 들면 스웨덴에 처음 이주한 사람은 한국전쟁에 참가한 스웨덴 사람들과의 인연으로 초청에 의해 이주한 한인들이다. 여기에 국제결혼을 한 이주여성이 속할 수도 있고 유학생으로 이주하여 정착한 사람들도 포함된다. 이러한 연고이민은 많은 국가들의 초기 이주자들의 이주형태이기는 하지만 특히 북유럽의 경우 한국전쟁을 계기로 국제결혼에 의한 연고이민이 많았고 영국, 프랑스 등 서유럽에서는 유학이민에 의한 연고이민이 많은 것이 특징이라 할 수 있다.

취업이민은 문자 그대로 현지사회에서 취업하여 거주하는 한인들을 말한다. 여기에는 독일 광산근로자와 간호사들의 이주가 속하지만 이들 외에도 조선공, 용접공, 기계공, 전기공, 병아리 감별사 등 다양한 기술직의 이주자들도 포함된다. 취업이민은 독일에서 전 유럽으로 확산되었고 특히 광산근로자는 보다 많은 사람이 다른 직종으로 전환하여 요식업, 식품업 등에 종사하고 있다.

기업이민이란 시기적으로 1980년 이후 유럽 여러 나라, 특히 네덜란드, 벨기에, 영국, 프랑스 등 서유럽 등지에 두드러지게 나타나는 이민형태의 하나이다. 네덜란드에서와 같이 기업이민자들은 상사 주재원으로 근무하던 업종을 지속하며 화이트칼라로서의 생활을 지향한다. 이들은 자기 스스

13 위키백과, 〈유럽 한인에 대하여〉(검색일: 2013년 10월 24일)

로를 이전에 이주한 교포와 구별하기 위하여 동포 2세라고 부르기도 한다.

제5절 유럽 한인단체와 문화활동

유럽에는 여러 한인 단체들이 존재한다. 가령 재독간호사협회라든가 프랑스한인단체 등이 있지만 이들 중 여러 단체들을 통합하여 '재유럽한인총연합회'가 구성되었다. 이 연합회는 1989년 9월 28일부터 3일간 당시 서유럽 국가를 총 망라한 11개국 한인 회장들이 서울에 모여 발족시킨 단체이다. 이듬해인 1990년 9월 29일부터 30일까지 양일간 독일에서 '재유럽한인총연합회'의 첫 정기총회가 정식으로 개최되었다.[14]

유럽 각 나라의 한인연합회장이 각각 회장을 역임하여 한동안 유럽한인총연합회와 유럽한인회총연합회로 분리되었다. 그러다가 2011년 6월 15일 서울에서 개최된 세계한인회장대회에서 유럽총연회장과 유럽한연회장이 유럽한인 사회의 단합과 화합을 위해 통합하기로 합의하여 전격적으로 이루어졌다. 이 합의로 두 단체의 통합준비위원회가 구성되었고 여기에서 정관 등이 마련되어 2011년 11월 18일에 오스트리아 비엔나에서 전체 대의원 90명 중 64명이 참석한 가운데 총회를 개최하고 정관의 일부 수정의결을 거쳐 통과시켰다. 이어 재유럽한인총연합회 회장 선거를 실시하여 오스트리아 연합회 박종범 회장이 당선되어 2년간 유럽총연을 이끌었다. 이들은 체육대회를 열거나 한국인 웅변대회 등 여러 활동을 통해 조직의 활동을 홍보하고 있다.

'나오네.' 라는 온라인사이트는 독일 한인들이 만든 유럽 한인들을 위한 포털사이트이다. 이곳에 가면 독일은 물론이고 유럽 국가 전체에 대한 각종 정보들을 얻을 수 있다. 재독한인총연합회는 대한민국을 그리워하는 현지

14 재외한인의 역사, http://theme.archives.go.kr/next/immigration/viewMain.do

〈사진 31〉 재독 한인 온라인 커뮤니티[16]

한국인들끼리 모여 각종 행사를 개최하고, 어려운 한인들을 돕고, 명절과 기념일을 같이 보내자는 취지에서 결성된 유럽한인 단체이다.[15]

또한 유럽 곳곳에 거주하는 한인들은 정체성을 잃어버리지 않기 위해서 꾸준히 한국어 웅변대회와 한글 경연대회 등을 개최하며 그들 자신들의 자긍심과 정체성을 높여가고 있다. 이들 행사를 외교통상부, 재외동포재단, 한국 대사관뿐만 아니라 한국대기업들도 지원하여 매년 뜻 깊은 대회가 이루어지고 있다.

독일과 프랑스에서 활동하고 있는 주요 단체 및 포털사이트의 현황은 다음과 같다. 프랑스 한인단체도 매우 다양하다. 한인회 이외에도 파리유학

15 재독한인연합회, http://www.jaedokhanin.de/(검색일: 2013년 10월 24일)

16 유럽한인 인터넷신문, http://www.europe-report.de/bbs/board.php?bo_table=B22

생회, 재불한인체육회, 재불상사협의회, 요식업협회, 과학자협회, 국제 한국학 및 비교학회, 한불예술협력센터, 청년작가회, 재불정치학회, 한국건축인 모임, 영화학회, 한불자선회, 컴퓨터동우회, 경제협력기구 등이 존재한다. 친목단체로는 골프동우회와 서울대동문회 같은 대학동문회와 고등학교동문회 등이 있다. 프랑스 한인회의 문화활동의 일환으로 교민들의 친선을 위해 열리는 체육대회, 한인회장배 골프대회, 또한 예술의 나라 프랑스답게 전 동포인의 예술축제도 열리고 있다. 특히 프랑스에는 한인 해외입양아도 많이 거주하고 있기 때문에 입양아 부모들 간의 친선모임도 활발하다.

독일은 다른 유럽 국가에 비해 많은 한인들이 거주하고 있다. 이에 따라 독일에는 지역별로 한인회가 존재한다. 이들 독일지방 40개의 한인회를 총괄하는 것이 한인연합회이다. 그밖에도 재독한인체육회, 재독한인복지회, 재독한인간호사회, 재독한인의사협회 등 여러 친목단체들이 있다. 재독한인연합회의 단체활동을 보면 한인체육대회, 교민대표 연설회, 청소년 축구대회, 한국민속씨름대회 등이 있다.

- 재불한인여성회

재불한인 간의 상호 교류 및 협력을 도모하고 정보교환 및 다양한 협력활동을 통하여 여성들의 활동을 도우며, 프랑스 주류사회로의 진출을 격려하는 등의 활동을 주로 펼치고 있다. 최근 '국제결혼여성 돕기 콘서트'를 개최하는 등 활발한 활동을 전개하고 있다.

- 프랑스존닷컴(www.francezone.com)

프랑스 동포신문으로 위클리 한국판이며 한인업체, 단체정보, 구인구직, 뉴스 등을 알려주는 대형 프랑스 한인 포털사이트이다. 파리지성, 주간 유로꼬레프랑스 한인 동포 종합신문으로 정치, 경제, 사회, 교육 등의 분야별 기사를 수록하고 있다.

〈사진 32〉 재독한인 문화축제[17]

〈사진 33〉 유럽 한인 음식축제와 차세대 웅변대회[18]

- 재독한인총연합회(http://homepy.korean.net)

1963년 한국 유학생들이 모여서 시작했던 학술토론회를 기점으로 회장을 선출하고 조직적으로 활동하면서 이후 명칭을 '재독한인회'로 변경하여 지속적인 활동을 전개해 왔다. 언론단체, 학술단체 등과 함께 활동하기도 한다.

- 교포신문(www.kyoposhinmun.com)

독일 한인 사회, 스포츠, 연예, 문화 등 분야별 뉴스를 제공하고 있다.

---

17 구글 검색(검색일: 2013년 10월 24일)

18 한인리포트라는 유럽의 한국 언론사 사이트(검색일: 2013년 10월 24일)

이밖에도 영국의 한인단체는 재영한인회, 재영한국경제인협회, 재영과학기술자협회, 재영유학생회, 이한응공사 추모사업회, 한반도통일연구회 등이 있다. 영국의 종교단체로는 7개의 한인학교와 천주교와 불교를 제외한 22개의 개신교 교회가 있다.

모임 및 문화활동을 살펴보면 재영한인회가 매년 주최하는 송년회 겸 총회와 여름야유회 겸 체육대회가 있다. 봄에 개최되는 한인회장배 골프대회, 가을에 열리는 한인회장배 웅변대회 등이 있다. 기타 한국전쟁에 참전한 군인들을 초대하여 벌이는 기념행사도 격년제로 개최하고 있다.

한 예로 유럽한인여성협회 한국문화행사와 관련된 내용을 소개하면 다음과 같다.

> "2011년은 한국이 국제적으로 많이 알려지는 해인 것 같다. 그렇게 갈망하고 기대했던 한국의 평창이 동계올림픽 개최지로 결정되었고 세계육상경기가 경북 대구에서 한창 열리고 있는 이때 우리 유럽한인여성협회가 주최하는 한국 문화 행사는 매우 시의 적절하였다고 본다.
>
> 이 행사들은 한국에서 개최 되는 국제적인 행사이지만 대부분의 유럽인들은 한국이 어디에 있는지, 어떤 나라인지, 또한 한국 문화는 어떤 것인지 잘 모른다고 한다. 그래도 공관이나 한국인들이 집중적으로 거주하는 대도시에는 유럽인들이 한국 문화를 접할 수 있는 기회가 많지만 작은 도시에서는 한국 문화를 접할 기회가 거의 없다. 한국을 홍보할 수 있는 일은 소규모의 문화행사일지라도 많은 보탬이 된다. 홍보물이 있어 한국을 소개할 수 있고 책자로 나온 홍보물도 한 몫을 차지한다. 이런 여러 번의 행사개최로 지금까지 나름대로 모아온 한국의 전통물건들이 요긴하게 쓰여 힘이 들지만 보람을 느끼며 기회가 있을 때마다 한국 문화를 소개하고 있다.
>
> 마침 2008년에 창립된 유럽한인여성협회의 6번째 모임인 2011년도 모임은 독일의 중간지역인 뮌헨글라드바흐에서 개최되어 문화행사를 유럽한인여성협회가 주최하였다. 문화행사의 주요 내용은 한국 소개책자, 한글소개, 한지공예, 한복, 붓글씨, 한국 악기, 한국궁중차도와 다과, 한국 전통혼례복, 한국 민화, 한국 가곡, 한국 춤, 서양화, 아동동화 등 다양한 프로그

램과 한국 소개의 비디오, 독도 소개의 비디오 등 지인들의 협조로 한국의 현실을 전달할 수 있는 뜻 깊은 한국 문화가 소개되어 감사드리고 싶다.

이번 모임에 오스트리아에서 물심양면 우리 협회를 이끌어주시는 기업가 회원님, 한국 전통무용가이신 회원님이 연수를 위해 한국에 계시고 만년이지만 학구열이 있어 대학과 대학원 준비 중이라 한국에 계시고 또한 개인의 전시관계로 이번 행사에 같이 참여할 수 없었다. 정말 유감스럽게 생각한다. 하지만 먼 곳에서나마 우리 협회를 격려해주시는 보이지 않는 힘이 이번 문화행사를 보람 있게 할 수 있었던 원동력이 아닐까 생각하며 감사드리고 싶다. 그리고 이런 행사 때마다 중요한 몫을 하는 게 한국 음식이다.

한국의 여성조리사로 이곳 독일에 최초로 초대받고 오신 분이 우리 협회의 회원으로 계셔서 깔끔하고 맛있는 한국 음식으로 외국인들에게 인기를 끌어 커다란 문화홍보가 되었다. 한국 관광을 홍보하는 여행사를 하시는 회원님, 한인 2세들의 교육열이 대단하여 한국 학교 행사 때마다 열심히 봉사하는 회원님, 음악 전공하시고 성악가로 활약하면서 독일 음악생들을 지도하고 자신의 발전을 위해 요가지도자 공부를 하는 정열적인 회원님, 남독일 아틀리에에서 자기향상에 묵묵히 서양화를 그리시는 회원님, 독일 청소년 비행문제아들을 돌보아주며 상담하는 사회봉사자이신 회원님, 한국, 중국, 독일에서 개인 전시와 미술심리학자로 지도에 바쁘신 회원님, 영국에서 유창한 영어로 직장생활하면서 아동들의 올바른 성장을 위해 좋은 글과 그림을 함께 만드는 아동동화 작가님이 계셨다.

이렇게 작은 힘들이 모이면 그래도 작은 성과가 있지 않을까 하는 기대를 가지고 만나는 것이 이 모임이다. 서로 이해하며 겸손하게 격려하면서 한 발자국씩 막히지 않고, 흐르게 하면서 거르고 맑게 정화하며 모든 이들에게 보탬이 될 수 있는 협회가 되고 싶어 우리 협회의 상징도 "물" 로 정했다. 이것이 우리들의 모습이고 이런 취지 아래 이번 행사도 추진되었고 매년 우리의 회의와 토론으로 조금씩 다듬어지고 성장하면서 기반을 닦았다. 우리들의 만남은 기다림의 시간들이다. 만나면 반갑고 서로 충고하고 아껴주는 마음의 전달을 느낄 수 있기에 그동안 연마한 작품을 평가하고 칭찬하며 더 열심히 할 수 있는 계기를 만들어준다. 각자 더 열심히 자기의 개성 발전에 노력할 수 있을 것이다. 한국 여성들은 어디에 살든 어떻게 살든 강하나.

> 무엇이든지 해낼 수 있다. 정치, 경제, 예술, 종교, 교육, 사회복지, 사회사업 등 못하는 게 없이 잘하고 있고 많이 달라진 시대에서 여기저기 세계 지구촌에서 많은 훌륭한 여성들이 선을 보이고 다양한 변화로 좋은 본보기들이 되고 있다."[19]

제6절 재유럽한인총연합회와 박종범 회장

박종범 회장은 1996년 기아자동차 법인장으로 가게 되면서 오스트리아에 발을 들여놓게 된다. 그러나 현지 오스트리아에 간지 얼마 되지 않아 1998년 IMF 금융위기가 터지면서 구조조정의 대상이 되어 오스트리아에 정착하기로 결심한다. 그리고 러시아와 인근 CIS 지역 등 동구권을 중심으로 한국산 석유화학제품을 판매하는 무역업을 시작하면서 동시에 자동차 관련 사업도 재개하였다.

박종범 회장이 경영하고 있는 영산그룹은 1999년 오스트리아 빈에 설립되었다. 이 회사는 한국의 자동차와 부품, 석유화학제품을 동유럽, CIS 지역에 수출하고 있으며 한국 제품의 글로벌 마케팅을 담당하고 있는 종합기업 중의 하나이다. 현재 슬로바키아, 모잠비크, 말리 등 다양한 국가에서 차량개조, 생산, 운송 등을 담당하는 공장을 운영하고 있으며, 러시아에는 완성차 조립기술지원과 차량부품 판매, 산업용 장갑, 유소아 용품 등을 판매하고 있다. 특히 자체 개발한 고속 핸드드라이어가 유럽 시장에서 크게 히트치면서 시장점유율을 높이고 있다. 또한 남미 파나마에도 사단법인을 설립하여 남미시장 공략을 위한 교두보를 마련하였고, 동유럽을 하나의 물류 네트워크로 구축하는 물류사업에도 투자하고 있다. 2008년도 뱅크 오스트리아(Bank Austria)의 고객상을 수상하기도 했다.

---

19 http://www.eknews.net/xe/journal_special/148991

〈사진 34〉 박종범 회장의 오스트리아 금장훈장 수여 장면 및 파독 50주년 기념행사

현재 그는 16개국에 28개 사업장, 7개 공장 등 해외 법인 및 지사를 설립하여 운영하고 있으며 최근에는 서아프리카 말리에 조립공장을 세우는 등 글로벌 기업으로 성장하기 위한 발판을 마련하였다. 그가 오스트리아 현지에서 이렇게까지 사업에 성공할 수 있었던 이유에 대하여 "초심으로 돌아가 끊임없는 도전정신과 불굴의 의지로 노력했기 때문이다."라고 했다.

박종범 회장은 사업의 성장과 더불어 재유럽한인 문화사업도 적극적으로 지원하기 시작했다. 2008년에는 오스트리아 한인연합회장을 맡으면서 오스트리아 한인 사회가 주도하는 문화교류와 차세대 교육장소가 될 한인

문화회관 건립위원회에 적극 참여했다. 그리고 마침내 한인 1,500여 명의 협력으로 27억 원 상당을 모금하여 '한인문화회관'을 건립했다. 현재 오스트리아 한인문화회관은 비엔나 중심부 도나우(Donau) 공원 내 UN사무소 뒤쪽에 위치하고 있다. 한인회관은 한글학교 수업과 한국 문화 관련 각종 프로그램을 일주일 내내 진행하고 있으며 '프란체스카 기념관'도 개설되어 있다. 또한 그는 유럽 내 한인 차세대들을 위한 한국어 웅변대회를 개최하거나 해외입양아들의 정체성 확립을 위한 후원활동 등 한국과 오스트리아 간 문화교류의 교두보 역할을 하고 있다.

박종범 회장은 한국-오스트리아 수교 50주년을 맞이하여 '한인 동포 50

년사'를 발간하기도 했다. 2012년 9월에 오스트리아의 한인 역사를 정리한 '오스트리아 속의 한국인'과 한국 전통요리를 소개한 '한식'이라는 요리책을 한국과 독일어로 병기하여 출판하였다. 이 책은 오스트리아를 중심으로 한 유럽 사회에 한국인과 한국 문화를 적극 알리는 '외교관' 역할을 수행하고 있다고 한다.

2012년 이후 오스트리아 한인연합회장(재유럽한인총연합회회장)을 맡고 있는 박종범 회장은 한국과 오스트리아 간 문화교류에 기여한 공로를 인정받아 2013년에 4월 오스트리아 연방정부로부터 금장훈장을 수여받았다. 또한 재유럽한인총연합회장으로도 활동하고 있는 그는 오스트리아-코리안 소사이어티 부회장, 필하모니 부회장 등을 맡아 한국과 오스트리아 양국 친선과 문화교류를 위해 노력하고 있다.

박종범 회장은 문화사업과 병행하여 최근에는 한인 차세대 사업에도 많은 노력을 기울이고 있다. 그는 차세대의 중요성에 대하여 "그들이 한국인으로서 정체성을 가지고 현지사회에도 융화되어 성공한다면 그들은 고급인재로서 한국의 민족자산이자 민간외교관으로서 성장하게 될 것이다."라고 했다. 이러한 비전을 가지고 그는 해마다 오스트리아 학생 20~30명을 선발하여 장학금 혜택 지원, 한국간호협회와 요리사협회 등 후원, 매년 축구, 골프, 테니스, 태권도 등 7개 종목을 중심으로 한인체육대회 등을 개최하고 있다.[20] 특히 그는 한인 차세대에 관심이 많아 이들을 중심으로 청소년체육대회 개최, 남북통일기원 유럽한인 차세대 모국국토대장정, 한국어웅변대회, 한글 글짓기대회 등을 개최하고 있다.

이와 같이 박종범 회장은 오스트리아를 중심으로 한 재유럽한인 사회를 이끌면서 전대미문의 발군의 리더십과 응집력을 발휘하여 다른 지역 한인사회의 롤모델이 되고 있다. 또한 그는 1960년대 유럽 한인 이민 선구자들이 한국과 한인 사회에 기여한 공로를 높이 평가하고 재유럽한인들의 권익

20 재유럽한인총연합회 소식, 2013년 5월 31일자, 제3호.

증진과 화합단결, 차세대 동포들을 위한 지원활동을 계속하고 있다.

제7절 재유럽한인의 전망과 과제

중남미와 유럽 지역으로의 한인 이주는 미국이나 캐나다로 이주한 한인과는 전혀 다른 특징을 가지고 있다. 중남미와 유럽 여러 나라에 거주하는 한인의 수는 미국, 캐나다의 동포와는 비교도 안 될 정도로 적다. 2011년 외교통상부가 발표한 '재외동포 현황통계'에 따르면 미국 200만 명, 캐나다 23만 명인데 반해 중남미 지역 11만 명, 유럽 지역 12만 명에 불과하다. 주된 이유는 1965년 미국의 이민법이나 1968년 캐나다 정부의 이민정책으로 이들 국가들이 이민자들에게 보다 관용적인 방향으로 나아간 것과는 대조적으로 유럽의 여러 나라들이 이민자를 합법적으로 받아들이지 않고 있다는 데 있다. 그리고 중남미 지역의 경우는 보다 나은 교육환경과 취업 기회를 제공해주는 지리적으로 인접한 미국과 캐나다 등 북미 지역으로 재외동포들이 재이주하고 있는 현상을 들 수 있다.

해외에 거주하고 있는 동포들에게 공통된 점 가운데 하나가 몇 명이라도 한인 동포들이 거주하고 있는 곳이라면 반드시 한인회가 존재한다는 것이다. 한인회는 한인 사회에서 중요한 기능을 하는 단체로서 한인을 대표할 뿐만 아니라 한인 사회의 구심점을 이루고 있다. 한인회의 조직과 기능도 대동소이하여 봄, 가을로 야유회나 운동회를 개최하고 예외 없이 송년모임을 주관하며 3 · 1절과 광복절 행사 등도 한인회와 공관에서 주관하고 있다.

이러한 기능을 수행하기 위하여 한인회는 덕망 있는 사람을 회장으로 선출하고 그의 지도하에 부회장 이하 간부를 두거나 이사회나 평의회를 두는 곳도 많다. 모든 한인회 회장은 무급으로 오히려 자기의 사재를 털어가면서 모임을 이끌거나 회장이 되면 자기 사업을 돌볼 시간을 많이 빼앗기고 경제적인 손실마저 보게 되는 경우도 있다. 따라서 회장의 임기를 1년 미만으로

하는 곳도 많으며 연임은 본인이 사양하는 경우가 많다. 이럴 경우 사업의 연속성이 부족하여 특히 대외관계에서도 불리하게 작용할 수도 있다.

따라서 한인회의 당면과제는 회장의 임기를 연장하고 경제적 부담을 적게 하여 사업의 지속성을 유지하는 방향으로 나아가는 것이다. 유럽 한인회의 경우 현재까지는 큰 문제가 제기되지 않았지만 곧 1세들의 노령화가 대두될 전망이다. 노인이라 하면 그들의 자녀들이 초청한 사람들이다. 그러나 먼 타국에 신천지를 개척한 1세들이 머잖아 곧 노인층이 되는데 여기에 대한 전반적 대비가 전혀 없는 실정이다. 한인회가 미래지향적이기 위해서는 여기에 따른 제반 준비와 노인 복지사업을 전개해야 할 것이다.

어느 나라 어느 도시를 가더라도 한인들이 거주하고 있는 곳에는 한글학교가 있다. 오히려 한인회는 하나지만 한글학교는 몇 개가 있는 곳도 많다. 이것은 모든 동포들이 2세 교육을 중요시한다는 증거이지만 실은 이것 이상의 의미를 갖고 있다. 한글학교는 자녀들에게 한글을 가르쳐 한국인임을 확인시켜주는 기회이지만 1세인 어른들에게 한글학교는 자기들도 그곳에서는 한국인으로 되돌아가는 귀속의식을 보여주는 곳이기에 오히려 2세들보다 1세들에게 더 중요한 의미가 있다. 따라서 현재 대부분의 한글학교가 한글 수업을 중시하고 한국의 노래와 춤을 가르치지만 이러한 민족교육의 내용을 좀 더 차원 높게 가르치는 교육으로 발전시켜야 하며 성인교육을 추가하여 민족 전통문화 계승의 장소로 만들어야 할 것이다.

한국인들이 유럽으로 이주하게 된 배경에는 많은 사연들이 숨어 있다. 일반인들이 잘 인식하지 못하고 있는 파독(독일 파견) 사건은 앞으로도 존경받고 본받을 참모습으로 기억되어야 할 것이다. 그들 덕분에 나라가 부강해져 지금 유럽에 이주하여 살고 있는 많은 한인들이 떳떳하게 살아갈 수 있게 되었다. 향후 한국에서도 유럽 한인들의 이주 역사와 그들에 대한 과거의 노고들을 더욱 홍보하여 한국인들의 인식을 전환시키고 기억하는 노력들이 필요할 것이다.

유럽 한인들의 이주는 한국전쟁이라는 비극을 통해 시작되어 1960년대 초 현지 노동력 부족과 한국의 과잉노동력을 해결하기 위한 수단으로서 국가정책에 의해 추진되었다. 결과적으로 이러한 유럽 한인들이 그 나라에 정착하여 한국과 유럽 국가들 간의 네트워크 구축에 큰 도움이 되고 있다. 또한 국내에는 잘 알려지지 않았지만 유럽 지역 동포들끼리 협회나 단체를 조직하고 동포신문을 발행하고 있다. 일반적으로 한국인들은 재외동포들을 생각할 때 동북아 지역을 중심으로 중국과 일본, 미국, CIS 지역만을 재외동포들로 인식하는 경향이 있으며 재외동포들에 관한 연구도 대부분 이들 국가를 중심으로 이루어지고 있다. 따라서 앞으로 보다 많은 사람들이 유럽 한인에 대해 이해할 수 있도록 유럽 한인 관련 단체들에 대한 지속적인 관심과 연구가 필요하다.

10

중남미 한인

제1절 중남미 한인의 이주 배경

19세기 중반 이후 한국인, 중국인, 일본인들의 중남미 이민은 경제적 빈곤과 기아에 허덕인 백성들이 보다 나은 삶을 찾아 이민노동자로 이주하면서부터 시작되었다. 많은 중국인 노동자들이 미국의 대륙 간 횡단철도를 개설하고 태평양과 대서양을 잇는 파나마 운하를 건설하는 현장에 투입되었다. 일본인들도 20세기 초부터 브라질과 페루를 중심으로 농업이민을 떠났으며 이들의 후손들이 현지에서 크게 성공하여 정착하여 생활하고 있다. 조선인들도 중국인이나 일본인과 마찬가지로 19세기 중엽인 구한말에 물질적인 풍요를 찾아 하와이 사탕수수 농장과 멕시코 유카탄 반도의 에네켄 농장에 이민노동자로 진출하였다.

이렇듯 비슷한 시기에 동북아 지역으로부터 시작된 중남미 이민에서 한국인들은 왜 타 민족들에 비해 그다지 성공하지 못했을까? 이에 대한 대답은 여러 가지가 있겠으나 첫째 이유는 멕시코 이민이 속아서 떠난 이민이었다는 사실이며 당시 국가적 상황에서 이들 노동자들에게 아무런 도움을 줄 수 없다는 점이다. 이주지에서 노예 취급과 착취를 당한 한인들은 계약기간이 끝나자 여기저기 뿔뿔이 흩어졌기 때문에 제대로 된 공동체를 형성하지 못했다. 당연히 연쇄 이민이 있을 수 없었으며 1960년대까지 중남미는 여전히 조선인들에게는 낯선 대륙 중의 하나였다.

조선인들의 중남미 이주는 브라질, 아르헨티나, 파라과이 등의 국가들이 독립을 도모하기 시작하는 1970년대에 들어서야 겨우 한국인들이 이들 국가들로 농업이민을 떠나면서 시작되었다. 그러나 이민자들 대부분이 원래 계약대로 농사를 짓기 위해 농촌지역에 정착하지 않고 수도에서 가까운 도시지역으로 진출하여 의류도소매업 등 상업에 종사하였다. 이러한 이유 때문에 한국인들은 이들 국가들이 이민자들을 수용하기 꺼려하는 국민 중의 하나가 되었다.

또한 중남미 한국 이민자들이 현지에서 성공을 거두지 못한 이유는 보다

〈표 25〉 중남미 한인의 분포[1]

국가	동포 수	추정 동포 수	총인구	외교관계	이민개시	영주권
브라질	48,419	60,000	1억 8,611	1959.10	1963	부여
아르헨티나	22,024	25,000	3,953	1962.2	1965	부여
멕시코	12,072	50,000	1억 470	1962.1	1905	없음, 사업비자
과테말라	9,921	15,000	1,260	1962.10		영주권, 장기체류
파라과이	5,229	8,000	620	1962.6	1965.4	부여
칠레	2,249	2,500	1,598	1962.6		영주체류
페루	812	919	2,790	1963.4		비자
에콰도르	1,418	1,400	1,303	1962.10	1970	5년 영주거주비자
볼리비아	1,280	1,300	925	1965.4		영주권
쿠바	720	800~900	1,130		1921	없음
합계	108,603					

큰 비전을 가지고 그 나라에 정착하려 하기보다는 빨리 돈을 벌어 인근 미국으로 이주하려는 생각을 가지고 있었기 때문이다. 브라질에서 벼농사를 지어 성공한 대농장 부호도 일본인이며 파라과이에서 동양인들이 먹는 배추나 벼농사를 독점하는 농장의 주인들도 일본인이다. 이들은 중남미 사회에서 번 돈을 그 사회에 환원하면서 그 나라의 국민이 되어 부를 축적한 반면 한인들은 돈을 모아 미국으로 재이주를 떠날 기회만 노렸다.

중남미로 떠난 한인들은 그들의 출발시기에 따라 다음과 같이 몇 가지로 분류할 수가 있다. 첫째, 1900년대의 멕시코와 쿠바로 떠났던 조선인들이며, 둘째, 1960년대의 브라질과 아르헨티나 등의 농업이민자, 셋째, 1970년대 산업화 이후 좀 더 나은 환경을 찾아서 개인의 발전과 자녀들의 교육목적으로 이주한 자들로 구성된다.

1 외교통상부 중남미 지역 참고(2010년 말 기준), http://www.mofa.go.kr/countries/index.jsp?menu=m_40_40_20&countryInfo=southamerica(검색일: 2013년 12월 17일)

〈표 25〉에 제시한 바와 같이 2010년 말 외교통상부의 재외동포 현황에 따르면 중남미 국가 중 한인들이 가장 많이 거주하는 지역은 브라질(4만 8,419명), 아르헨티나(2만 2,024명), 멕시코(1만 2,072명), 과테말라(9,921명), 파라과이(5,229명) 등의 순이었다.

제2절 멕시코와 쿠바 이주

먼저 멕시코와 쿠바로의 한인 이주에 대하여 살펴보자. 중남미로의 한인 이민은 20세기 초반부터 현재까지 장기간에 걸쳐 진행되어왔다. 제1기 (1903~1921)는 1905년 멕시코 이민을 시작으로 1921년 쿠바로 재이주한 시기이며 1920년대 소수의 일본 국적 조선인들이 일본인 이민자들에 섞여 이주하였다. 제2기(1922~1956)는 1956년에 57명의 한국전쟁에서 발생한 반공 포로들이 브라질과 아르헨티나로 이주한 시기이다. 제3기(1963~1971)에는 1963년 브라질 농업이민을 시작으로 아르헨티나, 파라과이, 볼리비아 등으로 집단 이민이 시작되었다. 제4기(1972~1980)에는 1972년 브라질 정부가 한인이민 억제정책을 시행함으로써 공식 이민이 중단되었다. 대신 서독에서 광부 또는 간호사로 일했거나 베트남에서 계약 노동자로 일했던 한인들이 계약이 만료된 이후 한국으로 귀국하지 않고 남미국가로 불법 입국하여 체류하게 된 경우이다. 제5기(1981~현재)는 1980년대 이후 가족 초청과 투자이민 등으로 중남미 한인 사회가 새로운 이민시대를 맞이하게 된 시기이다.

1. 하와이에서 멕시코 이주

한국인의 해외 이민 역사는 1860년대 러시아 연해주로 계절 농업이민을 떠난 시점으로 거슬러 올라간다. 이후 해방 이전까지 한국인의 이주는 빈곤에서 벗어나려는 경제적 동기와 함께 일제의 억압에 의한 정치적 동기가 주된 이유였다. 당시 한반도는 조선 정부의 이권을 따내기 위한 외국인 세력의 각축장으로 변해 있었고 1901년에는 흉년으로 기아자들이 속출하고 있는 상황이었다. 이때 미국 정부는 하와이를 개발하기 위해서 조선인 노동자들을 이민으로 수용할 것을 결정했다. 하와이 사탕수수 농장주 협회는 1902년 5월 9일 데쉴러라는 사람을 이민자 모집 대리인으로 세워 경성으로 파견하였다. 당시 고종황제는 조선인들의 미국 이민을 허가하면서 정부 안에 '수민원'을 설치하도록 지시했다. 이때 한국 역사상 처음으로 이민 업무를 담당하는 기구가 창설되었다.

그러나 조선인들의 첫 이민 모집에는 여러 가지 애로사항들이 많았다. 당시 조선인들은 유교사상의 영향으로 조상들의 뼈가 묻혀 있고 부모형제가 살고 있는 고향을 버리고 외국으로 떠난다는 것을 죄악시하고 있었다. 이에 이민중개업자였던 데쉴러는 정부관리들을 이용하여 이민을 장려하는 정부정책과 고종황제의 이름으로 칙서를 발표하도록 했다. 이러한 노력 덕분에 1902년 12월 22일, 최초 조선인 이민자 121명이 선발되어 인천 제물포항에서 배를 타고 하와이로의 이민 길에 올랐다.

최초 이민선인 갤릭호는 21일간의 대장정 항해 끝에 1903년 1월 13일 호놀룰루 항에 도착했다. 그들 중 8명은 배를 타고 오는 동안 눈병에 걸려 경성으로 강제 송환되었고 조선의 첫 미국 이민자는 93명으로 감소하였다. 이들이 한국의 첫 이민자들이자 하와이 이민 1세대를 형성하게 되었다. 당시 하와이 사탕수수 농장의 노동력이 부족했기 때문에 하와이 정부는 한국을 비롯한 해외에서 이주하는 노동자들에게 매우 호의적이었다. 이후 한국인의 미국 이민, 특히 하와이 이민은 계속되었다.

이처럼 조선인의 하와이 사탕수수 농장으로의 이주가 일부 성공을 거두자 당시 일손이 부족했던 멕시코 에네켄 농장 업주들과 이민중개업자들이 조선에 눈을 돌려 이민노동자들을 모집할 계획을 세웠다. 한인들의 멕시코 이민 당시 한국의 정세는 1904년 러일전쟁이 발발하고 같은 해 2월 23일 서명한 한일의정서에 의거하여 한국 정부에 동맹조약을 맺도록 강요하면서 한국은 일본의 식민지가 되어가고 있는 형국이었다. 일본이 러일전쟁에서 우세해짐에 따라 일본 정부의 한국 정부에 대한 영향력은 강화되었고 외국과의 조약체결 등에 대해서도 사전에 일본 정부와 상의하지 않으면 안 되었다.

중남미 지역 에네켄(애니깽)은 로프나 섬유를 만드는 원료로 당시 멕시코의 주요 수출품 중의 하나였다. 당시만 해도 국가 간의 무역이나 운송이 선박에 의해 이루어지고 있었기 때문에 항해에 필요한 로프는 중요한 수입원 역할을 하였다.[2] 중국과 일본의 노동력을 수입하고 있었던 멕시코 유카탄의 에네켄 농장주들은 1900년대에 들어서면서 농장 노동력 확보에 비상이 걸리자 미국 이민업자 메이어와 일본 이민업자가 손을 잡고 한국인 노동자들을 본격적으로 모집하기 시작했다. 일본인 이민업자들은 '대륙척산 주식회사'라는 간판을 걸고 전국을 쫓아다니며 멕시코로 이주할 조선인 노동자들을 모집하여 마침내 1904년 10월 1,033명의 노동자 모집에 성공하였다.

당시 조선 정부는 해외이민은 장려하였지만 계약노동은 노예라는 인식을 가지고 있었기 때문에 처음에는 여권을 발급하지 않았다. 그러나 나중에 '계약이민도 자유이민과 다름없다'는 속임수에 넘어가 여권을 발급하여 미국인 이민업자 메이어가 1,033명의 첫 멕시코 조선인 노동자를 인솔하고 1905년 3월 인천항을 출발하였다.

하와이로의 항해 도중 병으로 사망한 2명을 제외한 1,031명의 한인들은 일본을 경유하여 5월 15일에 멕시코 유카탄의 메리다시 항구에 도착하였다. 이후에 메리다시에서 20여 개의 에네켄 농장주들에게 이끌려 노예와 다름없는 이민 생활을 시작하였다. 이들은 멕시코 전역으로 흩어져 섭씨 30~40도의 무더운 더위 아래서 12시간의 중노동에 시달렸다. 이들은 약 4년간의 계약노동이 무엇인지도 모른 채 멕시코로 이주하여 굶주리거나 병마에 시달리기도 하였으며 동물과 다름없는 노예생활을 강요당하였다. 계

---

2 '에네켄(애니깽)'은 높이 1~1.5m, 너비 30~40cm의 잎사귀를 가진 선인장의 일종으로, 한 나무에 보통 50~100개 정도의 잎이 뭉쳐져 있다. 애니깽 잎을 잘라서 으깨면 흰 실타래가 되는데 이것을 묶으면 튼튼한 로프가 된다.

약 기간이 끝났을 때 이들은 기대했던 돈을 모으지 못했고 대부분 현지 실업자 신세로 전락하고 말았다. 이러한 현지 이민 사정을 본국으로 전달하려고 노력했지만 농장주들은 그런 소식이 조선에 전해지면 문제가 생길 것을 우려하여 한국인 통역을 시켜 외부와의 접촉을 금지하였다.

마침내 멕시코 한인들이 생지옥과 같은 환경에서 노예생활을 하고 있다는 참상이 여러 경로를 통해 국내에도 알려지게 되었다. 이에 고종황제는 이민회사와 교섭하여 동포들을 빨리 송환하라는 어명을 내렸다. 당시 외무대신 이하영은 멕시코 정부에 "비록 양 국가는 일찍이 수교를 체결한 바 없으나 대한제국 정부가 관리를 파견해서 실상을 파악할 때까지 멕시코 정부가 이들을 보호해 달라."는 전문을 보냈다. 멕시코 정부는 "조선인들을 노예 취급하는 것은 와전되었다."라는 회신을 보내왔다. 대한제국 관리는 멕시코 현지의 한인 실태조사를 위해 출발했으나 을사보호조약으로 외교권을 박탈당하면서 결국 멕시코에는 입국하지 못했다.[3]

멕시코 한인 이민자들은 본국이나 미국 한인 사회로부터 아무런 도움을 받지 못한 채 1909년 5월 계약기간이 완료되었다. 이들은 비록 노예생활에서 해방이 되었지만 모국으로 돌아오지 못한 채 일하던 곳에 그대로 남아 노동을 계속할 수밖에 없었다. 현지에서 체류가 장기화되면서 언어적 장애와 문화적 차이로 원주민 노동자와 충돌이 잦아지면서 불리한 계약조건을 감내해야 했다.

현재 멕시코의 한인 동포는 약 5만 명으로 추정되며 모두 멕시코 국적이고 한국말을 거의 사용하지 못하는 것으로 알려졌다. 멕시코의 메리다시, 티후아나, 코아트사코알코스, 캄페체, 카나운 등 6개 지역에 한인후손협회가 결성되어 있다. 주류사회의 상류층으로 진출한 중남미 동포들은 많지 않으며 이들 중 최근에 소수가 주류사회의 정계, 법조계, 고위공무원으로 진출하고 있는 것으로 나타났다. 한국에서는 중남미 이민 100주년 후속사업

3 중남미 한인의 역사, http://kin.naver.com/open100/detail.nhn?d1id=6&dirId=61302&docId (검색일: 2013년 10월 26일)

으로 한인 후손들에 대한 방한 초청 기술연수사업이 재외동포재단의 주관으로 추진되어 2006~2010년간 총 100여 명이 참가하였다.

2. 쿠바 이주

중남미에 이주한 한인 이민의 시초는 하와이 이민자들 중 일부인 1,033명이 1905년 5월 하와이에서 '백금(白金)의 신화'를 찾아 멕시코 남부에 위치한 유카탄 주의 에네켄(henequen) 농장에 도착하면서 시작되었다. 그들은 1905년대 초 인천(제물포)항을 떠나 일본 요코하마에서 영국 상선 엘 보트로 갈아 탄 후, 멕시코 살리나크루스 항에 도착하였다. 거기서 다시 기차를 타고 이동하여 유카탄의 수도 메리다시에 도착하였다.

그러나 생각했던 것과는 달리 혹독했던 계약이민 기간의 4년이 경과된 후 조선이 일본에 의해 식민지화되고 에네켄 산업의 불황에 따른 생활환경의 피폐로 일부는 멕시코시티, 티후아나(Tijuana) 등지로 이주하였다. 또한 이들은 1913년경 과테말라로 이주하기도 했으며, 1921년에는 이들 중 300여 명이 쿠바의 사탕수수 농장으로 이주하였다. 이것이 쿠바로의 한인 이민의 시초가 되었다.

1910년 멕시코에서 혁명이 발생한 이후 멕시코 혁명정부가 한인을 비롯한 외국인 노동자들을 증오하면서부터 한인들은 새로운 환경을 찾아 적응해나가야 했다. 따라서 대부분의 한인 노동자들은 멕시코 원주민들과 결혼하여 멕시코 사회에 점차 동화되어 갔다. 그러나 일부는 멕시코를 떠나 남미의 다른 나라, 즉 파나마, 페루, 아르헨티나 등지로 이주하였는데 특히 쿠바 지역으로 많이 이주하였다.

1910년부터 1920년 사이 쿠바에서는 미국인들이 사탕수수 농장을 개척하여 사탕수수 산업이 활성화되고 있었다. 이로 인해 노동력 수요가 급증하자 쿠바 정부는 외국인 이민노동자들을 적극적으로 수용하게 되었다. 멕시코에서 생활고에 시달리던 한인들은 1921년 3월에 290여 명이 쿠바로 재이주를 시도했다. 쿠바 농업의 전성기였던 1902년과 1920년 사이에 중국, 유럽, 남미 국가들로부터 쿠바로 이주한 외국인 이민노동자들은 약 100만 명에 달했다.

1920년 8월 5일에는 멕시코의 유카탄 반도로 이주하였던 한인의 일부가 에네켄 농장을 떠나 '카리브 해의 진주'라 불리는 쿠바로 향했다. 제1차 세계대전 이후 쿠바의 사탕수수 재배는 번창하고 있었으며 당시 쿠바 정부도 한인들의 노동력이 절실히 필요했던 시기였다.

1921년 멕시코에서 쿠바로 이주한 한인들도 이러한 외국인 노동자의 일부였다. 1921년 3월 288명의 한인들이 멕시코 유카탄 반도를 떠나 쿠바 라스 뚜나스 지방의 마나티 항에 도착하였다. 그러나 한인들이 쿠바에 도착했을 때는 국제 설탕 가격이 폭락하여 사탕수수 농장의 일자리가 감소하고 임금도 크게 하락한 시기였다. 결국 한인들은 처음에 의도했던 농장에서 일하지 못하고 주변 지역에서의 잡부노동자로 생계를 꾸려나갔다. 그러다가 마탄사스 지방의 에네켄 농장으로 일자리를 찾아 이동하였다. 이곳의 엘 볼로 농장에서 한인들은 집거지를 형성하여 쿠바에서의 생활을 시작했다.

이후 한인들의 쿠바에서의 생활은 더욱 어려워졌다. 1933년 쿠바에서 혁명이 발생했는데 쿠바 혁명정부는 외국인 이주노동자들에 대하여 부정적이고 노골적인 차별정책을 펼쳤다. 혁명으로 집권한 바티스타 정부는 1930년대 경제공황을 극복하고자 자국의 중산층과 노동자들에게 유리한 보호정책을 펼쳤다. 그리하여 외국인 이주노동자들의 노동을 금지하는 노동정책을 취했다. 1946년 그라우 산마르틴 정부가 국수주의 정책을 펼치면서 이주노동자의 노동조건은 더욱 까다로워졌다.[4]

이런 문제를 해결하기 위한 방편으로 한인들은 쿠바 국적을 적극적으로 취득했다. 1940년 쿠바 헌법이 개정되어 쿠바 태생이 아닌 외국인도 국적

4 국수주의(國粹主義, Ultranationalism)는 자신의 나라에 대한 우월감으로 자기 나라의 역사, 문화 등이 다른 나라보다 우월한 것이라고 믿는 배타주의의 일종으로, 다른 나라의 역사와 문화 등을 깔보거나 업신여기고 또한 이를 배척하려고 하는 태도와 정신을 말한다.

취득을 할 수 있게 되어 1946년부터 많은 한인들이 쿠바 국적을 취득할 수 있었다. 더 이상 모국으로부터 이민자들이 들어오지 않는 상태에서 쿠바에 잔류한 한인들은 쿠바 국적을 취득하여 현지사회문화에 빠르게 동화되어 갔다. 이민 2~3세들이 증가하고 이들은 한인으로서 정체성이 약했기 때문에 한인 조직들도 급속히 약화되었다.

1950년 약 400여 명으로 증가한 한인들은 마탄사스 농장, 칼 메나스 농장 등지에서 노동자로 생활했으나 일부는 수도 아바나로 이주하여 공장에 취업하거나 소규모 상점, 잡화상, 그리고 음식점을 개업하기도 했다. 더욱이 1959년 쿠바 혁명 이후 한국과 미국 한인회와의 교류가 단절되면서 쿠바 한인들은 한민족으로서의 의식과 생활문화를 유지하기 힘들게 되었다. 쿠바에 도착한 한인 후손들은 민중혁명과 사탕수수 산업의 몰락을 견뎌냈지만 공산화한 쿠바 사회에 완전히 동화되었고 몇몇 쿠바 동포들의 후손 가운데 한국인의 흔적만이 겨우 남아 있는 상태이다.

남미로의 한인 이민의 시초는 한국 중산층 가족단위의 농업이민으로부터 시작되었다. 그 효시가 브라질의 농업이민이었다. 여기에는 물론 이들보다 앞서 일본인과 함께 이주한 조선인 이민노동자들과 1954년 반공포로 출신 이민노동자들도 포함되어 있었다. 이들은 1953년 6월 18일 '반공포로 석방' 때 중립국으로의 망명을 선택한 북한 인민군 76명과 중공군 12명이 인도를 거쳐 브라질과 아르헨티나로 이주하면서 시작되었다. 이들은 현지에 도착한 후에 '반공포로'로 불리면서 한인 사회에 흡수되지 못한 채 고립되었다. 이는 한국 사회의 반공 이데올로기 영향과 이로 인해 동포 간에 배타와 차별의 심리가 작용했기 때문이다.

제3절 브라질 및 멕시코 재이주

1. 브라질 이주

1960년대에 들어서 남미로의 한인 이민이 본격적으로 개시되었다. 한국 정부는 '해외 이주법'을 제정하여 과잉인구를 외국으로 유출시켜 인구를 줄이고자 하는 정책을 펼쳤고, 브라질과 아르헨티나 등 중남미 지역은 광대한 농토를 개발하여 경제발전을 도모하고자 하는 정책으로 노동력을 필요로 했다. 이와 같이 1960년대의 농업이민은 송출국과 수용국 간의 이해관계가 일치하여 시작된 기획이민이자 한국 정부에 의한 최초의 집단이민이기도 했다.

1961년 초에 제3공화국은 국토의 인구밀도를 낮추기 위하여 해외로의 인구이동에 지대한 관심을 보였다. 그리고 당시 높은 경제성장률 기록하고 있던 브라질과 아르헨티나를 비롯한 파라과이, 볼리비아 등지로의 농업이민에 눈길을 돌렸다. 1962년 12월 18일 제1차 브라질 이민단이 부산항을 출발하여 이듬해인 2월 12일 브라질 산토스 항에 도착했다. 이후 브라질로의 이민은 1966년 5차 이민단까지 합쳐 총 193세대가 이주했다.

아르헨티나로의 이주는 1962년 리오네그로 주 라마르케 지역의 400헥타르에 달하는 개간지를 무상 임대받는 조건으로 시작되었다. 따라서 1963년 2월 12일에 18세대 92명의 한국인이 한백진흥공사를 통해 브라질 리우 데 자네이루 항에 도착하면서 농업이민이 본격적으로 시작되었다.

1965년 2월 17일 브라질 농업이민 노동자로서 이민 제1진 30세대 95명이 부산항을 출발하여 부에노스아이레스 항을 경유하여 같은 해 4월 22일 아순시온 항에 도착했다. 브라질, 아르헨티나, 파라과이 농업이민자들은 원래 배정되었던 개간지에 도착하여 그곳에서 개간은커녕 생활조차 이어가기 어렵다는 사실을 깨달았다. 변변한 농기구조차 갖추지 못했고 개미 떼와 독충이 이글거리는 지역에서 주거시설을 마련하고 끼니를 마련하느라고군분투해야 했다. 더욱이 대부분의 이민자들이 농업 경험과 기술이 부족했기 때문에 황무지를 개간하는 일은 처음부터 무리였다. 결국 대부분의 이민자들은 상파울루, 부에노스아이레스, 아순시온과 같은 대도시로 재이주했다.

농업이민은 1980년대 초반까지 브라질을 넘어 점차 아르헨티나, 파라과이, 볼리비아 등 중남미 각국으로 확대되었다. 이주자의 일부를 제외하고는 도착하자마자 도시에 눌러앉는 경우도 많았다. 농장으로 간 이주자들도 열악한 환경으로 인하여 얼마 지나지 않아 대부분 도시로 이동하였다. 이렇게 중남미 한인 사회는 도시를 중심으로 자리 잡기 시작하여 지금의 한인 사회를 형성하게 되었다. 도시로 나온 이민자들은 행상 또는 구멍가게를 개업하여 생활을 이어갔으며, 점차 보따리 장사, 의류업, 봉제업, 식당업 등으로 업종을 확대해가면서 경제적 기반을 잡게 되었다.

예를 들면 1970년대 브라질 상파울루 시에는 주변 국가들로부터 불법으로 국경을 넘은 많은 한인들이 모여들었다. 이들은 그곳에서 의류업에 대한 장사 노하우를 빨리 익혀 생활 방편으로 삼았을 뿐만 아니라 나중에는 자기들의 활동범위를 이웃 아르헨티나, 파라과이 등 중남미 전역으로까지 확대했다. 또한 이들 남미 이민자들은 나중에 미국으로 재이주한 후 다시 로스앤젤레스의 자바 시장으로 진출하여 성공하였고 미국 동부 의류시장에도 진출하여 능력을 발휘하였다.

1970년대 초반 파라과이 이민자들은 양계업에서, 그리고 볼리비아 이민자들은 면직물 제품, 플라스틱 제품, 인조가죽으로 만든 제품 생산 등 제조업으로 성공한 사례가 많았다. 1977년 이후 에콰도르에서는 식당, 플라스틱 제품업, 시계방, 여자 핸드백 제조업으로 1980년대 초반까지 경제적 호황을 누렸다. 그리고 1977년부터 베네수엘라에서 석유 생산이 활발해지자 중남미 동포들은 베네수엘라로 몰려들었다. 이처럼 중남미 이주자들은 끈질긴 생명력을 가지고 이주를 반복하면서 현지사회 정착을 위한 노력을 계속했다.[5]

이러한 노력의 결과 1980년대 후반부터 1990년대 전반기에 이르는 동안 멕시코가 중남미 한인 사회의 중심지로 부상했다. 1987년에 멕시코 정부가 무역 자유화를 실시하고 미국이 중남미 국가들에게 관세 혜택을 제공하자 멕시코의 한인들이 급증하였기 때문이다.

2. 멕시코 재이주

최근까지 한국인에게 중남미는 잘 알려지지 않은 미지의 땅이나 다름없었다. 그러나 이제는 점차 경제적으로 기회의 땅이 되고 있다. 1980년대 들어와 한국과 중남미 관계는 인적 교류뿐만 아니라 경제적 교류를 통해 급속히 가까워지고 있기 때문이다. 중남미와의 경제적 관계의 진전에 비하여 1970년대 후반부터 소강상태에 빠진 인적 교류는 1980년대 초반까지 그다지 크게 증가하지 않았다. 그러나 1980년대 중반부터 중남미로의 한국인 이주가 한시적으로 증가하기 시작했다. 당시 한인 이주는 1984년부터 시작된 아르헨티나로의 투자 이민에서 엿볼 수 있는 것처럼 기업 투자이민이 주축을 이루고 있었다. 또한 과테말라 등 대미 우회 수출을 목적으로 한 중소기업 위주의 섬유 봉제업 등이 한국인 이주를 견인하는 데 큰 역할을 하였다.

그러나 1980년대 후반부터는 한국의 경제성장으로 중남미와의 경제적인 격차가 더욱 커지면서 중남미에 대한 한국 자본의 투자가 증가한 것에 반비례하여 중남미로의 이민자수 는 크게 감소하였다. 한국이 1997년 IMF를 경험하면서 경제적 불안, 고비용의 불안전한 교육환경 등을 벗어나고자 많은 사람들이 '높은 삶의 질'을 찾아 미국과 캐나다 호주 등지로 이주하였지만 중남미는 철저히 외면했기 때문이다.

대개 중남미 중 특히 멕시코는 현실적으로 직접 미국으로 갈 수 없는 사

5 박채순(경남대학교 극동문제 연구소), http://blog.daum.net/tomas/15770284(검색일: 2013년 10월 25일)

람들이 거쳐 가는 경로지로 활용되었다. 전 세계적인 경제위기와 한국이 IMF를 경험하면서 일시적으로 불법 이민자들이 중남미, 특히 멕시코로 몰려들었고 이와 더불어 중남미 각국의 한인 사회 내에서 재이주하는 사례가 증가하기 시작했다. 즉 아르헨티나, 파라과이 등의 경제위기가 장기화되면서 NAFTA 등으로 경제가 상대적으로 안정된 멕시코로의 재이주가 급증하게 된 것이다. 이러한 여파로 1995년에 1,000명도 안되었던 멕시코로의 한인 이민자들이 2005년에 무려 1만 5,000명으로 증가하였다.

제4절 현지 적응과 정착과정

20세기 초 멕시코에 진출한 한인 이민자들의 참담한 이민생활의 실태는 현지 한국 상인들에 의해 본국에 알려지게 되었다. 당시 박영순이란 상인은 멕시코에 인삼을 팔러 왔다가 한인들의 비참한 생활상을 목격하고 이를 미국에 있는 한인공립협회에 알림으로써 멕시코 한인들의 생활상이 외부세계에 알려지게 되었다. 이러한 소식을 전해들은 미국 내 한인 동포들은 멕시코에 있는 한인들을 미국으로 이주시키기 위해 모금운동을 벌였는데 특히 국민회 하와이 지부가 앞장서서 모금운동을 전개하였다.

미국 동포들은 멕시코에서 들어오려는 한인들에게 자금을 지원하고 그들이 미국에 정착하여 나중에 일을 해서 갚도록 하는 계획을 세웠다. 그러나 이러한 노력은 뜻하지 않은 사건이 발생하면서 실현되지 못하였다. 미국 동포들의 모금 소식을 들은 멕시코 한인 4명이 멕시코를 탈출하여 미국으로 밀입국한 사건이 발생하였다. 이 사건을 계기로 미국-멕시코 정부 간에 외교마찰이 발생하여 이러한 계획은 무산되고 말았다. 이 사건으로 멕시코에 있던 한인들은 결국 미국으로 이주하지 못했으며 오랜 기간 동안 멕시코에서 노예나 다름없는 생활에서 벗어날 수가 없었다.

그러나 일부 한인들은 멕시코를 탈출하여 쿠바로 밀입국하여 사탕수수

〈사진 35〉 멕시코 에네켄의 한인 노동자(1907)[6]

농장에서 일하게 되었다. 당시 쿠바로 이주한 한인은 모두 288명이었고 이들은 멕시코에서와 마찬가지로 사탕수수 농장에 정착하였다. 한편 멕시코에 남아 있던 한인들은 1909년 4년간의 계약 기간이 끝나고 다시 재기의 희망을 안고 각 지방으로 흩어졌다. 이주자들의 일부는 성공적으로 현지에 정착하였지만 대다수의 한인들이 다시 메리다시로 돌아왔다. 그리고 한인들은 멕시코에서 이민 생활이 안정되자 한인 단체를 결성하기 위한 조직활동을 전개하였다. 또한 한인 후세들을 위한 한글 교육에도 힘을 기울였다.

한국에서의 해외 이주가 인구정책 차원에서 이루어진 것은 남미로의 농업이민 장려 차원에서 비롯되었다고 볼 수 있다. 1962년 해외 이주법의 제정과 더불어 같은 해 12월 브라질로 농업이민자 92명이 제1진으로 출국하면서 해외 이주가 정책적 차원에서 시작되었다. 하지만 한국인의 멕시코 이민은 멕시코 정부의 이민 제한정책으로 활성화되지는 못했다. 현재 멕시코

6 네이버, http://news.naver.com/main/read.nhn?mode=LSD&mid=sec&sid1=117&oid=078&aid=000002579.

에 거주하고 있는 한국 동포는 1905년 이민의 후손들로 약 2만 명 정도이다.

멕시코 정부는 제2차 세계대전 이후 인종, 인구, 식량 등의 여러 가지 문제로 인해 정책적으로 해외 이민을 제한했기 때문에 이후 한국으로부터 이민자는 거의 없었다. 한국 이민은 1970~80년대에 약간 이주하기는 했지만 이들 대부분은 제3국을 경유하거나 여행이나 사업상의 목적으로 일시 입국하여 멕시코에서 영주권을 획득한 사람들이다. 1905년 이민 후손들 중 한국어를 구사할 수 있는 동포 1세는 대부분 사망하였고 한인 2~3세들은 한국어와 한국 문화를 거의 모르며 3세 이하는 현지민족과의 혼혈로 민족정체성이 매우 희박한 실정이다. 멕시코로 이주한 한인 1~2세들 대부분은 정규 교육을 받지 못했고 소수를 제외한 대부분의 한인들은 멕시코 사회에서 중하위층에 속한 이민노동자들이었다.

제5절 한인 경제의 성장과 한계

중남미 한인들의 경제활동에서 주류 업종이 된 것은 의류업이다. 상파울루와 부에노스아이레스에 한인 중심의 독자적인 의류 상권과 상가가 형성되면서 이민 인구의 약 80% 정도가 의류 생산, 유통판매에 종사하고 있다. 한인 이민자들 사이에는 일찍부터 자금동원과 자금축적의 수단으로서 인간관계의 연결망을 활용한 계가 유행했으며 긴밀한 연결망을 요구하는 의류업의 특성상 한인의 독자상권 형성으로 한인 밀집현상이 두드러지게 나타났다.

중남미 이주사에 등장했던 많은 한인 이민자들은 각 시기마다 특유한 방식으로 새로운 사회에 적응해갔다. 멕시코와 쿠바의 계약노동자들은 혹독한 노동의 대가로 받은 몇 푼의 임금으로 생계를 꾸려갔으며 일본 식민지 지배하의 조선인과 반공포로 청년들은 각자 개인적 역량과 노력에 따라 일자리를 구했다. 1960년대 이후 멕시코에서 가족 이민자들에게 제공한 생활

방식은 농지 개척을 통한 집단적 영농이었다. 그러나 대부분의 농업 이민자들은 농장을 떠나 도시로 진출하였다. 도시로 이주한 이민자들은 모국에서 가져간 약간의 돈을 기반으로 언어도 통하지 않는 현지인들 속에서 부대끼며 근근이 생계를 이어갔다.

처음에는 돈이 되는 일이라면 무엇이든지 닥치는 대로 맡아서 하지 않을 수 없었다. 일본인들의 거주지 근처나 대도시의 빈민촌 주위에 거주하면서 소자본으로 구멍가게를 개업하거나 채소, 과일 노점상을 벌이기도 했고 막노동이나 한국에서 가지고 간 옷가지들을 행상으로 판매하기도 했다. 그러는 가운데 브라질과 아르헨티나로 이주한 이민자들의 생업은 점차 의류업 쪽에서 탁월성을 보이기 시작했다. 삯일이나 행상으로 시작한 중남미 한인들은 자신의 사업 규모와 동포들 간의 연결망을 확대하면서 더 많은 동포들을 거대한 의류업 시스템 속으로 유인할 수 있었다.

브라질 상파울루와 아르헨티나 부에노스아이레스에서 의류업이 한인들의 주류 업종으로 성장하였지만 이들의 구체적인 발전과정에서는 약간의 차이가 존재한다. 브라질에서는 의류 행상이라는 것이 상업적 활동에서부터 의류업 전체로 확대되었지만 아르헨티나에서는 각종 삯일의 생산활동에서부터 의류업 전체로 확대되었다. 어쨌든 의류업은 본질적으로 노동 집약적 산업이었기 때문에 충분한 자금력을 갖지 못한 한인들이 손쉽게 종사할 수 있었다. 파라과이로부터 월경해온 수만 명의 한인 이민자들이 브라질과 아르헨티나에 정착할 수 있었던 것도 이러한 의류업 성장과 밀접한 관련을 가지고 있다.[7]

전술한 바와 같이 중남미 한인 이민자들은 의류업의 수직적 분업체계와 그와 관련된 부수적인 업종을 중심으로 성장해왔다. 처음에는 충분한 사업자금도 없었기 때문에 가족 노동력만으로 의류 삯일에서 시작하여 의류제조업으로 성장하는 과정을 거쳐 전문 의류상가에 점포를 개점하거나 대규

7 중남미 한인 경제, http://blog.daum.net/linegang9/7764411(검색일: 2013년 10월 25일)

〈사진 36〉 멕시코 의류국제전시회

모 제조공장을 설립하는 등 한인들끼리 의류업의 분업체계를 형성하였다. 의류업을 기반으로 한인들은 경제적 부를 축적하였고 현지에서 중산층으로의 계층 상승을 이룰 수 있었다.

그러나 의류업 중심의 중남미 한인 이민경제는 많은 문제점을 안고 있다. 첫째, 가장 큰 문제는 한정된 직종에 한인들이 집중되고 있다는 점이다. 물론 이것은 의류업 자체에 문제가 있을 수도 있지만 과도하게 의류업에 집중되고 있는 것으로부터 발생된다. 의류업은 기본적으로 자기자본과 기술을 가지고 시작한다. 제품업의 선도자 역할을 했던 사람들 외에는 영세한 자영업 수준에서 벗어나기 힘들며 현지 경제의 파동과 함께 도산한 경우도 허다하다. 의류업은 민족 단위 내부의 분화를 통해 초기 한인 사회의 집단적 적응방식이 되긴 했지만, 이제 의류업 자체의 속성으로 말미암아 한인들의 개별적 경제발전을 저해하는 역상황이 연출되고 있는 것이다. 현재 남미 각 사회에서 한인 이민자들이 경제적으로 중산층, 또는 중하층에 자리 잡고 있는 현실만 보더라도 가족경제 내에서 의류업이 세대 간에 전수됨으로써 유지되고 있는 정도의 경제수준이라는 점은 금방 이해할 수 있다.

둘째, 현지문화 적응 문제인데 가장 중요한 것은 이주자들의 언어 구사능력이다. 현지 언어와 전문기술을 제대로 익히지 못할 경우 현지사회에 진출하여 사업을 확대한다는 것은 대단히 무모한 도전일 수 있다. 중남미 한인들이 의료업에 집중되는 것은 자금부족 때문일 수도 있겠으나 현지사회의 문화 부적응 측면도 고려할 필요가 있다. 향후 중남미 한인 사회가 성장하기 위해서는 진출업종의 다양화와 현지문화 적응을 통한 주류사회로의 진출이 우선적인 과제로 남아 있다. 중남미 이민자들이 현지사회에서 안정적으로 정착하기 위해서는 전문 직종으로의 진출과 다변화된 업종으로의 전환이 필요하다.

제6절 중남미 한인의 문화활동과 네트워크

1. 전통문화 계승 및 정체성 약화

현재 멕시코 한인 후손들에게서 한국의 전통적인 풍습과 문화는 찾아보기 힘들다. 초기 이민자들은 자신들의 전통을 멕시코 생활에 접목시키려고 많은 노력을 기울였다. 초기 한인 이민자들의 가장 큰 고민은 음식 문제의 해결이었다. 옥수수가 주식인 멕시코에서 쌀과 김치를 구한다는 것은 쉽지 않은 일이었다. 이들은 초라하기는 하지만 한국식 부엌을 만들어 원주민들이 먹는 쌀을 구해 주식으로 삼았고 김치를 대신하여 야채로 나물을 요리했다. 또한 소의 내장은 멕시코에서는 동물들의 먹이로 사용되었는데 이를 이용하여 한국식 수프요리를 만들어 먹었다. 일부 한인들은 어업에 종사하기도 하였다. 이들은 주로 한국의 어촌항구 출신들로 초기에는 조그만 목선으로 자신들의 먹거리를 위해 고기를 잡았다. 이후 생선을 한인들로부터 공급받아 자신들의 가게를 운영하는 한인들이 출현하게 되었다.

멕시코의 한인 이민자들의 생활문화를 살펴볼 때 흥미로운 점은 이들 대부분이 기독교를 믿는 크리스천들이라는 사실이다. 농장주 측에서는 교회 모임을 위해 초가집을 마련해주기도 했는데 그곳에서 사회, 생활, 종교 등과 관련된 한인들만의 여러 가지 행사를 개최하기도 했다.

한인 이민자들은 타국에서의 이민 생활에도 불구하고 한국 풍습을 지키려고 노력하였다. 결혼의 경우, 결혼할 예비부부에 대하여 서로 결혼할 상대가 되는지 또한 사회적인 신분이 맞는지를 알기 위해 집안 조사를 실시했으며 비록 친척이 아니더라도 혈통관계가 있는지를 살펴보았다. 한국적인 풍습과 전통을 보존하기 위하여 놀이에 해당되는 한국 노래와 춤을 계승해 나갔고 한인들의 모임이 있을 때에는 화투놀이를 즐겼다.

멕시코 한인 이민자들은 초기 반노예적인 계약기간이 끝나자 자신들의 의식주 생활부터 한국적인 것을 지키려고 나름대로의 노력을 기울였다. 이러한 한국의 전통과 관습이 유지되기 위해서는 교육이 필요하다는 것을 인식하여 민족학교도 설립하였다. 그러나 이러한 노력들은 세월이 경과함에 따라 한인 후손들이 멕시코 사회에 동화되면서 약화되었고 후속 이민자들의 중단과 모국 국민과 정부의 무관심으로 거의 사라지게 되었다.

한편 중남미 한인들은 현지에서 이민생활이 안정되면서 한인 단체 결성을 위해 활발한 조직활동을 전개하였다. 이들은 한인회를 조직하여 조국의 독립을 위해 독립자금을 보내기도 했으며 한국 문화의 전통유지와 계승을 위해 한글 교육도 실시하였다. 현재 멕시코에는 1905년 초기 이민자들의 후예가 1만 정도 멕시코 전역에 산재되어 있다. 한국 동포들 대부분은 이민 1세대들의 세대전환으로 한국어를 구사할 줄 모르거나 혼혈로 민족정체성도 희박한 실정이다. 이러한 현상들은 이민세대의 전환으로 더욱 가속화되고 있으며 향후 한국 정부 차원에서 중남미 동포들에 대한 특별한 관리정책을 마련해야 할 것으로 생각된다.

〈표 26〉 중남미 한인회[8]

국가별	한인회명	설립연도	회원 수	회장
브라질	브라질	1962	50,000	서주일
	마나우스	1995	122	이병기
	브라질리아	1965	80	조구영
	벨로오리존찌	1985	70	이정호
	빅토리아	1964	70	황진규
	꾸리지바	1978	200	오유영
	싼따까따리나	1985		변창근
	리오그란데술	1978	-	-
	리오	1984	216	김광수
아르헨티나	재아르헨티나	1966	25,000	이효성
	네우껜	2005	38	김승욱
	뚜꾸만	1994	102	전동희
	멘도사	1989		이건우
	꼬르도바	1988	270	김성보
멕시코	재멕시코	1996	10,000	박헌일
	티후아나	1970	1,500	김 킹
	과달라하라	1987	250	이광수
	과나후아또	2000	750	이상호
과테말라	재과테말라	1986	1,000	채임덕
파라과이	재파라과이	1966	7,000	임광수
	빼드로후안까발예로	1986	50	고순섭
	엔까르나씨온	1985	120	장재만
칠레	재칠레	1978	1,800	장홍근
페루	재페루	1979	800	석원용
에콰도르	에콰도르키토	1975	800	이기탁
	과야킬	1982	300	김대원
볼리비아	산타크루스	1970	400	윤수근
	라 파스	1965	250	차경호
	코차밤바	1984	150	신동렬
온두라스	온두라스	1991	700	이병선
코스타리카	재코스타리카	1982	500	서정근
콜롬비아	재콜롬비아	1973	300	김만중
도미니카	재도미니카	1985	431	구길영
니카라과	재니카라과	2003	500	이용환
파나마	파나마	1974	280	박대권
엘살바도르	재엘살바도르	1993	350	김영률
베네수엘라	주베네수엘라	1967	180	정회년
우루과이	재우루과이		200	박성관
수리남	주수리남	1997	100	양정복
자마이카	자마이카	2006	68	홍성천
쿠바	한인(후손회)	1921	-	김 림

2. 중남미 한인 사회와 네트워크

중남미 한인 이민자 네트워크의 특징은 다음 네 가지로 요약할 수 있다. 첫째, 중남미 한인들은 스페인어를 구사하고 라틴 문화를 향유하고 있다. 전 세계적으로 약 5억 명 정도가 유엔 공용어인 스페인어를 사용하고 문화를 공유하고 있다. 중남미 사회는 문화적으로 다문화사회를 이루고 있으며 남미 문학과 음악, 라틴 문화 등 다양한 문화를 보유하고 있기 때문에 한인 동포들의 역할을 기대할 수 있을 것이다.

둘째, 중남미 한인들은 한국과 중남미 간의 협력 주체로서 중요한 역할을 담당할 수 있다. 중남미는 아직까지 남미공동시장(MERCOSUR), 중미공동시장(CACM), 안데스공동체(CAN) 등 풍부한 자원을 보유하고 있으며 개발도상국으로서 한국의 입장에서는 미개척지역에 속한다. 멕시코가 미국과 맺은 북미자유무협협정,[9] 한국과 칠레 사이의 FTA 협정,[10] 2000년대 중반 이후 중남미 국가들의 전반적인 경제 상황의 호전 등 일련의 경제적 조건들은 한국인들을 중남미 국가로 유인할 수 있을 것으로 생각된다. 향후 한국제품 수출의 전초기지뿐만 아니라 자원확보 차원에서 한국 정부와 기업 및 각종 협회나 단체 등이 중남미와의 교류 및 협력을 확대할 것으로 보인다. 이때 현지 한인 동포들이 한국과 중남미 국가들 간에 가교 역할을 담당할 수 있다. 따라서 향후 경제와 문화교류 측면에서 남미 동포의 역할이 매우 중대해질 것이다.

---

8 재외동포재단 2006 세계한인회 디렉토리, 외교통상부, 재외동포단체 조직현황을 바탕으로 필자 작성.

9 북미자유무역협정(The North American Free Trade Agreement) 또는 NAFTA(나프타)는 캐나다, 멕시코, 미국 정부 사이에서 1992년 10월 11일 체결된 자유무역협정이다. 1994년 1월부터 캐나다-미국 자유무역협정이 확대 개편되면서 발효됐다. 2007년 기준으로, 북미자유무역협정은 세계에서 가장 큰 무역 블록이며, 인구 3억 6,300만 명에 이르는 단일시장이다.

10 자유무역협정(FTA: Free Trade Agreement)은 회원국 간 상품 서비스 투자 지재권 정부조달 등에 대한 관세 비관세 장벽을 완화함으로써 상호 간 교역 증진을 도모하는 특혜무역협정을 의미하며 특히 관세철폐에 주요 초점이 맞춰져 있다.

셋째, 중남미 한인은 세계 한민족 네트워크의 중요한 자산이 될 수 있다. 초국적인 글로벌 시대 어느 나라에서든지 실시간으로 한국과 현지정보를 교환하고 소통할 수 있는 시대를 맞이하고 있다. 글로벌 국가경쟁력이 강조되고 있는 시대에 민족 간, 국가 간, 지역 간 상호 이익추구와 협력은 매우 중요하며 지리적 국가적 경계를 초월한 한민족의 민족적 연대는 대한민국의 소중한 민족자산이다. 이러한 면에서 글로벌 시대 중남미 동포 네트워크는 향후 중요한 역할을 담당할 수 있을 것이다.

넷째, 중남미 한인들은 통일한국의 역군으로서 정치와 경제적 측면에서 중요한 역할을 할 수 있다. 중남미 이주 초창기 아르헨티나와 브라질 이주동포들 중에는 북한이 고향인 사람들이 많았다. 이들 가운데 남북분단 이후 중남미 이민을 택하여 이주한 동포들이 상당수 포함되어 있다. 이들 중남미 동포들은 향후 통일한국 시대에 정치적 · 경제적인 측면에서 많은 역할을 할 수 있을 것이다.[11]

최근 중남미 재외동포 관련 연구들이 증가하고 있는 추세이기는 하나 브라질, 아르헨티나, 파라과이 그리고 멕시코와 쿠바의 한인들에 대해 단편적으로 수행되어온 측면이 있다. 현재 이들 국가들에 대한 국내 연구가 절대적으로 부족한 실정하다. 향후 한국인의 중남미 이민의 가능성이 증가함에 따라 기존의 선진국으로의 재이주를 위한 경유지로서의 연구보다는 현지사회의 이주정착과 공동체 건설에 필요한 바람직한 연구방향들이 다각적으로 모색되어야 할 시점이다.

11 http://blog.daum.net/tomas/15770284(검색일: 2013년 10월 30일)

11
코리아타운과 한류문화

제1절 한류문화

이 장에서는 일본의 한류문화 현상에 초점을 두고 살펴보고자 한다. 글로벌 시대 일본의 한류라 하면 신주쿠 지역의 오쿠보(大久保) 및 햐쿠닌초(百人町)를 중심으로 한 신오쿠보 지역 코리아타운을 들 수 있다. 이 지역은 1980년대를 전후하여 일본에 도일한 뉴커머(New comer)에 의해 형성된 일본 최대 한류 타운으로 한류상점들이 즐비하게 들어서 있다. 이곳에 뉴커머들이 정착하게 된 배경에는 1989년 한국의 해외여행 자유화 이후이다. 1980년대 이후 일본 내 국제화 및 글로벌화의 영향으로 이 지역 일대에 한국, 중국, 필리핀, 타이 등 주변 동남아시아 지역 출신자들이 모여들기 시작하였고 이들을 대상으로 하는 유학생용 아파트, 일본어 학교가 증가하면서 에스닉 비즈니스도 활기를 띠었다.

1990년대에 본격적으로 형성되기 시작한 코리아타운은 2002년 한일월드컵 공동개최, 한류드라마 및 K-POP 붐을 거치면서 지금은 한국인 중심의 명실상부한 일본 최대의 한류타운으로 변모되었다. 한류음식의 선두주자인 한국식당이 약 300개 정도 진출한 것으로 추정되며 그밖에 한류숍, 라이브하우스 및 커피숍, 미용실 및 의상실, 식품점 등 다양한 점포들이 들어서 있다. 2004년 〈겨울연가〉 방영 이후 신오쿠보 지역 코리아타운의 하루 유동인구가 평균 1만 명 정도로 늘어나면서 한류 비즈니스의 대표적 상권으로 자리 잡았다.

한류는 90년대 후반 시작되어 발전을 거듭하고 있다. 진출 분야와 지역 확대, 문화콘텐츠의 다양화 등을 통하여 빠른 속도로 전파되어 일본은 물론 전 세계로 확산되면서 현재 사회에 끼치는 한국 문화의 사회적 영향과 경제적 파급효과는 상상을 초월한다.

일본에서의 한국 문화상품의 성공은 한류의 경제적 가치를 광범위하게 인식시키는 데 일조하였지만, 한류의 사회적 파급양상에 대한 정도는 상대적으로 소홀히 다루어지는 측면이 없지 않았다. 따라서 한류의 경제적 파급효과뿐만 아니라 경제적 가치로 환산하기 어려운 사회적 수용과정을 검토하고 그 중요성에 대해 재검토할 필요성이 제기된다고 할 수 있을 것이다.

한류는 한때 일본에서 '혐한류,[1] 혹은 반한류'의 현상으로 저항을 받기도 하였고 지금도 내셔널리즘적[2] 측면에서 그러한 현상은 반복되고 있는 것으로 보고 있다.[3] 일본 측에서 볼 때 획일적인 한국 문화콘텐츠의 일방적인 문화수출이 큰 반감을 불러일으킨 것도 사실이다.[4] 그러나 일각에서는 한일 상호 문화교류와 이종교배를 통해서 새로운 한류문화가 창조된다는 주장도 제기되고 있다. 한국 측에서 보면 한류현상은 단순한 한국 문화콘텐츠의 수출이라기보다는 궁극적으로는 국가 이미지를 제고하고 국가브랜드를 창조하는 데 기여하고 있는 것이다.

이 장에서는 글로벌 한류시대를 맞이하여 기존연구들이 강조하는 한류의 경제적 · 비경제적 효과라는 이분법적인 틀을 지양하고 한류연구의 기존 한계를 극복하는 차원에서 한류로 인한 일본의 사회적 수용과정과 경제적 효과의 분석을 시도하고자 한다.[5]

---

1 이따가끼 류우따 · 오구라 키조오 · 박광현(2006), 「한류를 바라보는 일본 사회의 두 가지 시각」, 『창작과 비평』 제132호, p.423. 혐한류의 특징 중 중요한 사실은 '한국', '한국인', '조선인', '재일'과 같은 표현들이 적당히 혼합되어 있다는 점이다. 이러한 현상은 어떻게 보면 재일코리안이나 한국 역사에 대한 인식을 일본인들에게 공교육과 매스컴을 통해 유통시키고 일반 시민들이 교양시민으로 만들어져가는 기제가 작동하고 있는 것으로 해석하고 있다.

2 위의 논문, p.423. 이 연구에서 저자는 일본이 새로운 내셔널리즘 구축에 대한 의지가 필요하며 이를 위해서는 무엇보다도 일본이 주체성을 가져야 한다고 주장하였다.

3 류웅재(2008), 「한국 문화연구의 정치경제학적 패러다임에 대한 모색」, 『언론과 사회』, 16(4), p.7. 이질적인 근대화의 추억과 근대성 혹은 식민지의 공통된 경험으로 이루어진 상상된 공동체 의식의 발현을 통해 알아볼 수 있는 것에 관한 즐거움이 충족된 결과라고 주장하고 있음.

4 강한균(2009), 「동남아 지역의 한류 문화콘텐츠가 한국의 수출과 FDI에 미치는 경제적 효과」, 『무역학회지』. p.43. 문화콘텐츠산업은 출판, 신문, 공연, 영화, 방송, 문화 오락서비스 등 7개 부문으로 구성되며 총 43개 산업으로 정의하고 있다. UNESCO의 분류에 따르면 문화콘텐츠는 출판물(printed matters, 서적, 신문, 잡지 등), 음악물(recorded music, 음악CD, 테이프 등), 시각 및 시청각물(visual & audiovisual, 영화필름, 게임 등)로 구분하고 있다.

5 2000년대 이후 지금까지 한류가 일본에서 한국 문화의 이미지를 충분히 개선시켜온 만큼 향후 한류문화 콘텐츠에 대한 부수적 관심과 수익을 창출할 것이란 기대가 커지고 있음.

제2절 한류문화의 사회적·경제적 효과

한류에 대한 기존의 선행 연구들 대부분이 한류의 경제적 효과에 중점을 두고 진행되었다면 이 장에서는 한류의 비경제적 효과에 속하는 사회적 수용과정을 동시에 다루고 있다는 점에서 그 의미를 찾을 수 있을 것이다. 즉 기존연구들이 간과했던 한류에 의한 일본에서의 경제적 사회적 파급효과의 양 측면(한류, 비한류)을 동시에 주목하여 한류가 한일 양국에 미친 경제적 파급효과, 그리고 한류가 일본 사회에서 어떻게 수용되고 확산되어왔는지에 대한 사회적 효과(비경제적 부분)를 구체적으로 살펴보고자 한다.

먼저 기존연구에서 한류의 경제적 효과에 주목한 논문들을 살펴보도록 하자. 한국 문화산업교류재단(2010)에 의하면 한류의 경제적 효과는 생산유발효과 4조 9,824억 원, 부가가치 유발효과 1조 9,192억 원, 취업 유발효과는 5만 1,545명에 이른다.[6] 또한 이 재단은 해마다 한류지수를 개발하여 동남아시아 지역의 방송, 영화, 음악, 게임 수출통계와 한류콘텐츠 등을 중심으로 조사결과를 발표하고 있다.

한류의 경제적 효과에 주목한 최근 연구는 최은미(2012), 김상준 외(2010), 유창근(2012) 등이다. 최은미(2012)의 연구는 일본에서 한류의 영향력과 파급효과, 그리고 한류의 한계에 대하여 주목하고 있다. 그리고 윤태진(2002)의 연구를 확대발전시켜 한류의 문화적·경제적·정치적 의미를 포괄적 의미인 정치적 담론으로 발전시키고자 시도하였다. 그러나 논문에서 제시된 한류문화의 경계가 애매모호하고 구체적인 증거들도 2차적 자료 제시의 수준에 머무르고 있다.

특히 김상준 외(2010)의 연구는 일본에서 한국 문화에 대한 관심에서 시작된 한류 열풍이 한국 상품의 구매단계를 넘어 한국어 배우기, 한국 방문 등

---

6 최은미(2012), 「한일관계 회복을 위한 한국 정부의 한류정책 연구」, 『아시아연구』 제15권 2호, p.222 참조.

〈사진 37〉 일본 오사카와 중국 왕징 코리아타운

무형의 서비스로 이어지고 있다고 분석한다. 즉 한류가 단순한 문화현상이라기보다는 특정한 상품으로서 수출상품화하거나 수출에 도움이 된다는 주장이다. 따라서 중국과 일본의 한류 형성이나 확산이라는 비교연구를 통하여 한류산업의 경제적 진출상의 정책대안을 모색할 수 있다고 보았다. 이 연구는 한류가 전파되기 위해서는 진출국의 사회문화적 배경을 고려해야 하며 제고된 이미지 활용을 통한 효과적인 문화상품 개발 등 한류의 경제적 효과에 관한 토대를 제공하고 있다는 점에서 획기적인 논문이라 할 수 있다.[7]

더 나아가 유창근(2012)의 연구는 한류관광에 의한 외국 관광객의 소비지출 패턴과 창출된 경제적 파급효과를 분석한 바 있다. 이 연구는 한류의 경제적 효과 측면에서 분석한 허종욱(2009)의 연구를 확대발전시켜 일본인 관광객의 교통비, 음식비, 숙박비, 특산물 구입비, 쇼핑비 등을 구분하여 경제적 파급효과를 산출하였다.

이와는 달리 한류의 사회(문화)적 수용과정에 주목한 연구는 황성빈(2011), 이호상(2011), 그리고 재일코리안과 한류관계에 대한 연구는 임영상(2011), 고

7 홍성태 · 강성균 · 大屋斎彦(2007), 「한류가 한국산 제품에 대한 평가와 구매의도에 미친 영향: 일본시장 사례를 중심으로」, 『마케팅관리연구』 제12권 제1호, pp.71-90. 이 연구에서 한류에 대한 관심이 높을수록 한국 관심도, 한국 제품에 대한 품질평가, 태도가 모두 증가하는 것으로 나타났다.

정자(2010), 김경희(2010) 등의 연구를 들 수 있다. 이들 연구들은 한류문화가 일본에 전파됨으로써 일본인이나 일본 사회에 파급되는 긍정적, 혹은 부정적 영향(혐한류, 반한류 등)에 대해서 논의하고,[8] 한류문화의 근원지인 코리아타운의 공간구조의 변화, 한류의 전파양상 등에 대하여 고찰하였다.

기존연구에서 살펴본 바와 같이 한류효과에 대하여 사회적(사회문화적) 효과와 경제적 효과로 분류하여 접근하고 있는 연구는 드물다. 이 논문은 류웅재(2008)가 지적하고 있는 바와 같이 한류문화에 그간의 논의가 주변부에서 중심부로의 이동이나 문화제국주의(Cultural Imperialism)의 확대재생산이라는 비판에서 벗어나 실제적인 경제적 효과의 분석에 초점을 두고 있다.[9]

국가나 사회의 이미지가 경제적 효과로 연결되는 경우가 많았지만, 그동안 한류 열풍은 있었지만 실제로 수익을 낼 수 있는 문화서비스의 경쟁력은 매우 부족했던 것이 사실이다. 그러나 이제 한류 열풍은 단순한 문화 형상에 머물지 않고 점차 수익 창출로 연결되고 있는 조짐을 보이고 있다. 이러한 국가 이미지와 경제적 효과와의 관계는 일본의 전례도 있다. 도요타, 소니 등 일본 상품이 글로벌 시장에서 부상하자 1990년대 일본의 영화, 음악, 음식에 대한 인지도가 함께 높아져 문화오락 관련 서비스 수지가 5년간 증가세를 보인 바 있다." 한국의 경우 최근 싸이의 강남스타일과 뮤직비디오에 출연한 가수 현아에 대한 외국인의 관심도 높아졌다"며 "한번 뜨거운 반응을 얻기가 어렵지 일단 좋은 반응을 확보하면 문화콘텐츠의 파급력이 매우 크다"고 한다.

이상과 같이 기존연구들은 한류가 일본 사회에 미친 사회적 양상과 경제적 파급효과 등 어느 한쪽에 주목하는 측면이 있다. 이 장에서는 기존 연구들이 간과했던 한류에 대한 일본에서의 사회적 수용양상과 경제적 파급효

---

8 강한균(2009), 「동남아 지역의 한류 문화콘텐츠가 한국의 수출과 FDI에 미치는 경제적 효과」, 『무역학회지』 제34권 1호, pp.31-32 참조. 이 연구에서 히라노 겐이치(2004)의 문화접촉모델 제1유형 수용과 동화, 제2유형 적응, 제3유형 반발, 그리고 스파이서의 미국 인디언 연구에서 문화접촉과 변화를 편입통합, 동화통합, 격리통합, 융합통합으로 분류하고 있음.

9 류웅재(2008), 「한국 문화연구의 정치경제학적 패러다임에 대한 모색」, 『언론과 사회』 16(4), p.7.

과의 상관관계를 고찰함으로써 새로운 시각에서 경제적 효과를 확대하기 위해 사회적 이미지 제고가 얼마나 중요한 지에 대한 시사점을 도출하여 제시하고자 한다.[10]

제3절 한류문화의 수용양상

일본에서 한류가 어떻게 수용되었는지를 단계별로 살펴보면 〈표 27〉과 같다. 한류 붐 이전에도 한국의 대중문화는 간간히 일본에 소개되었다. 이 시기는 문화상품의 전반적인 전파라기보다는 '조용필(1982)', '계은숙(1985)', '김연자('88)' 등이 개인 자격으로 일본에 진출하여 활동했던 '한류 여명기'라고 할 수 있다.

'한류 탄생기'는 1996년 일본의 CS디지털 위성방송에 KNTV, K-ch 등 한국어 전문채널이 설립되어 한국 방송콘텐츠가 방송되기 시작한 무렵인데, 큐슈에서 몇몇 드라마가 인기를 얻었으나 일본 전역으로 확대되지는 못했다. 1998년에 S.E.S.가 일본에 진출하여 한국의 댄스음악을 알렸고, 1999년 영화 〈쉬리〉가 일본에 진출하여 성공하였다. 2002년 한일월드컵 공동 개최를 계기로 일본 매스컴에 한국에 대한 우호적인 정보와 함께 한국의 영화, 드라마, 음악, 서적, 게임 등 문화상품이 광범위하게 소개되었다. 영화 〈JSA〉, 한일합작드라마 〈프렌즈〉와 〈소나기〉, 드라마 〈이브의 모든 것〉, 보아의 음악이 일본 내에서 유행하기 시작하였다.

2003년 NHK 위성 제2방송과 2004년 NHK 종합TV에서 〈겨울연가〉가 방영되면서 일본에서 '한류 붐'이 일어났다. 〈겨울연가〉 이후 〈아름다운 날

10 이따가끼 류우따 · 오구라 키조오 · 박광현(2006), 앞의 논문, pp.417-423 참조. 오구라 기조에 의하면 한류가 "월경하는 문화"로서 일본 사회의 변화에 높이 평가하고 있지만 한국 정부의 자국문화 육성책, 일본 정부의 일본인의 "재주체화", "내셔널리즘"에도 영향을 미치고 있다는 주장은 상당히 설득력 있는 주장이라고 생각된다.

〈표 27〉 한류문화의 수용단계[12]

구분	한류 여명기	한류 탄생기	한류 붐	신한류[13]
			반한류(혐한류)[14]	
기간	~1995	1996~2003	2004~2009	2010~
설명	드라마, 음악, 영화 등 한국의 대중문화와 한국 스타에 매료되어 열광하는 단계		드라마, 관광, DVD, 캐릭터 상품 등 대중문화 및 스타와 직접적으로 연계된 상품을 구매하는 단계	전자제품, 생활용품 등 일반적인 한국 상품을 구매하는 단계, 한국 전반에 관해 선호하고 동경하는 단계
주요 장르	음악	드라마, 음악, 영화	드라마, 음악, 영화, 잡지/책, 온라인게임, 한류음식	K팝, 드라마, 영화, 만화코믹, 애니메이션, 캐릭터 상품, 한국 전통문화(한류스타일)
주요 인물	조용필, 계은숙, 김연자	S.E.S, 보아	배용준, 최지우	소녀시대, 카라, 동방신기
주요 콘텐츠	〈돌아와요 부산항에〉	〈프렌즈〉, 〈쉬리〉, 〈JSA〉	〈겨울연가〉, 〈대장금〉, 〈아름다운 날들〉, 〈천국의 계단〉, 〈내 여자 친구를 소개합니다〉, 〈외출〉, 〈내 머리 속의 지우개〉	스마트폰, 유튜브, 페이스북, 트위터 등 디지털 매체에 의한 확산

들〉, 〈천국의 계단〉이 일본 지상파 및 BS, CS에서 방송되었다. 2004년부터 2005년까지 NHK-BS2에서 방영된 〈대장금〉은 한국 전통음식에 대한 관심을 촉발시켰다. 영화 분야에서는 〈내 여자 친구를 소개합니다〉, 〈외출〉, 〈내 머리 속의 지우개〉 등이 흥행에 성공하였다. 음악 분야에서는 '보아'가 여러 차례 오리콘차트 정상에 올랐다. 한편, 2005년부터 일부 언론과 지한파 혹은 친한파 지식인들이 한류를 비판하는 기사나 서적을 출간함으로써 반한류, 혐한류의 기류가 싹트기 시작했다.[11]

11 이따가끼 류우따 · 오구라 키조오 · 박광현(2006), 앞의 논문, pp.407-408 참조. 사실 혐한류는 2004년 2월 야마노 샤린의 '만화 혐한류'의 출판에서 공식적으로 시작되었다고 해도 과언이 아님. 당시 공식 판매부수는 2006년 2월까지 45만부였음. 그리고 2005년 2월 22일, 시네마현 의회가 '다께시마의 날'을 제정한지 딱 1년이 되는 해에 '만화 혐한류2'가 발매되었는데 누계판매량이 65만 부라는 출판사의 공식발표가 있었음.

〈표 28〉 한류 장르와 팬의 다양화[15]

구분	2004년	2006~2007년	2007~2008년
장르 및 수용자 변화	〈겨울연가〉 붐의 중년 여성층 호응	〈내 이름은 김삼순〉 붐으로 만화로 성장한 F1(20~34) 세대 호응	〈주몽〉, 〈대장금〉 등 사극 붐으로 단카이 세대(중년 남성층)의 진입

한류 붐 시기에는 한류 장르의 다변화와 한류 수용자층의 다양화도 나타났다. 〈표 28〉에 제시한 바와 같이 한류는 드라마 중심에서 코믹이나 전통 사극, 다큐멘터리, 버라이어티 등 장르의 다변화가 일어났고, 한류 팬은 여성 위주였는데 남성팬들의 증가가 두드러지고 있고 그 연령층도 확대되고 있다.

2010년 이후부터 한국의 아이돌 스타들의 의한 K팝을 중심으로 한국 문화 전반이 광범위하게 전 세계적으로 알려지기 시작했다. 이 시기에 '신한류'의 도래라고 할 정도로 한류문화의 주요 진출지역과 분야가 다변화되기 시작하였다. 특히, 기존의 중년 여성층 위주에서[16] 스마트폰, 유튜브, 페이스북, 트위터 등 디지털 매체를 기반으로 10대 여성층이 한류에 열광하고 있다.[17] 한류문화의 주요 진출분야를 살펴보면 한류드라마와 K팝, 한식은

12 고정민(2005), 「한류 지속과 기업의 활용방안」, CEO Information 503호, 삼성경제연구소 내용 수정함.

13 유창근(2012), p.401 참조. 신한류는 한류의 성장 배경 속에서 드라마 k팝을 중심으로 아시아에서 유럽, 남미 등 전 세계 지역으로 확산되며 주목받았음. 이러한 신한류를 주도하는 킬러콘텐츠는 바로 아이돌그룹 중심의 k팝으로 유튜브, 페이스북, 트위터 등 소셜네트워크 서비스(SNS)의 발전에 따른 뉴미디어 현상으로 이해된다고 주장하였음.

14 한류(韓流)라는 말은 1999년 중국의 '베이징청년보'에서 한국의 대중문화와 연예인들에게 빠져있는 젊은이들의 유행을 경계하는 뜻으로 처음 등장하였음. 이것은 중국의 문화주권 안보론에 근거한 부정적인 의미를 내포한 용어였음.

15 국제문화산업교류재단(2009), 『한류동향보고서』, 참조함.

16 황인석 · 김봉 · 안성아(2008), 앞의 논문, p.143 참조. 이들의 연구에서는 대중음악이나 드라마에 대한 관심도가 상대적으로 높게 나타났으며 40대 이상의 여성층에서 한류수준이 가장 높은 것으로 나타났음.

17 홍성태 · 강성균 · 大屋斎彦(2007), 앞의 논문, p.143 참조. 일본인 40대 이상의 여성층에서 한류수준이 가장 높은 것으로 나타났음.

물론이고 한국의 전통문화와 예술을 포함한 다양한 문화가 전 세계적으로 영향을 미치고 있으며, 지역적으로도 일본, 중국, 동남아시아뿐만 아니라 북미, 유럽, 중동, 아프리카까지 한류의 영향력이 확대되고 있다.

제4절 한류문화의 경제적 효과

2003년과 2004년 NHK의 〈겨울연가〉 방영을 계기로 한류가 일본 전국을 강타하기 시작했다. 한류 붐 시기에 일본에서 한류드라마 편성 채널과 편수의 증가가 뚜렷하다. 2007년과 2009년을 비교해보면 지상파 방송의 경우 10개 이상의 채널에서 10편 이상의 한류드라마가 일본에서 방영되기 시작하였다. BS방송의 경우 채널은 1개 정도 증가했지만 드라마 편수에서 무려 20편 정도가 증가하였다. CS유료방송에서는 100개 이상의 채널과 36편 이상의 드라마가 방영되어 가히 한류방송 채널의 다변화와 한류드라마의 다양화를 달성했다고 볼 수 있다. 한국 문화산업교류재단(2010)에 의하면, 한류의 생산 유발효과는 4조 9,824억 원, 부가가치 유발효과는 1조 9,192억 원, 취업유발효과는 5만 1,545명으로 나타났다.[18]

〈표 29〉 한류문화의 경제적 파급효과

(단위: 백만 원, %)

한류 효과	연도			전년대비 증감률	연평균 증감률
	2008	2009	2010		
생산유발효과	4,933,688	3,960,623	4,982,470	25.8	0.5
부가가치유발효과	1,713,952	1,466,022	1,919,254	30.9	5.8
취업유발효과	12,503	35,657	51,545	44.6	103.0

자료: 한국 문화산업교류재단, 2010 한류의 경제적 파급효과, 2012.11.28.

18 최은미(2012), 앞의 논문, p.222 참조함.

한류 붐 시기에는 한류 장르가 다변화하고 한류수용자 층이 다양화되기 시작하였다. 한류 초기인 2004년에는 한류드라마 중심의 중년여성층이 대부분을 차지했지만 코믹이나 전통사극, 다큐멘터리, 버라이어티 등 한류시장의 다변화가 두드러지게 나타나고 있다. 일본 쓰다야(津田屋)에서 발표한 한류 관련 DVD 렌탈 증가추이를 살펴보면 연령층에 있어서도 중년여성에서 중년남성층으로의 확대 등이 비약적으로 증가하였다는 것을 보여주고 있다. 일본에서 한류문화의 생산 유발효과에 가장 큰 영향을 미치고 있는 분야는 관광, 온라인게임, 자동차, 가전, 방송, 휴대폰, 화장품, 의류, 음악, 식음료 순이었다.[19]

한국의 문화콘텐츠는 일본으로 가장 많이 수출되고 있는데(〈표 30〉 참조) 주요 수출 품목은 온라인게임, 지식 및 정보, 음악, 방송콘텐츠 등으로 나타났다(〈그림 9〉 참조). 실제로 한국 문화관광체육부의 통계에 따르면 한국 문화콘텐츠는 주요 수출국 중에서 일본으로 가장 많이(26.2%) 수출이 되고 있음이 확인되었다(〈표 31〉 참조). 2008년부터 2010년 사이의 수출증가율도 다른 나라보다 일본이 가장 높았다. 2010년 한류 문화콘텐츠별 일본 수출액 규모를 보면, 게임, 지식 및 정보, 음악, 방송콘텐츠가 많은 비중을 차지하였다.

한류의 붐은 일본인들의 한국에 대한 호감도에 긍정적인 영향을 미치고 있다. KBS와 NHK가 공동으로 1999년과 2010년에 만 20세 이상의 양국 시민들을 대상으로 조사한 결과에 따르면, 일본인들이 '한국을 좋아한다'는 응답은 43%에서 62%로 증가한 반면, '싫어한다'는 응답은 51%에서 25%로

---

19 최근 한국 한방화장품 제조업체인 '자연인'과 1년간의 협상 끝에 35만 달러(약 3억 8,150만 원)의 공급계약을 체결한 화장품 유통업체 키스사의 가토 유미코(加藤由美子) 대표, 의류 도매 업체 '패션 야마구치'의 바이어 이와야마 마유미(巖山眞由美) 씨는 "일본 소비자들이 이제는 한류상품을 가깝게 느끼고 있다"며 "한류가 하나의 소비 트렌드"라고 말했다. 한류의 서비스 분야로 확산 현상도 두드러졌다. 일본 고급 백화점 체인 다카시마야의 본점 임원은 코리아나화장품 부스를 찾아 '세레니끄'를 전국 매장에 개설하는 방안을 타진했다. 세레니끄는 피부관리실과 화장품 숍을 결합한 공간. 국내 한방의료업체인 본디올 조성익 대표는 "일본 여행사와 제휴해 한방 의료관광객을 유치하려 했지만 일본의 한 업체로부터 한방 의료시설을 일본에 들이자는 제안을 받았다"고 소개했다(동아일보, 11월 16일자 보도내용 참조).

〈표 30〉 한류문화의 생산 유발효과

(단위: 백만 원, %)

분야	2008년	2009년	2010년	비중	전년대비 증감률	연평균 증감률
영화	24,412	21,215	10,855	0.2	-48.8	-33.3
방송	290,900	355,559	366,425	7.4	3.1	12.2
게임	680,644	970,236	1,185,402	23.8	22.2	32.0
음악	23,596	54,909	137,182	2.8	149.8	141.1
서적	96,115	136,665	-	0.0	-100.0	-100.0
관광	729,511	697,452	1,598,731	32.1	129.2	48.0
의류	216,443	161,792	184,636	3.7	14.1	-7.6
화장품	102,911	115,198	203,719	4.1	76.8	40.7
액세서리	37,311	44,945	41,476	0.8	-7.7	5.4
휴대폰	527,628	362,324	236,859	4.8	-34.6	-33.0
가전	779,882	457,358	404,866	8.1	-11.5	-27.9
자동차	1,199,292	404,176	530,283	10.6	31.2	-33.5
식음료	225,042	178,793	82,040	1.6	-54.1	-39.6
합계	4,933,688	3,960,623	4,982,470	100.0	25.8	0.5

자료: 한국 문화산업교류재단, 2010 한류의 경제적 파급효과, 2012.11.28.

〈표 31〉 국가별 한류 문화콘텐츠 수출 규모[20]

(단위: 천 달러)

국가별	2008년	2009년	2010년
중국	410,426.0	579,685.0	747,666.8
일본	542,311.0	661,318.0	800,237.8
동남아시아	521,282.5	458,424.0	671,905.8
북미	428,980.5	387,505.0	403,937.8
유럽	202,327.0	217,449.1	267,680.6
기타	140,635.6	126,367.3	157,551.1
합계	2,245,962.6	2,430,748.4	3,048,979.9

20 Ministry of Culture and Tourism, Content Industry Statistics(2011).

낮아졌다(KBCI, 2010). 이러한 결과는 일본에서 한류 붐이 한국에 대한 긍정적 이미지 형성에 기여하고 있음을 시사한다.

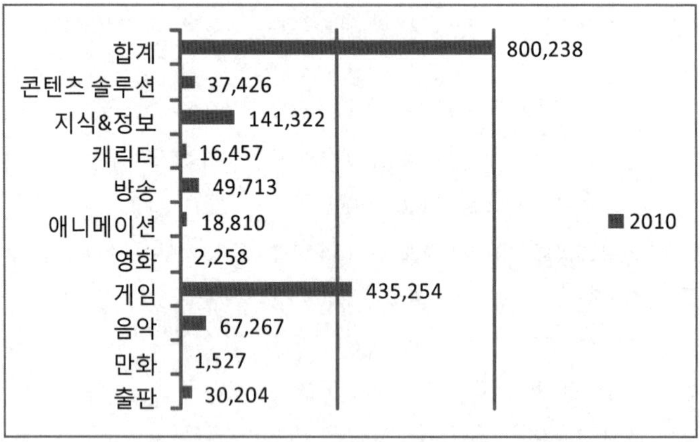

〈그림 9〉 일본 수출 한류 문화콘텐츠(2010)[21]

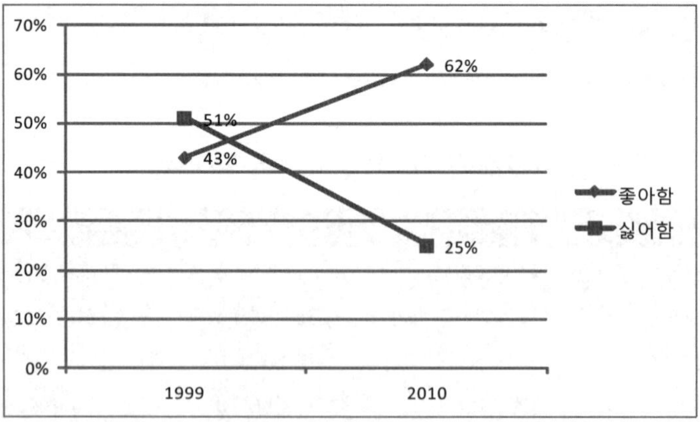

〈그림 10〉 한류문화에 의한 일본인의 한국 호감도 변화[22]

21 앞의 보고서(2011) 참조.

22 The Korea Broadcast Culture Institute, 2010년 보고서.

제5절 한류문화의 한계와 반한류의 출현

이 연구는 한류가 일본 사회에서 수용되어가는 과정과 경제적 효과의 증거를 도출하는 데 있다. 일본에서 한류는 1990년대 후반 시작되어 2004년 전후에 본격적으로 시작되면서 진출 분야의 다양화와 지역적 확대로 인하여 한류문화의 경제적 파급효과는 상상을 초월하고 있는 것으로 알려지고 있다.[23]

주지하는 바와 같이 일본에서의 한류의 사회적 파급 양상에 대해서는 많은 연구들이 언급하고 있지만 경제적 효과를 구체적으로 다루고 있는 논문은 그리 많지 않다. 이 연구는 경제적 가치로 환산하기 어려운 한류의 사회적 수용과정(사회적 자본)을 검토하고 한류의 경제적 파급효과의 중요성에 대해 주목하고 있다는 점에서 다른 연구와 차별성을 가지고 있다.

첫째, 한류문화가 일본 사회에서 수용되는 과정에서 2006년 한류 붐 시기에는 한류드라마 중심에서 코믹이나 전통사극, 다큐멘터리, 버라이어티 등 장르의 다변화가 일어났고, 연령층의 확대와 여성 위주에서 남성 팬들의 증가로 한류 수용자층의 다양화도 나타났다.

둘째, 한류문화가 2010년 이후에는 한국의 아이돌 스타들의 K팝을 중심으로 한국 문화 전반이 광범위하게 전 세계적으로 알려지기 시작했다. 이 시기는 '신한류'의 도래라고 할 만큼 한류문화의 주요 진출지역과 분야가 다변화되기 시작하였다. 특히, 기존의 중년 여성층 위주에서 스마트폰, 유튜브, 페이스북, 트위터 등 디지털 매체를 기반으로 10대 여성층이 폭발적으로 증가하였다.

---

23 그동안 아시아권에서 맴돌던 한류가 최근 가수 싸이의 '강남스타일' 열풍에 힘입어 미국, 유럽 등으로 확산하며 실제로 가시적인 수익을 창출하고 있다. 빌보드 차트 7주 연속 2위를 차지한 '강남스타일' 열풍에 힘입어 개인문화오락서비스 수지 중 음악, 방송, 영화 부문의 음향영상서비스 수지는 8월 사상 최대인 1,340만 달러 흑자를 기록했다. 당분간 K팝 인기와 베니스영화제 황금사자상에 빛나는 영화 〈피에타〉 등으로 한국 문화의 인지도가 국내외에서 높아져 기대감은 더욱 커질 전망이다.

셋째, 일본에서 한류문화의 경제적 생산 유발효과에 가장 큰 영향을 미치고 있는 분야는 관광, 온라인게임, 자동차, 가전, 방송, 휴대폰, 화장품, 의류, 음악, 식음료 순이었다. 한국의 문화콘텐츠는 일본으로 가장 수출이 많은 되고 있었으며 주요 수출 품목은 온라인게임, 지식 및 정보, 음악, 방송 콘텐츠 등으로 나타났다.

일본의 한류 수용양상과 확산 문제는 사회적 효과, 즉 비경제적 부분의 영향이 크고 이에 따라 실질적·경제적 효과와도 직결될 가능성을 보여주고 있다. 따라서 향후 연구과제는 최근 한류에 대한 일본 내 평가가 나뉜다는 점에서 사회적 효과를 고려한 소비자의 입장에서 경제적 효과에 대하여 접근할 필요가 있을 것으로 생각된다.[24]

한편 코리아타운에서 시작된 한류가 최근 일본인들에게는 어떻게 수용되고 있는가? 한류가 일본에서 긍정적인 영향을 훨씬 많이 끼친 사실이지만 반드시 좋은 결과를 초래하는 것만은 아니다. 일본에서 불고 있는 한류와 반한류에 대한 구조 연구는 황성빈(2011)의 연구를 들 수 있다.[25] 이 연구에서는 한류에 의해 일본인의 한국에 대한 인식이 호전되었다거나 악화되었다고 주장할 수 없다는 결론을 내리고 있다. 그 이유는 글로벌 시대 일본에서 한류의 수용이 일본인의 정체성, 젠더와 계층, 지역 등 한류문화의 소비에서도 다양화된 일본 사회의 현실을 반영한 결과라고 지적하였다.

게다가 이향진(2011)의 연구는 한류가 일본의 주류문화와는 구별되는 대중문화의 정치적, 혹은 사회적 보수성 때문에 일본의 보수 세력들이 반발하여 반한류나 혐한류를 조장하고 있다고 지적하였다. 특히 한류보다 반한류의 중심에 서 있는 일본 보수세력의 논리는 한류가 한국 정부에 의해 일본

---

24 동아일보, 2012년 11월 16일자 신문보도. 과거 일본인들은 한국 제품 품질에 불안해했지만 지금은 한류 붐과 겹쳐 멋지고 고급스럽다는 이미지가 확산되었다. 영토 문제 등 외교 갈등으로 한류 붐이 일시적인 영향을 받을 수 있지만 한류상품에 대한 일본 소비자의 관심은 앞으로도 지속될 것으로 전망하고 있다.

25 盛彬(2011), 「韓流と反韓流の交差ー日本人のアイデンティティと韓国認識」, 『日本学』, 第33輯, pp.150-153.

에서 의도적으로 조작되었다고 주장하고 있다.[26]

결과적으로 2004년 이후 본격화된 한류문화는 일본에서의 혐한류와 배외주의 사상 출현과도 일정부분 관련된 것으로 생각된다. 외국인 배외주의 사상은 1960~70년대 조선학교 학생 습격사건, 1980년대 후반 '치마저고리 사건' 등과 동일선상에서 형태만 달리한 민족차별주의의 변종일 수도 있을 것이다.

과거 일본에서 민족차별주의로 나타난 헤이트 크라임(Hate Crime: 차별범죄)의 현상이 헤이트 스피치(Hate Speech: 차별선동)로 바뀌면서 글로벌 시대 자국에 거주하는 소수민족을 무차별 공격하는, 새로운 디아스포라를 대상으로 하는 내셔널리즘이 대두되고 있는 것으로 생각된다.

26 임영상(2011), 「한국 문화의 허브로서의 재외한인 사회」, 『역사문화연구』 제40집, p.342 참조. 이 논문에서 한류는 한국 정부가 주도하지 않았다고 단언하고 있음.

12
다문화사회와 우리 안의 디아스포라

제1절 다문화사회 한국

이 장에서는 한국의 다문화정책과 우리 안의 디아스포라 관점에서 살펴보고자 한다. 법무부 출입국관리사무소의 발표에 의하면 2013년 말 기준으로 국내 체류 외국인은 157만 6,034명으로 전년대비 9.1% 증가한 것으로 나타났다. 그 이유에 대해서는 단기체류 관광객의 증가, 중국 동포에 대한 재외동포 자격대상 확대 및 국적 취득요건을 갖춘 외국 국적 동포의 영주자격 신청 증가에 따른 것으로 분석하고 있다. 국가별 체류자의 비율은 중국이 49.4%, 미국이 8.5%, 베트남이 7.6%, 일본이 3.6% 순으로 높게 나타났다. 한국 정부는 2006년 "다민족 다문화사회로의 전환"을 공식으로 선언한 이후 '소위' 다문화주의 관련 정책들이 봇물 터지듯 쏟아지고 있다.

2006년 2월 한 달 동안 '여성결혼이민자 가족 및 혼혈인 · 이주자 사회통합지원방안', '다문화가정 교육지원 대책', '외국인정책 기본방향 및 추진체계' 등 다문화주의 정책이 등장했다. 2007년 2월에는 다문화주의 정책 수행을 위해 법무부가 '재한외국인처우기본법'을, 보건복지부는 2008년 '다문화가족지원법'을 각각 제정하였다. 이러한 사회적 흐름에 발맞추어 문화체육관광부, 교육과학기술부, 보건복지가족부, 노동부 등도 다문화주의 정책을 제안하여 시행하기 시작했다. 지방자치단체도 시대에 부응하여 2008년 현재 16개 광역자치단체 중 15개, 232개 기초자치단체 중 207개 부처가 다문화사회에서 제기되는 의제와 관련된 사업을 추진하고 있다(김이선들, 2008).

표면적으로만 보면 과연 다문화주의 정책의 홍수라 할 만하다. 하지만 정책담론과는 달리 실제 정부의 정책을 보면 결코 다문화주의 정책이라고 할 수 없다는 주장들이 난무하고 있는 것도 사실이다(이혜경, 2007). 다문화주의 정책이란 미명하에 실행되고 있는 정책은 '실제로' 어떤 것들이 있는가? 다문화주의 정책이라면, 다른 나라들과 비교해서 어떤 점들이 다른가? 이에 대하여 한국 정부가 펼치고 있는 다문화주의 정책, 그중에서도 다문화가

족지원센터를 중심으로 다문화가정을 대상으로 펼치고 있는 다문화주의 정책을 직접 살펴보고자 한다.[27]

먼저 다문화주의 정책(multiculturalism policies, MCPs)이란 무엇인지에 대하여 알아보자. 여러 가지로 정의할 수 있겠지만 여기에서는 우선 벤팅과 킴리카(Banting, Kymlicka, 2006)의 주장에 따라 다문화주의 정책을 '정부가 소수민족집단(ethnic groups)을 공적으로 인정 · 지원 · 수용하려는 정책'으로 한정하여 정의하고자 한다. 이러한 정의가 비록 캐나다의 경험을 수용한 측면이 있기는 하지만(Entzinger, 2006), 여기에서 이를 수용한 이유는 다음 두 가지에 연유된다.

첫째, 우선 다문화주의 정책의 대상과 성격을 분명히 정의하기 위해서이다. 다문화주의 정책의 실행 주체는 중앙정부이든 지방정부이든, 어쨌든 정부가 주체이다. 여기에다 시민단체가 주관하고 있는 다문화 관련 행사/사업을 포함시켜 정의하는 것이 타당할 것이다.

다문화주의 정책의 '대상'은 국민국가 내에 존재하는 소수민족 집단들이다. 이런 점에서 계급, 섹슈얼리티, 장애, 젠더 등 국민국가 내에서 사회적으로 소수자가 된 집단들은 일단 다문화주의 정책의 '정의'에서 배제되고 있다. 다문화주의 정책의 '성격'은 우선적으로 소수민족 집단들이 국민국가 내에서 자신들의 독특한 '문화정체성'을 유지하면서 살아가는 것을 전제로 하기 때문이다. 소수민족 집단들이 거주국가를 떠나도록 하는 정책은 결코 다문화주의 정책이 될 수 없다. 또한 거주국을 떠나지 않고 정주하도록 할 뿐만 아니라, 자신들의 문화정체성을 공적으로 인정받고 살 수 있도록 해야 하는 것이 다문화주의 정책의 일부이다.

둘째, 벤팅과 킴리카의 정의를 따라 비교 관점을 도입하기 위해서이다.

27 정부가 펼치는 다문화주의 정책은 사람마다 정부 각 부처마다 개념이 다르다. 가령 법무부는 다문화정책을 이민이나 국경관리 차원의 정책, 복지부는 다문화가족 지원정책, 문화부는 문화적 다양성을 증진시키기 위한 정책(이주민이나 국민 대상의 포괄적인 정책) 등 정부 각 부처나 기관마다 다문화주의 정책을 이해하는 내용이 다르게 나타나고 있다. 따라서 이 논문에서는 다문화주의 정책을 정부기관, 다문화가족센터, 다문화가정 등을 지칭하는 용어로 한정하여 사용하고자 한다.

벤팅과 킴리카의 연구는 이미 다문화주의 지표를 통해 나라별로 다문화주의 정책 정도를 비교해 놓았다. 동일한 지표를 사용하여 한국의 다문화주의 정책을 평가해본다면, 한국의 다문화주의가 다른 나라들과 비교하여 어느 위치에 해당되는지 가늠할 수 있다. 이를 통해 한국의 다문화주의가 담론의 차원이 아닌 정책의 차원에서 어떻게 실현되고 있는지 비교적인 시각을 가질 수 있을 것이다. 벤팅과 킴리카(2006)의 다문화주의 정책 지표에서 더욱 강조되고 있는 것은 소수민족별로 다문화주의 정책지표를 만들어 제시했다는 점이다. '유럽연합차별지표', 'UNESCO 문화다양성지표' 등 기존의 지표는 소수민족별로 다문화주의 정책지표를 분류하지 않고 있다(류정아, 2009).

서구 자유민주주의 나라들에서의 다문화주의 정책이 일정한 국민국가 안에 존재하는 소수민족집단의 성격에 따라 다문화주의 정책의 성격을 결정하고 있는 점, 즉 집단별 특화된(highly group-differentiated) 다문화주의 정책을 취하고 있는 현실을 감안해야 한다는 것이다(Kymlicka, 2007). 따라서 한국의 다문화가정에 대한 다문화주의 정책과 서구 자유민주주의 국가들의 다문화주의 정책 일반을 비교하기보다는 한국 내 다문화주의 정책을 비교 분석하는 것이 훨씬 타당할 것이다.

따라서 이 장에서는 우리 안의 디아스포라라는 한국 내 다문화주의 정책에 대하여 한국 정부와 지방정부, 시민사회단체와 다문화가족지원센터, 다문화가정이라는 세 차원에서 분석을 시도하여 정책적인 시사점을 도출하고자 한다.

제2절 우리 안의 디아스포라와 다문화 증가

한국의 다문화주의 정책은 1990년대 이후 급속도로 진행된 전 지구적인 글로벌화 과정을 통해 이주노동자와 결혼 이주여성이 급증하면서 한국 사회의 큰 이슈가 되고 있다. 원주민이나 이민자집단을 통합하기 위해 만들어진 서구의 다문화주의와는 달리 한국의 다문화주의는 전 지구화과정을 통해 새롭게 형성된 소수민족들을 통합하기 위해 만들어졌다.

특히 한국의 다문화주의 정책은 주로 단기 외국인 이주노동자를 대상으로 하기보다는 정착형 이주자인 결혼 이주여성들을 대상으로 추진되고 있다. 그것은 결혼 이주여성들의 한국인 자녀가 한국 가족으로 편입되면서 한국 국민으로 받아들여지기 때문이다. 하지만 이러한 한국의 다문화주의 정책은 여전히 부계 혈통주의와 자민족중심주의에서 벗어나지 못한다는 비판을 받고 있다.

따라서 이 장에서는 현재 진행되고 있는 한국 정부의 국가주도형 다문화정책은 한국 사회가 당면하고 있는 다양한 가족의 위기를 해결할 수 있는 대안이 될 수 없다는 것을 밝히고자 한다. 더불어 한국 정부는 결혼 이주여성들을 한국 사회의 저출산 문제나 노동력 부족현상을 해결해줄 대체인력으로만 볼 것이 아니라 한국 사회의 새로운 시민으로 받아들이고 시민으로서의 역할을 다할 수 있는 환경을 조성하는 다문화주의 정책 추진이 필요함을 정부정책과 시민사회단체의 활동을 통해 살펴보고자 한다.

하지만 실제로 한국의 다문화주의 정책은 단일민족의 전통과 '우리'라는 자민족중심주의가 팽배한 한국 사회에서 국가적 통합이란 측면에서 얼마나 실현될 수 있을지는 여전히 미지수이다. 그러나 한국 사회의 세계화는 여전히 진행되고 있으며 우리 사회의 '다문화화'는 피할 수 없는 과제이기도 하다. 더구나 서구 선진국에서 시행한 다문화와 관련된 정책들을 제대로 시도해보지조차 못한 한국의 경우 이들 국가들이 겪고 있는 다문화와 관련된 경험들을 비판적으로 고찰하고 이데올로기, 전통, 그리고 상식의 차원에서 우리 사회의 현실을 바탕으로 한 유용한 다문화정책을 수용할 필요가 있을 것이다.

글로벌화 이후 한국에서 다문화주의 담론이 급속도로 확대된 것은 1990

〈표 32〉 한국 내 디아스포라의 유형별 분포(2010년 기준)[28]

구분		계
외국인 전체		1,139,283(100%)
국적 미취득자	소계	920,887(80.8%)
	외국인 근로자	558,538(49.0%)
	국제결혼 이민자	125,087(10.9%)
	유학생	80,646(7.1%)
	재외동포	50,251(4.4%)
	기타	106,365(9.3%)
국적 취득자	소계	96,461(8.5%)
	혼인귀화자	56,584(4.9%)
	기타 사유 취득자	39,877(3.5%)
외국계주민자녀		121,935(10.7%)

년 이후 전 세계적으로 급속히 진행된 '이주의지구화' 현상으로 한국 내에도 다양한 민족의 디아스포라 집단이 등장하기 시작했기 때문이다.

가령 한국 내 체류 외국인은 1990년 4만 9,507명, 1995년 26만 9,641명, 2000년 49만 1,324명, 2005년 74만 7,467명, 2008년 89만 1,341명, 2010년 113만 9,283명으로 급속도로 증가해왔다.

〈표 32〉는 2010년 7월 현재 한국 내 체류외국인의 국적취득별 인구분포를 보여주고 있다. 이를 통해 다문화주의 정책의 대상이 누구이고, 그 수가 얼마나 되는지 파악할 수 있다. 다문화주의 정책의 대상은 한국에 합법적인 방법으로 영구적 혹은 장기적으로 거주하는 외국인을 말한다. 여기에는 세 부류가 있다. 12만 5,000여 명에 달하는 국제결혼 이주자(국적 미취득자), 9만 6,000여 명에 달하는 국적 취득자, 그리고 12만 2,000여 명에 이르는 다문

28 2010년 지방자치단체 외국계 주민현황 조사결과행정(안전부), %는 전체 외국인 주민에 대한 해당항목 비율임.

화가족 자녀들이 포함되어 있다. 이들을 모두 합하면, 34만 3,000여 명으로 전체 외국인주자 113만여 명에서 약 30.4%에 달한다. 나머지 75%는 한국의 미래 시민으로 간주되지 않고 자신들의 나라로 귀국할 일시 체류외국인들로 간주되고 있다. 이런 점에서 한국의 다문화주의 정책의 대상은 34만 3,000여 명에 이르는 소위 다문화가족을 구성한 외국인과 그 자녀들로 한정할 수 있다. 그러나 문제는 국내 거주하는 외국인 중 대략 49%가 이주노동자이며, 결혼 이주여성은 약 16%에 불과하다는 점이다. 그중에서 가장 비중이 높은 외국인 이주노동자들은 단기순환정책과 정주방지 원칙에 따라 관리되는 인력수급정책의 대상일 뿐 다문화주의 정책의 대상으로부터 배제되어 있다(이선옥, 2007).

제3절 다문화주의와 다문화정책

서구 다문화주의의 연구를 위해 킴리카(Kymlicka, 2007)는 동화와 동질화에 바탕을 둔 지금까지의 국가 관련 다문화정책이 이민자들의 문화와 종교를 수용하고, 영토적 자율성과 언어에 대한 권리를 인정하는 한편, 원주민들의 자치지역과 자치권을 인정하는 방향으로 바뀌고 있음에 주목하였다.

그리고 이러한 서구민주주의 국가들의 다문화주의 특성을 세 가지 정도로 지적하였다. 첫째, 국가 내 여러 소수민족 집단들에 대하여 소수자의 특성을 고려하여 소수민족 정책을 수행한다는 것이다. 원주민, 신이민자, 민족별 소수민족 집단들을 모두 같이 취급한다고 하여 이들이 다수자에 반대하는 소수자 집단으로 단일하게 규정되는 것은 아니다. 소수민족들은 각각 고유의 특성을 지니고 있기 때문에 소수민족이라는 이름으로 통합되어 다수자에 대항하여 투쟁하는 것은 쉽지 않다. 다수자와 소수자간의 관계뿐 아니라 소수자와 소수자들 사이에도 서로 경쟁적 투쟁이 있을 수 있기 때문이다. 그러므로 다문화주의는 소수자들의 다중의 투쟁이지, 다수자에 대항하는 소수자들의 연합투쟁의 형태를 취하는 것은 아니다.

둘째, 다문화주의 정책에서 소수자의 권리는 인정의 정치학과 권력, 자원의 재분배의 정치학의 형태를 모두 띠고 있다. 다문화주의는 소수자의 권리와 지위를 상징적으로 인정하는 것을 초월하여 국가권력이나 공적 서비스, 경제적 기회 등에 대한 접근과 구체적인 재분배의 문제를 함께 생각해야 한다.

셋째, 다문화주의를 통한 소수자들의 인정과 국민 만들기의 문제를 어떻게 조율하느냐의 문제이다. 서구 국가들에서 다문화주의를 적극적으로 실행한다고 해도 하나의 국민적, 혹은 국가적 통합정책을 포기하는 국가는 없다. 따라서 다양한 소수자들을 인정하고 동시에 물리적인 강제통합을 하지 않으면서 다수자와 소수자, 그리고 소수자들과 소수자들이 공유할 수 있는 하나의 국민적 통합을 이루는 것이 가장 큰 과제이고 국가마다 정책적 차이가 현저히 드러나는 것도 바로 이 부분이다.

그러므로 다문화주의 정책은 문화적 상대주의와는 다르게 해석된다(송재룡, 2009). 문화적 상대주의의 시각은 각 소수자들이 지니고 있는 삶의 유형과 사고의 체계가 모두 동일한 평등성을 지니고 있으므로 당위적으로 모든 소수자들에게 기계적인 평등성을 부여해야 한다는 강박성이 내재되어 있다. 그러나 다문화주의의 인정의 정치학에서 말하는 인정에 대한 요구는 개개의 문화적 전통과 양식은 기본적인 권리를 보호하는 차원에서 나름대로의 합리성과 가치를 인정해야 한다는 것이다. 그러나 그것은 각 문화의 고유성과 차이에 대한 '사실적' 인정이지 동일한 가치를 부여하는 인정은 아니다(Taylor, 1994). 즉 특정한 문화집단에 속한 개인들이 지닌 특정한 필요를 인정해야 한다는 것이다. 말하자면 평등성을 부여하는 것만으로는 문제의 해결이 될 수 없으며 각 문화가 가진 가치의 차이를 동시에 인정해야 한다. 이러한 인정의 문제는 이질적 문화 간의 개방적 태도와 상호 주관적 이해를 요구한다. 즉 모든 사람들이 타 문화와 타자들과 상호작용할 수 있는 장을 마련해주어야 한다는 것이다. 그러기 위해서는 각 집단의 문화 속에서 살아가는 개인들이 지닌 문화자원을 통해 나타나는 다양한 문화적 상징체계를 이해해야 한다. 문화는 이데올로기이기도 하고, 전통이기도 하면서 상식이기도 한 복합적인 상징체계를 가지고 있다(Swidler, 2001).

따라서 이데올로기란 명확하고 의식적이기 때문에 쉽게 노출되는 것이고 도전도 쉽게 받는다. 그 반대편에 있는 것이 상식이다. 상식은 불명확하지만 당연한 것으로 여겨지고 자기도 모르게 행동하는 것이기에 도전에 덜 민감하다. 전통은 그 중간이라고 할 수 있다. 이데올로기, 전통, 상식의 영역이 고정되어 있는 것도 아니다. 같은 문화를 사람들에 따라서 혹은 이데올로기, 전통, 상식의 차원에서 그 사람이 처한 상황과 맥락에 따라 다르게 실천할 수 있다(최종렬, 2008, 2009).

대개 이데올로기 차원에서의 다문화주의는 평등원리와 성취원리라는 지배적인 원리에 근거를 두고 있다. 이것은 법과 제도 앞에서 평등권을 확보하고 문화적 소수자들에게 확대시키려는 의식적인 노력을 말한다. 따라서 다문화주의 정책은 이주자들이 거주국에서 자유로운 직업 선택이 가능한지, 시민권 획득이 용이한지, 적극적 행동(affirmative action)과 같은 소수민족을 위한 차이의 정치학을 추구하는지 등에 관한 내용을 포함하고 있다.

따라서 다문화주의 정책은 주로 공적제도 영역에서 나타나며 민족주의 신화에 대한 도전, 국가통치권, 국가 시민권의 전통적인 개념에 대한 도전 등을 포함하고 있다. 전통적 차원의 다문화주의는 친밀성, 사랑, 상호 애정 등의 실천 원리에 바탕을 두고 있다. 이것은 실존적 차원에서의 인정의 정치학을 말하는 것으로 소수자 자신의 문화적 권리를 향유할 수 있는 상태를 말한다.

즉, 말하자면 소수민족집단이 자신들의 음식을 먹고, 자신의 언어를 말하며, 자신의 종교 등을 믿을 수 있는 자유로운 권리에 대한 보장을 의미한

〈표 33〉 한국 다문화주의 용어 정의[29]

용어 구분	한국에서의 해석	출처
다문화사회	결혼이민자 등 국내 정착 이주자 및 국적 취득자 증가와 결혼이민자 2세의 취학 증가 등 사회현상을 의미한다. 소수민족에 대한 민족적·문화적 다양성이 관심을 둘 만한 사안으로 인정되는 사회	제1회 외국인정책회의 (외국인정책위원회, 2006)
다문화가족	대한민국 국민과 혼인한 적이 있거나 혼인관계에 있는 외국인 결혼 이주자, 출생 시부터 대한민국 국적을 취득한 자로 이루어진 가족	재한외국인 처우기본법, 다문화가족지원법
다문화정책	'일정한 이주자 및 가족에 대한 지원 정책'으로 대체하여 사용. '사회통합정책이란 우리 사회의 구성원이 된 외국인 노동자(이민자)들이 부당한 차별을 받지 않도록 배려하기 위한 조치 등을 다루는 정책(개인적 관심). 또는 이들의 사회부적응으로 인한 사회갈등을 최소화하기 위한 정책(사회적 관점)'	사회통합정책 설명자료 (법무부, 2008)
이민정책	외국인에 대한 일시적 또는 영구적 사회구성원 자격의 부여 및 이에 수반되는 내용을 다루는 정책	제1차 외국인정책기본계획 (외국인정책위원회, 2008)
외국인정책	대한민국으로 이주하고자 하는 외국인과 그 자녀들에 대해 영구적 또는 일시적 사회구성원 자격을 부여하거나 국내에서 살아가는 데 필요한 제반 환경조성에 관한 사항을 정치, 경제, 사회, 문화, 외교 등 종합적인 관점에서 다루는 정책	제1차 외국인정책기본계획 (외국인정책위원회, 2008)

다. 따라서 소수민족들이 민족적 집단공동체나 학교, 교회 등과 같은 자신들의 고유영역을 지킬 수 있는가 하는 것과 연결되기도 한다. 다문화주의의 상식적 차원은 호혜적인 인정과 호혜적인 무관심 등 이들 모두를 포괄한다. 호혜적 인정이란 주류문화와 다른 소수민족의 일상적 습속이나 문화적 행태가 자연스럽게 받아들여지는 것을 의미한다. 호혜적인 무관심은 소수민족들이 지닌 차이, 상호 차이에 대해서 그 차이를 인지하지만 상호 의도적인 무관심 전략을 말한다. 이것은 바로 지하철, 극장, 학교, 식당 등과 같이 일상적인 생활의 장에서 일어난다. 다수자는 물론이고 원주민, 준국가-국

민집단, 이민자 집단, 신소수민족들 모두 자신이 가진 문화자원을 세 가지 차원에서 다양하게 활용하며 어려운 상황을 해결하기 위해 노력한다.

그러므로 각각의 소수민족 집단이 한국에서 어떻게 인정받으며 적응하고 있는지를 살펴보기 위해서는 다문화주의 정책을 입안하는 정부, 다문화가족지원센터, 다문화가정이라는 세 가지 차원을 입체적으로 분석하여 비교해볼 필요가 있다.

킴리카(Kymlicka, 2007)는 한 국가의 다문화정책이 그 사회를 사회경제적으로 통합시키기보다는 분리와 게토화(ghetto)를 초래할 수 있다고 주장한다. 그것은 인종과 민족 간의 갈등 해결이 문화정체성이라는 차이의 극복에 의해서만 해결되는 것이 아니라 다양한 경제적 불평등, 권리와 의무에 대한 차별, 일상생활 속에서의 편견 등과 같은 근본적인 문제 해결이 먼저 선행되지 않고는 이루어질 수 없다고 주장한다.

제4절 노무현 정부와 이명박 정부의 다문화정책

노무현 정부와 이명박 정부의 다문화주의 정책을 중심으로 기본적인 틀과 그 차이에 대하여 살펴보자.

- 노무현 정부의 다문화정책(2003~2008)

1980년대 이후 한국 사회는 다문화주의 도래로 단일민족주의의 포기와 급격한 다문화사회로 전환되면서 이에 대한 정책적 대응에 매우 어려웠다. 참여정부 이전에는 외국인 이주노동자에 대한 관리와 통제에 집중하였으며 다문화주의 정책이나 외국인 정책이라는 개념은 매우 생소했다. 이러한

29 박진경(2010), 「한국의 다문화주의와 다문화정책의 선택적 적용」, 『한국정책학회보』 제19권 3호.

상황에서 '다문화사회로의 전환'을 공식적으로 표방하고 나선 참여정부는 다문화주의에 대한 강력한 정책적 대응책을 모색하기 시작했다.

그 결과 참여정부에서 다문화주의 정책은 2007년 '재한외국인처우기본법' 제정과 '제1차 외국인정책기본계획' 수립 등 한국이 향후 다문화주의 사회에서 본격적으로 추진해야 할 외국인 정책의 기틀을 마련하게 된 계기가 되었다. 노무현 정부는 다문화주의 시대의 도래에 맞추어 기본적인 틀을 마련했다고 볼 수 있다.

• 이명박 정부의 다문화정책(2008~2013)

한국 정부는 외국인 이주노동자들의 급격한 증가로 다문화주의 정책을 표방하여 다양한 정책을 실시하고 있지만 실제로는 순혈주의적이고 가부장적인 동화정책을 펴고 있다(이선옥, 2007; 김현미, 2008). 또한 한국 내 문화적 다양성을 추구하기보다는 사회적 통합에 많은 관심을 가져왔다(김이선들, 2008; 김현미, 2008)는 비판이 제기되어 왔다. 그렇다고 한국 정부의 다문화정책을 비판하고 이주민의 입장을 대변한다고 해서 직면한 문제를 해결하는 데 도움이 되지는 않을 것이다(Kim, 2009). 이 시점에서 좀 더 냉철하게 한국 정부가 추진하는 정책대로 지금과 같이 순혈주의적이고 가부장적인 동화정책을 통해 사회적 통합이 제대로 이루어질 수 있는지 한국 사회의 구조적 차원과 행위적 차원에서 세밀하게 고찰할 필요가 있다. 한국 정부는 다문화가정이 가부장적 핵가족 안으로 개별적으로 동화될 것이라는 기대를 가지고 정책을 추진하고 있지만 사회통합적 차원의 다문화정책은 지금까지 사회적 구조와 행위의 차원에서 성공하기 어려운 정책이기도 하며 많은 시행착오를 겪고 있다.

한국 사회의 다문화정책 수요에 따라 2010년 5월 7일 이명박 정부는 '다문화가족 지원정책 기본계획(2010-2012)'을 발표하였다. 이를 간단히 살펴보면 다음과 같다. 첫째, 국제 결혼중개업에 대한 관리 및 입국 전 검증시스템 강화, 둘째, 결혼이민자에 대한 한국어교육 및 의사소통 지원 강화, 셋째, 결혼이민자 직업교육 및 취업지원 활성화, 넷째, 다문화가정 이혼 및 폭력 피해 결혼이민자 인권보호 증진, 다섯째, 다문화가족 자녀에 대한 맞춤형 교육지원 강화, 여섯째, 다문화에 대한 사회적 이해 제고, 일곱째, 다문화가족 지원 관련 총괄 · 조정기능 강화, 여덟째, 다문화가족 지원서비스 전달체계 강화" 등으로 '다문화가족'에 대한 국가의 정책적 배려를 강화하고 있다. 이는 다문화가정에 대해서도 국민의 재생산의 위기를 국가가 심각하게 수용하여 개선하려는 의지를 보여주고 있다는 반증이다.

'다문화가족지원법' 제16조 제2항은 "국가와 지방자치단체는 결혼이민자 등이 상부상조하기 위한 단체의 구성 · 운영 등을 지원할 수 있다."라고 규정하고 있다. 규정을 보면 결혼이민자들에게 문화활동을 지원하기보다는 서로 간의 상부상조를 중시하는 경향을 엿볼 수 있다. 소수민족들이 문화활동을 추구하기 위해서는 이주자들 개개인들이 아닌 문화집단으로 성장해야 가능하다. 그렇지만 한국에는 아직까지 국제결혼 이주여성이 문화집단을 구성할 정도로 성장되어 있지 않다. 이런 점에서 한국 정부는 소수민족 집단의 문화활동을 지원하려고 해도 마땅한 지원 대상이 없다고 말할 수도 있을 것이다. 그러나 '다문화가족지원법' 제16조 제2항에는 "국가와 지방자치단체가 다문화가족 지원사업을 수행하는 단체나 개인에 대하여 필요한 비용의 전부 또는 일부를 보조하거나 업무수행에 필요한 행정적 지원을 취할 수 있다."고 규정하고 있다.

현재 한국 정부는 소수민족 집단 조직 그 자체에 자금을 지원하고 있다기보다는 넓은 의미에서 다문화가족 지원사업을 수행하는 다문화센터를 지원하고 있다. 다문화센터의 정책 비전으로는 "문화적 다양성을 기반으로 창조적 문화국가 실현"을 목표로 설정하고 있다. 다문화센터의 구체적인 정책 목표는 "다문화사회 문화적 교류 및 소통 강화"로 정하고 있다. 센터의 역할과 기능은 다문화사회를 문화적으로 지원하는 것으로 구체적인 내용은 다음과 같다(최윤정, 2009: 9). 첫째, 이주민의 언어 · 문화적 적응지원을 통해 사회구성원으로 통합, 둘째, 이주민과 내국인 간의 문화적 이해 증진을 통해 사회공동체의 유지 및 발전, 셋째, 이주민의 고유한 문화를 제도적으로 인정하는 문화권 보장 등이다.

여기에서 다문화주의 정책이라 부를 수 있는 것은 세 번째의 이주민의 문화권을 보장한다는 내용이다. 첫 번째의 사회구성원으로의 통합과 두 번째의 사회공동체 유지 발전은 동화정책 내지 다문화주의 정책이라 할 수 없다. 또한 다문화의 문화권을 보장한다는 명목으로 지원되는 사업도 대개 문화향유 기회를 증진시키는 데 집중되어 있다. 한국 정부가 실시하고 있는 저소득층 문화향유 기회 확대사업과 크게 다를 바 없는 것이다.

제5절 한국 다문화정책 방향과 전망

한국 사회에서 다문화주의 정책의 유일한 대상인 다문화가정을 대상으로 시행되고 있는 정책은 어떤 것들이 있는지 살펴보자. 한국 정부가 한국 내 우리 안의 디아스포라 집단을 대상으로 실시하고 있는 다문화주의 정책을 구체적으로 살펴보고 현장에서의 실행 정도를 가늠해보고자 한다.

다문화주의 정책에 대한 서구의 사례에서 살펴볼 수 있는 바와 같이 1980년 8월부터 2000년대까지 다문화주의 정책을 살펴보면 실제로 다문화주의 정책이 시작된 것은 충북옥천군의회가 '조선족' 여성과 '농촌총각'의 결혼을 주선하면서부터이다. 이때가 1993년 9월이기 때문에 이후 2009년 12월 현재까지 한국 정부가 시행하거나 계획하고 있는 다문화주의 정책을 중심으로 개괄하고자 한다.

1. 재한외국인처우기본법

한국 정부는 2009년 12월 현재까지 중앙정부나 지방정부 차원에서 다문화주의 자체를 명시적으로 법제화하고 있지 않다. 비록 외국인 노동이주자의 인권을 보호할 수 있는 국제인권규약에 가입하고 있지만 목표는 소수민족 '개인'의 인권보호이지, '소수민족 집단'의 문화권 진작이 아니다. 결정적으로는 캐나다의 '권리와 자유헌장'과 같은 헌법규정이 아예 없는 실정이다. 대신 한국 정부가 다문화주의 정책의 법률적 근거로 삼고 있는 것은 '재한외국인처우기본법(2007년 5월 17일 공포, 7월 18일 시행)'과 '다문화가족지원법(2008년 3월 21일 제정)'이라 할 수 있다.

'재한외국인처우기본법'에 대하여 좀 더 자세히 살펴보면 그 목적은 다음과 같다. 이 법의 목적은 "재한외국인에 대한 처우 등에 관한 기본적인 사항을 정함으로써 재한외국인이 대한민국 사회에 적응하여 개인의 능력을 충분히 발휘할 수 있도록 하고 대한민국 국민과 재한외국인이 상호 이해하고 존중하는 사회 환경을 만들어 대한민국의 발전과 사회통합에 이바지함을 목적으로 한다."이다.

따라서 이 법의 주된 목적은 궁극적으로 국가 발전의 시각에서 재한외국인이 한국에 잘 적응하도록 법적으로 뒷받침하는 것이지 다문화주의를 발전시키려는 것은 아니다. 제12조에는 결혼이민자 및 그 자녀의 처우를 규정하고 있는데 주요 내용은 다음과 같다. 첫째, 국가 및 지방자치단체는 결혼이민자에 대한 국어교육, 대한민국의 제도 · 문화에 대한 교육, 결혼이민자의 자녀에 대한 보육 및 교육지원 등을 통하여 결혼이민자 및 그 자녀가 대한민국사회에 빨리 적응하도록 지원할 수 있다. 둘째, 제1항에는 대한민국 국민과 사실혼 관계에서 출생한 자녀를 양육하고 있는 재한외국인 및 그 자녀에 대하여 준용한다.

이러한 규정은 결혼이민자와 다문화가정 자녀가 한국 사회에 적응할 수 있도록 하는 내용을 강조하고 있으며 다문화주의를 명시적으로 규정하고 있지는 않다. 그나마 다문화주의와 관련된 규정이 있다면 재한외국인과 한국인이 서로를 이해하고 존중하는 사회 환경을 조성한다는 내용이다. 기본법 제18조를 보면 다문화에 대한 이해 증진에 관한 규정이 있는데 자세히 살펴보면 "국가 및 지방자치단체는 국민과 재한외국인이 서로의 역사 · 문화 및 제도를 이해하고 존중할 수 있도록 교육, 홍보, 불합리한 제도의 개선이나 기타 필요한 조치를 취하기 위하여 노력해야 한다."고 명시되어 있다. 하지만 이 역시 이민자 집단의 문화를 인정함으로써 사회통합을 이루려는 다문화주의 자체가 목적이라기보다는 한국의 발전과 사회통합이라는 집단주의와 통합주의의 관점이 지배적이다. 이 점에 있어서 '다문화가족지원법'도 큰 차이는 없는 것으로 보인다.

사실 '재한외국인처우기본법'은 재한외국인 중 특별히 결혼이민자와 그 자녀의 적응을 지원하기 위한 기본법이라 할 수 있다. '다문화가족지원법'은 "다문화가족 구성원이 안정적인 가족생활을 영위할 수 있도록 함으로써 이들의 삶의 질의 향상과 사회통합에 이바지함을 목적으로 한다."고 규정하고 있다. 이 점에서 한국 정부가 차이중립적인 정책에서 차이인지적인 정책으로의 전환을 시도하고 있다는 점을 알 수 있다. 하지만 이러한 정책 전환은 사회통합을 위한 것이지 다문화주의와는 직접적인 관련성이 없다. 서구에서는 이민자 집단이 소수민족 집단으로 성장하여 주류사회와 갈등을 겪으면서 사회통합 문제가 중심으로 부상했다면, 한국은 이민자 집단이 아직 소수민족 집단으로 성장하지 못하고 있는 상황에서 사회통합을 먼저 논의하고 있는 것이나 마찬가지이다.

이민자 집단이 소수민족 집단으로 성장하는 것을 사전에 예방하여 개별적으로 한국 사회에 동화되도록 노력하고 있는 셈이다. 국회는 이보다 한발 늦었지만 2009년 6월 18일 '국회다문화포럼'을 개최하였으며 향후 계속해서 '다문화기본법'을 제정하려는 계획을 가지고 있다. 구체적으로 '다문화

기본법'은 '재한외국인처우기본법'의 새로운 명칭으로 적용 범위에 대하여 국적을 취득하지 않은 체류외국인 등 다문화 관련자 전체를 포괄하는 방향이 될 것이라고 한다. 하지만 이 법안 역시 현재로는 논의 단계 수준에 머물러 있다. 주목할 점은 민주당 전병헌 의원이 '인종차별금지법' 제정을 위해 2009년 9월 공청회를 개최한 것이다. 이 법안은 넓은 의미에서 외국인을 차별한 한국인을 처벌하는 것을 주된 골자로 하고 있다.

공청회를 개최한 전병헌 의원은 자신의 홈페이지에 법안의 내용을 올려놓고 여론을 수렴하려다가 엄청난 역풍으로 다소 주춤한 상태이다. 이 법안의 반대를 주도한 세력은 보수 기독교 진영이다. 이들은 '인종차별금지법'이 무슬림 세력을 대량으로 유입시킬 것으로 생각하여 격렬한 반대운동을 전개했다. 이러한 반대운동은 한국 사회에도 유럽과 마찬가지로 기독교와 무슬림 간의 종교전쟁이 일어날 개연성이 있다는 점을 보여주었다는 점에서 유의할 필요가 있다. 하지만 이 법안이 주춤하고 있는 것은 단순히 기독교 진영의 반대 때문만은 아니다. 아직까지 이주민이 소수민족 집단으로 성장하지 않은 상태에서 서구와 같이 '인종차별금지법'을 먼저 만들려고 하였다는 점에서 현실을 무시한 법안이 된 것이다. 사법화는 최후의 수단이라는 점에서 사법화 물신주의 성격이 매우 강해 보인다.

2. 다문화가족지원법

한국 다문화가정의 '다문화가족지원법' 제5조에 다문화가족의 이해 증진을 위한 규정이 있다. 이에 따르면 "국가와 지방자치단체는 다문화가족에 대한 사회적 차별 및 편견을 예방하고 사회구성원이 문화적 다양성을 인정하고 존중할 수 있도록 다문화 이해 교육과 홍보 등 필요한 조치를 취해야 한다."고 규정하고 있다. 이러한 규정에 의거하여 문화체육관광부는 '다문화 수용성과 포용성' 증진을 위한 홍보사업을 펼쳐왔다. 우선 다문화사회

'포용과 화합'을 주제로 공익광고를 내보내고 있다. 예를 들어 "다문화사회는 사랑도 더 많아지는 사회입니다."라는 광고 메시지를 전달하고 있다. 또한 아리랑TV를 다문화 전문채널로 활용하여, 다문화 관련 뉴스, 전문가 대담 프로그램 등을 방영하고 있다. 그리고 이는 이주민의 성공모델을 통해 긍정이미지를 조명하고 부각시키기 위해 결혼 이주여성, 외국인 이주근로자, 외국인 유학생, 문화예술 전문가 등 분야별 이주생활스토리를 발굴하도록 지원하고 있다(최윤정, 2009).

현재까지 다문화미디어정책은 체계적으로 정리되어 있지 않다. 다만 사회통합의 관점에서 공익광고 제작, 다문화 특집 다큐멘터리 제작, 다문화 관련 UCC 공모전 등 단편적인 홍보정책이 존재할 뿐이다. 그 이유는 다문화주의 정책의 목표가 사회통합에 있지 다문화주의에 있는 것이 아니기 때문이다. 현재까지의 정부정책으로 볼 때 다문화가정이 소수민족 집단으로 성장하지 못하도록 하는 사회통합의 관점이 강조되고 있다. 이런 와중에 민간단체가 주도하고 있는 '이주노동자의 방송(2004년 설립)'과 '이주민방송(2005년 개국) 등이 한국인으로 성공적으로 통합된 소수민족이 아닌 온갖 차별에 노출된 소수민족 집단으로서 목소리를 내고 있다.

이중시민권은 다문화주의 정책에서 가장 뜨거운 논쟁거리가 되고 있다. 진정한 다문화주의가 되기 위해서는 사실 이중시민권이 절대적으로 필요하다. 하지만 한국은 이중시민권을 허용하지 않고 있다. 지금까지는 남성들의 국방의 의무 때문이라는 이유가 강했지만, 아무런 관련이 없는 결혼이민자도 이중국적을 허용하지 않고 있어 한국의 가부장적 혈통주의 때문이라는 설명이 더 설득력이 있다고 할 수 있다.

한국 정부는 국적법을 1998년 9월, 2003년 2월, 2005년 등 세 번 이상 개정했지만 이중국적을 아직까지 허용하지 않고 있다. 다만 다문화가정의 이주여성이 국적을 취득할 수 있는 여건을 완화하였다. 2005년 개정 한국국적법 제10조 제1항은 "대한민국 국적을 취득한 외국인으로서 외국 국적을 가지고 있는 자는 대한민국 국적을 취득한 날부터 6개월 내에 그 외국 국적을 포기하여야 한다."고 규정하고 있다. 제2항에는 "제1항을 이행하지 아니한 자는 그 기간이 경과한 때에 대한민국 국적을 상실(喪失)한다."고 명기하고 있다. 다만 이주여성의 경우 동화를 보다 용이하게 유도하기 위해 일반 귀화조건보다 완화한 '간이 귀화요건'을 두고 있다.

3. 이중언어 교육과 모국어학습 지원

2008년도에 교육과학기술부가 수립한 '다문화가정 학생교육지원계획'을 보면 우리 정부는 다문화가정 학생을 교육하여 다언어를 구사하는 글로벌 인재로 육성하여 인재대국을 실현한다는 계획이었다. 하지만 현실적으로 이러한 계획을 실행한다는 것은 쉽지 않았다. 예컨대 상주시는 보건복지가족부의 지원을 받아 2009년 5월부터 다문화가족아동을 대상으로 재가방문 서비스를 실행하고 있다. 바우처 사업의 일종인 이 사업은 상주지역 내 다문화가족 아동 72명을 대상으로 2010년 4월부터 2011년 4월까지 1년간 주 2회 지도교사가 가정을 방문하여 지도하고 있다. 하지만 이 사업은 사업명과는 달리 이중언어 교육이 중심이 아니라 한글과 한국 문화 교육이 지배적이다. 왜냐하면 우선 이중언어를 구사하는 교사가 거의 없기 때문이다.

실제로 선발된 교사들은 다문화사업 유경험자 및 사회복지와 아동복지학 전공자로 구성되어 있다. 또한 경기도 부천에서는 '무지개주말학교'를 운영하면서 이중언어교육을 실시하고 있고 다른 지역들도 이를 모델로 삼아 시행을 계획하고 있다. 하지만 주말에 잠깐 운영하는 이중언어 교육을 통해 글로벌 인재를 육성해낼 수 있을지는 의문이다.

'재한외국인처우기본법' 제10조를 보면 "국가 및 지방자치단체는 재한외국인 또는 그 자녀에 대해 불합리한 차별방지 및 인권옹호를 위한 교육 · 홍보, 그 밖에 필요한 조치를 취하기 위해 노력해야 한다."고 규정하고 있다.

〈사진 38〉 한국 다문화 축제

이러한 법 규정은 다문화가정에 적극적인 조치라기보다는 소극적 조치인 '차별금지' 정도에 가깝다. 적극적인 조치는 원래 미국에서 역사적으로 차별받아왔던 소수민족 집단의 차별상황을 해소하기 위해 만들어진 것이다.

한국에 다문화가정 결혼이민자들이 출현한 역사가 아직까지 짧다는 점을 감안하면 적극적인 조치가 없다는 점을 들어 정부를 비판하기는 아직 이르다. 그렇다고 계속해서 다문화가정에 대한 차별의 역사가 일정 정도 축적된 후에 적극적 조치를 취하면 된다는 것은 더더욱 아니다. 다문화가정이 앞으로 공적제도 영역(국가와 시장)으로 진출하게 될 때 처하게 될 차별의 종류를 미리 파악하여 차별을 해소할 선제적인 적극적 조치를 준비할 필요가 있다는 것이다.

13

해외입양인 디아스포라

제1절 해외입양 한인

한국의 해외입양은 1950년 한국전쟁으로 생겨난 수많은 전쟁고아, 그리고 전쟁 중 미국 군인과 한국인 여성 사이에서 태어난 혼혈아동들이 대부분을 차지하고 있다. 해외입양은 1954년부터 이승만 정권의 정부정책에 의해 본격적으로 추진된 이후 57년간 약 20만 명 이상이 세계 각지로 이산되어 생활하고 있다.[1] 초국적인 글로벌 시대 재외한인과 더불어 해외입양인은 현지 입양국에서 중산층 이상의 가정에서 성장한 사람들이 많으며 이러한 생활환경을 바탕으로 한국 사회와 그들 거주국에서 정치경제적으로 기여할 수 있는 많은 잠재력을 가진 새로운 디아스포라 집단으로 부상하고 있다.

초국적인 글로벌 시대(Globalization) 교통통신의 발달은 문화 간의 경계를 약화시키고 문화의 혼종성을 가속화키시고 있으며 전 지구적으로 진행되고 있는 노동력, 자본, 정보의 급속한 이동으로 거주국에서의 해외입양인의 활약상과 성공담이 주요한 이슈로 부상하고 있다. 해외입양은 더 이상은 한국만의 문제가 아니고 전 지구적인 차원의 보편적인 현상이 되고 있다. 그러나 반대로 한국에서는 해외입양인에 대한 발생 원인, 고아수출국이라는 불명예, 정체성 찾기 등 부정적인 측면과 긍정적인 차원에서 해외입양과 국내입양을 둘러싼 논쟁들은 여전히 끊이지 않고 계속되고 있다.

해외입양인들은 대개 '재외한인'으로서 모국과 입양국이라는 두 문화 사이의 '경계인'이라는 위치에서 문화적 · 지역적 경계를 초월하여 새로운 문화적 양식을 생산해내고 있는 디아스포라 집단으로 정의할 수 있을 것이다. 그동안 재외한인, 즉 코리안 디아스포라에 대한 연구는 이주의 역사적 배경과 그들이 정착한 사회의 역사적 맥락과의 상호관계 속에서 이해되어온 측면이 없지 않다. 이러한 측면에서 해외입양인 역시 재외한인의 일부로서 글

1 허현주(2005), 「10년 후: 해외입양을 통해 바라보는 가족의 의미」, 『한국사진학회지』 No.12, p.230.

로벌 시대 탈지역화 과정에서 발생된 디아스포라 문화현상으로 이해될 필요가 있을 것이다. 따라서 해외입양인 역시 지금까지의 '고아', 즉 '버려진 존재'라는 부정적인 입장보다는 재외한인의 일부로 인식하고 긍정적인 측면에서 활용 가능한 민족자산으로 인정되어야 할 것이다.

전술한 바와 같이 해외입양은 한국전쟁 이후 1954년 당시 이승만 대통령의 지시로 본격적으로 추진되었는데 혼혈이민이 주를 이루었다. 이후 해외양부모들이 멀리 한국으로부터 해외입양을 선택한 이유는 한국 아동을 입양하면 거리가 멀기 때문에 친부모가 갑자기 등장할 가능성이 없을 것이라는 기대감 때문이라는 연구도 있다(Cole, 1992). 하지만 초국적인 글로벌 시대 국제적인 정세와 국내사정에 따라 한국에서도 해외입양법이 일부 개정되거나 변경되어 해외입양인의 존재가 새롭게 주목받는 계기가 되고 있다.

이러한 글로벌 시대의 해외입양인의 추세에 따라 이 장에서는 2000년대 이후 해외입양인 디아스포라에 대한 국내 주요 언론들의 보도내용을 분석하여 한국인의 시선에서 해외입양인에 대한 보도내용을 파악하고 그들의 실태를 고찰함으로써 시사점을 도출하고자 한다.

제2절 해외입양 한인 관련 선행연구 검토

먼저 한국에서 해외입양인에 대한 제도적 정책적인 변화 배경과 추진과정을 중심으로 살펴보도록 하자. 〈표 34〉에 제시한 바와 같이 1950년대 국외입양은 대부분 혼혈아동의 미국 입양이 차지하였다. 그러나 1960년대는 해외입양에 대한 북한의 선전선동의 영향도 있었지만 해외입양이 정체되고 국내입양이 상대적으로 활발하게 전개되었다. 이는 국내입양을 목적으로 한 한국 정부의 다양한 정책이 실시된 결과로 볼 수 있다. 1970년대는 해외입양이 다시 증가하기 시작하여 전체 입양의 약 75%를 차지하였으며 미국 일변도의 입양에서 타 지역으로의 입양이 확대되면서 입양지역이 다변

〈표 34〉 해외입양제도의 주요 변천과정[2]

연도	입양제도 변천과정	입양제도 변경 취지 및 주요 내용
1954	해외입양 시작	혼혈아동 미국입양 중심
1961	"고아입양특례법" 개정	국외입양인동 보호
1966	입양기관 인가제 도입	사적 입양 억제
1976	"입양특례법" 제정 입양과 위탁양육을 위한 5개년 계획 수립	해외입양절차 개선
1988	해외입양 금지정책 수립	서울올림픽 당시 고아수출국 비난
1996	"입양촉진 및 절차에 관한 법률" 개정	국내입양 활성화
1999	"입양촉진 및 절차에 관한 법률" 개정	입양업무절차 간소화 불법입양 인권유린행위 처벌 강화
2005	"입양촉진 및 절차에 관한 법률" 개정	입양의 날 제정 국내입양지원제도 정비

화되기 시작하였다.

1980년대에는 1982년 한국 정부의 해외입양 전면 금지조치에 따라 초기에는 입양실적이 저조했지만 그 후 국외입양이 전면 개방됨에 따라 약 9만 1,000명이 해외로 입양된 것으로 알려져 있다. 이와 더불어 한국에서는 경제적 요인보다는 혈통을 중시하는 문화적 요인의 영향 때문에 해외입양인이 급격히 증가하면서 1988년 올림픽 개최 시는 '고아수출국'이라는 비판에 직면하기도 했다. 유독 한국에서 해외입양인들이 많이 발생하게 된 문화적인 요인들을 구체적으로 열거하면 한국 사회의 혈연 중심의 가족제도, 장애아동에 대한 입양 기피, 주거공간 부족, 가족이기주의, 인간 존엄성에 대한 인식 부족 등을 들 수 있다.[3]

1990년대는 한국 내의 출산율 저하와 사회적 안정으로 국외입양 축소정

2 김덕룡(2005), 『우리나라의 해외입양 현황과 입양제도 개선과제』, (재)세계한민족공동체재단, p.7 참고 작성.

3 윤택림(2004), 「비교문화적 접근을 통해 본 입양문제」, 한국정신문화연구원, p.89 참조.

책이 실시되면서 국내입양이 증가하였다. 특히 당시 국외입양에서는 장애아동이 입양아 중 차지하는 비중이 크게 증가하였다. 이후 해외입양 관련 사업은 1997년부터 재외동포재단이 보건복지부로부터 업무를 이관받아 해외입양인 전담업무를 시작한 이래 지원사업뿐만 아니라 입양관련 정보를 수집하거나 해외입양인백서 발간, 웹사이트 구축, 모국문화 체험연수 등도 병행하여 실시하게 되었다.

하지만 1998년에는 해외입양 금지정책이 철폐되고 점진적인 축소정책으로 바뀌면서 민간단체인 (사)해외입양인연대(G.O.A.L)가 설립되어 해외입양인들의 인권과 권리를 대변하기 시작하였다. 해외입양인연대는 설립 이후 해외입양인을 대상으로 뿌리찾기 지원사업, 친가족 대상 교육, 한국 문화, 언어학습 지원사업, 한국정착 지원사업, 해외입양인 공동체 강화 및 교육사업, 국제학술대회개최 등 다양한 프로그램을 실시해 오고 있다. 1999년 이후에는 해외입양인 촉진법 및 절차에 관한 특례법 시행령과 시행규칙이 개정되었고 2005년에 또다시 시행령 일부가 개정되었다. 그리고 마침내 한국정부는 2006년에 국내입양인 활성화 종합대책을 발표하기에 이르렀다.[4]

해외입양인에 대한 문제의식은 2000년을 전후하여 연구경향이 크게 달라지고 있다. 2000년대 전까지는 주로 미국에 입양된 해외입양인들이 미국사회에 얼마나 잘 적응하고 있는가에 초점을 둔 연구들이 많았다. 하지만 2000년 이후에는 해외입양인들의 정체성 문제들이 사회적으로 대두되면서 연구의 흐름을 주도하고 있다. 대부분의 연구들이 주로 해외입양인의 사회복지 분야에 한정되어 있기 때문에 연구의 관심도 자아정체성 형성과 의식, 입양인 뿌리찾기, 입양인의 사후관리 연구 등에 집중되어 있다고 볼 수 있다.[5]

예를 들면, 해외입양인에 대한 연구로는 주로 현지 거주국의 입양부모들

---

4 고혜연 · 임영식(2008), 「해외입양 사후관리 서비스의 문제점과 그 개선에 관한 연구」, 『제3회 국외입양인 사후관리 활성화를 위한 워크숍-입양단체기관-주제발표문』, GAIPS 입양정보센터, pp.133-134.

5 윤택림(2004), p.97.

〈표 35〉 한국 사회 접촉 시 경험하는 심리적 문제[6]

문제점	한국 사회	친부모
문화적 차이	언어장벽, 문화적 충격	친부모와 언어장벽과 언어 차이로 불편
부정적 감정	한국 정부에 대한 분노, 고아원 아이들에 대한 죄책감	양가감정: 자신을 버린 것에 대한 분노와 그리움, 친부모 돈 요구 시 느끼는 분노와 동정
소속감 결여	한국 사회에 대한 소속감 결여	혈연가족이면서 소속감 결여

에 대한 제한된 이야기나 한국 방문 프로그램에 대한 내용적인 측면을 다룬 김대열(1999), 유규용(2002), 정진아(2000) 등의 연구가 있다. 또한 해외입양인들의 뿌리찾기 요구충족과 제도적 보완 측면에서 접근하고 있는 연구자는 이삼돌(2003), 이미선(2002), 박인선(1994), 박소현(2006) 등이다. 그리고 해외입양인들의 청소년 시기의 자아정체성 혼란이나 사회심리적 적응에 관한 연구로는 허남순(1996), 박인선(1994), 고혜연 · 임영식(2008) 등이 있다. 이들 연구자 중 박인선(1998)은 해외입양인의 뿌리찾기에 관한 연구에서 입양인의 뿌리찾기가 그들의 자아형성 발달단계의 발달 과업인지를 검증하였다. 특히 이 연구의 결과 해외입양인들의 뿌리찾기가 입양인의 보편적 욕구이며 해외입양인들의 발달단계에 따른 발달 과업이라는 것이 확인되었다.[7]

특히 〈표 35〉에 나타나 바와 같이 고혜연 · 임영식(2008)의 연구는 해외입양인이 한국 사회나 친부모에게 느끼는 감정과 관련하여 언어와 문화적 차이로 어려움을 느끼고 있다고 지적하였다. 즉 해외입양인은 해외 거주하는 양가감정이나 한국 사회에 부정적 감정을 느끼며 어디에도 소속감을 느끼지 못하는 정체성 혼란이라는 심경을 토로하고 있다고 주장하였다.

이상과 같이 해외입양인에 관련된 선행연구들을 검토한 결과 해외입양에 대한 문제점, 환경적응 과정상의 뿌리찾기와 정체성 문제, 입양인 사후

6 고혜연 · 임영식(2008)의 논문 p.89 참조하여 필자 작성.

7 박인선(1998), 「입양인의 현실과 정책과제」, 해외입양인대책협의회.

관리와 제도적 정비, 인종차별과 인권문제, 상봉가족과의 갈등 등이 주요 내용을 이루고 있음을 파악할 수 있었다. 즉 선행연구들에 의하면 해외입양인 연구는 비밀입양의 문제, 미혼모와 장애아, 해외입양과 국내입양, 뿌리찾기와 정체성 문제, 사후관리와 모국 방문 프로그램 등의 순으로 진행되었다. 하지만 여기에서 다루고자 하는 한국인의 시각에서 국내 주요 신문들이 해외입양인에 대하여 어떤 내용으로, 어떻게 보도하며 주장하고 있는가에 대한 연구는 지금까지 거의 전무했다. 또한 한국에서의 입양아의 사회적 발생 원인 배경과 변천과정을 살펴본다는 점에서 이 연구가 갖는 의미는 크다고 할 수 있다.

기존 연구의 검토를 바탕으로 국내 2대 주요 신문들의 내용분석을 위한 분석틀을 제시하면 다음과 같다. 주요 신문들의 보도내용에 대해서는 크게 3가지 범주를 설정하여 기준으로 분류할 것이다. 먼저 이들 신문들의 기초자료를 수집하여 신문 내용을 3가지 차원인 해외입양인의 발생적 원인, 뿌리찾기와 정체성 문제, 고아수출과 국내입양 등으로 분류하여 한국 내 해외입양인의 쟁점을 논의하고 시사점을 제시하고자 한다.

제3절 해외입양인의 실태 및 유형별 분류

이 장에서는 해외입양인의 실태 및 유형에 대한 연구방법을 통해 해외입양인에 관한 단행본, 각종보고서 및 논문 등 기존 문헌연구들을 검토하여 개념화하고 범주화함으로써 연구의 틀과 방향성을 제시하였다. 한국에서 발행되는 주요 2대 신문의 해외입양인에 대한 논조와 주장의 내용분석(Content Analysis)을 중심으로 살펴보았다. 구체적으로는 2000년대 이후 주요 2대 신문(조선일보, 경향신문)들의 해외입양인에 관한 사설 및 칼럼의 내용분석을 통해 공통적인 요인을 도출하고자 했다.

이 논문에서 제시하는 해외입양인에 관한 신문보도 내용은 2000년대 이후로 설정하였다. 그 이유는 1988년 올림픽 개최를 계기로 한국에 대한 해외입양인들의 관심이 증폭되었지만 실제로는 1990년대 중반 이후 모국을 방문하는 해외입양인들이 대폭 증가하기 시작하면서 더불어 관련 신문보도도 증가했기 때문이다. 또한 한국 정부도 1997년 재외동포재단법을 통해 '세계한민족공동체'에 해외입양인을 정식으로 포함시키기도 하였다.[8] 이를 계기로 이후 계속해서 해외입양인들을 중심으로 그들 자신들을 위한 해외입양인 네트워크나 웹사이트가 구축되면서 한국에서도 이들에 대한 언론의 관심이 폭발적으로 증가하기 시작했다.

한국에서 해외입양인에 대한 관심이 높아진 또 다른 이유는 여러 가지가 있겠지만 무엇보다도 2000년대 이후 글로벌 시대의 도래와 한국의 비약적인 경제성장, 재외한인(코리안 디아스포라)에 대한 한국 정부의 지속적인 관심 등에서 찾아볼 수 있다.

한국의 해외입양인의 실태는 〈표 36〉에서와 같이 1953년 이후 해외입양이 시작되면서 2007년까지 16만 247명에 달한 것으로 나타났다. 그러나 한국에서 평균 매년 약 3,000명의 해외입양인이 발생한다고 가정할 때 현재까지 약 18만 명 정도의 해외입양인이 세계 각지에 흩어져서 디아스포라적 생활을 강요당하고 있다고 볼 수 있다. 해외입양 지역으로는 미국이 10만 3,095명으로 압도적 많았다. 다음은 주로 유럽 지역인 프랑스(1만 1,090명), 덴마크(8,571명), 스웨덴(8,953명), 노르웨이(6,080명), 네덜란드(4,099명), 벨기에(3,697명), 호주(3,147명), 독일(2,352명), 캐나다(1,841명), 스위스(1,111명), 이탈리아(382명), 룩셈부르크(492명), 영국(72명), 기타(62명) 순으로 나타났다.

2000년부터 2007년까지 해외입양인의 숫자는 1만 6,909명으로 국내입양인 1만 2,536명 보다 많았다. 국가별로는 미국이 약 70%, 유럽 25%, 기타 5%이며 입양인의 출생유형은 1980년대 이후 미혼모의 입양아가 80~90%로 높은 비율을 차지하였다.

---

8 윤택림(2004), p.86.

〈표 36〉 해외입양 연도별 현황[9]

연도별	해외입양 아동 수	연도별	해외입양 아동 수	연도별	해외입양 아동 수
1958~1968	6,677	1986	8,680	1998	2,443
1969~1975	24,404	1987	7,947	1999	2,409
1976	6,597	1988	6,463	2000	2,360
1977	6,159	1989	4,191	2001	2,436
1978	5,917	1990	2,962	2002	2,365
1979	4,148	1991	2,197	2003	2,287
1980	4,144	1992	2,045	2004	2,258
1981	4,628	1993	2,290	2005	2,101
1982	6,434	1994	2,262	2006	1,899
1983	7,263	1995	2,180	2007	1,203
1984	7,924	1996	2,080	합계	160,247
1985	8,837	1997	2,057		

〈표 37〉 발생유형별 해외입양인 현황[10]

연도	계	성 별		발생유형별			아동상태별	
		남	여	미혼모 아등	기아 빈곤	결손가정	정상	장애
2003	2,287	1,367	920	2,283	2	2	1,638	649
2004	2,258	1,385	873	2,257	0	1	1,553	705
2005	2,101	1,353	748	2,069	4	28	1,364	737

9 해외입양인연대 홈페이지 참조, http://goal.or.kr/index.php?slms=room&lsms=2&sl=6&ls=2&query=view&uid=2&where=&word=&page=1

10 http://goal.or.kr/index.php?slms=room&lsms=2&sl=6&ls=2&query=view&uid=2&where=&word=&page=1 참조.

〈표 37〉에 제시한 바와 같이 2003년에서 2005년까지의 해외입양인을 발생유형별로 살펴보면 다음과 같다. 성별로는 남성이 약 2 배 정도로 많으며 아동상태별로는 정상아가 장애아의 거의 두 배에 가깝지만 장애아가 상당히 높은 비중을 차지하고 있는 것을 알 수 있다. 발생유형별로는 미혼모아가 압도적으로 많은 것으로 나타났다.

제4절 신문보도에 나타난 해외입양인 실태 분석

다음은 구체적으로 2000년부터 2011년까지 약 10년간 한국의 보수와 진보를 대변하는 2대 주요 신문인 조선일보와 경향신문들이 한국인의 시각에서 해외입양인들을 어떻게 바라보고 있는지 해외입양인 관련 논설 및 칼럼의 주장내용을 바탕으로 내용분석을 시도하고자 한다. 해외입양인의 발생적 원인, 뿌리찾기와 정체성, 고아수출과 국내입양이라는 3가지 차원에서 기존연구에서 개념화한 기준을 바탕으로 분석하고, 마지막으로 두 신문의 보도내용의 차이를 정리할 것이다.

1. 해외입양인의 발생 원인

해외입양은 한국전쟁 이후 1954년부터 당시 이승만 대통령의 지시에 의해 강제이주(Forced Migration)의 한 형태로 본격적으로 시작되었는데 혼혈이민이 주를 이루었다. 그리고 1970년대 이후 급격한 경제성장과정에서 대가족제도의 기능 약화와 성에 대한 가치관의 변화로 많은 미혼모의 발생, 이혼 증가, 이들 미혼모에 대한 사회적 편견과 혈연관계가 없는 국내입양을 꺼리는 전통적인 가치관과 종합적인 복지시스템의 부재가 해외입양의 원인으로 지적되고 있다.[11]

해외입양인의 발생적 원인에 대한 두 신문의 논조를 살펴보면 대략 다음과 같이 정리할 수 있다. 먼저 한국 사회의 혈연 중심의 문화와 남아 선호사상 때문에 여자아이와 장애아가 해외로 입양하는 사례가 많이 발생하고 있다는 것이다.

그러면 먼저 해외입양에 대한 조선일보의 논조들을 살펴보자.

"한국에서는 해외입양이 여전히 압도적으로 우위를 차지하고 있는데 그 이유는 입양문화가 정착되지 못했기 때문이다. 대부분의 입양이 비밀 혈통주의에 따르기 때문이다. 서양의 입양문화는 아이들 중심이지만, 한국의 입양문화는 어른들의 상황과 필요에 따라 이루어지기 때문이다."(조선, 2001년 4월 11일자).

"해외입양에 대한 한국인들의 사고가 많이 바뀌었지만 어려움은 많다. 한국인들은 핏줄의식이 강해 남의 아이를 키우지 않으려는 경향이 있다. 90년대 후반부터 해외입양에 대한 한국 정부의 조건이 까다로워져 양육해줄 부모를 찾아도 아이를 못 보내는 경우가 생겨나게 되었다."(조선, 2003년 10월 26일자).

다음은 해외입양의 발생 원인에 대해 경향신문의 주장은 다음과 같다.

"선진국 클럽인 OECD 회원국인 한국의 아이들이 하루 평균 7명씩 해외로 '수출'되고 있다. 중국, 러시아에 이어 세계 3위에 해당되며 나머지 10위권 안에 있는 국가들은 모두 3세계 후진국들이다. 해마다 2,000명 이상이 해외로 입양되고 있으며 자료에 따르면 국내입양은 혈연 중심 문화 때문에 확대가 잘 안 되고 장애아동은 국내입양이 사실상 곤란하여 해외입양을 할 수밖에 없다는 것이다. 물론 입양에 대한 사회적 편견이 사라지지 않고 해외입양인에 대한 제도적 뒷받침이 미흡한 한국 현실에서 대책은 어렵다."(경향, 2002년 4월 11일자).

"한국의 가족제도는 전통적으로 혈연중심 사상이 배어 있어 비혈연 아동

---

11 박순호(2007), 「한국입양아의 유럽 내 공간적 분포 특성」, 『한국지역지리학회지』 제13권 6호, pp.709-710.

을 입양하지 않으려는 태도가 강하기 때문에 아동들을 해외 가정에 의뢰할 수밖에 없다."(경향, 2002년 4월 15일자)

"해외입양문제는 지난 50년간 한국 사회의 그늘이었다. 세계 11위 경제 대국이면서 주요 고아수출국의 오명을 떨치지 못하고 있다. 1954년부터 시작된 한국 해외입양이 감소하지 않는 것은 혈연관계를 중시하고 입양을 꺼리는 탓이다. 한국 정부는 경제적 지원책뿐만이 아니라 호적문제 등 국내입양의 법적 · 제도적 장애물을 제거하는 것이 중요하다."(경향, 2005년 1월 7일자)

이러한 혈연 중심의 한국 사회에서 조선일보는 특히 여자아이와 장애아가 해외입양인을 갈 수밖에 없었다는 점을, 경향신문은 해외입양인들에 대한 종합적인 대책이 필요하다는 것을 강조하고 있다. 이러한 주장들을 구체적으로 제시하면 다음과 같다.

"1988년 세계적으로 많은 사람들이 한국을 방문했다. 국내외 인사들을 대상으로 입양인 설명회를 개최했다. 특수아동들은 국내에서 양부모를 찾기 힘들었다. 특수 장애아와 마찬가지로 여자아이들 대부분을 해외입양을 보낼 수밖에 없었는데 남자아이를 선호하는 경향이 있기 때문이다."(조선, 2009년 12월 16일자).

"홀트는 1955년 홀트 부부가 6 · 25 한국전쟁으로 발생한 전쟁고아들에게 양부모를 찾아주기 위해 한국에 만든 입양기관이다."(조선, 2011년 9월 1일자)

"해외입양은 한국이 가난하고 힘들었던 시절의 역사적 상처이다. 한국전쟁 이후 전쟁고아들, 1960~70년대 가난에 버려진 아이들이 해외로 입양되었다. 80년대 이후 미혼모의 아이들이 입양되었고 지금도 계속되고 있다. 한국전쟁 이후 해외입양인은 20여만 명으로 이들에 대한 관심과 종합적인 대책이 마련되어야 한다."(경향, 2004년 8월 7일자)

2. 뿌리찾기와 정체성

해외입양은 입양인 자신, 양부모, 그리고 친부모의 전 생애에 걸쳐 영향을 미치며 버림받음, 자아정체성 혼돈, 낮은 자존감 등 정신건강 문제와 사회심리학적인 적응문제를 야기할 수 있으며 이러한 문제를 해결하기 위해 뿌리찾기를 시도하는 것으로 알려지고 있다.[12] 박인선(1994)에 의하면 뿌리찾기란 해외입양인들이 그들의 정체를 확인하기 위해 자신의 출신배경 정보나 입양사유, 출신문화 등에 대해 정확히 알고자 친부모를 만나고자 하는 시도를 의미한다고 정의하고 있다고 주장하였다.[13] 특히 이 연구(박인선, 1994)에서는 해외입양인의 뿌리찾기는 건전한 자아정체감 형성을 위한 입양인의 보편적인 욕구라는 것을 증명하고 있다. 여기에 더 나아가 이미선(2002)은 해외입양인들의 뿌리찾기와 관련하여 모국 방문 서비스, 모국어 연수 등을 입양인의 욕구수준에 맞추어 좀 더 체계적으로 실시할 필요가 있다는 점을 지적하였다.

해외입양은 1990년대 중반~2000년대 한국 사회의 고아수출이라는 부정적인 국제적 시선과 맞물려 있다. 또한 해외입양인의 뿌리찾기와 정체성 혼란에 대한 해결책으로 한국 국적 부여와 적극적인 인재활용을 강조하는 기사들이 많았다.

해외입양인들의 정체성 문제에 대한 해결책으로 조선일보는 국내입양을 제시하고 있으며, 경향신문은 한국인의 해외입양인에 대한 태도를 큰 문제로 지적하고 있다.

> "해외입양인들은 사춘기가 되면 대부분 정체성 문제로 큰 홍역을 치른다. 잘 극복하는 아이도 있지만 밑바닥까지 추락하는 아이도 있다. 해외입

12 이미선(2002), 「해외입양인의 자아정체감 및 이에 미치는 요인에 관한 연구」, 『한국아동복지학』 제14호, p.114.

13 이미선(2002), p.119.

양인들은 물질적 부유함이나 인간적인 사회제도만으로 아이들을 키울 수 없다. 이제 한국 아이는 국내에서 길러야 한다."(경향, 2009년 5월 25일자)

"해외입양은 인간성에 반하는 것 '아이 수출이 아니라 국내 입양이 유일한 해결책이다."(조선, 2004년 8월 8일자)

"한국전쟁 직후부터 2007년까지 미국 입양 한국인은 약 16만 명으로 미국 내 해외입양인 전체 인구의 10%에 해당된다. 이들은 백인들에 둘러싸여 인종적 혼란을 더욱 크게 느낀다. 입양인 대부분이 어릴 적 인종차별을 경험했고 아시아계로부터 배척당한 경험도 많은 것으로 나타났다. 한국계 입양인 대부분이 성장기에 정체성 혼란으로 고민하고 있는 것으로 나타났다. 또한 한국에 와도 한국말이나 한국어를 모른다고 지적하는 한국인들의 태도가 큰 상처가 되었다."(경향, 2009년 11월 11일자)

해외입양인들의 정체성 문제 해결을 위해 조선일보는 이들에 대한 사후관리, 네트워크 구축, 한국인의 편견 극복을, 경향신문은 해외인재 활용 측면을 주장하였다.

"한국의 입양 역사는 6 · 25전쟁 이후 약 50여 년의 역사를 가지고 있다. 전쟁 직후 긴급구호가 필요한 때여서 우선적으로 아동시설에 보호하고 나머지는 국내외 입양을 주선했다. 최근에는 미혼모 아동, 기아, 미아, 부랑아, 빈곤가정 등이 해마다 약 7,000명으로 입양인동은 우선 약 3,000명의 미혼모 아동이 대상이며 약 2,000명이 외국으로 입양되고 나머지는 아동시설에서 보호받는다. 과거 입양을 반대하던 국가에서도 아동의 사회진출 기회를 확대한다는 의미에서 해외입양을 적극 장려하기도 했다. 이들 국가는 해외입양인을 수치로 생각하기보다는 모국을 위해 일할 수 있는 자원으로 적극적으로 보호 지원하고 있다. 한국은 해외입양을 차선책으로 인정하기보다는 수치스러운 일로 취급하고 고아수출이라는 비하적인 용어를 사용하고 있다."(경향, 2002년 4월 15일자)

"해외입양인들은 나라가 버린 국민으로 지금이라도 입양인 인재를 나라가 적극적으로 활용해야 한다."(경향, 2005년 7월 14일자)

"고아수출국이라는 불명예는 88서울올림픽을 계기로 수그러들었으나 한해 2,000명 이상이 해외로 입양되고 있다. 6·25전쟁 이후 남한에는 전쟁고아와 혼혈아 숫자가 약 10만 명에 달했다. 1954년 정부는 '고아양자특별조치법'을 만들어 해외입양으로 문제를 해결하고자 했다. 다음 해 홀트아동복지회 창립자인 해리 홀트 씨가 8명의 한국 아이를 보내면서 해외입양이 본격화되었다. 80년대에는 미혼모와 이혼가정이 증가하면서 연간 7,000~8,000여 명에 달했다. 이렇게 해서 거의 50년간 20만 명 이상이 해외입양인이 되었다. 해외입양인은 뿌리를 찾고 싶어 하고 모국에 대해 보다 많은 것을 경험하고 싶어 하지만 각국에 흩어진 해외입양인에 대한 사후관리시스템은 제대로 안 되어 있다. 약 20만 명 해외입양인들의 네트워크 형성도 중요하지만 입양에 대한 한국인의 잘못된 인식을 바꾸는 것이 급선무이다."(조선, 2004년 8월 2일자)

"해외입양인들이 뿌리찾기와 정체성 혼란기에 겪는 또 하나의 큰 상처는 아동세탁과 이들 입양기관의 관리감독 강화에 관한 문제이다. "한국에서 입양인의 아동세탁(child laundering)이 빈번하다. 아동세탁은 서류상 합법을 가장하지만 실상 입양촉진을 위해 불법으로 거짓 정보를 남용한 것을 뜻한다. 저출산국 탈피를 외치면서 '아동수출대국'으로 입양을 남용하고 있다. 고아나 미혼모 아동 중심의 '입양촉진정책'에 중점을 두고 원가족 유지는 뒷전이다. 입양 후 제대로 된 서비스를 위해 감독기관 설립이 필요하다."(경향, 2009년 11월 11일자)

"보육원이나 입양기관이 해외입양인에 관한 기록을 임의로 작성해도 아무런 제재를 받지 않는다. 제대로 된 기록과 보전을 위한 법적·제도적 장치가 필요하다. 또한 상당수 해외입양인들이 미혼모라는 사실이다."(경향, 2010년 8월 28일자)

"이들이 정체성 혼란을 극복하고 현지에서 성공적인 삶을 살 수 있도록 관심을 갖고 지원해야 한다."(경향, 2004년 8월 7일자)

또한 해외입양인들이 한국에서 뿌리찾기 할 때의 부정적인 측면, 해외입양을 쿼터제에서 입양허가제도로의 전환 및 관리감독 강화, 이중국적 취득 문제 등이 중요한 의제로 등장하고 있다.

"해외입양인들이 친부모를 찾는데 부정적인데 그 이유는 한국 부모님들은 자녀들에게 금전적으로 의지하려는 경향이 있기 때문이다."(경향, 2003년 9월 9일자)

"해외입양은 홀트 여사에 의해 시작되어 1955년부터 1999년까지 7만 352명의 아이들을 해외로 입양되었다. 홀트를 비롯하여 이 기간에 공식 입양기관을 통해 해외로 입양된 아이들은 14만 3,114명이었다. 그 결과 한국은 '세계 제1의 고아수출국'이라는 오명을 갖게 되었다."(조선, 2000년 8월 9일자)

"1988년 해외입양 아동 숫자가 8,000명에 이르자 해외여론과 국내여론의 해외입양에 대한 비난이 거세졌다. 이에 보건복지부는 해외입양인의 숫자를 줄이고 입양기관별로 해외입양인을 할당하는 쿼터제를 운영하기도 했다."(조선, 2000년 3월 7일자)

"그러나 이후 한국은 미국 입양 한인 여아 사망사건, 네덜란드 외교관 한인 입양인 입양포기 등 해외입양인 사고와 관련하여 입양기관의 관리감독을 대폭 강화하는 '입양허가제'를 도입하였다. 또한 입양관련 정보를 종합적으로 관리하고 국외 입양인의 뿌리찾기를 지원하는 입양기관에 대한 교육담당기관설치, 해외입양인 네트워크 구축, 해외입양인 온라인 한국어 학습 프로그램 개발을 지원할 계획이다."(경향, 2007년 12월 20일자)

"또한 국적법이 개정돼 복수국적이 가능하게 되어 2011년 1월 1일부터 해외입양인이 한국에서 외국 국적을 행사하지 않겠다는 서약만 하면 국적을 회복할 수 있게 되었다."(조선, 2011년 4월 20일자)

3. 해외입양과 국내입양

입양에 대한 신문의 논조나 주장들은 시대의 상황에 따라 해외입양을 택할 것인가, 아니면 국내입양을 선택할 것인가에 대한 논란의 여지가 많다. 어릴 적 해외입양인으로 외국에 건너가 성공한 토리노 동계올림픽 동메달리스트 미국 토비 도슨, 미국 공군 사관생도 성덕 바우만, 미국 모델이자 영화배우인 다니엘 헤니, 미국 슈퍼볼 MVP 하인즈 워드, 미국 워싱턴 주 상원의원 신호범, 프랑스 상원의원 장뱅상 플라세 등 2000년 이후 그들의 활약이 조명받고 있다. 그러나 국가에 의해 희생당한 한국 사회의 희생물, 인종차별, 정체성의 혼란 등을 극복하는 차원에서 해외입양보다는 국내입양을 주장하는 경우도 있다.[14]

2007년에 한국에서 국내입양우선제가 도입되면서 국내외입양에 관한 쟁점들이 활발하게 논의되기 시작하였다. 특히 해외입양에서 국내입양으로의 전환이 필요하다는 논조들이 많이 등장했으며, 국내입양을 늘리기 위해 미혼모 문제 해결, 장애아에 대한 사회적 편견 줄이기, 국내입양에 대한 법적 · 제도적 보완이 필요하다는 주장들이 제기되었다.

2000년 이후 해외입양과 국내입양을 둘러싼 주장들이 본격적으로 제기되기 시작하였다. 이에 대한 조선일보의 주장은 일관되게 국내입양에 대한 부정적인 시각에서 해외입양의 필요성을 강조하고 있는 것으로 나타났다.

여기에 대한 두 신문의 논조들을 각각 살펴보면 다음과 같다.

> "한해에 약 2,000명씩 보호대상 아동이 늘어나고 사회변화와 함께 미혼모와 이혼 · 사고 등으로 결손가정 아동이 급증하고 있지만 사회적 보호장치 시스템은 취약하고 입양문화는 폐쇄적이다. 선진국으로서 장애인 복지정책이나 입양문화도 달라져야 할 때이다."(조선, 2000년 8월 8일자)
>
> "특히 국내에서 장애인 입양이 활성화되는 데 큰 장애는 사회적인 분위기이다. 장애인에 대한 사회적 편견과 내 자식 위주의 이기주의가 먼저 극복되어야 한다."(조선, 2001년 4월 11일자)
>
> "정부는 국내입양을 활성화하기 위해 2007년 1월부터 '국내 입양 우선추진제'를 도입했다. 적어도 5개월 동안 국내입양이 가능한지 확인한 후 해외로 보낸다는 취지이다. 하지만 한국은 아직 입양에 대한 편견이 심각하다. 국내입양은 여자아이가 전체를 64%를 차지한다. 남자아이는 나중에 재산상속문제 등이 뒤따를 것이라는 우려 때문이다. 더구나 장애아동의 입양에는 고개를 돌리고 있다."(조선, 2007년 5월 11일자)

---

14 장윤수(2008), 「한인디아스포라와 해외입양」, 『세계지역연구논총』 제26집 3호, pp. 93-94.

"보건복지부에 따르면 2000~2007년 해외입양인 숫자는 1만 6,970명으로 국내입양인 1만 2,536명보다 많았다. 국가별로는 미국이 약 70%, 유럽 25%, 기타 5%인데 입양인의 출생 유형은 1980년대 이후 미혼모의 아이가 80~90%를 차지하고 있다. 세계 제10위권의 수출대국이 기아수출대국이라는 오명을 쓰고 있다. 정부는 아이 수출이 아닌 국내입양이 유일한 해결책임을 알고 한국인이 더 이상 슬픈 유목민이 되게 해서는 안 된다."(조선, 2008년 4월 10일자)

"해외입양이 '아이 장사'라는 소리를 듣는 등 부도덕하다는 인상을 준다 해서 무조건 금지할 수만도 없다. 입양을 기다리는 아이들을 국내에서도 입양하지 않는 마당에 해외입양 금지만 이야기하는 것은 비현실적이기 때문이다. 2007년 1월부터 '국내입양 우선추진제'를 도입된 후 국내입양(1,388명)이 해외입양(1,264명)보다 앞선 것은 무조건 5개월 동안 국내에 붙잡아 둔 결과이며 국내 대기기간 중 국내입양 사례는 드물다. 기본적으로 한국의 전체 출산율이 저하되었지만 미혼모 출산, 강간으로 인한 출산 등으로 발생하는 입양대상은 줄어든 것이 아니며 입양은 줄어들고 입양되지 못한 아이들은 증가한 것이다. 국내입양을 활성화해서 해외입양을 줄이는 것이 최선인데 정부는 지원금 증액이나 입양문화 개선에 그치고 있다."(조선, 2008년 5월 9일자)

"한국은 자국민을 돌볼 수 있을 만큼 경제적 발전을 이루었지만 해외입양인에 대한 책임을 지려 하지 않는다. 한국 미혼모들은 엄마가 될 자격이 없다는 압박을 받아 아기를 강제로 빼앗긴다. 미혼모들에 대한 이런 인식이 개선될 때까지 해외입양은 불가피하다."(조선, 2009년 6월 5일자)

"홀트아동복지회에 의하면 장애아가 증가하는 것은 입양대상 아동의 70%가 미혼모가 낳은 자녀들이기 때문이며 미혼모는 대부분 안 좋은 환경에서 임신에 대한 자각 없이 사전관리를 제대로 못하는 경우가 많다고 분석했다. 2007년 국내입양 활성화를 위해 '5개월 유보제' 도입 이후 모든 입양 대상 아동은 일단 5개월간 국내에서 양부모를 찾아본 후 실패하면 해외로 보내게 된다. 그러나 대다수 한국인 양부모들은 비교적 좋은 환경에서 태어난 건강한 딸을 원하기 때문에 장애아동은 입양시점에서 한 번 더 버려지게 된다. 보건복지부는 국내입양을 장려하기 위해 여러 지원책을 마련하고 있다. 2007년부터 입양인은 의료급여 혜택을 받을 수 있고 장애아동을 입양하는 경우에는 18세까지 매달 52만 5,000원의 양육보조금을 지원받고 있다."(조선, 2009년 10월 23일자)

"법무부는 민법의 '친족'과 '상속'편(이른바 가족법)을 개정하여 앞으로 미성년자를 입양하려면 반드시 법원의 하가를 받도록 했다. 외국인이 국내 아이를 입양하거나, 우리 국민이 외국 아이를 입양하는 경우도 마찬가지이다. 이는 앞으로 가정법원이 입양을 하려는 부모의 입양동기와 부양능력, 범죄전력 등을 심사해 입양 여부를 결정하는 '허가제'를 도입하여 무분별한 해외입양이나 입양인 학대 방지를 위한 것이다."(조선, 2010년 9월 27일자)

경향신문은 국내입양의 입장을 고수하고 있으며 국내입양 활성화를 위한 노력, 근본원인인 미혼모 문제 해결, 예방교육, 경제적 지원, 사회적 편견극복 등을 주장하고 있다.

"아동의 장래를 생각하면 해외입양이 국내보다 훨씬 낫다는 해외입양 불가피론보다는 국내수요를 파악해 입양을 알선하는 노력이 필요하다."(경향, 2002년 4월 11일자)

"수양부모제도가 활성화되기 위해서는 아동과 친부모, 수양부모 등의 관계와 권리 등을 명시한 관련 법령 등이 마련되어야 하나 한국은 이와 관련된 법적 제도적 장치가 미비하다. 많은 한국 아동들이 매년 해외로 입양되고 있는데 이는 바람직하지 않다. 한국 아이는 한국 땅에서 키워야 한다는 인식을 갖고 이들을 한국 내 수양부모 가정에 위탁시키는 작업이 필요하다."(경향, 2004년 2월 5일자)

"한국은 개인소득이 2만 달러가 넘어선 선진국인데도 아직도 해외로 입양을 보내는 것은 말도 안 되며 국내입양을 적극 추진해야 한다. 또한 입양인 문제를 풀기 위해서는 미혼모 문제가 해결되어야 한다."(경향, 2004년 8월 5일자)

"한국은 아직도 '고아수출국'이라는 오명을 씻지 못하고 있다. 연간 2,000명 이상이 입양되고 있으며 제도적 정비와 입양문화의 확산으로 국내입양을 확대해야 한다. 해외입양의 주요인이 되고 있는 미혼모 문제해결을 위해 사회적 역량을 모아야 한다."(경향, 2004년 8월 7일자)

"입양되는 장애아동의 대부분이 해외로 입양되어 국내 입양인들의 장애아에 대한 편견이 사라지지 않고 있다."(경향, 2005년 10월 4일자)

"매년 약 1,200여 명의 아이들이 해외에 입양되고 있으며 이들 가운데 약 2.7%만이 가족을 찾고 나머지 97.3%는 가족을 찾지 못하고 있다. 한국의 미혼엄마들이 아이들을 입양 보내지 않고 아이를 잘 키울 수 있도록 노력할 것이다."(경향, 2010년 8월 28일자)

"국내입양 활성화와 함께 입양대상 양산의 근본원인인 미혼모 문제 해결에 앞장서야 한다. 예방교육을 실시하고 경제적 지원, 사회적 편견을 버리도록 노력해야 한다."(경향, 2005년 1월 7일자)

이상과 같이 기존연구를 바탕으로 해외입양인의 발생적 원인, 뿌리찾기와 정체성, 해외입양과 국내입양이라는 3가지 차원에서 분석범주를 설정하여 두 신문의 보도내용과 주장의 차이를 제시하면 〈표 38〉과 같다.

〈표 38〉 해외입양인에 대한 논조의 차이

논조	조선일보	경향신문
입양문화	비밀혈통(핏줄)주의, 사회적 편견, 남자아이 선호사상	혈연중심문화
고아수출국	'고아수출국' 오명, 해외입양 비난	아동수출국 입양남용(아동세탁)
해외입양	뿌리찾기와 모국 경험을 위한 사후관리시스템 부족	뿌리찾기와 기록보전의 법적 · 제도적 정비 필요, 해외입양제도 폐지
국내입양	해외입양이라는 아이 수출보다 국내입양이 유일한 해결책	한국은 선진국으로 국내입양 확대 필요
장애아	국내입양 정부지원 부족과 사회적 편견	입양에 대한 사회적 편견과 제도적 장치 미흡
정체성	유목민 정체성	인종차별 경험, 정체성 혼란
미혼모	미혼모에 대한 인식개선 필요, 인식개선 시까지 해외입양 불가피	미혼모 해결 시급, 양육 아닌 입양에 초점, 미혼모 예방교육과 경제적 지원
해외입양인	20만 입양인 네트워크 구축 필요	나라가 버린 국민으로 해외입양인 인재활용, 모국을 위해 일할 수 있는 자원으로 보호지원
정책지원	국내입양 우선추진제 도입, 정부지원 부족	해외입양인 사후관리, 모국문화 체험 프로그램, 자기정체성 확립 정부지원

제5절 해외입양인의 당면과제 및 향후 전망

이 장에서는 2000년대 이후 해외입양인에 대한 국내 주요 언론사인 조선일보와 경향신문의 보도내용의 분석을 통해 한국인의 시각에서 해외입양인에 대한 태도를 파악하고 그들의 당면과제와 실태를 고찰하여 시사점을 도출하였다.

이 글에서 제시하는 두 신문의 내용분석의 연도를 2000년대 이후로 설정한 이유는 1988년 올림픽 개최를 계기로 한국에 대한 해외입양인들의 관심이 증폭되었지만 실제로는 1990년대 중반 이후 모국을 방문하는 해외입양인들이 증가했기 때문이다. 이를 계기로 이후 계속해서 해외입양인을 위한 웹사이트가 구축되고 한국에서도 이들에 대한 관심이 증폭되면서 언론에서도 큰 관심을 갖기 시작했다. 또한 한국 정부도 1997년 '재외동포재단법'을 통해 '세계한민족공동체'에 해외입양인을 정식으로 포함시키기도 하였다. 이와 더불어 한국에서 해외입양인에 대한 관심이 높아진 이유는 무엇보다도 글로벌 시대의 도래와 한국의 비약적인 경제발전, 재외한인(코리안 디아스포라)에 대한 한국 정부의 지속적인 관심 등을 들 수 있을 것이다.

이 연구를 통해 2000년부터 2011년까지 약 10년간 한국의 보수와 진보언론을 대변하는 2대 주요 신문인 조선일보와 경향신문이 해외입양인들을 어떻게 바라보고 있는지에 대해 한국인의 시각에서 살펴보았다. 분석대상은 두 신문의 해외입양인에 관한 논조와 주장이 담긴 논설 및 칼럼이었다.

다음은 이에 대한 분석결과다.

첫째, 해외입양인의 발생적 원인에 대한 두 신문의 논조의 주장을 살펴보면 대략 다음과 같이 정리할 수 있다. 먼저 한국 사회의 가부장적 혈연중심의 문화와 남아 선호사상 때문에 여자아이와 장애아가 해외로 입양되는 사례가 많이 발생하고 있다는 점을 지적하였다.

둘째, 해외입양은 1990년대 중반~2000년대 한국 사회에서는 고아수출이라는 부정적인 국제적인 시선과 맞물려 있다. 또한 해외입양인들은 청소년기 한국 사회에서 뿌리찾기와 정체성 혼란으로 큰 어려움을 겪고 있는 것으로 나타났는데 이에 대한 해결책으로 한국 사회의 관심과 정부지원, 이중국적 부여와 적극적인 인재활용 측면을 주장하였다.

셋째, 한국에서 2007년도에 '국내입양우선제'가 도입되면서 국내외입양에 관한 쟁점들이 활발하게 논의되기 시작하였다. 특히 양 신문에 해외입양에서 국내입양으로의 전환이 필요하다는 논조들이 많이 등장했는데 조선일보는 해외입양의 불가피성을, 경향신문은 국내입양 분위기 조성을 위한 미혼모 문제 해결, 장애아에 대한 사회적 편견 줄이기, 국내입양에 대한 법적 제도적 보완 등을 주장하였다.

1990년대 중반 이후 해외입양인들에 대한 관심이 증폭되면서 2000년 이후 한국 정부도 해외입양인에 대한 사후관리, 모국 체험 프로그램, 해외입양인 프로젝트 등 다양한 프로그램들을 개발하여 실행하고 있다. 그러나 이러한 프로그램들은 대부분 해외입양인들의 시각이 아니라 한국 정부의 입장에서 마련된 것이어서 해외입양인들의 수요와 요구에 부합하는 정책 및 지원이 결여되어 있다는 점을 지적하지 않을 수 없다.

14
결론

이 책의 전체적인 내용은 전 세계적인 글로벌 디아스포라와 세계의 한민족, 즉 코리안 디아스포라에 초점을 두고 그들의 이주 역사, 형성배경, 지역적 분포, 정착과정, 정체성의 변용, 커뮤니티 네트워크, 생활문화 등을 중심으로 개괄하였다. 이 책에서는 전체적인 내용을 포괄하는 용어로서 '디아스포라의 정체성'이라는 용어를 사용하였다. 왜냐하면 디아스포라 정체성은 분산된 민족들이 현지 정착과정에서부터 현재까지 생존전략으로서 투쟁에 의한 구축물로 간주되기 때문이다. 이 책에서 다루고 있는 주요 디아스포라들은 유대인, 화인, 그리고 전 세계에 분산되어 있는 코리안 디아스포라들이다. 이 책의 특징은 코리안 디아스포라들 중 지금까지 소홀히 다루어왔던 지역까지 확대했다는 점이다. 이론적 배경은 글로벌화 이론을 중심으로 주요 지역별로 디아스포라적 현상을 고찰하고 글로벌화가 초래한 민족분산에 의한 디아스포라 커뮤니티와 정체성의 재생산을 설명하는 데 역점을 두었다.

전 세계적으로 대표적인 디아스포라 집단에 속하는 화인이나 유대인의 커뮤니티 형성과 정체성의 변용 과정은 코리안 디아스포라에게도 많은 시사점을 던져주고 있다. 따라서 먼저 디아스포라 민족공동체의 추세에 대하여 유대인, 화인, 코리안 디아스포라 집단들에 주목하였다. 글로벌 시대 이들 디아스포라 집단들은 가상의 공동체(On-line)와 현실의 공동체(Off-line)를 조합하려는 시도를 보이지만 여전히 자신들이 속한 민족이나 국가에 귀속하려는 경향이 강하게 나타났다.

둘째, 세계에서 가장 영향력 있는 디아스포라 집단으로 유대인 디아스포라에 주목하였다. 유대인 디아스포라들이 나라를 잃고 유랑을 시작한 이래 미국, 유럽 등지에서 경제적 정치적 영향력을 구축하여 오늘날과 같은 막강한 소수민족으로 성장하기까지는 유대인의 정체성 유지 노력과 그들만의 강력한 민족공동체와 네트워크가 뒷받침되었기 때문이다.

셋째, 전 세계에 가장 많은 디아스포라 집단을 형성하고 있는 화교 디아스포라에 주목하였다. 21세기 글로벌 시대 중국인 특유의 새로운 중화사상을 배경으로 동남아시아 및 세계 주요 도시에 진출하여 차이나타운을 중심으로 화인들이 어떻게 민족정체성을 유지하고 에스닉 비즈니스를 전개해오고 있는지를 고찰하였다.

넷째, 세계 각지에 거주하는 코리안 디아스포라에 초점을 두고 그들의 이주의 역사적 배경과 정착과정을 살펴보았다. 1863년 이래 한인들이 중국 만주나 연해주로 이동하기 시작하면서 1945년 광복 전후, 1960년대 동북아를 중심으로 남북미 대륙과 유럽 등 서구문화권으로 이동이 확산되면서 어떻게 현지에서 정착하고 '아시아의 유태인'으로 부상할 수 있었는지에 대해 살펴보았다.

다섯째, 1980년대 후반부터 시작된 글로벌화의 영향으로 촉발된 우리 안의 디아스포라의 관점에서 한국 내 다문화 현상에 주목하였다. 1990년 이후 급격히 증가하기 시작한 국내 체류 외국인은 2014년 현재 175만 명 시대를 맞이하고 있다. 출신국가별로는 중국, 미국, 베트남, 일본 순으로 많았다. 한국 정부도 다문화주의에 대응하여 재한외국인처우기본법, 다문화가족지원법, 이중언어 교육과 모국어 학습 지원 등 다양한 정책을 시행하고 있는 것으로 나타났지만 그들은 여전히 차별과 적응에 어려움을 겪고 있었다.

여섯째, 한국전쟁 이후 발생되기 시작한 해외입양인 디아스포라에 대하여 주목하였다. 1990년대 이후 글로벌 시대의 도래와 더불어 해외입양인들은 모국과 입양국이라는 두 문화의 '경계인'이라는 위치에서 문화적 · 지역적 경계를 초월하여 새로운 디아스포라 문화를 생산해내고 있는 집단으로 부상하고 있다. 이들은 최근 코리안 디아스포라의 일부로서 탈지역화 과정에서 발생된 디아스포라의 현상으로 이해되고 있다.

코리안 디아스포라를 넘어 현재 전 세계 어디를 가나 공통적으로 형성되어 있거나, 혹은 형성 중이거나 재생산되고 있는 디아스포라의 정체성은 글로벌화에 따른 사회적 구축물로서 설명될 수 있을 것이다. 디아스포라 정체성은 개인과 커뮤니티에 의해 구축되는 것으로 생활양식을 공유하는 상황에서 사람들의 상호작용을 통해 발생되는 친밀감으로부터 생겨난다. 이에 반해 디아스포라 커뮤니티는 가족, 경제, 교육, 사회, 정치 등을 포함한 다양한 생활영역에서 사회적 네트워크를 기반으로 형성된다. 이들 디아스포라 네트워크는 국내는 물론이고 국가를 초월하는 형태로 연결되기도 한다. 디아스포라 네트워크는 시간이 흐름에 따라 제도화되어가면서 차세대들이 커뮤니티와 출신국가라는 양쪽 사회에서 적응하는 데 도움을 주기도 한다. 이와 같이 디아스포라 정체성은 거주국의 커뮤니티와 국가라는 양쪽 영역에 참여함으로써 더욱 강화된다.

이러한 의미에서 보면 디아스포라의 정체성은 현실에 대응하여 사회문화적 자원을 반복적으로 획득하고 적응해가는 계속적인 절충의 결과라 할 수 있을 것이다. 따라서 디아스포라의 정체성은 계속 재생산되고 있으며 21세기 이후에도 존재할 것으로 예상된다. 디아스포라 정체성 재생산을 촉진시키는 요인은 디아스포라의 세대 간 계승문제이다. 따라서 향후 디아스포라 집단의 세대라는 역사적 시점에서 다룰 필요가 있을 것이다.

보통 갓 이주한 이민 1세대들은 어느 한 곳에 이민자들이 충분히 거주할 때 커뮤니티를 위한 제도적 기초를 만들기 시작한다. 이를 위해서는 디아스포라 집단의 충분한 노력과 비용이 수반된다. 디아스포라의 동질성과 연대의식은 커뮤니티를 형성하기 위해 반드시 필요하며 불가분의 관계를 가지고 있다.

디아스포라의 문화라는 것은 그들 조상들에 대한 집합적 기억의 산물이며 이는 부모와 전통을 통해 2세들에게 계승된다. 가령 어느 디아스포라의 언어와 세계관, 개개인의 인간관계, 가정환경 등 끊임없는 접촉과 축적을 통해 차세대로 계승된다. 이러한 차세대의 계승과정에서 디아스포라 집단들은 국경을 초월하여 공감의 연대를 만들어낸다. 디아스포라 집단의 1세대나 2세대와는 달리 3세대나 4세대 등 젊은 세대는 자국의 언어와 문화, 가치와 생활양식 등을 접할 기회가 상대적으로 적다. 그들이 거주국에 완전히 동화되지 않을지라도 문화적 적응이 어느 정도 진행되었다는 것은 부인할 수 없을 것이다. 따라서 디아스포라의 세대적 계승이 디아스포라 정체성의 재생산과 강약에 영향을 미친다는 것은 충분히 추측 가능하다.

이처럼 글로벌화는 디아스포라 정체성의 변화에 다양한 영향을 끼쳐왔다. 선행연구들이 밝히고 있는 바와 같이 디아스포라 정체성의 표출과 재생산을 지탱하는 제2의 조건은 커뮤니티 형성이다. 디아스포라 커뮤니티 형성에는 충분한 디아스포라들이 존재하고 경계를 정한 지역 내에 집중되어 있는 등 일정의 기본적인 전제조건이 필수적이다. 따라서 디아스포라 집단의 커뮤니티 형성은 거주국 사회의 강한 동화의 압력으로 방해받기도 한다.

디아스포라 집단들이 유사성을 가지고 있을지라도 개개의 조직과 집단의 종류는 시대에 따라 다양하며 이민 도착시기, 이민구성원, 거주국 사회의 상황, 도시 혹은 농촌이라는 환경적 조건에 따라 다르게 나타난다. 왜냐하면 세대구성이나 커뮤니티 형성이 디아스포라 정체성의 재생산을 초래하는 조건으로 볼 수 있지만 문화가 재생산되어 어떻게 재생산되어가는지에 대해서는 너무나 큰 차이가 있기 때문이다.

디아스포라의 정체성은 창조되거나 체계화되어 끊임없이 변용되어가는 사회적 · 역사적 과정의 산물이다. 디아스포라의 과거는 분명히 공동체 구축에 영향을 미친다. 그러나 디아스포라는 시간과 공간을 통해 디아스포라 의식의 내용과 표현을 형성하는 다양한 조건을 반영하여 변용되기도 한다. 그들의 정체성 또한 고립적인 것이 아니고 중층적인 정체성을 보유하기도 하며 유동적이고 글로벌화에 따라 재조정의 상황에 놓이기도 한다. 디아스포라라는 개념 자체가 필연적으로 유연성과 느슨한 경계선을 보이기도 한다.

분명히 모국을 떠나 해외에 거주하는 디아스포라들에게 커뮤니티 형성이 정체성의 재생산을 촉진시키는 중요한 조건이라는 것은 일리가 있는 것처럼 보인다. 글로벌화가 급속히 진전되고 있는 상황에서 코리안 디아스포라도 커뮤니티가 21세기 어떻게 정의될 것인가라는 문제를 둘러싸고 향후 활발한 논의가 전개될 것으로 전망된다. 이것은 글로벌화가 새로운 친밀한 관계나 연결을 확대할 수 있도록 공동체의 경계선을 점점 더 개방적이고 포괄적인 형태로 그어나가지 않으면 안 된다는 것을 우리에게 시사하고 있다.

이 책은 디아스포라의 세대교체와 더불어 다양한 디아스포라의 커뮤니티와 정체성도 함께 변해가는 양상을 보여주고 있다. 마찬가지로 여러 지역과 국가의 경계에 걸쳐 있는 코리안 디아스포라의 커뮤니티와 정체성 변용의 방향을 예측할 수 있다. 즉 국민국가의 경계선을 초월한 글로벌 시점에서 코리안 디아스포라의 역사를 통해 과거와 현재를 조명하고 미래를 예측할 수 있게 해준다는 점에서 이 책은 큰 의미가 있다.

글로벌 시대 세계 각국에 거주하는 700만 코리안 디아스포라의 커뮤니티와 정체성이 변해가고 있는 상황에서 무엇을 해야 하는가? 가상과 현실의 공동체를 통한 코리안 디아스포라의 외연확대는 물론이고 디지털 디아스포라를 통한 감성적 연대는 디아스포라 커뮤니티와 정체성을 강화시켜줄 것이 분명하다. 결론적으로 코리안 디아스포라의 커뮤니티와 정체성의 재생산에 의한 외연 확대는 분명 국력의 확대로 이어질 것이기 때문에 이에 대한 다방면의 연구가 계속 진행되어야 할 것이다.

참고문헌

국내문헌

고길희(2008). 「"한류"와 "혐한류"로 본 일본 젊은이들의 변화」. 『일본근대학연구』 제19집.

고정자 · 손미경(2010). 「한국 문화 발신지로서의 오사카 이쿠노쿠 코리아타운」. 『글로벌문화콘텐츠』 제5호.

고재남(1996). 『구소련지역 민족분쟁의 해부』. 경남대학교 출판부.

고봉준(2008). 「재일조선인 문학에서 '기억'과 '망각'의 문제」. 『우리어문연구』 제30집 · 현대문학』.

교육과학기술부(2008). 『다문화가정 학생교육 지원계획』.

구해근 · 유의영(1981). 『한국인의 미국이민』. 하와이동서문화센터.

구재진(2010). 「제국의 타자와 재일(在日)의 괴물 남성성: 양석일의 『피와 뼈』. 연구」. 『민족문학사연구』.

국제문화산업교류재단(2009). 『한류동향보고서』.

국립민속박물관(2005). 『재외 한인 동포 이주의 역사와 문화』. 집문당.

권성우(2009). 「재일디아스포라 여성소설에 나타난 우울증의 양상: 고 이양지의 작품을 중심으로」. 『한민족문화연구 第30輯』.

곽승지(2013). 『조선족, 그들은 누구인가』. 인간사랑.

김게르만(2005). 『한인 이주의 역사』. 박영사.

________(2010). 『해외한인사 1945-2000』. 파주: 한국학술정보(주).

김경희(2004). 「푸에르토리코의 언어정책」. 『라틴아메리카연구』 제7권 2호.

______(2010). 「한류를 통한 한국 · 일본 · 재일코리언의 새로운 관계 구축을 위한 제언」. 『在外韓人硏究』 제22호.

김경학(1999). 『중앙아시아 한인의 사회구조와 문화』. 한국학술정보(주).

김봉섭(2009). 『재외동포가 희망이다』. 도서출판 엠-에드.
김이선 · 김인순 외(2008). 『다문화사회로의 이행을 위한 문화정책 현황과 발전방향』. 한국 여성정책연구원.
김인호(1992). 『재영 한인회 어제와 오늘』. 재영한인회.
김원호(1994). 『북미의 작은 거인 멕시코가 기지개를 켠다』. 서울: 민음사.
김영화(1998). 「재일제주인의 세계: 양석일의 『피와 뼈』」. 『탐라문화』 제19권, 제주대학교 탐라문화연구소.
김상준 · 이주한 외(2010). 「'한류'에 대한 태도가 서비스 구매 의도에 미치는 영향: 서비스 평가의 조직효과와 매개효과에 대한 중국, 일본시장의 비교연구」. 『International Trade Business Institute Review』 제16권 2호.
김세도 · 서상호(2011). 「중국 시청자들의 한류 드라마 수용에 관한 주관성연구 중국 」. 『人文社會科學研究』 제32호.
김세건(2005). 「멕시코 한인 동포의 이주사와 생활문화」.
김지영(2009). 「「조국」문화로서의 「한류」재일한국조선인의 「한류」 미디어 접촉을 중심으로」. 『일본문화학보』 제41집.
김종회(2008). 「남북한 문학과 해외 동포문학의 디아스포라적 문화 통합」. 『한국현대문학연구』 제25집.
김종회 편(2003). 『한민족 문화권의 문학』. 국학자료원.
김태기(2004). 「재미한인경제의 규모와 구조」. 『지역개발연구』 제36권 1호.
김태영 · 박재수(2006). 「재일한국인 기업가의 상황구조에 관한 연구」. 『일본문화학보』 제30집.
김환기(2009). 「재일디아스포라 문학의 '혼종성'과 세계문학으로서의 가치」. 『日本学報』 第78輯.
______(2011). 「재일코리언 문학과 디아스포라: 이회성의 『流域』을 중심으로」. 『일본학』 제32집.
김현미(2008). 「이주자와 다문화주의」『현대사회와 문화』 제26호.
라틴아메리카학회(1996). 『라틴 아메리카 연구』. 서울: 집문당.
류은영(2011). 「프랑스 글로벌 한류의 가능성」. 『프랑스문화예술연구』 제38호.
류정아(2009). 『다문화지표 개발연구』. 한국 문화관광연구원.
민만식 · 강석영 · 최영수(1993). 『중남미사』. 서울: 민음사.
민원정(2011). 「중남미 한국어교육과 한국학의 발전적 연계를 위한 한류활용방안」. 국제한국어교육학회: 학술대회논문집.
문경희(2008). 「호주 다문화주의의 정치적 동학, 민족정체성형성과 인종 문화갈등」. 『국제정치논총』 제8권 81호.
문영석(2005). 「캐나다 이민정책에 대한 분석과 전망」. 『국제지역연구』 제14권 1호.

법무부(2007). 『출입국관리 통계연보』.
박경철(2012). 『외국인 범죄 현황 및 정책 방향』. 경기개발연구원.
박미희(2011). 「은유 추출 기법을 활용한 중국인의 한류 인식」. 『漢城語文學』 제30호.
박보리스 외(2004). 『러시아에서의 140년간』. 시대정신.
박성순 · 류웅재(2011). 「한류 문화산업에 대한 비판적 제언과 전망」. 『우리춤연구』 제15호.
배정민(2011). 「한류가 중국 소비자의 구매태도에 미치는 영향에 관한 실증연구: 음식제품 및 음식기업이미지 중심으로」. 『현대중국연구』 제11권 2호.
백원담(2005). 『동아시아의 선택, 한류』. 펜타그램.
브라질한인이민사편찬위원회(2011). 『브라질 한인 이민 50년사(1962-2011)』.
신춘호(2011). 「심양 코리아타운 '서탑'과 한국 문화: 심양 한국주간과 2010년 중국 글로벌 한상대회의 경우」. 『在外韓人硏究』 제24호.
심헌용(2004). 『고련인의 신이주와 NGO의 역할: 연해주와 볼고그라드』. 러시아 고려인 역사 140년.
서성철(2005). 「라틴아메리카와 한국이민: 멕시코 한인 사회와 현지적응」. 『라틴아메리카연구』 제17권 4호.
손미경(2009). 「한 · 일간 문화콘텐츠 영화교류와 재일코리언」. 『在外韓人硏究』 제20호.
손승혜(2011). 「유럽의 한류와 K-pop 팬덤 형성 과정과 그 의미」. 한국언론학회 심포지엄 및 세미나.
송기도 · 강준만(1996). 『콜럼버스에서 후지모리까지』. 서울: 개마고원.
송재룡(2009). 「다문화주의와 인정의 정치학 그리고 그 너머: 찰스테일러를 중심으로」. 『사회이론』 제5권 5호.
아르헨띠나 한인이민문화연구원(2005). 『아르헨띠나 한국인 이민 40년사』.
암금영(2003). 「초기 멕시코 한인 이주민의 쿠바 정착과정」. 『서어서문연구』 제28호.
이구홍(1979). 『한국 이민사』. 중앙신서 53.
이교범(1992). 『아르헨티나 한인이민 25년사』. 선영사.
이광규(1999). 『재외동포』. 서울대학교 출판부.
______(2000). 『재외동포』. 서울대학교 출판부.
______(2005). 『동포는 지금』. 파주: 집문당.
이선옥(2007). 「한국에서의 이주노동운동과 다문화주의」. 『한국에서의 다문화주의 현실과 쟁점』. 한울.
이선주 · 양애경 외(2008). 『여성결혼이민자를 위한 사회서비스 현황과 정책과제』. 한국 여성정책연구원.
이수자(2004). 「이주여성 디아스포라 국제성별 분업 문화 혼종성, 타자화와 섹슈얼

리티」. 『한국 사회학』 제38권 2호.
이종득(2004). 「멕시코 한인 후손들의 정체성 연구: 현황과 정책」. 『라틴아메리카연구』 제17권 3호.
이장섭(2006). 『중국조선족 기업의 경영활동』. 북코리아.
이창언(1998). 「캐나다 소수민족의 민족정체성과 사회문화적 적응」. 『한국 문화인류학』 제1권 2호.
이은숙(2006). 「이민공간에 대한 재미한인의 지각」. 『문화역사지리』 제18권 3호.
이영미(2005). 「가네시로 가즈키의 〈고(GO)〉에 나타난 '국적(国籍)'의 역사적 의미」. 『현대소설연구』 제37호.
이영민(2007). 「로스앤젤레스 한인타운의 지방노동시장 특성과 지역정책성 탐색: 한인 불법체류노동자에 활동을 중심으로」. 『문화역사지리』 제19권 3호.
이용승(2004). 「호주의 다문화주의」. 『동아시아연구』.
이용선 · 황형태 · 김승기(2010). 「중남미 지역의 한류 진출 현황과 전망」. 『중남미연구』 제28권 2호.
이용식(2010). 『재일조선인 아리랑』, 논형출판사.
이창현 · 정석균(2011). 「한류 체험경로별 국가이미지 제고효과 분석」. 『브랜드디자인학 연구』 제9권 1호.
이혜경(2007). 「이민정책과 다문화주의 정부의 다문화정책 평가」. 『한국적 다문화주의의 이론화』. 한국 사회학회.
이호상(2011). 「에스닉 커뮤니티 성장에 따른 지역사회의 변화: 도쿄 신오쿠보를 사례로」. 『한국도시지리학회지』 제14권 2호.
이회성(2007). 『나의 삶, 나의 문학』. 동국대학교 문화학술원.
이한창(1992). 「재일 교포문학의 주제 연구」. 『한국일본학회』.
이한창(1996). 『재일 교포문학의 작품성향 연구: 정치의식 변화를 중심으로』. 중앙대학교 박사학위논문.
이해창(1971). 『한국신문사연구』. 성문각.
이향진(2011). 「한류와 자이니치」. 『일본학』 제23집.
오장환(2005). 『유럽 지역 한인사회 역사와 현황: 프랑스 사례를 중심으로』. 국사편찬위원회.
임영언(2006). 『재일코리안 기업가』. 한국학술정보.
______(2010) "일계인(日系人) 디아스포라: 초민족공동체 형성과정 연구." 『日本文化学報』 第46輯.
______(2011) "일계인(日系人) 디아스포라의 귀환과 브라질타운형성에 관한 연구: 군마 현 오이즈미마치 일계 브라질타운을 중심으로." 『한국동북아논총』 제16집 4호(통권 61호).

______(2011) "일계인(日系人)디아스포라 브라질 이주사와 전시문화콘텐츠 고찰." 『日本文化学報』 第50輯.
______(2011) "재한일본인의 이주 역사와 동부이촌동 일본인 집거지 형성배경 고찰." 2011년 12월 26일 전남대학교세계한상문화연구단 공동학술회의 발표 논문.
______(2012) "재한일본인의 집거지 공동체 형성과 디아스포라적 문화의 특성 고찰" 『동북아연구』 제27권 2호.
______(2012). 「한류문화의 코리아니즘적 성향과 코리아타운 일본인에 미친 영향」. 『일어일문학』 제55집.
임영언 · 임온규(2012). 「한국 문화의 전파매개자로서 코리아타운 연구」. 『일본문화학보』 제54집.
______(2013). 「한류문화를 통한 한국이미지 변용에 관한 연구」. 『일어일문학연구』 제84집.
임영언 · 이석인(2013). 「한류에 대한 일본인의 의식조사: 신오쿠보 코리아타운 방문자를 중심으로」. 『일어일문학』 제57집.
임영언 외(2006). 『재일코리안 기업의 경영활동』. 북코리아.
임영상(2011). 「한국 문화의 허브로서의 재외한인 사회」. 『역사문화연구』 제40집.
______(2003). 『독립국가연합 고려인 사회 연구』. 다해.
임천택(1954). 『쿠바한인이민사』. 아바나: 태평양주보사.
임채완 · 전형권(2006). 『재외한인과 글로벌 네트워크』. 파주: 한울아카데미.
임채완 · 허성태 외(2012). 『이미지로 보는 한인디아스포라와 한반도』. 북코리아.
______(2012). 『연해주 고려인의 법과 생활 그리고 교육』. 북코리아.
오가타 요시히로(2006). 『자이니치(在日)의 기원과 정체성』. 연세대학교 석사학위 논문.
오성환 외(2001). 『시간의 시련』. 시대정신.
오은순 · 김민정 외(2008). 『다문화교육을 위한 범교과 교수 · 학습프로그램 개발연구』. 한국 여성정책연구원.
오영섭(2010). 「메디컬 에스테틱 관광과 한류 인식이 관광 이미지, 한국음식 인식, 관광 만족, 행동 의도의 영향 관계: 방한 중국인, 일본인 관광객을 대상으로」. 『한국조리학회』 제16권 5호.
외교통상부(2005). 『재외동포 단체조직현황』.
외교부(2011). 『재일동포사회 현황』.
유연숙(2011). 「동경의 코리아타운과 한류」. 『在外韓人研究』 제25호.
유상철 · 안혜리 외(2005). 『한류 DNA의 비밀: 소프트 파워, 소프트코리아의 현장을 찾아서』. 생각의 나무.

유세경 외(2012). 「중국 일간지의 '한류' 보도에 나타난 프레임 분석: 2001~2010년 기간에 보도된 기사 분석을 중심으로」. 『한국언론정보학보』 제57호.
유숙자(2003). 「해방 후 재일동포 문학을 일군 사람들」. 『한일민족문제학회』.
유미리, 김남주 옮김(2004). 『8월의 저편』. 동아일보사.
윤인진(1997). 「다인종 사회에서의 소수민족관계: 미국에서의 한흑갈등을 중심으로」. 『한국 사회학』 제31집.
_____(2005). 『코리안 디아스포라: 재외한인의 이주, 적응, 정체성』. 고려대학교 출판부.
_____(2008). 「한국적 다문화주의의 전개와 특성」. 『한국 사회학』 제42권 2호.
예동근 외(2011). 『조선족 3세들의 서울이야기』. 백산서당.
전경수(1991). 『브라질의 한국이민』. 서울대학교 출판부.
전경수(1996). 『세계의 한민족: 중남미』. 통일원.
전북대학교 재일동포연구소 편(2008). 『재일 동포문학과 디아스포라 1』. 제이앤씨.
정경원 외(2005). 『멕시코 쿠바 한인 이민사』. 한국외국어대학교 출판부.
정진경 · 양계민(2004). 「문화적응이론의 전개와 현황」. 『한국심리학회지: 일반』 제23권 1호.
정대화(2003). 『하와이 한인 이민 1세』. 도서출판 들녘.
정성호(1998). 「유태인 네트워크의 위력」. 『사회과학연구』 제37집.
정수영(2009). 「일본 내 혐한류(嫌韓流)의 성격과 함의」. 『한국언론학회』, 2009년 한국언론학회 50주년 기념행사 및 봄철 정기학술대회.
_____(2010). 「만화 『혐한류(マンガ嫌韓流)』. 의 이야기 분석을 통해 본 일본 내 혐한류에 관한 연구」. 『한국출판학연구』 제58호.
_____(2011). 「일본 내 한류지형의 탐색 및 한류 수용자의 문화적 실천에 관한 연구」. 『한국 여성커뮤니케이션학회』. 미디어, 젠더 & 문화(20호).
정재남(2008). 『중국의 소수민족』. 살림.
정형(2009). 『일본 일본인 일본문화』. 다락원.
장사선(2010). 「재일한민족 소설에서의 폭력」. 『현대소설』 제4호5.
장선미(2004). 「재미한인 경제 현황 분석: 미국 5개 지역 설문조사를 중심으로」. 『한국동북아논총』 제30집.
_____(2004). 「재미한인 자영소기업 실태분석」. 『한국동북아논총』 제31집.
장태한(2004). 『소수자로서의 재미한인』. 한울아카데미.
재일본조선인총련합회(2005). 『총련: 총련결성 5돐에 즈음하여』. 재일본조선인총련합회.
최금좌(2007). 「재브라질 한인이민사회: 세계화 시대 도전과 성취 그리고 전망」. 『중남미연구』 제25-2권.

최경린 · 박정의(2011).「자아구성이 문화변용전략에 미치는 영향: 재한 중국인 유학생을 중심으로」.『한국언론학보』 제55권 5호.

최성수 · 한주희(2006).「국가와 이민정책 미국의 이민법을 중심으로」.『미국학논집』 제8권 2호.

최순호(2004).『조선족 이야기』. 민음사.

최윤정(2009).「문화체육관광부 다문화주의정책추진현황 및 계획」.『다문화사회의 문화예술』. 경기문화포럼.

최정(2010).「재일 한국인 정의신 희곡 연구」.『韓国言語文学』 第74輯.

최종렬(2009).「탈영토화 된 공간에서의 다문화주의 문제적 상황과 의미화 실천」.『사회이론』 제35권.

______(2009).「탈영토화된 공간에서의 베트남 이주여성의 행위전략: 은혜와 홍로안의 사랑과 결혼이야기」.『한국 사회학』 제43권 4호.

최종렬 · 김정규 외(2008).『다문화주의의 이론적 패러다임과 국가별 유형 비교』. 한국 여성정책연구원.

최종렬 · 최인영(2008).「국제결혼 이주여성에 대한 문화사회학적 접근: 방법론적 · 윤리적 논의를 중심으로」.『문화와 사회』 제4권.

최종렬 · 김정규 외(2008).「다문화주의의 이론적 패러다임과 국가별 유형비교」.『한국 여성정책연구원』. 한국 사회학회.

최종호(2004).「푸에르토리코의 이중언어 상황과 한국에서의 영어 공용화 문제」.『스페인어문학』 제2호.

최협(1995).「미국의 민족문제」.『지역연구』 제4권 3호.

최협 · 이정덕(2003).『미국 하와이 지역 한인 동포의 생활문화』. 국립민속박물관.

프레드 벅스텐 · 최인범(2003).『코리안 디아스포라와 세계 경제』. 국제경제연구소.

프레데릭 · 아이버슨 피터 엮음(2000).『미국사에 던지는 질문』(유시우 옮김, 서울 영림카디날, 원제는 Hoxie, Frederick & Iverson, Peter 엮음, *Indians In American History*).

하상일(2009).「해방 이후 재일디아스포라 시문학의 역사와 의미」.『한국문학논총』 제51집, 한국문학회.

한세르게이 · 미하일로비치 외(1999).『고려사람, 우리는 누구인가』. 고담사.

홍기삼(2001).『재일 한국인 문학』. 솔.

한동욱(2011).「특별연재: 유태인과 이스라엘의 생존, 번영방법(1)」.『군사논단』 제66권.

한 · 유럽 연구회(2003).『유럽한인사: 프랑스와 독일을 중심으로』. 재외동포재단 연구보고서 2000-1.

허명숙(2009).「민족정체성 서사로서 재일동포 한국어 소설」.『현대소설연구』 제40호.

헌팅턴 새뮤얼, 형선호 옮김(2004). 『새뮤얼 헌팅턴의 미국』. 서울 김영사.
현대경제연구원(2007). 『한류현상과 문화산업 발전전략』. 보고서.
현인규 외(2010). 「중국 의류브랜드 시장에서의 한류의 영향과 마케팅 전략」. 『사회과학연구』 제16권 2호.
황민호(2005). 『일제하 만주 지역 한인 사회의 동향과 민족운동』. 서신원.
황정미(2009). 『이주민의 사회통합을 위한 지역사회 참여현황과 증진방안』. 한국 여성정책 연구원.
황혜경(2008). 「한류로 인한 일본인의 한국과 재일코리안에 대한 인식 변화: 관서 지방을 중심으로」. 『일본문화학보』 제36집.
______(2009). 「일본 사회에서의 한류열풍으로 인한 한국인과 재일코리안에 대한 인식 변화: 연령별 분석」. 『일본문화학보』 제42집.
______(2010). 「재일코리안에 있어서 민족축제 의미와 호스트 사회와의 관계: 오사카시와 가와사키시를 중심으로」. 『일본문화학보』 제46집.

국외문헌

アンジェロ・イシ(1995). 「「出稼ぎビジネス」の発生と生活環境の変化」. 『共同研究 出稼ぎ日系ブラジル人』. 明石書店.
足立伸子編著(吉田正紀・伊藤雅俊訳) (2008). 『ジャパニーズ・ディアスポラ』. 新泉社.
イヒャンジン(2008). 『韓流の社会学: ファンダム, 家族, 異文化交流』. 岩波書店.
石川友紀(1989). 「ブラジルにおける日本移民の地域的分布と職業構成の変遷第二次世界大戦前を中心に」. 『琉球大学法文学部紀要』. 史学・地理学編32.
移住労働者と連帯する全国ネットワーク(2006). 「外国籍住民との共生に向けて一NGOからの政策提言」, 現代人文社・大学図書.
稲見敏夫・江口敏樹(2007). 『出入国管理行政の現状と今後に向けて』. 『国際人流』. 第236号, 入管協会.
林永彦(2010). 「日系人ディアスポラ: 超民族共同体形成過程研究」. 『日本文化学報』. 第46輯.
林永彦(2011). 「日系人ディアスポラ帰還とブラジルタウン形成に関する研究: 群馬県大泉町日系ブラジルタウンを中心に" 『韓国東北亜論叢』. 第16輯 第4号.
林永彦(2011). 「日系人ディアスポラ移住史と展示文化コンテンツ考察」. 『日本文化学報』. 第50輯.
李英和(1994). 『北朝鮮秘密集会の夜: 留学生が明かす"素顔"の祖国』. クレスト社.

呉圭祥(1992).『在日朝鮮人企業活動形成史』. 雄山閣出版.
梁京姫(2009).「在日韓国人企業家が韓国の金融業界に及ぼした影響: 新韓銀行を中心に」.『現代韓国朝鮮研究』. 第9号.
江橋崇編(1993).『外国人は住民です』, 学陽書房.
梶田孝道(2005).「人の移動と国家の制御」. 梶田孝道・丹野清人・樋口直人『顔の見えない定住化』. 名古屋大学出版会.
外国人ワォッチ・ネットワーク編(2004).『外国人包囲網ー「治安悪化」のスケープゴート』, 現代人文社.
外国人医療・生活ネットワーク編(2006).『講座外国人の医療と福祉』. 現代人文社.
外国人の子どもの教育と人権ネットワーク(2006).『2005年度外国人の子どもの就学状況実態調査報告書』.
外交資料館所蔵(1918).「第7回送金目録」.『在外日本人送金送達雑件』. 第三巻参照.
金元祚(1984).『凍土の共和国: 北朝鮮幻滅紀行』. 亜紀書房.
金泳徳(2011).『韓流の今と見通し』. 東京第8回韓国人研究者フォーラム.
久保山亮(2003).「ドイツの移民政策ー移民国型政策へのシフト？」小井土彰宏編著『移民政策の国際比較』. 明石書店.
久保山亮(2005).「欧州諸国における移民政策と国内政治」. 山口二郎・宮本太郎・小川有美編『市民社会民主主義への挑戦』. 日本経済評論社.
小井土彰宏(1992).「メキシコ系“非合法”移民労働者とアメリカ国家ー歴史的動態と1986年移民改革法ー」. 百瀬宏・小倉充夫編,『現代国家と移民労働者』. 有信堂 第4章.
小井土彰宏(2003).「岐路に立つアメリカ合衆国の移民政策ー増大する移民と規制レジームの多重的再編成過程」. 小井土彰宏編著,『移民政策の国際比較』. 明石書店.
近藤敦(2001).『外国人の人権と市民権』. 明石書店.
近藤敦(2001).「比例原則に反し, 恣意的に退去強制されない権利と立憲性質説」. 国際人権15.
国際人流編集局(2006).「在留特別許可に係るガイドライン」.『国際人流』. 第235号, 入管協会.
佐久間孝正(2006).『外国人の子どもの不就学ー異文化に開かれた教育とは』. 勁草書房.
自治体国際協会(2005).『多文化共生社会に向けた調査報告書』.
杉田敦(2005).『境界線の政治学』. 岩波書店.
樽本英樹(2001).「ポストナショナルな市民権は可能か？ー「アイデンティティの

先験的選択」からの批判的検討」. 梶田孝道編『国際化とアイデンティティ』. ミネルバ書房.
丹野清人(2006). 「外国人住民と自治体」. 『国際文化研修』. 52, 全国市町村国際文化研究所.
鄭暎恵(2003). 『〈民が代〉斎唱ーアイデンティティ・国民国家・ジェンダ-』. 岩波書店.
手塚和彰(2001). 『外国人と法第2版』. 有斐閣.
永野慎一郎(2010). 『韓国の経済発展と在日韓国企業人の役割』. 岩波書店.
NIRA・シティズンシップ研究会編(2001). 『多文化社会の選択』. 日本経済評論社.
浜井浩一・芹沢一也(2006). 『犯罪不安社会ー誰もが「不審者」?』. 光文社.
河明生(1996). 「日本におけるマイノリティの起業家活動: 在日一世朝鮮人の事例分析」. 『経営史学』. 経営史学編集, 東京大学出版会, 第三〇巻第四号.
韓載香(2010). 『「在日企業」の産業経済史: その社会的基盤とダイナミズム』. 名古屋大学出版会.
韓載香(2007). 『民族金融機関の全国展開. 東京大学21世紀COEものづくり経営研究センター』.
林瑞枝(2002). 「人の自由移動と国家を越える市民権ーヨーロッパ統合のなかで」. 梶田孝道・小倉充夫編, 『外国人・移民政策と国民国家の論理ー日本の場合』. 梶田・小倉編, 前掲書.
閔寛植(金敬得・金容権訳)(1994). 『在日韓国人の現状と未来』. 高麗大学校亜細亜問題研究所.
渡戸一郎(2006). 「多文化都市論の展開と課題ーその社会的位相と政策理念をめぐって」. 『明星大学社会学研究紀要』. 26.
渡邊博顕(2005). 「非正規就労外国人労働者の雇用・就業に関する事例」. 労働政策研究・研修機構ディスカッションペーパー.
日本ブラジル交流史編纂委員会(1995). 『日本ブラジル交流史日伯関係100年の回顧と展望』. 日本ブラジル修好100周年記念事業組織委員会・社団法人日本ブラジル中央協会.
パウリスタ新聞社編(1996). 『日本・ブラジル交流人名辞典』. 五月書房.
海外移住資料館(2010). 『海外移住資料館だより』. 2010特集号.
黄盛彬(2011). 「韓流と反韓流の交差ー日本人のアイデンティティと韓国認識」. 『日本学』. 第33輯.
米山裕・河原典史編(2007). 『日系人の経験と国際移動: 在外日本人・移民の近現代史』. 人文書院.
渡邊博顕(2004). 「間接雇用の増加と日系人労働者」. 『日本労働研究雑誌』. No. 531/

October.
渡辺雅子(1995). 『共同研究出稼ぎ日系ブラジル人(上)論文編・就労と生活』. 明石書店.

Abelmann, Nancy, & Lie, John(1995). *Blue Dreams: Korean Americans and the Los Angeles Riots*. Cambridge, Mass.: Harvard University Press.
Banting, Keith · Will Kymlicka(2006). *Multiculturalism and the Welfare State: Recognition and Redistribution in Contemporary Democracies*. Oxford University Press.
Beck, Ulich(1992). *Risk Society: Toward a New Modernity*. London: Sage.
Barry, Brian(2001). *Culture and Equality: An Egalitarian Critique of Multiculturalism*. Cambridge: Polity Press.
Bourque, Gilles & DuchastelJules(1999). "Erosion of the Nation-State and the Transformation of National Identities in Canada". Janet L. Abu-Lughod, *Sociology for the Twenty-first Century: Continuities and Cutting Edges*. Chicago University Press.
Brubaker, Rogers(2001). "The Return of Assimilation?". *Ethnic and Racial Studies* Vol.24, 4.
Cantle, Ted(2008). *Community Cohesion: A New Framework for Race and Diversity*. London: Palgrave Macmillan.
Castles, Steven(2002). "Migration and Community Formation under Conditions of Globalization". *International Migration Review* Vol.36, 4.
Chang, Edward T., & Diaz-Veizades, Jeannette(1999). *Ethnic Peace in the American City: Building Community in Los Angeles and Beyond*. NY: New York University Press.
Charr, Easurk Emsen(1961). *Golden Mountain*. Boston: Forum Publishing Company.
Choy, Bong-Youn(1979). *Koreans in America*. Chicago: Nelson-Hall.
Chung, Angie Y.(2000). "The Impact of Neighborhood Structures on Korean American Youth in Koreatown." *Korean and Korean-American Studies Bulletin*, 11(2).
Chung, Angie Y.(2007). *Legacies of Struggles: Conflict and Cooperation in Korean American Politics*. Stanford: Stanford University Press.
Churchill, Ward(1996). *From A Native Son: Selected Essays on Indigenism, 1985-1995*, Boston: Southern Press.

Doble, John & Yarrow, Andrew(2007). Walking a Mile: A First Step Toward Mutual Understanding; A Qualitative Study Exploring How Indians and Non-Indians Think About Each Other. A Report from PUBLIC AGENDA.

Entzinger, Han(2006). "The Parallel Decline of Multiculturalsim and the Welfare State in the Netherlands". in Banting, Keith and Will Kymlicka. Multiculturalism and the Welfare State: Recognition and Redistribution in Contemporary Democracies Oxford University Press.

Fleras, Augie & Aelliott, Jean L.(1996). *Unequal Relations: An Introduction to Race, Ethnic, and Aboriginal Dynamics* in Canada, Toronto: Prentice-Hall of Canada.

Fontaine, Louise(1995). "Immigration and Cultural Policies: A Bone of Contention Between the Province of Quebec and the Canadian Federal Government". *International Migration Review*, Vol.29, 4.

Goffman, Erving(1963). *Behavior in Public Paces: Notes on the Social Organization of Gatherings*. New York: The Free Press.

Gans, Herbert(1979), "Symbolic Ethnicity: The Future of Ethnic Groups and Cultures in America". *Ethnic and Racial Studies*, Vol.2,1.

Greenblatt, Alan(1995). "History of Immigration Policy". Congressional Quarterly Weekly Report, Vol.53, 15.

Hawkins, Freda(1989). *Critical Years in Immigration: Canada and Australia Compared*. Kingston and Montreal: McGill-Queens University Press.

Joppke & Ewa Morawska(2003). *Toward Assimilation and Citizenship: Immigrants in Liberal Nation-States*. London: Palgrave.

Joppke, Christian(2004). "The Retreat of Multiculturalism in the Liberal State: Theory and Policy". *British Journal of Sociology*, Vol. 55, 2.

Kim, Ronyoung(1986). *Clay Walls*. Seattle: University of Washington Press.

Kim, Hyun Mee(2010). "'Branded but not Differentiated': South Korea Goes Global with 'Multiculturalism'." Paper presented at Multicultural Dialogues. London School of Economics, 23-24th February.

Kivisto, Peter(2002). *Multiculturalism in a Global Society*. Malden, MA: Blackwell.

Kwon, Ho-Youn, Kim, Kwang Chung, & Warner, R. Stephen(2001). *Korean Americans and Their Religions: Pilgrims and Missionaries from a Different Shore*. University Park, PA: The Pennsylvania State University Press.

Kymlicka, Wil(1995). *Multicultural Citizenship*. Oxford: Oxford University Press.

____________(2007). *Multicultural Odysseys: Navigating the New International Politics of Diversity*. Oxford: Oxford University Press.

Lian, Jason Z. · Matthews, David R.(1998). "Does the Vertical Mosaic Still Exist? Ethnicity and Income in Canada". *The Canadian Review of Sociology and Anthropology*, Vol.35, 4.

Lipset, Seymour Martin(1990). *Continental Divide: Values and Institutions of the United States and Canada*. New York: Routledge.

Lofland, Lyn H.(1998). *The Public Realm: Exploring the City's Quintessential Social Territory*. New York: Aldine de Gruyter.

Min, Pyong Gap(1996). *Caught in the Middle: Korean Communities in New York and Los Angeles*. Berkeley: University of California Press.

Murphy, Brian(1993). *The Other Australia: Experiences of Migration*. Cambridge: Cambridge University Press.

Nissen, Jan & Thomas Huddleston(2007). Setting up a System of Benchmarking to Measure the Success of Integration Policies in Europe. Directorate General Internal Policies of the Union.

Omi, Michael A. & Howard Winant(1994). *Racial Formation in the United States: From the 1960s to the 1980s*. New York: Routledge.

Parrenas, Rhacel Salazar(2001). *Servants of Globalization: Women, Migration and Domestic Work*. Stanford CA: Stanford University Press.

Patterson, Wayne(1988). *The Korean Frontier in America: Immigration to Hawaii, 1896-1910*. Honolulu: University of Hawaii Press.

Patterson, Wayne(2000). *The Ilse: First-Generation Korean Immigrants in Hawaii, 1903-1973*. Honolulu: University of Hawaii Press and Center for Korean Studies.

Pettman, Jan Jindy, "Race, Ethnicity, and Gender in Australia". Samuel P. Oliner & Phillip T. Gay(1997). *Race, Ethnicity and Gender: A Global Perspective*, Dubuque, IA: Kendall/Hunt

Rousseau, Mark O.(1999). "Ethnic Mobilization in Quebec, Federalism in Canada, and the Global Economy" *Research in Social Movements, Conflicts, and Change*, Vol.21.

Smith, Goldwin(1991). *Canada and the Canadian Question*. Toronto: University of Toronto Press.

Stratton, Jon & 2Ang, Ien, "Multicultural Imagined Communities: Cultural Difference and National Identity in the USA and Australia". David Bennett(1998). *Multicultural States: Rethinking Difference and Identity*.

London: Routledge.

Swidler, Ann(1999). *Talk of Love: How Culture Matters*. Chicago: University of Chicago Press.

Takaki, Ronald(1998). *Strangers from a Different Shore*. Boston: Little, Brown and Company.

Taylor, Charles(1994). *Multiculturalism: Examining the Politics of Recognition*. Princeton, NJ: Princeton University Press.

Teraguchi, Daniel Hiroyuki(2006). "Generative Thinking: Using a Funding Proposal to Inspire Critical Thinking." In Edith Wen-Chu Chen and Glenn Omatsu (Eds.), *Teaching about Asian Pacific Americans*. Lanham, MD: Roman and Littlefield.

Velez, Jorge(2000), "Understanding Spanish Language Maintenance in Puerto Rico". *International Journal of the Sociology of Language*, Vol.142.

Weber, Max(1948). "The Social Psychology of the World Religions". From *Max Weber: Essays in Sociology*. New York: Routledge & Kegan Paul.

______(1968). *Economy and Society: An Outline of Interpretive Sociology, Berkeley*. CA: University of California Press.

Ассоциация корейцев Казахстана. Алматы, 2000.

Бахмет Ю.Н. Из истории корейских культурно-национальных организаций в России в 90-е годы XX в. Краснодар, 2000. № 3-4.

Белая книга. О депортации корейского населения России в 30-40-х годах // Составители Ли У-Хе, Ким Ен-Ун. Кн. 1. М., 1992.

Бойко В. С. Корейские трудящиеся в Западной Сибири в 20-е годы XX века // Источниковедение и историография стран Востока: узловые проблемы теории. Вып. 3. М., 1991.

Бугай Н.Ф. Российские корейцы: новый поворот истории, 90-е годы. М., 2000.

Гоженский Ив. Участие корейских эмигрантов в революционном движении на Дальнем Востоке // Революция на Дальнем Востоке. Вып. 1. М. ; Пг., 1923.

Государственный Архив Российской Федерации (ГАРФ). Ф. Р-1235. Оп. 95. Д. 74. Л.

Граве В.В. Китайцы, корейцы и японцы в Приамурье: отчет уполно-моченного министерства иностранных дел В.В. Граве. СПб., Киршбаума, 1912.

Ким Г.Н. История иммиграции корейцев. Алматы, 1999. -2 кн.

Ким П.Г. Корейцы Республики Узбекистан. Ташкент, 1993.
Ким Сын-Хва. Очерки по истории советских корейцев. Алма-Ата, 1965.
Пак Б.Д. Корейцы в Российской империи. М., 1993.
Пак Б.Д. Корейцы в Советской России (1917 – конец 30-х гг.). М., Иркутск, 1995.
Пак М.Н. Об исторических судьбах советских корейцев) // Проблемы Дальнего Востока, 1991, №5.
Петров А.И. Корейская диаспора в России 1897-1917 гг. Владивосток, 2001.
Пржевальский Н.М. Путешествие в Уссурийском крае, 1867-1869 гг. СПб., 1870.
Тощенко Ж.Т. Постсоветское пространство: суверенизация и интеграция: Этносоциологические очерки. М., 1997.
Унтербергер П.Ф. Приамурский край, 1906-1910 гг. СПб., 1912.
Унтербергер П.Ф. Приморская область 1856-1898 гг. СПб., 1900.
Чан Джэен. Первомартовское движение 1919 г. и корейская протестантская церковь. М., 1997.
Хегай И. А. Корейцы России: история и современность // Корейцы в России. Иркутск 1994.

웹사이트 및 홈페이지

국가기록원(중남미 한인의 역사), http://theme.archives.go.kr/next/immigration/economicMigrant.do.
관세청, 2011년 6월 24일자, 「한류(韓流), 새로운 수출동력으로 활용」 보도자료.
경기신문, 2013년 1월 25일, “성매매거리로 전락한 안산 다문화거리”.
디오데오, 2013년 7월 26일, “다문화지원 단체 조선족들, 같은 조선족 상대로 사기.”
매일경제, 2012년 3월 21일자.
미국 속 유대인, http://www.aspire7.net/reference-1-22.html// (검색일: 2013년 10월 28일).
미주한국일보, http://www.koreatimes.com/article/684479 (검색일: 2013년 10월 19일).
연합뉴스, 2012년 3월 17일자 보도자료.
위키백과사전, http://ko.wikipedia.org/wiki/ (검색일: 2013년 10월 19일).
외교통상부 홈페이지, http://www.mofat.go.kr/index.jsp.
유다 블로그, http://www.gohangzhou.com/blog/xindo2 (검색일: 2013년 10월 31일).
유대인 디아스포라, http://valley.egloos.com/viewer/?url=http://white base. 전남

대학교 세계한상문화연구단, http://www.hansang.or.kr/문화공동체 연구자료 (검색일: 2013년 10월 19일).
중남미한인넷, http://www.latin-hanin.net/net/index.aspx
중앙일보, 2013년 8월 13일자, "고단한 이주 역사 이겨낸 조선족."
재외동포재단, http://www.okf.or.kr.
재일한인역사박물관, http://j-koreans.org/
재일한국인, https://search.i815.or.kr/Degae/DegaeView.jsp?nid=525
재외동포신문, http://www.dongponews.net/ (검색일: 2013년 10월 15일)
재외한인의 역사, http://theme.archives.go.kr/next/immigration/viewMain.do (검색일: 2013년 10월 19일).
코리안넷, http://www.korean.net.
한국민족문화대백과, http://ko.wikipedia.org (검색일: 2013년 10월 20일).
홀로코스트백과사전, http://www.ushmm.org/wlc/ko/media_nm.php?MediaId=196 (검색일: 2013년 10월 28일).
해외유학이민박람회, http://blog.naver.com/yuhak2min (검색일: 2013년 10월 19일).
Ministry of Culture and Tourism, Content Industry Statistics, 2011년 보고서.
The Korea Broadcast Culture Institute, 2010년 보고서.

찾아보기

ㅇ

ㅈ

저자 소개

허성태(許成泰)

조선대학교 러시아어과 교수

러시아 모스크바국립대학(MSU) 문학박사

주요 저서

『언어유형론』 1 · 2 · 3(공저, 2008),

『이미지로 보는 한인디아스포라와 한반도』(공저, 2012),

『코리안 디아스포라: 이주루트와 기억』(공저, 2013) 외

임영언(林永彦)

전남대학교 세계한상문화연구단 연구교수

일본 조치대학(上智大学) 사회학박사

주요 저서

『재일코리안 기업가: 창업방법과 민족 네트워크』(2006),

『재일코리안 기업의 경영활동』(공저, 2006),

『일본선교 1%의 벽을 깨라』(공저, 2010),

『일계인 디아스포라: 이주루트와 초국적 네트워크』(공저, 2013) 외